PELÉ

O NEGÃO PLANETÁRIO

ANTONIO RISÉRIO

PELÉ

O NEGÃO PLANETÁRIO

2ª edição

TOPBOOKS

EDITOR
José Mario Pereira

EDITORA ASSISTENTE
Christine Ajuz

REVISÃO
Luciana Messeder

CAPA E PROJETO GRÁFICO
Miriam Lerner | Equatorium Design

Dados Internacionais de Catalogação na Publicação (CIP)
(Câmara Brasileira do Livro, SP, Brasil)

Risério, Antonio
Pelé, o negão planetário / Antonio Risério. --
1. ed. -- Rio de Janeiro : Topbooks Editora, 2025.

ISBN 978-65-5897-038-5

1. Antropologia 2. Futebol 3. Jogadores de
futebol - Biografia 4. Pelé, 1940-2022 I. Título.

25-271081 CDD-796.334092

Índices para catálogo sistemático:
1. Jogadores de futebol : Biografia 796.334092
Eliete Marques da Silva - Bibliotecária - CRB-8/9380

Topbooks Editora e Distribuidora de Livros Ltda.
Rua Visconde de Inhaúma, 58 / gr. 203 – Centro
Rio de Janeiro – CEP: 20091-007
Tels: (21) 2283-1039 / 98563-3713
www.topbooks.com.br
topbooks@topbooks.com.br

Para José Mario Pereira, editor e amigo,
que, com aquele seu jeito único,
me desafiou a escrever sobre Pelé.

Para Getúlio Santana,
amizade de tantos carnavais,
que tornou este escrito possível.

Para Francisco Bosco,
pelo espírito crítico-dialógico
e pela solidariedade corajosa
(num momento em que
"amigos" que se diziam amigos
preferiram silenciar e/ou sumir).

*Para Fred Abreu (*in memoriam*),*
sociólogo e mestre nas artes da capoeiragem,
com quem muito aprendi sobre futebol.

Para Zé de Jesus Barreto,
por nossas conversas longas
sobre a magia do futebol
e nossas longas conversas
sobre uma entidade mágica
chamada Pelé.

"O meu segredo era confiar em mim e nunca ter medo de perder, porque o medo de perder anula a vontade de ganhar".

PELÉ

"Menino com três corações batendo nele, mina de ouro mineira. Garoto pobre sem saber que era tão rico. Riqueza de todos, a todos doada, na ponta do pé, na junta do joelho, na porta do peito".

CARLOS DRUMMOND DE ANDRADE

"Aprende-se, talvez, com Pelé. Mas não se imita Pelé. O crioulo inimitável deve toda a grandeza e toda a beleza de seu futebol à sua inesgotável capacidade de criação. Poucos, muito poucos, raros, raríssimos, talvez ninguém, teve ou tem tanta sensibilidade e inteligência criativa para a relação básica do futebol: a relação bola-homem-campo, em função da meta. O campo é um verdadeiro prolongamento de sua pele: para onde vai, Pelé como que carrega o campo consigo".

DÉCIO PIGNATARI

Sumário

SEGUNDA EDIÇÃO: NOTA & CORREÇÕES

Foi um prazer imenso escrever *Pelé, o Negão Planetário*. Aliás, Roberto DaMatta logo percebeu isso, dizendo que sou um intelectual que gosta de escrever. E gosto mesmo. Muito. No livro *The Last Man*, de Mary Shelley, o personagem-narrador, Lionel Verney, diz que ninguém curte mais intensamente do que ele os prazeres da composição verbal. Na hora em que li isso, pensei: se eu entrar nesse jogo com você, a partida vai terminar empatada. Desde a infância, sempre gostei de escrever. E agora, já a caminho dos 72 anos da minha idade, continuo tendo um prazer total, quase infantil, com a escrita. Para mim, escrever é uma delícia. É fácil. E me divirto muito quando escrevo. Algumas vezes, chego mesmo a sorrir sozinho – de mim para mim. Mas não foi só a escrita. *Pelé, o Negão Planetário* me deu também o prazer de ótimas e gostosas conversas. Conversas que significaram também informações e correções ao que eu tinha escrito – graças a elas, posso deixar aqui, nesta abertura, reparos relevantes ao livro.

Foi assim que enviei a seguinte mensagem para o jornalista-sociólogo Juca Kfouri, depois que participamos do programa "Conversa com Bial", na GNT/TV-Globo: "Bom dia, meu caro Juca Kfouri. Gostei de ter conhecido você pessoalmente e acho que fizemos um bom programa, sob a regência de Bial. Mas escrevo pelo seguinte. Naquele dia, você fez uma correção importante ao meu escrito, a propósito de Hilário Franco Júnior, que tratei como "intelectual de esquerda". Você corrigiu para "conservador". E disse que tinha outras correções e discordâncias. Gostaria de saber delas, para uma eventual 2ª edição. Eu mesmo, passando os olhos pelo livro, depois de impresso, flagrei erros factuais lamentáveis. Cheguei a escrever que Pelé se machucou no jogo de estreia contra a Tchecoslováquia, na Copa de 1962, quando, na verdade, o jogo de estreia foi Brasil 2 x 0 México, com golaço do rei. Do mesmo modo, ao contrário do que escrevi, Maradona não jogou na Copa de 1978. O camisa 10 da Argentina foi Kempes, como você bem sabe. O que me deixa puto é não ter me tocado para esses erros enquanto escrevia e só vê-los com o livro já impresso. Mas tudo bem. Se houver uma segunda edição, corrijo o que precisa ser corrigido. E, por isso mesmo, peço sua ajuda: me passe, *per favore*, os erros que detectou – e suas discordâncias. Grande Abraço".

Resposta de Juca Kfouri: "Risério, caro, também gostei de conhecer você e do programa que fizemos. Não li seu livro com olhos de revisor, ao contrário, curti como leitor e com a curiosidade de conhecer sua visão sobre o Rei. Notei o erro da lesão do Rei na Copa do Chile, o do Maradona passou em branco — ou seria em preto? Saem no xixi. Acho que nossa principal divergência está na ideia de sermos o país do futebol. Concordo que sejamos o país do jogo bonito, o que dominou o futebol mundial por meio século entre os anos 1950 e o começo do século 21. Mas nunca fomos o país do futebol nem como reverência ao jogo (ingleses, por exemplo, o respeitam muito mais), nem como presença de público nos estádios (são muitos os campeonatos com média muito superior), nem mesmo o interesse manifestado pela maioria pelo futebol, basta ver a última pesquisa publicada pelo Globo, mais de 32% que dizem não ter time, 11% acima do número de flamenguistas. Na Argentina dá Boca Juniors em 1º, River em 2º e só em 3º os tais que dizem não se interessar. Outra pequena discordância diz respeito ao modo de jogar que hoje acho ter se disseminado graças à invasão dos colonizados na Europa e deixou de ser exclusividade nossa. Entendi, também, que você achou que a maior parte da esquerda torceu contra a seleção em 1970, e não foi bem assim, como, aliás, há um depoimento de Dilma Rousseff sobre a torcida dela e das mulheres presas na chamada Torre das Donzelas, no presídio Tiradentes, em São Paulo, e mostra o filme de Cao Hamburger, *O Ano em que meus Pais Saíram de Férias*. E a frase em epígrafe do Rei sobre o medo de perder é do Vanderlei Luxemburgo, não dele! Mas o que vale mesmo é que seu livro tem visões aprofundadas sobre o futebol e a identidade nacional, além de originais e provocadoras, de maneira a não deixar ninguém que o leia indiferente ou não impactado. E isso não tem preço. Tão importante como, concordo 100% sobre a avaliação da importância do Rei para os negros do Planeta, noves fora interpretações de má vontade sobre declarações dele. Abraço forte".

Voltei, então, ao assunto: "Meu caro Juca, bom dia. Antes de mais nada, muito obrigado por suas considerações. E envio outras de volta. Talvez eu tenha me enganado ao sugerir que a maior parte da esquerda torceu contra o Brasil em 1970. É possível. Às vezes, a gente toma o nosso círculo como se fosse tudo – e o fato é que a maior parte dos meus amigos de esquerda começou torcendo contra a seleção brasileira e só depois foi passando a torcer pelo Brasil. Mas meus amigos eram, principalmente, da esquerda radical, não da esquerda mais ponderada, tipo Partidão. Ainda aqui, neste livro, não digo a maior parte, mas "grande parte da esquerda". Já sobre a frase que você atribui a Vanderlei Luxemburgo, eu a colhi na terceira autobiografia de Pelé, onde ele a escreve como se fosse um princípio de vida dele. Então, não sei... Vou checar, em todo caso. Por fim, acho que houve um mal-entendido. Talvez por conta do meu amor pelo futebol brasileiro. Mas em nenhum momento tratei o Brasil como 'o país do futebol'. Concordo totalmente com você nesse ponto. Anos antes da publicação do livro, aliás, num artigo estampado na *Folha de S.*

Paulo (antes que a direção do jornal, com medo de Silvio Almeida e seus milicianos, tivesse me censurado), "Não Somos Assim Tão Diferentes", fui bem explícito: 'Mas o fato é que, além de nós, a Inglaterra – assim como a Argentina, a Espanha, a Alemanha e a Itália – se vê como 'o país do futebol'. Ou seja: melhor a gente prestar mais atenção no mundo, em vez de, olhando somente para nós mesmos, acharmos que somos mais singulares do que realmente somos. É claro que existem singularidades brasileiras. Mas não somos assim tão diferentes como às vezes queremos acreditar'. Enfim, é isso. Agradeço mais uma vez suas observações (eu torcia muito para que você e Tostão lessem o livro). E envio para você o meu melhor abraço". [Aliás, no ensaio de abertura do próprio livro, "A Escola Brasileira de Futebol", contrariando a arraigada fantasia nacional, escrevi: "O país-do-futebol são muitos"]. E Juca: "Perfeito".

Já o jornalista e escritor Zé de Jesus Barreto, que também chegou a ser jogador de futebol em terras baianas, anotou os meus erros e me passou suas observações na seguinte e preciosa lista:

"Na página 138, o episódio Pelé x Roberto Rebouças aconteceu em Ribeirão Preto e não na Fonte Nova. (Roberto jogava, à época, no Botafogo de Ribeirão Preto, meados dos anos 60, antes de voltar a jogar no Bahia até o fim da carreira).

No final da página 219. Importante. Pelé se machucou no segundo jogo da Copa de 1962, no Chile, e não na estreia. O primeiro jogo foi Brasil 2 x 0 México, um golaço de Pelé, ao seu estilo, desbravando marcadores desde o meio campo, pela direita, e fuzilando. O segundo gol foi de Zagalo, de cabeça, mergulhando, num passe precioso do Rei, que estava no auge, arrebentou o jogo. Garrincha ainda estava sumido. Pelé saiu do jogo contra o México já sentindo um desconforto na virilha, mas foi pro segundo jogo contra a Tchecoslováquia e… aos 25 min o músculo abriu, após uma investida e chute na trave, como está no livro.

Pág. 227: o jogo final da Copa de 1966, na Inglaterra, não foi contra a Argentina. O jogo Inglaterra x Argentina foi uma loucura, violência, expulsão, os argentinos muito putos e prejudicados. A final, dramática e com gols 'duvidosos', foi Inglaterra x Alemanha. Deu o time da Rainha, na tora.

Na pág 247: O treinador do time holandês, a 'laranja mecânica' da Copa de 74, foi o Helmut Schön. A base da equipe, 'O Carrossel Holandês', era o Ajax, treinado por Rinus Michels – Cruijff, Neeskens, Krool, Rep... Mas deu a ótima Alemanha de Beckenbauer, Overath, Müller, Breitner, Holzenbein... O Frank Rijkaard, que você cita, é de uma ou duas gerações depois, foi um ótimo meio-campista, treinador. Treinou o Barcelona.

Página 413: Maradona, com 17 anos, não jogou a Copa de 1978. Menotti, o treinador, não o convocou porque entendia que o garoto-gênio estava ainda muito verde para o tranco daquela copa meio brutal – os milicos exigiam o título. O camisa 10 da Argentina era o Mario Kempes, pra mim o melhor jogador daquela Copa.

Na mesma página 413, já no final: os baianos Dida, Junior Nagata, Vampeta e Edilson jogaram na Copa de 2002, disputada no Japão-Coreia, quando conquistamos o título de penta. Junior e Edilson entraram em alguns jogos, com boas atuações. Na Copa de 94, nos EUA, eles ainda espiavam de longe".

E assim esta nova edição de *Pelé, o Negão Planetário* traz estas correções. Além disso, dei uma copidescada no texto e fiz uns mínimos acréscimos. Mas é importante salientar que tanto as correções quanto a copidescagem dizem respeito a meros deslizes factuais ou tropeços de estilo que em nada afetam as análises produzidas.

Ilha de Itaparica, setembro de 2025.

ANTONIO RISÉRIO.

ABRE-CAMINHO

Começo por um aviso à praça (ou à pracinha, se acharem mais adequado), antes que alguém me acuse de propaganda enganosa: o que há para ler ou folhear apenas, nas páginas por vir, não é uma biografia de Pelé. A biografia, como gênero literário, pode até, eventualmente, me atrair – embora eu realmente não seja um leitor de biografias. Mas, do ponto de vista do escritor, do produtor textual, nunca me senti atraído para escrever a biografia de ninguém. Quando estava para publicar *Caymmi: Uma Utopia de Lugar*, chegaram a me perguntar se seria uma biografia do nosso doce e profundo Dorival. Respondia que não – era um livro de leituras estéticas, semióticas, históricas e socioantropológicas. Do mesmo modo, este *Pelé, o Negão Planetário*. Sirvo-me, evidentemente, de fatos e mais fatos da vida do rei do futebol, assim como do vasto anedotário futebolístico nacional. Mas, antes que para produzir uma biografia, recorro a tais fatos (e, eventualmente, às suas versões) ou porque são reveladores em si mesmos de aspectos políticos e socioantropológicos da vida brasileira ou com o objetivo de sustentar análises e interpretações que faço. Além disso, este não é um livro endereçado a especialistas. Não o escrevi tendo em mente pessoas que admiro, mas que não teriam o que aprender aqui, como o jornalista Juca Kfouri, por exemplo, ou um comentarista como o ex-craque (e que craque!) Tostão, inteligente dentro e fora do campo. Não. Escrevi as páginas que seguem dirigindo-me, sempre, à comunidade geral dos leitores e ao público que curte futebol, no qual agora temos de incluir, mais e mais, o segmento feminino. Ainda assim, o livro não quer apenas a atenção de quem se interessa por futebol. Procura, antes, todos os que atentam, de modo geral, para o Brasil e para temas brasileiros. Mais especificamente, para os temas que discuto a seguir, que vão de problemas culturais gerais à questão racial brasileira, passando pelo feminismo e a relação de Pelé com as mulheres, o preconceito contra o homossexualismo, a formação religiosa do rei, sua participação política, etc. Enfim, temas e problemas que, de uma forma ou de outra, têm a ver com o modo como Pelé os experimentou e tratou, objetivamente, ao longo dos dias em que permaneceu entre nós.

É neste sentido que *Pelé, o Negão Planetário* não é um livro no qual eu me limite a recontar historinhas do rei do futebol. Mas um espaço onde penso, retrato e examino aspectos das realidades brasileiras através da figura e da *performance* de Pelé. Acho que é bom insistir nisso, desde aqui do nosso ponto de partida, de modo que ninguém venha a comprar gato por lebre. O que o leitor ou a leitora tem em mãos, portanto, não é um volume de crônicas esportivas (e nada tenho contra o gênero, aviso, admirador que sou de Armando Nogueira, João Saldanha e de alguns outros cronistas brasileiros e estrangeiros), mas uma sequência de escritos de base estético-semiótica, política e socioantropológica. Esta é a minha praia. E assim como não é biográfico, o livro também não é panorâmico – no sentido próprio do termo, que significa "visão ampla, em todas as direções" ("pan", em grego, é "tudo", como em "panteísmo", por exemplo). Não é isso o que acontece aqui. O foco deste *Pelé, o Negão Planetário* é o futebol. Não falo de poemas sobre Pelé, nem de canções que ele mesmo compôs ou que outros compuseram com referência ou em homenagem a ele (na década de 1970, elas já eram mais de noventa!). Como, também, não examino filmes em que ele, bem ou mal, deu uma de ator. Nem mesmo trato de relações gerais entre cinema brasileiro e futebol, caminho em que o crítico Alex Viany avançou pioneiramente entre nós, com o artigo "O Cinema no Maracanã", publicado ainda na década de 1950. E olha que tivemos as maravilhas do *Canal 100*, obra-prima da cinematografia futebolística, sob a regência ainda hoje insuperada de Carlos Niemeyer. Mas não, não vou analisar essas coisas. Teria de escrever um livro de mais de mil páginas.

Advirto ainda que, como sempre, nos trabalhos que produzo, os textos que seguem foram construídos e se constroem num diálogo permanente com autores que trataram antes do assunto de que trato agora. De Mário Filho e Nelson Rodrigues a João Saldanha e Décio Pignatari, ou de Anatol Rosenfeld e Décio de Almeida Prado a Juca Kfouri e Roberto DaMatta, passando por Tostão, que hoje assina coluna sobre futebol na imprensa brasileira, Hilário Franco Júnior, Franklin Foer, Quique Peinado, Harry Harris, Fátima Antunes, Leite Lopes, Andy Dougan, Vilém Flusser, Robert M. Levine, Vicente Verdú, Simoni Lahud Guedes e vários outros autores e autoras, de categorias diversas, citados ou não explicitamente ao longo do livro. Mas, *soprattutto*, com as autobiografias de Pelé. Como se sabe, o rei não foi econômico neste particular. Caso raríssimo, produziu nada menos do que três autobiografias, além de ter planejado uma quarta, que seria escrita pelo jornalista Juca Kfouri, mas foi abortada pelas circunstâncias de um afastamento entre os dois. De qualquer sorte, temos material de sobra em *Eu Sou Pelé* (redigida pelo então jornalista esportivo Benedito Ruy Barbosa, hoje mais conhecido como autor de telenovelas), autobiografia prematura que vai do seu nascimento até 1961; o precioso *Pelé: My Life and the Beautiful Game*, narrativa oral do rei estendendo-se a 1977, que Robert L. Fish colocou no papel; e *Pelé: A Autobiografia* – escrita originalmente em inglês pelos redatores Orlando Duarte e Alex Bellos –, entrando por inícios do século XXI. E é importante notar que, como cada uma dessas autobiografias abrange períodos diversos de sua trajetória de vida, o tempo entre uma e outra propiciou não só o refazer de juízos sobre pessoas e fatos, como ensejou censuras, com partes importantes da autobiografia 2 cortadas na autobiografia 3.

Quero deixar aqui, também, uma nota mais pessoal. Porque nunca vou esquecer a cena, muito embora não me lembre mais qual foi a partida, contra que time o Cosmos de Pelé jogava (a seleção norte-americana, talvez, mas não tenho certeza; recordo-me das presenças de Zoff, Van Basten, Marinho Chagas e Chinaglia em campo). O que permaneceu forte na minha memória foi o momento de um gol de Pelé. Quando a pelota cruzou a linha, penetrando na meta adversária, a emissora de televisão colocou, sobre a imagem, um verso musicado: "... a bola conhece Pelé...". Este verso está na letra de "Rastapé", composição que fez um sucesso espetacular no Brasil. Bem. Para quem não sabe, a letra de "Rastapé" foi escrita por mim, num bar do Itaim Bibi, em São Paulo, fins da década de 1970. Quando a escrevi, gostei muito de ter feito este verso: "a bola conhece Pelé" (ao qual o compositor Jorge Alfredo juntou um verso inteiramente banal, mas também não muito comprometedor: "moqueca leva dendê"). Pouquíssima gente sabe que a letra de "Rastapé" é minha, já que só os compositores Chico Evangelista e Jorge Alfredo a assinaram. Eu não pude assiná-la por um impedimento burocrático cretino. Nessa mesma temporada, eu tinha feito uma composição com o guitarrista Armandinho Macedo, que tocava no trio elétrico Dodô & Osmar e num conjunto chamado A Cor do Som: "Transe Total". Coincidiu que "Rastapé" e "Transe Total" foram ambas classificadas para um festival de música da Rede Globo – e o regulamento do festival rezava que cada compositor ou poeta só poderia ter uma canção classificada. Assim, eu teria de assinar ou uma ou outra. A gravadora do conjunto A Cor do Som, através do músico e compositor Vinícius Cantuária, me ofereceu um belo adiantamento financeiro e eu, que andava completamente sem grana, aceitei, assinando assim apenas "Transe Total". Mas foi "Rastapé" que explodiu nas paradas de sucesso. E agora eu me emocionava, em frente ao aparelho de televisão, ouvindo minhas palavras soando sobre a imagem de um gol de Pelé.

Sempre achei que um dia acabaria produzindo um livro sobre o futebol brasileiro. Futebol e carnaval são temas incontornáveis para alguém que se dedica a pensar, estudar e tentar entender o Brasil. Meu primeiro livro, publicado em 1981, foi sobre a festa carnavalesca: *Carnaval Ijexá: Notas sobre Afoxés e Blocos do Novo Carnaval Afro-Baiano*. Publiquei artigos, ensaios e até dei uma palestra sobre o assunto nos Estados Unidos, "Carnival: The Colors of Change", incluída na coletânea *Black Brazil: Culture, Identity and Social Mobilization*, organizada por Larry Crook e Randal Johnson. E o futebol? Apesar de ser admirador sem senões do futebol de Pelé e de ter cometido um verso em sua homenagem, nunca cheguei a pensar em produzir um ensaio sobre o supercraque, embora tenha escrito crônicas futebolísticas na imprensa baiana, sob um pseudônimo coletivo: Hilário Gasolina. Inventei essa personagem: um mulato baiano das antigas, já grisalho, homem gentil e educado, torcedor do Ypiranga, que não perdia uma boa partida no velho estádio da Fonte Nova, nem jogos transmitidos pela tevê (não gostei quando outros jornalistas escreveram crônicas usando o seu nome, porque eles contrariavam a natureza da personagem que eu tinha criado – sobretudo, porque Hilário era sujeito muito educado e as tais crônicas primavam pela falta de educação). Além dessas crônicas, escrevi artigos e o ensaio "A Escola Brasileira de Futebol", quando tinha voltado a morar em Brasília, em princípios do século XXI. Mas, enfim, não me imaginava escrevendo um ensaio mais longo exclusivamente sobre Pelé.

No entanto, há dois ou três anos atrás (e "há... atrás" é português correto, sim, quando vou curtindo a virtude da redundância própria da língua, como na conhecida canção de Raul Seixas e Paulo

Coelho: "eu nasci/há dez mil anos atrás..."), o editor José Mario Pereira, numa conversa telefônica, me perguntou, como que casualmente: "Por que você não escreve sobre Pelé?". Prosseguiu, com o seguinte comentário: "Pelé foi um sujeito genial, o maior jogador de todos os tempos, um brasileiro que o mundo inteiro conhece, etc. – e, apesar disso, não temos um bom ensaio, um bom estudo sobre ele". E completou: "Você podia fazer um ensaio sobre Pelé, com esta sua base na sociologia, na política e na antropologia". Ouvi e não respondi de imediato. Confesso que, colocado assim de cara diante da sugestão, a ideia não me entusiasmou de imediato. Com o passar do tempo, contudo, ela foi me tomando. Acabei seduzido pela possibilidade de produzir um texto mais analítico sobre o rei do futebol. Um escrito de natureza basicamente socioantropológica e mesmo política, não uma biografia, como disse – embora, evidentemente, tivesse que recorrer à dimensão biográfica, a fim de situar algumas coisas e embasar afirmações. Mas, como havia outras urgências, principalmente de ordem financeira, a ideia ficou em segundo plano. Obscurecida, mas não esquecida. Até que ela mesma forçou sua entrada em campo, levando-me a escrever, sem qualquer decisão prévia, umas primeiras linhas – e logo páginas – sobre o supercraque. As coisas foram então ganhando corpo, extensão, espessura. E daí resolvi não interromper a caminhada. Lembrando-me, inclusive, de um conselho que certa vez recebi da historiadora Mary del Priore, mulher bonita e inteligente, amiga lúcida e muito querida: "Escreva, amigo, escreva – é o melhor que você tem a fazer nesse mundo de merda". Pois é. E James Joyce soando imperativamente no ouvido: "E então? Escreva isto, dane-se, escreva isto: para que mais você serve?".

Tudo aconteceu na hora certa. Foi quando resolvi retomar linhas de ação e reflexão que tinham me acompanhado ao longo de minha vida pelos campos da cultura, no sentido lato da expressão. E que interrompi quando, indignado com a complacência da esquerda brasileira, a indecisão da maior parte dos meus amigos esquerdistas em geral e a frouxidão de parcela representativa dos meus amigos baianos em particular, me senti na obrigação política, moral e cultural de partir para um ataque frontal à praga do identitarismo "woke". E o fiz, como no verso do meu querido Paulo Leminski, saltando com os dois pés no peito do porteiro. Era preciso. Só que isso consumiu minhas energias durante muito mais tempo do que calculei – cerca de cinco anos, do ponto de partida com o livro *Sobre o Relativismo Pós-Moderno e a Fantasia Fascista da Esquerda Identitária* (Rio de Janeiro, Topbooks, 2019) à despedida com outro livro, que sofreu muito nas mãos da revisão, *Identitarismo* (São Paulo, LVM, 2024), passando por diversos artigos na imprensa (Estadão e, até que viesse a ser censurado, *Folha de S. Paulo*), além de um curso, palestras diversas e inúmeras "lives" e entrevistas. E o ensaio sobre Pelé cresceu justamente no momento em que decidi deixar isso para trás, não só porque hoje há bem mais gente escrevendo sobre o tema (antes, eu só via César Benjamin, Yvonne Maggie, Peter Fry e Demétrio Magnoli), ao tempo em que grandes empresas dão adeus, taticamente, aos absurdos pseudoinclusivos da "diversidade", como, principalmente, porque não devo permitir que a mediocridade paute meus passos, aprisionando-me neste ou naquele assunto. Além disso, a médio prazo, o identitarismo já perdeu a parada. Tudo como bem diz John Steinbeck, em *The Moon Is Down*: "Os homens livres não são capazes de lançar uma guerra, mas uma vez começada podem continuar a lutar mesmo na derrota. Os homens de manada, seguidores de um líder, não são capazes disso, e por isso são sempre os homens de manada a ganhar as batalhas e os homens livres a ganhar a guerra".

A este respeito, por sinal, recebi uma mensagem de minha querida Simone Homem de Mello, mulher culta e sofisticada, poetisa, tradutora, ensaísta, que recriou com brilho, em nossa língua portuguesa, o fascinante *Phantasus*, do poeta alemão Arno Holz (as pouquíssimas linhas que Otto Maria Carpeaux lhe dedica, em *A Literatura Alemã*, são um modelo de pressa ou incompreensão). Simone se manifestou por *e-mail*, de modo informal, fazendo inclusive referência aos irmãos Augusto e Haroldo de Campos, a propósito de entrevista que dei à imprensa no lançamento baiano do meu livro *Identitarismo*: "Risério, querido, concordo em grau, número, gênero, sexo e raça com todas as críticas [que você faz]. Lamento que o dogmatismo cego dos discursos correntes nos obrigue a nos acomodar no silêncio entediado, em tímidas críticas pontuais (como é o meu caso) ou na pérfida necessidade de ficar respondendo fla ao flu. Quando conheci o Augusto e o Haroldo (para me remeter ao contexto cultural em que nós dois nos conhecemos), eu me perguntava como teria sido a progressão dos interesses e das reflexões deles, se não tivessem tido que ficar tretando com os cuspianos e os capatazes da *Folha de S. Paulo* (*not to mention* os estadões). Mas essas discussões de hoje são ainda mais pobres e primárias e os equívocos são muito mais graves, se pensarmos no retrocesso social e filosófico que implica uma concepção essencialista de identidade. Chatice do cão. E o mais triste é que a ausência de alternativas ao capitalismo ultraneoliberal naturaliza o silêncio sobre qualquer fundamentação econômica. E os discursos que se dizem opositores e transgressores são o produto mais autêntico de um *status quo* irrelativizável. Só indo para a lua mesmo, para escapar a tudo isso. Nem Itaparica salva".

É isso. Mas vendo que empreguei, no parágrafo anterior, a expressão "poetisa", não posso deixar de fazer um comentário sobre o que aconteceu com esta palavra. É que mulheres brasileiras (não as portuguesas) que escrevem poemas resolveram, de repente, recusar a definição de "poetisas", querendo ser tratadas (gramaticalmente) da mesma forma que homens que escrevem poemas. Assim, a palavra "poetisa" foi descartada, condenada ao desuso. Em seu lugar, ficaria a expressão "poeta", que, contrariando a história da língua, passaria a ser substantivo "bissexual". Tudo bem. A arquiteta Lina Bo Bardi, por exemplo, detestava que a tratassem como "a arquiteta". Gostava de receber o mesmo tratamento linguístico dado aos seus colegas de profissão do sexo masculino: "o arquiteto Lina Bo". Não vou protestar, mas acho esses repúdios verbais irrelevantes. Não tenho nada contra o sufixo "isa" (do latim, *issa*), formador de vários vocábulos em nosso idioma, a exemplo de *profetisa*. Verdade que acho a forma provençal bem mais bonita que a nossa, com o feminino de "trovador" em *trobairitz*. Mas, se a bela Simone preferir que eu a chame "poeta", nenhum problema: chamar-lhe-ei. E eu mesmo, em certas ocasiões, prefiro a forma errada que a escorreita. Como no emprego das palavras "embaixadora" e "embaixatriz". No caso, "embaixadora" é dado como feminino de "embaixador", denominando-se "embaixatriz" a esposa deste. Acontece que "embaixatriz" é uma palavra perfeita para o cargo (de diplomata, sempre; mas também de esposa, muitas vezes), com o seu involuntário senso crítico ou a sua involuntária carga autoirônica. Não me lembro quem disse que "diplomata" ou "embaixador" é um sujeito que é pago para mentir na casa dos outros. A definição é ótima. E, no sintagma "embaixatriz", ouvimos a palavra "atriz" – e isso diz tudo: é a diplomata desempenhando determinado papel em determinado momento, outro papel em outra conjuntura e assim por diante. Tudo é teatro, tudo é encenação. E as coisas já ficam claras no próprio modo sonoro da emissão do substantivo.

Mas vamos em frente. Sempre que examino um assunto, qualquer que seja ele, trato de definir com clareza, pelo menos para mim mesmo, a relação que entretenho com o objeto de estudo. No caso do futebol, é o seguinte. Na minha infância, um tio me levou ao velho estádio da Fonte Nova, projetado pelo arquiteto Diógenes Rebouças, e me encantei com o Ypiranga. Com a elegância visual do uniforme: camisa amarela de finas listras pretas na vertical, calção e meiões brancos, chuteira preta. Acho, aliás, que, entre os fatores que levam uma criança a escolher um time de futebol, contam, juntas ou separadamente, coisas como a preferência paterna ou familiar, a influência de amigos, o fato de a equipe ser vitoriosa (a torcida do Santos, por exemplo, se expandiu nacionalmente no período áureo do time, na década de 1960), etc., além da reação a qualquer uma dessas coisas ou a todas elas juntas. Mas, também, a sedução exercida pelas cores. Como foi o meu caso, na combinação de amarelo canário e preto retinto, com o Ypiranga. Acontece que, naquela época, o Ypiranga já não estava ganhando nem "torneio início", quanto mais campeonato. A disputa baiana se dava entre Bahia e Vitória. Eu tinha uma simpatia pelo Bahia, até por uma questão familiar, ligada aos meus primos mais próximos. Além disso, minha família esteve presente na fundação do time – com um tio meu, Plínio Risério, com o qual não cheguei a ter nenhum outro vínculo além desse parentesco, aparecendo não só como fundador, mas como o primeiro vice-presidente do chamado "esquadrão de aço". Seja como tenha sido, como o Ypiranga não mais participava de nenhum jogo decisivo, eu acabava torcendo pelo Bahia. Mas isso foi esmaecendo com o tempo. No coração, ficou o Ypiranga, time que contava, entre seus torcedores, com Jorge Amado e a hoje Santa Irmã Dulce, que ia assistir a jogos do time. Ou seja: o Ypiranga deve ser o único time do mundo a ter contado com uma santa gritando gol nas arquibancadas – só não sei se chegava ao ponto de xingar a mãe do juiz. De qualquer modo, com o Ypiranga caindo pelas tabelas, me distanciei do lugar de torcedor. Gostando demais de futebol (de ver e jogar; fiquei numa tristeza imensa, beirando a depressão, quando descobri que minha miopia já não me deixava jogar, por não distinguir o que andava acontecendo pelo campo), me tornei então um espectador. Um apreciador a contemplar espetáculos futebolísticos. Mas um apreciador apaixonado, que, diante de quase todo jogo, torce para que ganhe quem estiver jogando melhor. E é também assim que me manifesto aqui.

Sem meias palavras. E digo isso porque ainda estamos atravessando uma conjuntura política e culturalmente tanto cruel quanto sórdida e infeliz, onde se tenta impor a ditadura do pensamento único multicultural-identitarista "woke" e sua correspondente ditadura linguística. Sempre desprezei intelectualmente (e combati) o assim chamado "politicamente correto", como hoje desprezo e combato o identitarismo "woke", agora começando a sair de moda e a cair em desgraça, quando até gente que nunca se manifestou publicamente sobre o assunto, gente que passou os últimos dez anos em silêncio nas suas colunas na mídia impressa ou em seus espetáculos musicais midiáticos, agora posa de "velho combatente". Os novos tabus linguísticos do circo identitarista, quase sempre destinados a edulcorar a realidade e mascarar a opressão (como no caso de tratar empregado como "colaborador", por exemplo), foram levados também para os campos de futebol. Mas aqui tivemos igualmente mudanças promovidas estritamente por círculos institucionais do futebol, creditáveis na conta da estupidez generalizada da época, como na lamentável substituição do vocábulo "estádio" pela palavra "arena". Num artigo em sua coluna na revista *Veja*, anos atrás, o jornalista Roberto Pompeu de Toledo, autor de *A Capital da Solidão – Uma História de São Paulo, das Origens a 1900*, escreveu: "Arena era o local em que os romanos assistiam aos gladiadores estriparem-se entre si ou serem estripados pelas feras. Estádio era onde os gregos encenavam as competições esportivas, entremeadas de danças e torneios de poesia. O local onde se jogava futebol era estádio; agora é arena, uma moda que não nasceu no Brasil – foi importada e aqui oficializada pela poderosa FIFA. A truculência romana venceu a graça grega, um espelho dos nossos tempos". Assino embaixo.

Mas não é só. A esquerda identitarista norte-americana produziu uma geração de *cry babies* (a definição é de Camille Paglia), uma legião de bebês chorões ofendidinhos, traumatizados por "microagressões" quase invariavelmente ridículas, enquanto, em tempos mais alegres e menos doentios, a troca de apelidos e gozações (nem sempre leves) era coisa corriqueira entre nós, em nossos mais variados ambientes: entre artistas, estudantes, jornalistas, jornaleiros, professores, taxistas, balconistas, trabalhadores da construção civil, serventes, pedreiros, eletricistas, veterinários, filósofos, garçons, etc., etc., etc. Garrincha, além desse apelido, tinha outro bem menos lírico: o Torto. E botava apelido em todo mundo: Bellini era Martha Rocha, Pelé era Elisa e por aí seguia. Em vez de gente carrancuda, belicosa e que se ofende por "questões de quisquilhas", como dizia Guimarães Rosa, o que se via ali era coisa completamente diversa: o reino da jocosidade, da esculhambação, do deboche. E a curtição acontecendo o tempo todo, como acontecia nos colégios de meus dias ginasiais. Garrincha, na verdade, era a própria encarnação do *homo ludens*, nas gaiatices com os companheiros de equipe, assim como se divertindo com seus desesperados marcadores dentro de campo. Só não tenho saudade daqueles tempos de grandes e gostosas gargalhadas porque hoje, quando não estão fazendo seu teatro "político" em espaços públicos, os brasileiros continuam a praticar sua impiedosa irreverência de sempre. Principalmente, ao ar livre, fora de gabinetes, salas palacianas ou auditórios engravatados ou pelo menos relativamente formais. Principalmente, em meio às classes populares, sob a mais tradicional das chuvas de piadas, ditados, palavrinhas e palavrões. Por falar nisso, quando o Museu da Língua Portuguesa, em São Paulo, pegou fogo, a Fundação Roberto Marinho me chamou para uma reunião, já que eu tinha escrito o projeto original da entidade e discutido longamente o assunto com o arquiteto Ralph Applebaum. Lá pelas tantas, me perguntaram se eu faria alguma autocrítica com relação ao museu. Respondi afirmativamente. Disse que eu tinha dado uma derrapada espetacular, ao não tratar do palavrão naquele espaço. Claro: um Museu da Língua Portuguesa que não inclui o palavrão é, necessária e essencialmente, um museu falho. Nelson Rodrigues e Jorge Amado que o digam. Ninguém contra-argumentou. Mas trataram de esquecer as minhas observações. Um museu que se transmudava em identitário-colonizado, em entidade rasteiramente "woke", traindo seu espírito original e passando hipocritamente a abominar Darcy Ribeiro e qualquer conversa sobre mestiçagem, não poderia cruzar a "linha vermelha" do puritanismo – puritanismo que essa gente que hoje faz teatro de "libertária" considera indispensável para a felicidade humana sobre a superfície terrestre.

Mas gostaria de tocar, ainda, em outro ponto. Me lembro de quando o poeta Augusto de Campos publicou um ensaio-poema aproximando, com brilho e criatividade, as figuras do compositor experimental Anton Webern, da chamada tríade dodecafônica de Viena, e o bossa-novista brasileiro João Gilberto. Na época, algumas pessoas, mais ligadas ao mundo da música popular e desconhecedoras do vanguardismo erudito europeu do entreguerras, olhavam para o texto de Augusto como se aquilo fosse uma espécie qualquer de despropósito. "É muito intelectual, João não tem nada a ver com isso", pontificavam, descartando o que ignoravam. Ouvi algumas vezes a mesma coisa, quando publiquei meu livro *Caymmi: Uma Utopia de Lugar*. De novo, o bordão: "Muito intelectual, Caymmi não tem nada a ver com isso". Mal sabiam, aliás, que Jorge Amado me escrevera uma bela carta para dizer justamente o contrário, que Caymmi tinha tudo a ver com o que eu dizia. E agora sei que mais uma vez vou topar com esta cantilena semiletrada: "Muito intelectual, Pelé não tem nada a ver com isso". Tudo bem. Que prossigam com o bordão, já que não posso fazer nada com relação a isso. A não ser recordar uma observação arguta do romancista Scott Fitzgerald – não me lembro agora se feita em *The Last Tycoon* ou no *Crack-Up*. A cena não me ocorre exatamente, mas Fitzgerald comenta o fato de alguém ter dito que era preciso separar determinada pessoa do muito dinheiro que ela tinha. É impossível, diz Fitzgerald: não há como separar um homem rico de sua riqueza. A riqueza faz parte de tudo o que ele é, nos mínimos detalhes de todos os instantes. Do mesmo modo, sou um intelectual. Tudo o que vivo, vejo, leio, ouço – antropologia, cinema, música, filosofia, estética, linguística, arquitetura, etc. – é absorvido, assimilado em profundeza, transformando-se em matéria de minha personalidade. Sou isto. E é como intelectual que aprecio ou me manifesto sobre qualquer assunto. Não posso providenciar alguma espécie maluca de suspensão, a fim de deixar de ser o que (e quem) sou, toda vez que me disponho a assistir a uma partida de futebol, embora saiba muito bem que o nível intelectual médio do jogador e do torcedor brasileiros, salvo uma que outra *avis rara* à Tostão, é bem mais baixo do que eu gostaria que fosse. E a verdade é que sempre estive muito mais próximo de Norbert Elias (veja-se a sua visão do futebol como análogo dos desdobramentos ou procedimentos sociológicos, em *O Processo Civilizador*) do que das parlapatices uivantes de Galvão Bueno e seus péssimos sucessores. Além disso, ninguém é obrigado a ler o que escrevo.

Mas vamos encerrar esta nossa conversa inicial de modo mais ameno, com uma, digamos, "nota metodológica". Lembrando, antes, que, ao comentar sua carreira de "garoto-propaganda", Pelé disse que a publicidade que fazia era seletiva. E via isso como uma questão de princípio, uma "bandeira" social e cultural. Em sua terceira autobiografia, *Pelé*, afirmou: "Fico feliz em anunciar produtos, mas tenho princípios: nada de álcool, fumo ou religião. Como você pode imaginar, os fabricantes de cerveja e de cigarros estão o tempo todo tentando me fazer mudar de ideia. Já me ofereceram somas insanas de dinheiro, mas eu sempre recuso. Uma marca de uísque queria estampar o meu rosto em uma das suas garrafas. Pode imaginar uma coisa dessa? [...]. Quando anuncio um produto, só digo coisas em que acredito". Era o contrário do Diamante Negro, que virou até marca de cigarro, os Cigarros Leônidas. E, na célebre entrevista a Juca Kfouri publicada na revista *Playboy*, veio o desabafo: "... se eu quiser, com dois telefonemas para uma fábrica de cigarros e para uma de bebidas, faço imediatamente 10 milhões de dólares. Só que eles vão ficar esperando essas ligações a vida inteira". Mas já deu também uma explicação menos solene para não fazer propaganda de bebidas alcoólicas: "... nunca fui de beber. Jamais sequer provei uma caipirinha, embora ela seja a bebida mais famosa do Brasil. Sempre tomei muito cuidado com minha saúde. Nunca bebi, fumei ou experimentei drogas. As pessoas costumavam me dizer que não é errado beber socialmente e até mesmo que o vinho é bom para o coração. Sempre respondi que, sendo de Três Corações [sua cidade natal], acabaria bebendo três vezes mais do que deveria".

Ao contrário de Pelé, fumei muito (deixei o cigarro há treze anos), experimentei diversas drogas (maconha, haxixe, cogumelos alucinógenos, *ayahuasca* e LSD, entre outras) e bebo bastante. E aqui entra a minha "nota metodológica". Certa vez, num antigo boteco baiano, perguntei a Pierre Verger se um nigeriano nosso conhecido era bom antropólogo. Verger começou a responder assim: "Bem, dom Risério, ele bebe...". E aí rimos os dois. Porque sabíamos muito bem que o fato de uma pessoa beber, se sentir à vontade em qualquer birosca, é um passaporte para o seu circuito mais íntimo numa comunidade. Nunca vi o tema mencionado em manuais antropológicos sobre o chamado "trabalho de campo". Mas é um ponto relevante. Não só no exercício da antropologia. Falando de um hotel na cidade de Ludlow, na fronteira de Gales, o paleontólogo britânico Richard Fortey, autor de *Vida: Uma Biografia Não Autorizada*, comenta (itálicos meus): "Existem quartos que formam ângulos insólitos e aquarelas difíceis de se pendurar na posição correta. *Mas a cerveja é boa, e sem ela nenhum cientista pode tirar qualquer conclusão de valor*". Concordo, pelo menos, em número e grau – já que a questão do gênero, hoje em dia, ficou meio complicada. E, com relação ao meu caso pessoal, sempre me lembro de um comentário do velho Winston Churchill, que prefiro não traduzir: "I have taken more out of alcohol than alcohol has taken out of me". Mas, já que toquei nessa tecla, me sinto, também, na obrigação de dizer algo mais. É evidente que eu preferiria não ser alcoólatra, embora ache completamente sem graça essa conversa de "beber socialmente". Sei, também, que não posso generalizar aquilo que é a minha experiência pessoal com o alcoolismo. Muito dificilmente tenho ficado bêbado, nesses últimos quinze ou vinte anos. A cabeça funciona bem. Posso passar o dia inteiro em casa, bebendo e produzindo tranquilamente, como faço na maior parte dos meus dias. E escrevo ensaios e livros geralmente elogiados (quando o são) por apresentarem um misto de clareza e racionalidade. Não é bem isso o que acontece com a maioria dos alcoólatras que conheço. Alguns deles ficam como uns inúteis, passando o dia sem conseguir fazer absolutamente nada, a não ser beber e falar bobagem, escornados numa poltrona ou num sofá. Consigo manter a viagem etílica sob controle graças a uma imbatível disciplina jesuítico-comunista que desenvolvi ao longo dos anos. E escrevo concentradamente enquanto consumo com prazer o meu uísque. Mas não desejo isso para ninguém. Na verdade, o que mais me fascina e o que defendo é a imagem ideal de uma juventude ao mesmo tempo livre, bonita, atlética e culta, como pode ter sido, pelo menos em nossa imaginação, a juventude do período ateniense clássico.

E me despeço deixando aqui meus agradecimentos a um casal amigo que foi fundamental para mim na composição dos escritos sobre Pelé, pela força-afeto que me deram: a sempre bonita e sempre inteligente Vânia Pedreira e o fazendeiro ex-livreiro Getúlio Santana (a quem dei de presente, tempos atrás, o forte e bonito cãozinho caramelo chamado Zé Mestiço), hoje também ligado à pesca e à "colônia dos pescadores" do bairro do Rio Vermelho, um dos organizadores da Festa de Iemanjá em Salvador, sempre no dia 2 de Fevereiro, enquanto sonha planos de *design* e arquitetura "ambientalmente corretos" para o bambual que segue plantando em São Sebastião do Passé. Vânia e Getúlio, juntamente com outro amigo, Vicente Paulo

Ferreira (graças, no caso, ao publicitário Sérgio Garcia Guerra, dono da empresa Maianga), providenciaram livros de que eu necessitava para prosseguir viagem. Assim como precisava dos textos (acompanhados de estímulos firmes) que me foram passados ou indicados por amigas e amigos queridos, como a psicanalista Vitória Eugênia Ottoni, a advogada Mariana Risério (minha sobrinha-filha), a produtora cultural Cinthia Santiago, o antropólogo Peter Fry, o poeta-compositor Carlinhos Cor das Águas, os advogados Eugênio Kruschewsky e José Carlos Barreto (pai de Roberto e Filipe, da banda BaianaSystem), os jornalistas Jary Cardoso (que inundou meu computador de bolso, vulgo "telefone", de fotos, vídeos e escritos sobre o rei) e Vander Prata, e os escritores João Carlos Rodrigues, Victor Mascarenhas e Zé de Jesus Barreto, autor de livros sobre o candomblé e o futebol. Agradecimentos, também, a Sérgio Fausto e Renata Bassetto de Oliveira, da Fundação Fernando Henrique Cardoso, pelos documentos enviados. Finalmente, tenho a alegria de poder agradecer ainda à querida e altamente competente turma da Topbooks – Luciana Messeder e Miriam Lerner, com Zé Mario (que me deu de presente seu exemplar da biografia de Pelé escrita por Mário Filho) e Christine Ajuz à frente. *Last but not least*, não posso deixar de mencionar, de modo algum, Pedro Novis e Sara Victoria. *Il fratello* Pedro Novis, generosa e lucidamente presente, sempre, ao longo dessas minhas empreitadas – desta vez, chegando a me presentear com livro de Pelé comprado num leilão em São Paulo. Ao lado de Pedro, como disse, agradeço à sempre tão bonita Sara Victoria, dádiva solar.

Ilha de Itaparica, verão de 2025.
Antonio Risério.

Post-Scriptum. Além do amor pelo Ypiranga (um "casamento aberto", como se passou a dizer), tenho meus namoros com outros times. A saber: o São Paulo; o Fluminense, do Rio de Janeiro; o Santa Cruz, no Recife; o Internacional, em Porto Alegre; na Espanha, o Real Madrid. Amores ou namoros que vêm da infância e de fantasias infantis, quando, embora nunca o tivesse visto jogar, eu considerava Castilho, fora de qualquer dúvida, o maior goleiro brasileiro de todos os tempos. Mas essas coisas ficam. Hoje, por exemplo, que o meu Ypiranga praticamente sumiu do mapa, torço pelo Borussia Dortmund, na Alemanha da Bundesliga. Por quê? Porque as cores do Borussia são as mesmas do Ypiranga: amarelo e preto. Aliás, tenho loucura para ter uma camisa do Borussia. Tenho uma do Bayern München, que meu filho Luca me deu de presente. Mas gostaria mesmo era de ter uma do Borussia. O amarelo-e-preto me fascina. Melhor: me alegra e emociona, ao mesmo tempo. Tenho até uma linda cumbuca para comer macarronadas, que foi pintada de amarelo e preto por Sara Victoria. Tenho camisas do Ypiranga. Falta a do Borussia Dortmund. E outra. Porque recentemente, em jogo da "Premier League", vi que o Manchester City tem uma camisa amarela e preta (com detalhes levemente azuis na gola e nos punhos), entre seus uniformes alternativos. O que significa que me falta ainda, na velha mochila, um exemplar dessa ypirangada do Manchester City. Mas talvez seja melhor deixar isso pra lá. Acabo de ver agora, na televisão, que também a Internazionale conta com um uniforme que traz desenhos em preto retinto sobre o fundo amarelo-ouro... É o planeta prestando preito ao Ypiranga.

I.

A ESCOLA BRASILEIRA DE FUTEBOL

Ficou célebre a preocupação do escritor Lima Barreto – o autor de livros como *Recordações do Escrivão Isaías Caminha* e *Triste Fim de Policarpo Quaresma*, entre outros textos realmente dignos de nota – com a importação do futebol inglês pelo Brasil. Nacionalista febril, Lima Barreto, em *Feiras e Mafuás*, disparou sem a menor hesitação: o futebol mais não era (nem viria a ser) do que um "estrangeirismo que pouco expressava os valores nacionais autênticos". Nem foi outra a posição do também escritor Graciliano Ramos – famoso pela feitura de *Vidas Secas* (na minha modesta opinião, uma novela menor; o filme "neorrealista" de Nelson Pereira dos Santos, com sua fotografia admirável, sua "trilha sonora" reduzida ao ranger agoniante de um carro de boi, a maestria do diretor na *performance* da cachorrinha Baleia, os planos longos, o olhar implacável e seus silêncios, é muito superior, esteticamente, ao escrito do romancista) –, para quem a adesão brasileira ao futebol não passava de fogo de palha. De um modismo que se extinguiria logo, destinado a cair na vala comum de tantas outras "manias" antes importadas.

Em *Linhas Tortas*, Graciliano registrou: "Pensa-se em introduzir o futebol, nesta terra. É uma lembrança que, certamente, será bem recebida pelo público, que, de ordinário, adora as novidades. Vai ser, por algum tempo, a mania, a maluqueira, a ideia fixa de muita gente. Com exceção talvez de um ou outro tísico, completamente impossibilitado de aplicar o mais insignificante pontapé a uma bola de borracha, vai haver por aí uma excitação, um furor dos demônios, um entusiasmo de fogo de palha capaz de durar bem um mês". Graciliano admite que a moda pode dar certo nas "capitais de importância", nas grandes cidades, cheias então de imigrantes. Mas "as grandes cidades estão no litoral; isto aqui é diferente, é sertão". E conclui: "... parece-me que o *football* não se adapta a estas boas paragens do cangaço. É roupa de empréstimo, que não nos serve [...]. O *football* não pega, tenham certeza". E é muito curioso o romancista não atinar, sequer remotamente, para o fato de que também o romance, gênero literário que ele praticava, era "roupa de empréstimo", e não uma criação brasileira. No polo oposto a Barreto e Ramos, a dupla antifutebol, vamos encontrar outro escritor, o poeta João Cabral de Melo Neto, primo de Manuel Bandeira e Gilberto Freyre, que venceu o campeonato juvenil de Pernambuco em 1935, defendendo as cores do Santa Cruz, time do coração de Carmem, sua mãe. E foi como ex-jogador e observador tecnicamente qualificado do futebol que João Cabral pôde compor um poema como "Ademir da Guia", retratando o antigo e admirável jogador do Palmeiras. Ademir era um jogador fleumático, mescla de elegância e lentidão, quase indolente, de uma suposta frieza absoluta, que levava torcedores mais fanáticos à beira de um ataque de nervos. Mas, ao mesmo tempo, comandava jogos e vitórias. E vejam a finura com que João Cabral o recria:

Ademir impõe com seu jogo
o ritmo do chumbo (e o peso),
da lesma, da câmara lenta,
do homem dentro do pesadelo.

Ritmo líquido se infiltrando
no adversário, grosso, de dentro,
impondo-lhe o que ele deseja,
mandando nele, apodrecendo-o.

Ritmo morno, de andar na areia,
de água doente de alagados,
entorpecendo e então atando
o mais irrequieto adversário.

Maravilha. Mas o que importa aqui neste ensaio, desculpem-nos Lima Barreto e Graciliano Ramos, é o simples e poderoso fato de que futebol e Brasil, Brasil e futebol, com o tempo, se fizeram praticamente indissociáveis. Nas "orelhas" ou "badanas" do livro *Brasil Bom de Bola*, lemos: "Em nenhum outro país do mundo o futebol se incorporou tanto à alma popular quanto no Brasil [afirmação algo difícil de aceitar, a não ser muito, muito relativamente]. São 160 milhões de técnicos que aguardam a chegada da Copa do Mundo como o maior de todos os acontecimentos: é como se o destino da nação estivesse inteiro no resultado de cada jogo". A diferença entre os olhares de Lima Barreto e Graciliano e o tom de *Brasil Bom de Bola* diz tudo. O Brasil passou a se ver como "o país do futebol", fantasia hoje em crise. Como disse Ariano Suassuna, num dos escritos deste mesmo *Brasil Bom de Bola*, somente o futebol "verdadeiramente mobiliza a *paixão* do povo brasileiro". Ou, nas palavras do escritor católico Alceu Amoroso Lima (Tristão de Athaíde), mais enfático ainda: "Passam os regimes. Passam as revoluções. Passam os generais ou os bacharéis. Pouco importa. O Brasil resistirá à passagem de todos eles. Mas, se um dia o futebol passar, ai de nós!". Bem, talvez o alvo de Lima Barreto tenha sido outro. Em sua *História Política do Futebol Brasileiro*, Joel Rufino dos Santos tenta explicar: "Primeiro, porque [Lima Barreto] compreendeu logo que as oligarquias iam usar a bola como ópio do povo. Segundo, porque o novo esporte era filho do imperialismo. 'O futebol – escreveu com raiva – 'é coisa inglesa ou nos chegou por intermédio dos arrogantes e rubicundos caixeiros dos bancos ingleses, ali, da rua da Candelária e arredores, nos quais todos nós teimávamos em ver bondes e pares do Reino Unido'". De fato, aquela foi uma época de preeminência ou predominância inglesa em muitos ramos da vida brasileira. "Além do mais" – completa Rubim de Aquino, em *Futebol: Uma Paixão Nacional* – "Lima Barreto, escritor mulato, pobre e do subúrbio, opunha-se ao futebol porque o considerava uma prática racista da burguesia Zona Sul da cidade do Rio de Janeiro". Talvez Barreto desconhecesse, ainda, a base mitológica do futebol. E as suas diversas invenções e reinvenções históricas (ocorrendo em vários pontos do mundo, sem que umas soubessem das outras), pelo menos algo semelhantes ou aparentadas com a prática esportiva que hoje conhecemos, principalmente a que aconteceu na China, durante a dinastia Han. Em todo caso, foram os ingleses que codificaram o jogo, na década de 1870, quando o futebol se destacou definitivamente do *rugby*, que viria a triunfar a mil nos Estados Unidos.

O resto da história – que se conta – é bem conhecido. Um brasileiro de origem inglesa, Charles Miller, voltando de seus estudos na Inglaterra, onde fora considerado craque atuando como centroavante de uma seleção de Hampshire, trouxe a bola para São Paulo, na mala ou debaixo do braço, no ano de 1894. Também para o Rio uma bola foi levada por outro descendente de ingleses, Oscar Cox, que voltava de seus estudos em Lausanne, na Suíça. Mas hoje há quem diga que não se pode ter muita certeza sobre essa história de precursor ou precursores assim personalizados. Que o futebol teria chegado aqui não só pelas mãos (ou pelos pés) de Miller ou de Cox, mas também por outras vias. É o que nos diz, por exemplo, Victor Andrade de Melo, em "Futebol: Que História É Essa?", texto enfeixado na antologia *Futebol: Paixão e Política*, organizada por Paulo César Carrano. Melo não quer retirar o mérito de Miller, mas defende que a precedência aqui, nesta matéria, não é dele, mas de colégios jesuítas, como o São Luiz (Itu, São Paulo) e o Anchieta (Nova Friburgo, Rio de Janeiro). De fato, se Miller trouxe a pelota em 1894 e se Victor Melo está certo na sua tese, padres jesuítas e seus alunos (e não só eles) praticaram o esporte aqui antes disso. Fala Victor, reportando-se ainda ao Colégio Pedro II: "... desde inícios de 1880, os colégios de jesuítas da Itália ofereciam, sob um certo controle, o futebol a seus alunos, esporte já bastante desenvolvido naquele país. Os colégios jesuítas tinham o que se considerava uma das linhas pedagógicas mais avançadas do mundo, na época. [...]. No Colégio São Luiz, o futebol era praticado desde 1880. Quando as bolas vindas da Europa furavam, eram substituídas por bexigas de boi. [...]. No Colégio Anchieta... os exercícios físicos, entre eles o futebol, foram introduzidos logo depois de sua fundação, em 1886. [...]. Outro exemplo da presença do futebol em escolas, embora não religiosas, pode ser observado no regulamento de 1892 do Colégio Pedro II, renomeado, na época, Ginásio Nacional, devido à Proclamação da República: 'O diretor e o vice-diretor do Ginásio procurarão desenvolver em seus alunos o gosto pelos exercícios de tiro ao alvo, de besta, tiro e flecha, exercícios ginásticos livres, saltos, jogo de volante, etc. [...]. São permitidos como jogos escolares: a barra, a amarela, o futebol, a peteca, o jogo de bola, o *cricket*, o *lawn-tennis*, o croché, corridas, saltos e outros que, a juízo do diretor, concorram para desenvolver a força e a destreza dos alunos, sem pôr em risco sua saúde'. [...]. Além dos colégios, existiu outra via possível de entrada do futebol no Brasil: por meio de funcionários ingleses que aqui moravam, trabalhando em empresas do seu país de origem".

Mas, enfim, alguém trouxe a bola – e quem a trouxe da Europa não foi nenhum "pé-rapado", que peripécias europeias eram coisas bem mais caras naquela época do que são hoje. Logo, vamos em frente. De início, a prática do futebol, aqui, foi coisa de elite. E de elite colonizada, que achava chique copiar franceses e ingleses, do vestuário à decoração de suas casas, passando por preferências literárias e até pela jardinagem. No caso do futebol, copiar dos ingleses – dos nomes dos times ao léxico do jogo (quando "partida" era *match*; juiz, *referee*; atacante, *forward* – e, se o sujeito cometia uma falta, desculpava-se dizendo *sorry*). Gíria ou jargão que só aos poucos se abrasileiraria, para depois ganhar expressões mistas e locais. (Mesmo aqui, o vocabulário futebolístico do centro-sul do país, ocupando a faixa privilegiada dos *mass media*, impôs nacionalmente o seu vocabulário. Baianos passaram a falar "drible da vaca", por exemplo, onde antes diziam, muito mais graciosamente, "meia lua". Assim como "lençol" e "impedimento" tomaram o lugar de "banho de cuia" e "estar na banheira".) "Logo que nos sentimos mais traquejados, e que o número de praticantes do jogo havia crescido, convoquei a turma para o primeiro cotejo regulamentar: The Gas Work Team, que era integrado por funcionários da companhia, contra The São Paulo Railway Team, formado por funcionários desta ferrovia. Foi em 14 de abril de 1895. Ao chegar ao capinzal, a primeira tarefa que realizamos foi enxotar os bois da Cia. De Viação Paulista, que tosavam a relva pacificamente", relembra Miller. Os jogadores eram ingleses e descendentes de ingleses, engenheiros de empresas britânicas. Os primeiros brasileiros a praticar o novo esporte teriam sido jovens das camadas privilegiadas da população, doutores ou estudantes de medicina e direito. Os nomes dos nossos times seguiram o figurino das equipes que se enfrentaram na partida que Miller organizou em finais do século XIX. A língua do novo esporte era o inglês. No Rio, por exemplo, organizou-se o "Fluminense Football Club", primeiro time – dizia-se *team* – do lugar. E primeiro campeão carioca.

Mas não só o novo esporte era praticado por rapazes "bem-nascidos", ou que "tinham berço", como a elite fazia uma leitura ideológica de sua função social, fato apontado e sublinhado por

Fátima Antunes, em *"Com Brasileiro Não Há Quem Possa!": Futebol e Identidade Nacional em José Lins do Rego, Mário Filho e Nelson Rodrigues:* "Nos primeiros anos da República, o futebol integrou um *movimento modernizador*, cultivado pelas elites, que atingiu sobremaneira as cidades em processo de industrialização e de grande crescimento populacional, alvos de projetos de reformulação urbanística com fins higienistas e *civilizadores*. À época, o futebol era encarado como mais que um simples jogo: era um *esporte*, atividade cuja atribuição principal era salvar e preservar a saúde do corpo pelo exercício físico, proporcionando-lhe o vigor necessário ao trabalho e às exigências da sociedade moderna e industrial. [...]. Para intelectuais como Olavo Bilac [...] o futebol permitia a utilização positiva do corpo, saudável e higiênica, capaz de colocá-lo a serviço da pátria e do futuro. Bilac defendia o serviço militar obrigatório, os esportes e a educação física como hábitos a serem nacionalmente difundidos [...]. Em 1905 [...] Monteiro Lobato [...] exaltava os valores eugênicos do esporte bretão, incorporando o discurso médico do fim do século XIX, que pregava a prática da educação física e esportiva como fundamentais para o *adestramento social* do indivíduo. Para Lobato, a revitalização física que o futebol proporcionava seria um componente essencial na cura de diversos *males nacionais* de outra natureza, tais como a estagnação social, política e econômica [...] o que estaria em jogo era o desenvolvimento e o aperfeiçoamento moral de um povo". Mas é claro que não devemos levar toda essa turma inteiramente a sério. Diante de todo o discurso moralizante de Lobato, por exemplo, não posso deixar de observar que, naquela mesma época, outras coisas também passavam por sua cabeça, como podemos ver em sua correspondência (*A Barca de Gleyre*), onde, ao explicar a um amigo o seu desejo de morar em Ribeirão Preto, no interior de São Paulo, escreve as seguintes palavras: "Costumes, hábitos e ideias, tudo é diferente por lá... Dizem que em Ribeirão Preto há oitocentas mulheres da vida, todas estrangeiras e lindas... O Moulin Rouge [em sua versão local, ribeirão-pretana] funciona há doze anos e importa champagne e mulheres da França". Em todo caso, talvez ele achasse que também as belas putinhas de Ribeirão Preto eram fundamentais para o tal do adestramento social do indivíduo.

Mas o que houve de realmente relevante foi que logo teve início a apropriação cultural popular do futebol. Moleques e malandros começaram a bater bola ao ar livre, onde fosse possível. A simplicidade das regras (dezessete, apenas) facilitava a popularização do novo esporte. E a bola podia ser feita de quase qualquer coisa. Com um maço de folhas de jornal enfiado numa meia feminina, por exemplo. De jornal amarrado com barbante. Ou, simplesmente, tomava-se uma laranja, uma abóbora, uma pedrinha, uma lata velha amassada ou uma chapinha de refrigerante ou cerveja como se fosse a bola de couro, a esfera mágica dos manuais. Logo, aliás, times de gente pobre, principalmente mestiça, começaram a surgir nos subúrbios do Rio de Janeiro. O que significa que não houve maior defasagem temporal entre a prática esportiva de elite e as jogadas da gente mestiça mais pobre ou de classe média. As coisas aconteceram em plano praticamente simultâneo. Veja-se, a propósito, o estudo *Footballmania: Uma História Social do Futebol no Rio de Janeiro*, de Leonardo Affonso de Miranda Pereira. E a massa encontraria ainda o caminho das pedras para os clubes maiores. Nesse processo de conquista popular dos times e campos futebolísticos, temos ao menos três marcos bem visíveis: o Bangu (The Bangu Athletic Club), o meu querido Esporte Clube Ypiranga (em terras baianas) e, em São Paulo, o craque negrogermano Arthur Friedenreich, mulato de olhos verdes que arrastava multidões.

No caso do Bangu, time de uma fábrica do Rio de Janeiro, os ingleses começaram a ser barrados. Os operários foram tomando os lugares dos mestres, engenheiros e técnicos. E a formação da equipe foi trocando de cor, amulatando-se com a presença de mestiços brasileiros. Na mesma época, o craque do futebol baiano, jogando pelo Ypiranga, era o preto Popó, capoeirista do bairro do Rio Vermelho, fazendo o que queria com a bola. Sobre Friedenreich, filho de comerciante branco alemão com mulata brasileira, Mário Filho, o autor do extraordinário *O Negro no Futebol Brasileiro*, escreveu: "Um mulato, Arthur Friedenreich, se tornaria o primeiro ídolo do futebol brasileiro. Não porque, como muita gente pensa, tivesse marcado o gol da vitória no Sul-Americano de 1919. A popularidade de Friedenreich se devia, talvez, mais ao fato de ele ser mulato, embora não quisesse ser mulato. O povo descobria, de repente, que o futebol devia ter todas as cores, futebol sem classes, tudo misturado, bem brasileiro. O chute de Friedenreich abriu o caminho para a democratização do futebol brasileiro". Involuntariamente, é bom que se diga. Aquele mestiço, aquele mulato, daria tudo para ser branco. Alisava o cabelo com gomalina e toalhas quentes, a fim de tentar disfarçar a ascendência materna negromestiça. Mas não adiantava. A mulatice não desaparecia. Dizem, até, que sua mãe Matilde nasceu escrava (veja-se, a propósito, *O Tigre do Futebol: Uma Viagem nos Tempos de Arthur Friedenreich*, de Alexandre da Costa). E o povo se via e se reconhecia nos seus traços mais morenos. Em todo caso, a grande virada veio em 1923, com o Vasco da Gama. Mário Filho (o irmão de Nelson Rodrigues que acabou se tornando nome oficial do estádio do Maracanã) comentou a mudança: "Os clubes finos, de sociedade, como se dizia, estavam diante de um fato consumado. Não se ganhava campeonato só com time de brancos. Um time de brancos, mulatos e pretos [como as nossas futuras seleções nacionais de futebol] era o campeão da cidade. Desaparecia a vantagem de ser de boa família, de ser estudante, de ser branco. O rapaz de boa família, o estudante, o branco, tinha de competir, em igualdade de condições, com o pé-rapado, o analfabeto, o mulato, o preto. Era uma revolução que se operava no futebol brasileiro". Sempre recusado pelo Bahia e pelo Vitória, por conta de sua pretitude, o brilhante Popó estava vingado. E o futuro poderia nos trazer jogadores como Leônidas, que se tornou ídolo brasileiro aos 19 anos de idade, e Djalma Santos, negros ou mestiços mais escuros (o mulato Leônidas era filho de um marinheiro português com uma empregada doméstica), ou mestiços um pouco mais claros, como o mulato-cafuzo Garrincha, o sarará Ademir da Guia, os mulatos Jairzinho e Carlos Alberto Torres, capitão da seleção no tricampeonato mundial de 1970.

Por tudo isso, está mais do que certo Hilário Franco Júnior, quando, em *A Dança dos Deuses – Futebol, Sociedade, Cultura*, escreve, entre outras coisas, o seguinte: "... estabelecer paternidades quase heroicas e datas oficiais não esclarece as relações entre o futebol e a sociedade brasileira. Pelo contrário, suas significações mais profundas residem no processo de apropriação pelos diversos setores sociais que o transformaram num fenômeno de massas. [...]. As fronteiras sociais do futebol começaram a ser transpostas desde cedo com a formação de times improvisados pelos setores populares, que passavam da curiosidade ao mimetismo. Sem equipamentos adequados e jogando com bolas desgastadas e mesmo improvisadas, em terrenos ainda não ocupados pelo processo de urbanização, o futebol dos grupos subalternos tornava-se um modo de representação da existência negada em outros campos sociais. E alastrava-se pelos subúrbios proletários. Em pouco tempo, uma série de equipes e clubes foi constituída por iniciativa de pequenos comerciantes, operários e artesãos das grandes cidades (Internacional, 1909; Corinthians, 1910). Por outro lado, a criação de clubes vinculados a empresas que recrutavam operários para seus times também afrontava as barreiras sociais erguidas no futebol (Bangu, 1904; Juventus, 1924)". E Hilário sublinha vivamente o sentido da cidade nesse processo: "Durante a República Velha (1889-1930), no momento de intensificação das relações capitalistas, as cidades – verdadeiros centros amplificadores de tensões – promoviam um indesejável compartilhamento de espaços públicos. Elas se transformavam em palcos de manifestações políticas e culturais inconvenientes das camadas médias, do proletariado e dos demais setores subalternos. [...]. As demandas sociais, abafadas pela estrutura política da República, encontravam nas cidades ambiente para sua expressão e proliferação. A entrada de clubes e jogadores de origem popular nas ligas amadoras insere-se no rol dessas demandas. Na verdade, ela significou a participação de setores subalternos num espaço reservado às elites brasileiras. De certo modo, pode-se pensar que o futebol tornou-se um dos primeiros e mais significativos exemplos de incorporação desses setores numa sociedade caracterizada pela cidadania restritiva e por marcantes diferenças sociais".

Ao acompanhar essa caminhada popular no sentido da incorporação criativa do futebol ao seu repertório lúdico-cultural, não podemos deixar de parte as práticas e atitudes racistas que ocorreram, sempre devidamente sublinhadas pelos observadores e estudiosos do assunto. De início, não havia lugar para pretos ou mulatos, só para "bem-nascidos", isto é, brancos e mestiços claros, branqueados, em nossos times. Já na transição do amadorismo para o profissionalismo, na década de 1920, as restrições aos negromestiços começaram a se atenuar. Ainda assim, muitas agremiações resistiram. Clubes mais "aristocráticos" não admitiam crioulos ou negões em suas equipes futebolísticas (às vezes, nos esquecemos de fazer essa distinção: uma coisa é o clube, com o seu quadro de sócios; outra coisa é o time do clube, a equipe com os seus jogadores). Em *Os Subterrâneos do Futebol*, João Saldanha, que chegou a ser técnico da seleção brasileira, fez uma listagem: "No Rio de Janeiro, Fluminense, Botafogo e Flamengo não admitiam de forma alguma que negro vestisse sua camisa. [...]. Em São Paulo, o Palmeiras resistia. O Paulistano, clube do Jardim Paulista, preferiu fechar sua seção de futebol a ter de aceitar pretos em seu time. No Rio Grande do Sul, o Grêmio Porto-Alegrense também era intransigente. No Paraná, o Atlético e o Coritiba [ainda hoje chamado "coxa branca"] não aceitavam os negros. Em Minas, Atlético e América; na Bahia, o Bahiano de Tênis, que procedia como o Paulistano: fechava, mas não transigia. Em Pernambuco, o Náutico; no Ceará, o Maguari; no Pará, o Remo, e assim por diante: em cada Estado da Federação havia clubes aristocráticos que não deixavam os pretos jogarem". E não nos esqueçamos de que, em 1921, Epitácio Pessoa, então presidente da República, proibiu a convocação de negros e negromestiços – Friedenreich, inclusive – para o selecionado nacional. Não queria que o Brasil passasse para o mundo a imagem de um país de pretos.

Muitos foram os casos da barra pesada da discriminação, manifestando-se nas atitudes humilhantes dos dirigentes de clubes e nas reações humilhadas dos jogadores. Foi observado, antes, que Friedenreich era um mulato que recusava (ou que era obrigado a recusar, nas circunstâncias em que viveu) a sua condição mulata. A sua luta para parecer branco é uma crônica do desespero. Ele chegava atrasado para os jogos e se enfurnava no vestiário, tentando alisar e prender os seus cabelos crespos, de sorte a não ser visto pela multidão como o mulato que era. Inutilmente – mas quão longe estávamos, então, do cabelo "black power" de Jairzinho... De outra feita, quando o jogador Hércules se casou com uma associada branca do Fluminense, a diretoria do clube proibiu o ingresso de atletas nos quadros sociais da entidade. Hércules tinha de saber qual era o seu lugar – lugar de empregado, mulato, crioulo (felizmente, Hércules se deu bem na vida: ao pendurar as chuteiras, em 1946, era dono de casas e terrenos em São Paulo). O Fluminense, como todos sabem, ganhou o epíteto de "pó de arroz" em consequência de um caso exemplar de racismo, hoje célebre. Para poder jogar no time, sem aparecer como preto perante a multidão que lotava os estádios, o jogador Carlos Alberto era obrigado a disfarçar a cor da pele. A colocar a máscara branca. Para isso, cobria o brilho negromestiço de seu rosto com espessas camadas de pó de arroz. O que me traz à memória a bela inversão que se encontra nuns versos do poeta chileno Vicente Huidobro, em "Siglo Encadenado en un Ángulo del Mundo", ali onde ele fala de negros de "divina raça" que limpavam de seus rostos a neve que os manchava.

O processo de profissionalização, porém, foi derrubando barreiras. A história do Vasco da Gama acabou mudando definitivamente a paisagem futebolística nacional. E foi a vitória da arraia-miúda que levou o futebol a se tornar um esporte de massas no Brasil: crescia a mulataria em campo, crescia a mulataria batendo bola nas ruas, crescia a mulataria nas arquibancadas dos estádios (hoje, muitas vezes, tristemente chamados "arenas"). Não nos esqueçamos de que, na primeira partida de futebol realizada no Rio, em 1901, o número de jogadores foi maior do que o número de espectadores. Ao longo da década de 1910, o novo esporte se firmou e se afirmou, inclusive com o Fluminense construindo o seu estádio, em 1919, nas Laranjeiras. Não se tratava ainda de um fenômeno de massas, mas já tínhamos um bom caminho andado nessa direção. Na década seguinte, mestiços de pele mais escura foram tomando conta dos gramados e se profissionalizando por baixo do pano, na base da gratificação por partida, como fazia a colônia portuguesa com os jogadores do Vasco. E assim nasceu o chamado "bicho", até recentemente, não sei se ainda hoje, uma praxe. Àquela altura, a remuneração salarial do jogador era apenas questão de tempo. Inclusive, para que ele pudesse se dedicar em tempo integral ao futebol, abrindo assim o caminho para a conquista de títulos. Com isso, o futebol, antes marcado por práticas preconceituosas, racistas, passou a ter, também, a sua função social no movimento pela superação das discriminações em nosso país. Não são raros os que dizem que o futebol nos ensinou democracia, ao se basear num conjunto de regras válido para todos e ao promover uma alternância tranquila entre vencedores e perdedores. Além disso, converteu-se, juntamente com a música popular, em campo privilegiado e exemplar para a ascensão social e econômica negromestiça e a redução do preconceito racial no país. Esta transformação pode ser vista com clareza nas condutas opostas de Friedenreich e Pelé. Mário Filho viu bem: "Realmente os pretos do futebol procuraram, à medida que ascendiam, ser menos pretos. Esquecendo-se de não se lembrar, mesmo em alguns casos, que eram pretos. Mandando esticar os cabelos, fazendo operações plásticas, fugindo da cor. Daí a importância de Pelé, o Rei do Futebol, que faz questão de ser preto. Não para afrontar ninguém, mas para exaltar a mãe, o pai, a avó, o tio, a família pobre de pretos que o preparou para a glória. Nenhum preto, no mundo, tem contribuído mais para varrer barreiras raciais do que Pelé. Tornou-se o maior ídolo do esporte mais popular da Terra. Quem bate palmas para ele, bate palmas para um preto. Por isso Pelé não mandou esticar os cabelos: é preto como o pai, como a mãe, como a avó, como o tio, como os irmãos. Para exaltá-los, exalta o preto. Por isso é mais do que um preto: é '*o Preto*'. Os outros pretos do futebol brasileiro reconhecem-no: para eles, Pelé é '*o Crioulo*'".

Com o futebol se tornando popular, ele deixou de ser falado em inglês. De uma parte, vocábulos foram adaptados, a exemplo da passagem de *shoot* a chute. De outra, palavras e expressões cotidianas foram levadas para os campos de futebol e aí ganharam novos sentidos, a exemplo de chapéu, lençol, folha-seca, carrinho e corta-luz. A composição desse novo léxico futebolístico é um atestado da extraordinária criatividade verbal das massas. "O povo, o inventa-línguas", Maiakóvski *dixit*. Regra geral, o que temos, nesse caso, são designações verbais para desenhos plásticos do jogo. A escolha de uma palavra ou expressão que nomeia um objeto, um fenômeno ou um processo extrafutebolístico, para aplicá-la, por analogia, a aspectos de uma partida ou do movimento corporal de um jogador. A folha seca que se desprende da árvore e vai mudando de direção em sua trajetória pelo ar vem, assim, batizar a invenção de Didi, que batia na bola de modo que ela fosse alterando seu rumo pelo espaço, até descair em direção às traves, em busca do fundo da rede. Com o tempo, vamos assistir igualmente ao movimento inverso: expressões típicas e neologismos do futebol se projetando de volta, ressemantizados, no linguajar comum brasileiro de todos os dias. Saindo das arquibancadas dos estádios para invadir a fala geral da nação e os dicionários dos eruditos. Situações da vida cotidiana, em suas mais variadas áreas e contextos, recebem então tratamento verbal nascido para falar de coisas que acontecem nos campos de futebol. É assim que, quando vejo que alguém finalizou alguma coisa com alta categoria (cena de filme, poema, peça de teatro, obra de engenharia, passagem de romance, conquista amorosa ou sexual), posso comentar: "gol de letra" – ou "de placa". Quando percebemos que o prestígio de fulano ou sicrano foi pelo ralo, dizemos que o distinto está com "a bola murcha". Do mesmo modo, vendo que tem de fazer tudo numa equipe de trabalho, o sujeito reclama: "Porra, além de bater o escanteio, ainda tenho que correr pra cabecear?". Muitos signos e sintagmas verbais originários dos estádios, do mundo do futebol, passaram a fazer parte da nossa fala diária. Alguns exemplos (que, aliás, andam agora progressivamente esquecidos, em consequência do "tecnicismo" rasteiro que passou a predominar na boca de nossos atuais locutores e comentaristas esportivos, agora obcecados principalmente por números e estatísticas): bola pra frente, marcar homem a homem, ir pro chuveiro, bola dividida, jogar na retranca, dono da bola, driblar, bater na trave, organizar o baba, jogar um bolão, pisar na bola, armar o meio de campo, *show* de bola, ganhar no tapetão, deixar de cara pro gol, correr pro abraço, etc. É por isso que podemos mesmo dizer que o futebol fez a sua parte nos processos de enriquecimento da língua portuguesa do Brasil.

O futebol modificou, também, a forma do rádio brasileiro, com as "transmissões radiofônicas" das partidas, iniciadas na década de 1930. O que se criou, no rádio brasileiro, foi um novo gênero narrativo. Em princípio, o locutor esportivo radiofônico é o sujeito que deve descrever o que está se passando dentro do estádio – especialmente, dentro das quatro linhas que balizam o espaço do jogo. Mas o locutor brasileiro fez mais que isso. Em vez de se limitar a descrever a partida, ele partiu para *recriar o movimento* do jogo no movimento de sua fala. Que já não é mais pura e simplesmente fala – mas quase *fala cantada*, fala entoada, espécie de *Sprechgesang* não prevista por Arnold Schönberg. O ritmo e a melodia da fala como que reconfiguram, em suas linhas e andamentos, o que vai pelo campo. Para isso, o locutor (o bom locutor, claro, como os que existiam antigamente e hoje desapareceram) aciona um variado elenco de recursos: respiração, onomatopeias, silêncios, "pausas dramáticas", ricas modulações, retardamentos; vai de *andante*, *molto rápido*, *staccato*, etc. É por isso que podemos falar de um novo gênero ou subgênero no conjunto das narrativas orais. Um gênero ou subgênero que, nascido do cruzamento de um novo esporte com um novo meio de comunicação, deixa-se caracterizar pela configuração de uma *imagem sonora* do jogo. Pela tentativa de criação de um *análogo vocal* da partida que se desenrola no campo. Nos termos da semiótica de Peirce, esta narrativa pode ser classificada como um *ícone* do jogo. Uma narrativa icônica de natureza diagramática. Para Peirce, um signo é icônico quando se estabelece uma analogia entre ele e o que ele representa. Uma analogia entre os elementos que compõem o signo e os elementos daquilo para que o signo aponta. Entre os tipos de signo icônico, Peirce inclui os diagramas. Claro: se faço um diagrama da trajetória dos candidatos numa disputa eleitoral, estabeleço uma semelhança objetiva entre o traçado das linhas e as oscilações no desempenho de cada concorrente. Desse modo, posso definir semioticamente o novo gênero ou subgênero da narração esportiva brasileira nos termos de um diagrama oral, imagem sonora, como disse, de uma partida futebolística. Afora isso, alguns de nossos locutores entraram para o anedotário geral por suas tiradas ou declarações. Ficou célebre a história do repórter que cumprimentou um juiz inglês, num jogo internacional no Maracanã, com um sonoro "good night" e, ouvindo um "good evening" em resposta, dirigiu-se aos ouvintes dizendo "ele disse outra coisa, mas está errado, o certo é *good night*". Na Bahia, os mais velhos se lembram de um diálogo realmente inesquecível. O repórter de pista: "Chove, minha gente, chove muito. Chove com X maiúsculo!". E o repórter da cabine: "Mas, amigo, chove é com ch, não com x". E o outro, definitivo: "Não importa. Com x ou com ch, isso aqui está um verdadeiro maremoto!".

O futebol afetou, ainda, a mídia impressa, a imprensa brasileira. Nesse caso, Mário Filho, então com apenas 19 anos de idade, se responsabilizou por uma verdadeira revolução jornalística no país. Lembra Fátima Antunes que, até aquele momento (corria o ano de 1928), era mínimo o espaço que os jornais brasileiros davam a notícias esportivas – e o repórter se limitava a informar resultados de jogos e anunciar futuros eventos. "A transformação teria começado com uma entrevista que Mário Filho fizera com Marcos de Mendonça, goleiro do Fluminense, em que este anunciava sua volta ao futebol. Mais do que a notícia em si, provocou impacto o tratamen to jornalístico dado a ela e o *novo idioma* em que fora escrita, sepultando todo e qualquer formalismo de expressão. A entrevista ocupava meia página; apresentava-se numa linguagem nova, simples e vibrante, lembrando a língua até então somente falada nas ruas e nas arquibancadas dos estádios de futebol, e que estreava no jornal, dando indícios de que a época dos acadêmicos estava chegando ao fim". Fátima cita, a propósito, comentário de Nelson Rodrigues: "Em meia página, Mário Filho profanou o bom gosto vigente até em jornal de modinhas. [...] havia também, no seu texto, uma visão inesperada do futebol e do craque, um tratamento lírico, dramático e humorístico que ninguém usara antes [...] e iria enriquecer o vocabulário da crônica com uma gíria libérrima [...]. Posso dizer que ninguém influiu mais na imprensa brasileira. O próprio artigo de fundo deixou de ter a pose do mordomo de filme policial inglês [...]. E, graças ainda a Mário Filho, o futebol invadiu o recinto sagrado da primeira página [...]. Tudo mudou, tudo: títulos, subtítulos, legendas. Abria-se a página de esporte e lá vinha o soco visual: o crioulão do Flamengo, de alto a baixo na página. E não era pose hirta [...]. O craque aparecia em pleno movimento, crispado no seu esforço. E as figuras plásticas enchiam as páginas de tensão e dramatismo". Além de subverter a linguagem jornalística, Mário Filho militou também em favor da profissionalização dos jogadores, que, quando ocorreu, mudou a realidade do nosso futebol.

Um dos fatores que apressou o advento do profissionalismo foi, como se sabe, a exportação de jogadores brasileiros para o exterior. A crioulada começou a ser contratada em número cada vez maior para jogar lá fora. Em *Futebol em Dois Tempos*, Hélio Sussekind informa: "Um marco desse processo foi a deserção de Fausto e Jaguaré, campeões pelo Vasco em 1929 e ídolos do clube, numa excursão à Europa. Ambos foram contratados pelo Barcelona e sequer voltaram ao Brasil. O mesmo aconteceria com Fernando Giudicelli, do Fluminense. Já nesses primeiros anos, a Itália foi a principal responsável pelo êxodo. Os jogadores com sobrenome italiano tinham meio caminho andado. E viajavam em busca de melhores condições de vida. Até quem não tinha ascendência italiana arrumava um modo de partir. O futebol e os clubes do Rio se empobreceram. O Vasco, que liderava o campeonato antes da excursão à Europa, sem Fausto e Jaguaré, perderia o título de 1931 para o América. O Fluminense, enfraquecido, amargava seu maior período sem títulos". A necessidade de ganhar campeonatos e expandir a torcida, em partidas agora assistidas por milhares de pessoas, exigia que os clubes bancassem a sobrevivência dos talentos encontrados nos meios pobres, pretos e mestiços da sociedade e, ao mesmo tempo, evitassem a sangria de craques para o exterior. Para isso, era preciso dar grana aos artistas da bola. Em 1933, a profissionalização se impôs.

"O profissionalismo marcaria o fim da escravidão [do amadorismo, melhor dizendo] no futebol brasileiro. Os jogadores negros viviam ainda com dificuldades, mas já recebiam 'um salário' para jogar", comenta, a propósito, Sussekind.

Havia, portanto, uma dimensão sociopolítica nessa história, especialmente quando nos lembramos de que, quando a primeira bola de futebol chegou ao Brasil, o fim do regime de trabalho com escravos negros completara somente meia dúzia de anos, se é que tudo não começou antes, com os jesuítas e seus alunos, quando o 13 de Maio ainda não havia acontecido. Em "A Vitória do Futebol que Incorporou a Pelada" (*Revista USP*, número 22, "Dossiê Futebol"), Leite Lopes escreveu: "Para Mário Filho, o profissionalismo é um meio para levar à emancipação dos negros, condição necessária para a constituição do futebol como esporte 'nacional'. Um tal empreendimento não é só negócio de dinheiro mas de constituição de uma rede de identidade entre os jogadores e o público, unidos pela adesão a um mesmo projeto de emancipação social pelo esporte". Ainda Lopes: "A transformação do futebol de esporte de elite em esporte popular implicou a passagem para o profissionalismo e uma nova concepção desse esporte, dirigindo-se a jogadores que esperavam tudo do futebol, ou seja, não somente uma ascensão social mas também um reconhecimento coletivo enquanto 'plenamente' brasileiros. Para além da possibilidade de carreiras que lhes permitiriam ao mesmo tempo obter um estatuto que os grandes clubes amadores não lhes garantiam [...] e escapar também das relações de dependência implicadas pelo 'falso amadorismo' [...], os jogadores das classes populares, em particular os negros e mestiços, eram ainda movidos pela necessidade da demonstração de sua competência e, por essa via, poderiam escapar do estigma que a sociedade brasileira lhes reservava, tornando-se estimados de um público que passava a considerá-los como ídolos esportivos". Mas é claro que a batalha antirracista e pró-ascensão social continuou – e veio se aprofundando, em especial, a partir da década de 1970. "Apenas poucas décadas antes [da adoção do profissionalismo] havia sido abolido o sistema de escravidão. Ainda aderia uma mancha a qualquer trabalho manual. Dar pontapés numa bola era um ato de emancipação. De repente o próprio jogo tornou-se para eles [os jogadores negros e mestiços] um trabalho, e pôde igualmente relacionar-se com a emancipação dos escravos – num país que nunca teve o equilíbrio de uma ética puritana do trabalho – o fato de que, por outro lado, muitas vezes o trabalho foi realizado como se fosse um jogo", analisa Anatol Rosenfeld, em *Negro, Macumba e Futebol.*

O que deve ser relativizado, tanto em Sussekind quanto em Rosenfeld, é que eles convocam a história do país, mas sem atentar para ela em *close reading*. Quando a abolição do regime escravista foi decretada pela Princesa Isabel, no dia 13 de maio de 1888, a vasta maioria da população de cor, no Brasil, já era livre há umas duas ou três décadas. Por isso mesmo, também a maioria daqueles jogadores negros e mestiços não descendiam muito imediatamente de negros escravizados, mas, sim, de negros e mestiços já livres, inseridos nos mercados de trabalho das principais cidades brasileiras. Feita a ressalva fundamental, continuemos com Rosenfeld, num comentário feito com lucidez, mesmo que sob lentes alemãs: "Sob a pressão da concorrência, na forma de severas disputas esportivas, a ascensão dos homens de cor para a 'primeira divisão' tornou-se inevitável – um fato que gerou muitos conflitos psicológicos, pois o que valia no jogo não podia impor-se tão rapidamente na vida. No campo de futebol, de uniforme esportivo, o homem de cor, apesar de múltiplas dificuldades [...] podia ter provado sua plena igualdade em perseverança, inteligência, musculatura física e moral; ninguém discutia sua capacidade extraordinária, e a democracia racial no campo logo reinou de forma ilimitada. Contudo, nas dependências internas dos clubes grã-finos, quando quer que ultrapassasse a soleira, ele, vestido com solenidade, sentia-se marginalizado por mais que, em alguns casos, até diretores de clube se esforçassem no sentido de sua integração social". Neste sentido, podemos dizer que o exemplo de democracia racial, que vigorava dentro do campo de futebol, ainda não havia tomado a sociedade brasileira em seu conjunto. Como ainda hoje não tomou.

Ao longo de todo esse processo – que inclui a construção de estádios, a extinção das barreiras que bloqueavam o acesso de negromestiços aos times, a profissionalização dos jogadores, a produção industrial de milhares e milhares de bolas e chuteiras, o surgimento e a expansão do jornalismo esportivo (na imprensa e, sobretudo, no rádio) –, o povo brasileiro incorporou, assimilou e foi recriando o futebol inglês. Especialmente, a partir dos meados da década de 1930, quando o Flamengo se firmou como o time mais popular do país, exibindo o futebol de suas novas contratações: Leônidas da Silva, o "Diamante Negro" (epíteto cunhado pelos franceses na Copa de 1938) e Domingos da Guia. O futebol começava a ser reinventado aqui. E esta reinvenção o povo brasileiro fez à sua maneira, no quadro de suas formas de sociabilidade e de suas criações de cultura, como a capoeira e o samba. A propósito, Ariano Suassuna escreveu: "Uma das características mais fortes do povo brasileiro é a capacidade que ele tem de transformar tudo em música e ritmo, o que faz pelos espetáculos populares, pelo canto, pela dança – pela festa, enfim. É dentro do mesmo espírito que o futebol foi adaptado aqui, de modo absolutamente nosso, peculiar, singular, um modo que corresponde às estruturas físicas e psicológicas do nosso povo". Adaptação – ou, antes, reinvenção – que teve, como campo experimental, a "pelada" (ou o "baba", como dizem os baianos) – o jogo improvisado, informal, simplificado em regras e equipamentos, na várzea, na praça, na rua, no terreno baldio, no capinzal ao lado da estação de trem, no pátio da escola, num trecho de estrada esburacada, no quintal de fulano, na margem do rio, na beira da lagoa ou na areia da praia.

Moleques e malandros foram imprimindo então a marca tropical mestiça brasileira no *football association* dos britânicos. Alguns deles se profissionalizando, graças ao talento indiscutível. Mas sem deixar de ser moleques e malandros. Reinventando o futebol, assim, a partir da realidade imperativa de seus corpos flexíveis, de cintura solta e bem desenhada. Corpos configurados para as coreografias eróticas do samba e do frevo. Para os giros plásticos e sensuais da capoeira. E esse corpo mestiço brasileiro, no futebol, foi de base quase invariavelmente negra. Corpo afro-luso, afro-luso-ameríndio, afro-italiano, etc. – mas com a partícula "afro" quase sempre presente. Leônidas, Didi, Djalma Santos, Pelé, Coutinho, Reinaldo, Romário, Júnior, etc. Didi – "magnífico tipo racial de príncipe etíope de rancho", como o definiu Nelson Rodrigues, em *À Sombra das Chuteiras Imortais*. Corpo mestiço mesmo desengonçado, como no caso de Garrincha, um caboclo, descendente de brancos, negros e dos índios fulniôs das Alagoas – um rapaz de riso aberto, carapinha, olho repuxado e pernas tortas, pé-de-valsa, louco por sexo e cachaça. Nada mais distante do padrão greco-europeu do corpo olímpico. Aos olhos de um sueco ou de um alemão, ele mais sugeriria um deficiente físico – um aleijadinho, com as pernas encurvadas e uma perna mais curta do que a outra – do que a possibilidade de um atleta que se tornaria duas vezes campeão do mundo, fazendo carnavais inacreditáveis nas defesas adversárias. A espádua, a bunda e as coxas de Pelé: elegância, leveza, precisão e erotismo. Foi a partir do momento em que corpos assim resolveram lidar com a bola, trazendo-a para o seu tato e contato íntimos, que teve início a recriação brasileira do futebol. Esses corpos moldaram a bola ao seu desenho. Adaptaram o jogo às suas virtudes. E deles brotou o estilo brasileiro de jogar. Com o tempo, o movimento inverso também ocorreu, acredita Joel Rufino, em sua *História Política do Futebol Brasileiro*, se não me falha a memória: "O futebol moldou os corpos masculinos do Brasil. Olhem esses pés, esses braços quando se movimentam, essas cinturas...".

Corpo mestiço que não existia a vácuo, mas numa cultura real, objetiva, concreta. Para ser menos impreciso, numa encruzilhada genético-cultural. Corpo criado nas gingas e nos meneios das rodas de samba e capoeira, aplicando-se agora no futebol. Logo, o samba e a capoeira (e, com eles, a malandragem) estariam na base mesma do nosso futebol. O jeito brasileiro de jogar é invariavelmente aproximado às coreografias, aos movimentos corporais do samba e da capoeira. Antes dos tantos jogadores "evangélicos" da atualidade, tínhamos a macumba em plano astral, com despachos e pais de santo acompanhando times e mesmo a seleção nacional – e a capoeira e o samba, em plano pedestre. No texto "Bola Brasilis", Joel Rufino toma essa estrada: "Também (verdade seja dita) foi fácil o jogo de bola pegar no Brasil. Aí por volta de 1900, mal saído da escravidão, o povo brasileiro não tinha nada. Só tinha o seu corpo e a rua. Quando as autoridades conseguiram extirpar a capoeira (aí por 1910), o povo adotou o futebol. Capoeira é ginga? Joguemos futebol com ginga. Capoeira é *dribbling*? Façamos do drible nossa principal jogada". Bem antes de Rufino, em prefácio ao livro de Mário Filho (ainda hoje, o melhor livro que temos sobre o futebol brasileiro), Gilberto Freyre escrevia: "A capoeiragem e o samba [...] estão presentes de tal forma no estilo brasileiro de jogar futebol que de um jogador um tanto álgido como Domingos, admirável em seu modo de jogar mas quase sem floreios – os floreios barrocos tão do gosto brasileiro –, um crítico da argúcia de Mário Filho pode dizer que ele está para o nosso futebol como Machado de Assis para a nossa literatura, isto é, na situação de uma espécie de inglês desgarrado entre tropicais [...]. O que não quer dizer que deixe de haver alguma coisa de concentradamente brasileiro no jogo de Domingos como existe alguma coisa de concentradamente brasileiro na literatura de Machado [...]. Com esses resíduos é que o futebol brasileiro afastou-se do original britânico para tornar-se a dança cheia de surpresas irracionais e de variações dionisíacas que é. A dança dançada baianamente por um Leônidas; e por um Domingos [...] de qualquer modo, dança".

Rosenfeld, por sua vez, faz uma observação interessante. Aproxima – embora se esqueça de também distanciar – a figura do "mulato pernóstico", tão presente em nosso cotidiano, em nosso folclore e anedotário político e cultural e em nossas criações textuais, da figura do jogador cheio de ginga e de dribles. E o mulato pernóstico não é apenas um estereótipo racista, aviso, mas um dado social que pode e deve ser enquadrado sociologicamente. Veja-se o caso de Gilberto Gil, por exemplo, que examinei em meu livro *Textos e Tribos*, publicado em 1993, quando ainda éramos amigos (romperia relações com o compositor, em função de sua canalhice com relação a um amigo comum, somente dez anos depois, em 2003). É engraçado ver Gil tentando passar pelo intelectual que nunca foi, com toda aquela sua empáfia linguística, o seu uso inadequado de vocábulos e conceitos não devidamente assimilados, esparramando-se em torneios frásicos lustrosos, que nem sempre fazem sentido. O mulato pernóstico é um indivíduo que, tomado por uma insegurança mestiça essencial, busca manipular "símbolos de *status*" – para usar uma expressão de Gordon W. Allport, em *The Nature of Prejudice* –, de modo a querer exibir uma educação que, em realidade, não teve. Entre esses "símbolos de *status*", destaca-se a palavra. Allport: "Um curioso exemplo dessa busca de símbolos de *status* pode se achar no uso pretensioso da linguagem. [...]. Uma dicção elegante e um vocabulário amplo (ainda que salpicado de despropósitos) pode achar-se em certos indivíduos, que traem assim claramente o seu ardente desejo de um *status* educacional que em realidade não possuem". Num dos textos de seu livro *Estudos Afro-Brasileiros*, o sociólogo francês Roger Bastide escreveu, a propósito do poeta mulato mineiro Silva Alvarenga: "Se falasse com demasiada simplicidade, talvez as más línguas denunciassem traços da herança materna [negra] em seus versos". Esse tipo de mulato sempre quis "falar difícil" – porque via a classificação social e intelectual de quem sabia "falar difícil". De fato, é no desempenho verbal, com palavras ribombantes e sintaxe alambicada, que o mulato pernóstico se manifesta a todo vapor. Emprega palavras difíceis, constrói frases empoladas, entrega-se aos mais variados (e tronchos) exercícios de retórica. Para Rosenfeld, essa retórica verbal, transposta para o futebol, vai resultar "numa retórica física do tipo mais brilhante, numa dança ornamental de artimanhas espertas, manobras sabidas e truques manhosos, da capoeira – a louvada 'malícia' – à troça maliciosa, muitas vezes perigosa, ladina, daquele que prega uma peça no outro, desviando-o astutamente do caminho". Mas é claro que também há diferenças – e muitas – entre o mulato discursador e o jogador habilidoso, exibindo seus recursos. A "retórica física" do bom ou excelente jogador é verdadeiramente brilhante, ao passo que a retórica verbal do mulato pernóstico é bijuteria brilhosa. Enquanto o mulato pernóstico tende ao pomposo, o jogador é *homo ludens*, movendo-se no reino da diversão, da graça, da alegria. É a diferença entre um discurso improvisado de Gilberto Gil e o improviso num drible ou num chapéu de Ronaldinho Gaúcho. Não por acaso um se tornou ministro e o outro permaneceu moleque.

Mas há mais. Esse corpo mestiço, com as suas características de desenho e movimento, com a sua formação cultural na moldura do samba e da capoeira, está dentro do campo, numa partida. E aqui devemos dizer algo sobre a inteligência corporal. Sobre uma espécie de inteligência que não deixa de estar inscrita, etimologicamente, na própria palavra *corpo*. O comunicólogo Muniz Sodré começa o seu texto "O Micropensamento do Corpo" falando justamente disso: "Corpo, no grego clássico, diz-se *soma*. A palavra provém do radical indo-europeu *thm* ou *tphm*, cujo significado básico é 'encher' ou 'inchar'. Implica a ideia de um receptáculo inflável, mas resistente, de forças, que supõem três momentos integrantes: peso (ideias de gravidade e permanência), elasticidade (pluralidade e variação) e consistência (impermeabilidade e densidade). Já os latinos diziam *corpus*. É palavra originária do sânscrito *krpa*, com os significados de forma, beleza, mas também de ordenamento e disposição de partes. Daí origina-se, em grego, a palavra *prapis*, com o sentido de diafragma, mas também de coração, espírito, inteligência e ventre. Em *corpus* – mais do que em *soma*, que enfatiza o aspecto externo, expansivo – está dada a ideia de interioridade do corpo e de sua inteligência própria", diz Muniz. "Uma inteligência é a capacidade de resolver problemas ou de criar produtos que sejam valorizados dentro de um ou mais cenários culturais", escreveu, por sua vez, o neurologista Howard Gardner, em *Estruturas da Mente: A Teoria das Inteligências Múltiplas*, exatamente para contestar a tese da existência de uma inteligência única, de natureza lógico-intelectual – e defender a realidade de pelo menos sete tipos de inteligência, cada qual se desenvolvendo de forma relativamente autônoma. Entre elas, a inteligência corporal-cinestésica. A inteligência do corpo. A capacidade de usar o corpo "de maneiras altamente diferenciadas e hábeis" e de lidar habilmente com objetos que estão no centro mesmo desta inteligência. Exemplos supremos de inteligência corporal: Nijinski, Cassius Clay-Muhammad Ali, Pelé. Não é o caso de entrar nos detalhes da tese de Gardner. Umas palavras do romancista Norman Mailer, a propósito do boxe, dizem o que é necessário: "Existem as linguagens do corpo. E o pugilismo é uma delas. O pugilista [...] fala com um domínio do corpo que é tão desprendido, sutil e abrangente em sua inteligência quanto qualquer exercício da mente [...]. [Ele se expressa] com graça, estilo e um instinto estético surpreendente quando boxeia com seu corpo. O boxe é um diálogo entre corpos, é um rápido debate entre dois conjuntos de inteligências". Às vezes, me sinto inclinado a dizer que as observações de Mailer se aplicam a Cassius Clay-Muhammad Ali, mas não a um Mike Tyson – mas não é bem assim: Tyson tem um jeitão mais tosco, meio *punk* até, mas não devo negar que uma inteligência corporal se manifesta nele. De qualquer modo, as palavras de Mailer se aplicam ao futebol, já que uma partida, um *match*, também pode ser vista como um confronto entre dois conjuntos de inteligências. Não vejo expressão melhor do que "conjunto de inteligências" para definir o Santos de Mauro, Zito, Mengálvio, Pelé ou a atual equipe do Real Madrid, digna herdeira de Di Stéfano, assim como (exemplo supremo!) a seleção brasileira que empalmou o tricampeonato mundial em 1970.

É a inteligência corporal que vemos em ação num jogo de futebol. Numa partida, nenhum corpo existe sozinho. É sempre um corpo-em-relação. De uma parte, corpo em relação com outros corpos. De outra, corpo em relação com a bola e o campo – embora seja estranho falar de "partes", num contexto onde tudo se dá sincronicamente. Mas, enfim, uma partida de futebol se desdobra e se desenrola como uma espécie de arquitetura dinâmica tecida na inter-relação de singularidades corporais em movimento, cada qual presidida pela relação homem-bola-campo, que a todos entrelaça. Um jogador percebe os demais a partir de si mesmo – do seu corpo, do seu fôlego, do seu raio de visão, da distribuição de seus músculos, da sua vontade, do seu poder de enfeitiçar ou não a bola e o adversário. Percebe tudo do ponto onde está ou pelo qual passa. E aí entram em cena o cálculo sensível, a previsão, a capacidade de cintilações, a intuição de onde estará a bola e de onde estará cada corpo no próximo lance e de onde ambos poderão estar no lance seguinte. Entram em cena o poder do improviso e o faro do posicionamento, do estar no lugar exato na hora certa. Vê-se o deslizar da bola que pode não ser pedida no pé, mas num vazio que se abriu de repente (o passe de Zico para Nunes na partida em que o Flamengo saiu coroado com a taça do campeonato mundial de clubes, por exemplo) e em direção ao qual o corpo-flecha irá se deslocar numa fração de segundo. Vê-se a habilidade de se livrar do cerco adversário adivinhando ou inventando espaços, lacunas, brechas. Vê-se a trama das triangulações. O toque (o calcanhar de Sócrates) ou a movimentação que desnorteia. O drible que desequilibra, de Garrincha a Maradona e Rivelino. A capacidade de antecipar uma *Gestalt* que vai reconfigurar o campo, tensioná-lo numa determinada direção. E quando digo essas coisas penso sobretudo em Pelé, mas também em alguns outros e raros jogadores. Gerson, por exemplo. Ou Didi. Ou, para não falar só de brasileiros, Beckenbauer, Cruyff, Zidane ou Messi.

Assim, quando falo que o povo brasileiro reinventou o futebol com a inteligência corporal específica de sua formação etnocultural, estou querendo me referir a tudo isso ao mesmo tempo: mestiçagem, capoeira, samba, malandragem, barroquismo, inteligência do corpo. É daí que nasce a matada suave da bola no peito (que os europeus acharam por bem imitar), na qual Pelé era perito. A deixada malandra. O gosto insuperável do quase samba no pé do drible, da finta "mano a mano". O "drible de corpo", que recebeu uma definição maravilhosa do poeta-romancista Chico Buarque: "drible de corpo é quando o corpo tem presença de espírito". É claro que o drible não foi uma invenção, mas uma reinvenção nossa: o estilo futebolístico trazido por Charles Miller para o Brasil, e que ficou na base do nosso futebol, foi o chamado *dribbbling game*. Drible que, de resto, era tratado, entre nós, em termos sexuais, com o emprego do verbo "comer", na zona semântica abrangida pelo seu sentido extraculinário de *foder*. Falava-se mesmo em "comer a bola". Ou ainda: "Garrincha comeu dois beques e cruzou (*sic*) na área", era como dizíamos, antes da televisão excluir o "comer" (e expressões mais regionais) do seu vocabulário, padronizando-o no eixo Rio-São Paulo. Enfiar a bola por entre as pernas do adversário era como se fosse uma penetração: "meter por baixo da saia". "Entrar com bola e tudo" era atravessar a linha de gol, conduzindo o balão de couro, depois, provavelmente, de ter "comido" o goleiro ou "metido por baixo da saia" de algum zagueiro. Assim como fazer um gol, de qualquer jeito ou posição, era narrado metaforicamente: "balançar o véu da noiva". Do mesmo modo que o uso do palavrão em campo, a aplicação do léxico erótico ao futebol merece um estudo à parte. Vem de tudo isso a nossa descrição do craque não apenas como alguém dotado de capacidade antecipatória (pensar antes do primeiro toque na bola e ter engatilhadas umas duas ou três alternativas de jogadas) e "visão de jogo", mas também que tem "intimidade" com a bola, tratando com "carinho", acariciando mesmo, este objeto definitivamente feminilizado, até mesmo no senso mais sublime ou mais corriqueiro do "eterno feminino". No seu livro *Museu de Tudo*, João Cabral de Melo Neto tematizou esta bola-mulher, que, no dizer comum de nossos comentaristas esportivos, sabe perfeitamente distinguir o craque – e, por isso mesmo, o procura.

O fascínio pela estética do futebol nos leva a falar de determinado lance de jogo como *obra-prima*, a exemplo de Armando Nogueira descrevendo aquele que considera o mais bonito gol de Zico, marcado contra o Paraguai, nas eliminatórias para o Mundial de 1986: "Zico recebeu de Leandro um passe de meia distância, já na linha média dos paraguaios. Um efeito imprevisto retardou a bola uma fração de segundo. Zico vai passar batido, pensei. Pois sim, sem a mais leve hesitação, sem sequer baixar os olhos, ele cata a bola lá atrás, com o peito do pé, dá dois passos e, na maior cadência, acerta o canto esquerdo do goleiro paraguaio. Passei uma semana vendo e revendo, no teipe, aquele instante mágico de um corpo em harmonioso movimento com o tempo e o espaço. E a bola coladinha no pé, parecia amarrada no cadarço da chuteira". O próprio Zico, aliás – celebrado por Jorge Ben, na composição "Camisa 10", por sua "dinâmica física, rica e rítmica" –, explicita a sua preocupação com a finalização estética das jogadas, ao apontar para o gol que mais o deixou satisfeito, entre os muitos que marcou, em sua carreira de armador e artilheiro (itálicos meus): "Foi um gol que eu dei ao contrário, de calcanhar, de bicicleta. Achei muito especial, *por causa da beleza plástica da jogada*. Eu já tinha tentado fazer um daquele jeito na seleção brasileira: puxar a bola no alto do calcanhar, de costas, mas a jogada não saiu. Consegui só no jogo da Copa do Imperador, no Japão. Dificilmente vou fazer outro igual". Note-se que havia o desejo de fazer um gol de "beleza plástica", não de qualquer jeito – numa partida *eliminatória* para a seleção brasileira.

Óbvio: o futebol brasileiro é futebol-arte – ainda que as suas variações regionais não devam ser simplesmente desprezadas, entre os extremos do estilo mais "clássico", solto e vistoso, como o do Santos de Pelé, o do Cruzeiro de Tostão e Dirceu Lopes, o do Flamengo de Zico, Júnior e Adílio, e o estilo de jogo mais preso e mais pesado, mais "uruguaio", como o do Grêmio dirigido pelo técnico Felipe Scolari, que se rendeu ao talento na Copa de 2002, quando nos tornamos pentacampeões mundiais, com Rivaldo e os Ronaldos. É assim, "futebol-arte", que o definimos, é assim que ele se define para o mundo inteiro, é assim que o mundo o vê. Não é um futebol feito apenas de movimentos musculares grosseiros, de intervenções meramente eficazes, de velocidade pela velocidade, mas de desempenhos de extrema habilidade, de gosto extremado pela forma. "A pura, a santa verdade é a seguinte: qualquer jogador brasileiro, quando se desamarra de suas inibições e se põe em estado de graça, é algo de único em matéria de fantasia, de improvisação, de invenção. Em suma: temos dons em excesso", escreveu Nelson Rodrigues. Concentrando-se em Mané Garrinha – o nosso Chaplin, como bem o definiu Tostão –, ele prossegue: "Garrincha trouxe para o futebol uma alegria inédita. Quando ele apanhava a bola e dava o seu baile, a multidão ria, simplesmente isto: ria e com uma saúde, uma felicidade sem igual. O jornalista Mário Filho observou, e com razão, que, diante de Garrincha, ninguém era mais torcedor de A ou B. O público passava a ver e a sentir apenas a jogada mágica. Era, digamos assim, um deleite puramente estético da torcida". Mais: "Diante de cada jogada de Garrincha, eu experimentava a alegria que as obras-primas despertam". Obra-prima, genialidade corporal, como o chapéu e gol dentro da área, que Pelé fez contra o País de Gales ou a Suécia, menino de 17 anos de idade, na Copa de 1958. Obra-prima do quase gol de Pelé contra o Uruguai, na Copa de 1970, o goleiro não acreditando no que via. Obra-prima de um lançamento quilométrico brotando da inteligência de Gerson. Obra-prima de todo o desempenho de Falcão contra a Argentina na Copa de 1982. Obra-prima do gol em cobrança de falta de Ronaldinho Gaúcho contra a Inglaterra na Copa de 2002, deixando a *royal navy* a ver navios. Obras-primas de Nilton Santos, Mauro, Tostão, Clodoaldo (o gol contra o Uruguai na Copa de 1970), Rivelino, Júnior, Reinaldo, Ronaldo, Robinho. Obra-prima como o gol de Romário contra a Holanda, na Copa de 1994, assim descrito por Tostão, em artigo publicado na imprensa brasileira: "Da esquerda, Bebeto tocou para o Romário, que chegou um pouquinho atrasado. Se ele esticasse a perna para finalizar, como fariam outros atacantes, erraria o chute porque estaria desequilibrado. É assim que se perdem gols que parecem fáceis. Romário saltou, ficou com os dois pés no ar, como se fosse um bailarino, olhou para o goleiro e, mesmo sem o pé de apoio no gramado, tocou no canto. Genial". E assim por diante, que o rol de milagres parece interminável. Futebol-beleza, futebol-exibição, futebol-dança, futebol-feitiço – onde, no dizer de José Carlos Bruni (em texto de apresentação para a *Revista USP* n. 22), "o jogador deve tornar-se quase um dançarino, fazer de seu corpo um conjunto de signos indecifráveis para o adversário, dominar a arte do drible, da condução maliciosa e ardilosa da bola, numa exibição permanente de habilidade e raciocínio rápido, aproveitando todos os lances do acaso, do imprevisto, da oportunidade".

É daí, ainda, desse corpo mestiço brasileiro, que vem o aprimoramento e, sobretudo, a invenção de toques, de batidas ou de jogadas. Como na matada de bola no peito do pé – ou no voleio e na trivela ao mesmo tempo elegantes e perfeitos. Como na desconcertante "folha-seca" do mulato Didi, em cuja finura de ginga Nelson Rodrigues disse haver "toda uma nostalgia de gafieiras eternas": pelotaço em rotação se deslocando para o alto e ali ganhando um "efeito" especial, mas para desenhar uma curva imprevista no ar e descair potente, fim da trajetória inesperada, explodindo na trave ou morrendo dentro do gol, balançando a rede adversária. Como no sempre citado exemplo da "bicicleta" de Leônidas, "o Diamante Negro", epíteto que acabou virando marca de chocolate: o corpo se projetando no ar, para se estender paralelo ao chão, preparando o movimento rápido e firme das pernas, como num golpe de capoeira. O ensaísta e crítico teatral Décio de Almeida Prado, no texto "Recordação de Leônidas: O Inventor da Bicicleta Voadora", nos conta de um gol de bicicleta marcado pelo craque, numa partida entre São Paulo e Palestra Itália. O Palestra (hoje, Palmeiras) escalou um zagueiro, Og Moreira, para colar em Leônidas: "O São Paulo perdeu por dois a um mas Leônidas marcou e marcou de 'bicicleta' (não havia outro jeito: se virasse para o gol lá estaria Og com os braços plantados em cruz diante dele). Leônidas fizera, em suma, o milagre esperado pela multidão de fiéis: impusera à partida a sua marca de fábrica, o selo da jogada prodigiosa, jamais vista, nascida da fertilidade do seu cérebro e da elasticidade de suas pernas". Como se pode ver pela citação do velho Almeida Prado, é impossível escrever sobre futebol, se o sujeito gosta de futebol, sem exclamações e sem paixão.

Sobre a "folha-seca", Richard Giulianotti, em *Football: A Sociology of the Global Game*, mostrando que o futebol brasileiro – exemplo e lição para os nossos professores, artistas, políticos e intelectuais – se move a partir de suas próprias criações, e não de cópias de criações alheias, escreveu: "Duas grandes inovações na cobrança de faltas vieram do Brasil, refletindo a profunda ênfase cultural na habilidade individual e sua demonstração pública. Na década de 1950 [...] Didi desenvolveu a arte do chute em curva [...]. Uma geração de seus compatriotas, especialmente Rivelino, demonstrou essa habilidade em torneios internacionais, e ela virou uma arma comum em muitas equipes. No fim da década de 1970 [...] Zico acrescentou um segundo movimento aerodinâmico à bola. O tiro de Zico combinava um movimento horizontal em curva com um movimento lateral subindo ou descendo. Para conseguir esse feito extraordinário, Zico acertava a bola na parte do centro para cima, à maneira de um jogador de tênis, não de futebol. [...]. Num amistoso entre Brasil e Escócia no Rio em 1977, por exemplo, [o goleiro] Alan Rough ficou embasbacado quando um chute de Zico, que parecia certamente ir para fora, fez a curva e entrou na sua rede. Desde então a 'folha-seca' dupla de Zico se tornou uma nova técnica a ser aprendida e dominada por especialistas em tiro livre [...]. À medida que o chute de Zico se estabelecia nos círculos futebolísticos do mundo, ele ia sendo aperfeiçoado por especialistas como Maradona e os brasileiros Branco e Roberto Carlos. Enquanto Branco se valia principalmente da força, Roberto Carlos combinava velocidade com desvio. Depois do seu gol espetacular num amistoso entre Brasil e França em junho de 1996, notou-se que ele sempre colocava a bola de forma a atingir sua válvula de ar, para assim aumentar o movimento em curva". Finalizando, Giulianotti sublinha uma "linhagem de inovação brasileira", formada por jogadores que realizam "sua vontade de desafiar os parâmetros culturais e históricos que inicialmente os confrontam no futebol tradicional". Ou seja: a escola brasileira de futebol é, na verdade, a escola brasileira de invenção no futebol. Santos Dumont Futebol Clube.

Leite Lopes está certo: "... o 'estilo brasileiro', do qual são os jogadores negros ou mestiços os principais artesãos, afirma-se na medida mesmo em que ele pode melhor aparecer e caracterizar-se através da criação de jogadas, estas microrreinvenções do jogo, que se tornam associadas à individualidade de determinados jogadores". E Lima Barreto e Graciliano Ramos, embora não tenham feito obras assim tão inovadoras quanto a folha-seca de Machado de Assis e a bicicleta de Oswald de Andrade, podem até descansar tranquilos. O futebol chegou ao centro do campo das discussões acerca da construção da nação, da consciência da nacionalidade, da configuração de uma identidade nacional brasileira. Gilberto Freyre, em *Ordem e Progresso*, já dava ressalte à relevância da música popular nos processos de composição da unidade nacional brasileira – música popular urbana e mestiça. E, a seu lado, o futebol igualmente mestiço. Para isso, foi fundamental a entrada triunfante em cena das nossas classes populares. Mas Freyre até indica uma quebra comportamental positiva, para esse processo, no âmbito da classe dominante/dirigente. Lembra ele que a elite imperial não participava de – nem assistia a – jogos. Já a nova burguesia dos tempos republicanos chegou a fundar e financiar times de futebol. Citando Freyre, em "Esporte e Sociedade: O Caso do Futebol Brasileiro", o historiador Robert M. Levine registra: "O Vasco da Gama resultou do sofisticado Lusitânia Club, fundado em 1898 por prósperos comerciantes e banqueiros portugueses. O Fluminense foi fundado em 1902 como uma ampliação social do britânico Rio Cricket and Athletic Association; desde o começo, os sócios em perspectiva foram selecionados, sendo aceitos somente os candidatos dos mais altos escalões da sociedade carioca. Os Guinles, uma das famílias mais ricas dentro da elite, foram dos seus patronos principais nos primeiros anos, assim como os Prados e os Mesquitas desempenharam os mesmos papéis no Clube Athletico Paulistano". A propósito, Levine cita uma historinha deliciosa, que colheu no livro *A Família Prado*, de Darrell E. Levi: "Quando Antonio Prado Júnior levou o seu Clube Paulistano no primeiro circuito europeu feito por um time brasileiro, em 1925, uma das estrelas era o seu primo Joaquim, do rico ramo 'preto' da família Prado [...] ... numa das partidas, Antonio Prado sentou-se com um parente francês, que apontou para o Joaquim e perguntou o nome 'daquele macaco'. 'Aquilo não é macaco', disse Prado: 'ele é teu primo'".

Mas não vamos nos ater a esse desvio. Fiquemos aqui em plano geral e popular. Veja-se aliás, a propósito das relações entre futebol, povo e nacionalidade, o livro *O Brasil no Campo de Futebol: Estudos Antropológicos sobre os Significados do Futebol Brasileiro*, da antropóloga carioca Simoni Lahud Guedes. Entre outras coisas, Simoni escreve: "De fato, o futebol, como a maioria dos esportes, é excelente terreno para a construção e confrontação de juízos sobre a nação. [...]. Tratando-se da atuação da seleção brasileira de futebol, chega a ser impressionante o modo como se passa, sem nenhuma mediação considerável, da avaliação do time para a avaliação do povo. As vitórias da seleção nacional evidenciam a capacidade do povo brasileiro, enquanto as derrotas são nada menos que denúncias de sua indigência. [...]. As qualidades e defeitos atribuídos ao time selecionado são, exatamente, as do povo brasileiro. [...]. O jogador de futebol, metonímia do povo brasileiro...". Também o livro supramencionado de Fátima Antunes, concentrando-se nas décadas intermediárias do século XX, é exatamente sobre isso: "... uma reflexão sobre a sociedade brasileira, na tentativa de compreender como ela se via e quais ideologias criou a respeito de si própria, tendo o futebol como paradigma da identidade nacional". Há os que afirmam que, em termos de identidade nacional, o futebol está aí mesmo: no âmago, no cerne, no centro do campo. Na verdade, há quem ache que a tese é válida para o mundo todo, como o já citado Richard Giulianotti: "Em qualquer lugar, o futebol nos fornece uma espécie de mapa cultural, uma representação metafórica, que melhora a nossa compreensão daquela sociedade [...]. Sua centralidade cultural, na maior parte das sociedades, significa que o futebol tem uma importância política e simbólica profunda, já que o jogo pode contribuir fundamentalmente para as ações sociais, filosofias práticas e identidades culturais de muitos e muitos povos [...] a difusão do futebol de um lado a outro do mundo possibilitou que diferentes culturas e nações construíssem formas particulares de identidade por meio de sua interpretação e prática de jogo". Numa situação extrema, o futebol pode aparecer até mesmo como a possibilidade última de identificação e união nacionais, como se pode ver no livro *Futebol & Guerra: Resistência, Triunfo e Tragédia do Dínamo na Kiev Ocupada pelos Nazistas*, de Andy Dougan, que aborda o tema com relação à Ucrânia asfixiada pelo Exército alemão. E a verdade é que, diante disso, a reação quase automática de um torcedor brasileiro é: se isto vale para o mundo inteiro, vale muito mais para o Brasil, que seria "o país do futebol". Mas isto é uma fantasia. O país-do-futebol são muitos.

Em todo caso, ouçamos, a este respeito, o antropólogo Roberto DaMatta, em seu texto "Antropologia do Óbvio": "No caso brasileiro, foi indiscutivelmente através do futebol [...] que o povo pôde finalmente juntar os símbolos do Estado nacional (a bandeira, o hino e as cores nacionais), esses elementos que sempre foram propriedade de uma elite restrita e dos militares, aos seus valores mais profundos. Ainda é o futebol que nos faz ser patriotas, permitindo que amemos o Brasil sem medo da zombaria elitista que, conforme sabemos, diz que se deve gostar somente da França, da Inglaterra ou dos Estados Unidos e jamais do nosso país. Além disso, o futebol institui abertamente a malandragem como arte de sobrevivência e o jogo de cintura como estilo nacional. Mas sem excluir a capacidade de jogar com técnica e força. Foi, portanto, só com o futebol que conseguimos, no Brasil, somar Estado nacional e sociedade. E, assim fazendo, sentir, pela avassaladora e formidável experiência de vitória em três [hoje, cinco] Copas do Mundo, a confiança na nossa capacidade como povo criativo e generoso. Povo que podia vencer como país moderno [a Copa de 1958 se deu num momento de afirmação e modernização do Brasil, sob o signo do projeto da construção de Brasília], que podia, também, finalmente, cantar com orgulho o seu hino, e perder-se emocionado dentro do campo verde da bandeira nacional". Ou, ainda, o cientista político Luis Fernandes, que considera o futebol "um dos pilares da nossa identidade nacional", em prefácio à mais recente edição do livro hoje clássico de Mário Filho: "Para além das paixões clubísticas, a democratização da prática do futebol, materializada na ascensão de jogadores negros e mestiços, permitiu que esse esporte viesse a ocupar posição central na construção da identidade nacional. Na ausência de um maior envolvimento brasileiro em guerras – matéria-prima para a construção de fronteiras de identidade na formação dos Estados nacionais unificados da Europa – o futebol forneceu um simulacro de conflito bélico para o qual era possível canalizar emoções e construir sentidos de pertencimento nacional [...]. Do Estado Novo de Getúlio ao regime militar, passando pela República Democrática instalada em 1945, todos os regimes que governaram o Brasil durante o seu ciclo nacional-desenvolvimentista exploraram a chave do futebol para ajudar a construir e consolidar a nossa identidade nacional. Em oposição ao racismo aberto das velhas oligarquias, o novo discurso oficial passou a valorizar a mestiçagem, associando-a aos sucessos de uma 'escola brasileira' de futebol, que expressaria a nossa singular maneira de ser no mundo, marcada pela criatividade, flexibilidade, informalidade e sensibilidade plástica".

Há quem discorde. Como Hélio Sussekind, que, ao se perguntar se o futebol contribui, de alguma forma, para a construção de uma identidade nacional, responde com um sonoro *não*. Mas a sua argumentação, que se arma em dois planos, me parece estrábica. Sussekind acha que futebol é dissensão. Nada tem de pacificador. A violência é uma das suas "marcas registradas" de esporte que desune e desagrega. Mesmo em partidas do escrete canarinho, a torcida não estaria ali para festejar e apoiar a seleção, mas para incentivar jogadores de seus times de preferência. "O futebol está longe de ser um elemento de aglutinação ou de construção", diz ele. Para acrescentar: "O que se pode aceitar é que o futebol contribua para estabelecer uma outra espécie de identidade, para fortalecer certos tipos muito particulares e frágeis de conexão. No momento de um gol é possível abraçar um estranho. Para incentivar o time de preferência, é natural que se associe ao coro de outros 30 mil ou 40 mil espectadores. Mas [...] a fruição de uma partida permanece quase tão solitária quanto a de um espectador de teatro. [...]. De todo modo, em se tratando de partidas entre clubes, há um laço [...]. Mas esta identidade tem um tempo e um espaço muito restritos para se manifestar. Ela não constrói nada de mais sólido ou efetivo socialmente falando. Findo o espetáculo [...] a identidade se desfaz, o laço se rompe". Além disso, Sussekind afirma que o futebol não pode contribuir para uma construção porque não constrói nada. "Não há nenhuma magia ligada ao futebol que faça com que dele brote o que não existe no corpo social". Ou: "No que se refere à construção de uma nação, ao fortalecimento de uma identidade nacional, não há o que esperar do futebol. Nunca é demais reforçar que ele é incapaz de produzir o que a sociedade não tenha experimentado antes". Getúlio Vargas, os militares do golpe de 1964, a Rede Globo, Fernando Henrique Cardoso e Lula, ou o que todos eles representaram, em conjunturas variadas, não passariam, assim, de uns bobocas comendo pipoca, enquanto o país...

Bem, sejamos sérios. A postura de Sussekind é insustentável. De saída, como bem disse Nelson Rodrigues, "o escrete brasileiro implica todos nós e cada um de nós". O povo torce pela seleção. Em estádios do Paraná, de Minas Gerais, do Maranhão, do Pará ou de Pernambuco, ainda que sem qualquer jogador local em campo, pessoas enchem as arquibancadas – aplaudindo, inclusive, jogadores de times que são rivais dos seus (por exemplo, assistindo a um Brasil e Bolívia no Maracanã, sentado na torcida do Flamengo, vi rubro-negros aplaudirem vibrando um gol de Edinho, jogador do arquirrival Fluminense). O que se quer é ver o Brasil vencer – e cada um de nós está representado, ali, por aqueles onze jogadores. Mas nem é isto o mais importante. O problema, penso aqui com meus botões, é que Hélio Sussekind pensa a identidade em termos horizontais e circunscritos. Se a plateia se divide em torcidas rivais, entre o Flamengo e o Fluminense, o Náutico e o Santa Cruz, o Cruzeiro e o Atlético, o Internacional e o Grêmio, o Bahia e o Vitória, ou entre o Corinthians e o São Paulo (ou o Palmeiras), não há identidade possível. Ocorre que não é nesse plano que a identidade se configura. Ela acontece na dimensão da similaridade e não no eixo da contiguidade. Se torço pelo Fluminense e você pelo Flamengo, estamos divididos no estádio, mas não são o Flamengo e o Fluminense que criam a identidade. É o torcer. Torcidas particulares contrastam no sintagma, mas se fundem no paradigma. Além disso, identidade nada tem a ver com laços fraternais. Numa rua do Rio de Janeiro ou do Recife, o bandido que dispara a arma e a vítima que cai agonizando podem pertencer ambos ao mesmo campo magnético de cultura, ao círculo mágico da mesma identidade, à mesma torcida do mesmo clube. De igual modo, a prática da fruição solitária pode ser elemento da construção identitária de um grupo. Por fim, uma forma cultural, para integrar o conjunto de elementos que compõem a identidade de um grupo, uma comunidade ou uma nação, não tem de produzir obrigatoriamente algo "que a sociedade não tenha antes experimentado". É quase o contrário. Embora dinâmica e mutável, a identidade é sempre mais um estar-aí do que um vir-a-ser.

Nesse caso, me sinto mais próximo do que diz Armando Nogueira, apesar de sua evidente idealização e o exagero de pensar que o jogador brasileiro não pensa, em prefácio ao volume *Futebol Arte*: "O inglês inventou o futebol. O brasileiro inventou o futebol de delícias [...]. O futebol de malícias. A mágica é facilmente explicável. Basta ver, através da história, um louro britânico jogando bola. O corpo apolíneo não ginga. Corre empinado, ereto. É a encarnação do futebol-força. Foi, então, que o brasileiro entrou em campo, desossando o futebol europeu, dos pés à cabeça. Amolecendo as juntas góticas do estilo europeu. Regando músculos mais frescos, até criar o jeito sestreiro de jogar futebol. Em vez da linha reta, a corrida sinuosa, célere, coleante, repleta de florões e arabescos. Tal como a capoeira, irmão gêmeo da finta, inspiração do chute de curva, do passe de calcanhar, pérolas do barroco brasileiro no campo do futebol. O brasileiro, vindo da taba e da senzala, inventa, então, a pelada, o futebol da medula. Que, antes de pensar, intui. Que, antes de sentir, pressente. Leônidas da Silva não parou para pensar no instante em que fez o primeiro gol de bicicleta. Nem Didi, quando inaugurou, nos campos, o chute de folha-seca. Muito menos Pelé, ao dar ao corta-luz a graça de um gesto de balé. Ou Garrincha, quando corria o campo todo, compondo, com seus dribles, espirais de vento e alegria. Jogo de futebol, jogo de cintura. Sem dúvida, uma das mais belas metáforas da alma brasileira". Concordo com boa parte, mas é claro que o jogador brasileiro pensa. E muito. Pelé, Gerson e Falcão são belos exemplos disso. E o que dissemos antes, acompanhando os desdobramentos da folha-seca de Didi, com Zico e Roberto Carlos, o comprova. Prova e comprova.

Vale, no entanto, pelo menos meio pé atrás, para ninguém ficar achando que somos tão idílicos. Numa entrevista de inícios da década de 1980, dada ao jornalista Lenivaldo Aragão, o velho Gilberto Freyre, passando em revista algumas ideias sobre futebol, pontuou: "... você vê tanta briga em futebol, que fica um pouco desanimado quanto a elogiar o que o futebol pode ser, a favor da solidariedade entre as várias regiões do Brasil. Realmente, nós estamos atravessando uma fase um pouco triste, brigas nos próprios campos. É uma coisa nova pra mim, pois eu me lembro da minha meninice e não havia isso. Realmente, o futebol entusiasma, sempre entusiasmou muito, mas sem chegar a esses extremos de rivalidades briguentas. Mas de qualquer maneira o futebol tem sido muito útil para o Brasil, tem sido uma revelação de talentos esportivos, tem sido também uma revelação de capacidade do brasileiro de ser desportivo e isso conta a favor de um país. Eu acho os desportos de um país uma parte valiosa de sua cultura". Indo adiante, Freyre observa que a onda atual de violência no futebol não deixa de ser um reflexo da maré geral de violência no país, decorrente da crise moral, política, social, etc., que atravessamos: "É o reflexo, sem dúvida. Realmente, estamos vivendo uma crise tremenda. Eu até fico orgulhoso do Brasil em ver como o povo brasileiro está resistindo a essa crise. Nós estamos tendo grandes problemas de violência, inclusive violência nos jogos, violência nas ruas, assaltos como nunca tivemos tantos, violentos também, mas de qualquer maneira você vê o povo brasileiro reagindo à crise de uma maneira honrosa para o Brasil. Essa crise não é brincadeira. Eu fico besta de ver como certas famílias estão resistindo, podendo manter os filhos e mantendo até filhos em escolas. Eu considero verdadeiros heroísmos praticados pela classe média mais pobre do Brasil".

O fenômeno da violência extracampo no futebol é mundial, claro. Mas, de país a país, manifesta particularidades. Entre nós, uma desgraça dentro e fora dos estádios, mas sempre girando em torno do futebol, são essas falanges de vândalos e criminosos que tantas vezes se agrupam sob o rótulo de "torcidas organizadas", entre cujos "ritos de passagem" figura a prova da violência contra torcedores de times adversários. Na verdade, gangues criminosas (vejam o recente episódio da Mancha Verde, do Palmeiras, emboscando torcedores do Cruzeiro). E é claro que o imaginário e a prática do "crime organizado", em torno de "comandos" vários (do "vermelho" ao "puro"), controlando segmentos significativos do espaço urbano brasileiro, tem tudo a ver com isso. Daí que me impressione o quanto nossos comentaristas televisuais (CNN, Globonews, Bandnews, etc.), que hoje posam de especialistas em tudo, emitindo asneiras sem tamanho sobre o Brasil, tanto têm o que falar, quanto o que não têm o que dizer, quando perguntados sobre o fenômeno. Condenam a violência, lamentam as "cenas deprimentes", mas não vão além disso. São de uma incapacidade analítica incomparável – e é claro que, embora reluzindo ignorância, acham-se o máximo. De qualquer modo, duas coisas devem ser ditas desde logo. A primeira é que a violência sempre foi um ingrediente poderoso da vida nas terras atualmente brasileiras. Da implacável máquina de guerra dos tupinambás (trucidando outros grupos indígenas e tomando suas terras) aos milicianos e "traficrentes" atuais (quando mesmo pastores evangélicos acham perfeitamente justificáveis os assassinatos que cometem), passando pelos negros malês do século XIX, que pretendiam fuzilar todos os brancos, pela fuzilaria impiedosa contra a Canudos de Antonio Conselheiro, pelo cangaço lampiônico ou por fazendeiros ordenando a morte de índios em movimentos expansivos de "fronteiras agrícolas", o fato é que carregamos uma "folha corrida" violentíssima nas costas. E as obras-primas da nossa criação estético-cultural sublinham isso, dos *Sertões* de Euclydes da Cunha ao *Grande Sertão: Veredas* de Guimarães Rosa, passando pelas descrições de sadismo senhorial em *Casa-Grande & Senzala*, de Freyre. A outra coisa é que ainda está por ser feita uma leitura psicossocial complexa das tais "torcidas organizadas". Porque me parece óbvio que elas, quando descambam para o gangsterismo e cultivam impulsos e projetos homicidas, estão a expressar desordens patológicas profundas na existência sociocultural contemporânea do nosso país. Hoje, a vida humana vale muito pouco, praticamente nada, entre nós. Pessoas se matam até por discussões imbecis no trânsito congestionado das grandes cidades. Mas não tenho como me estender sobre o tema aqui – fica para um outro ensaio.

De todo modo, não quero deixar de assinalar uma correspondência "estética" atual entre o segmento belígero da torcida e a forma algo raivosa (espumejante, até) de comemorar o gol, por parte, também, de um segmento de jogadores. Para mim, é uma coisa óbvia. Tradicionalmente, a feitura de um gol sempre era comemorada com gritos festivos, gestos claros e abertos de vitória, muitos abraços e muitos sorrisos. Sempre uma cena marcada, sobretudo, pela alegria.

Alívio e alegria, muitas vezes. Alguns jogadores criaram ou desenvolveram marcas comemorativas próprias, teatralizando cenograficamente o feito, a exemplo do impagável salto e soco no ar triunfais de Pelé, ou o punho fechado de jogadores mais politizados, como o Sócrates da "democracia corintiana" ou Reinaldo, centroavante do Atlético Mineiro. Mas o que vemos hoje, com uma frequência notável, é outra cena. Outra – e bem diferente. Não são poucos os jogadores que agora celebram seus gols com urros ou uivos, com expressões faciais de guerra, com gestos agressivos, provocadores, francamente bélicos. É uma espécie de, digamos, celebração "hooligan" do gol que se fez – e daí a minha analogia, justapondo o segmento de ódio das torcidas e a cara de algoz do goleador. Aviso logo que nada tenho, em princípio, contra qualquer teatralização do tento marcado. Não é isso. Certas "dancinhas" chegam mesmo a ser adoráveis, acentuando a dimensão lúdica da competição. Apenas sublinho que a postura de guerra de certos torcedores e a cara de violência explícita de certos jogadores fazem parte de um mesmo pacote estético e ideológico. É o espírito "hooliganista" da época. E vejo o contrário total e absoluto disso, muito mais do que em Ronaldinho Gaúcho requebrando e segurando o samba no pé, no gesto de Bebeto ao comemorar o gol contra a Holanda, na Copa de 1994, nos Estados Unidos. Ele dispôs os braços naquela posição tão brasileira de sugerir ou figurar um berço, e encenou o embalar de um neném, em homenagem a um seu filho (ou filha) que acabara de nascer. Com aquele gesto (o mesmo, aliás, de Garrincha, em 1962, ao embalar nos braços a taça do mundo biconquistada no Chile), naquele momento, diante do olhar de milhões de telespectadores de todo o mundo, o jogador brasileiro celebrava a vida, não a guerra.

Mas vamos adiante. Corpo e cultura. Samba, capoeira e barroco. Não é por acaso que podemos usar uma mesma palavra – e, significativamente, uma palavra africana apenas levemente aportuguesada – para falar de movimentos corporais no jogo da capoeira, na dança do samba, na coreografia do futebol. É a palavra *ginga*, vocábulo cuja origem, ao contrário do que diz o *Dicionário Houaiss da Língua Portuguesa*, não é de "origem obscura", mas escura e bem escura, negra. Veio-nos do mundo banto, congo-angolano, dos idiomas kikongo e kimbundo, como nos ensina a etnolinguista Yeda Pessoa de Castro, em *Camões com Dendê: O Português do Brasil e os Falares Afro-Brasileiros*: "s.f. movimento fundamental do jogo da capoeira, do qual partem todos os golpes defensivos ou ofensivos" – originalmente, *zinga* ou *jinga*, "enrolar, rodear, serpentear, balancear o corpo". E há décadas, na esteira de alguns estudiosos, venho insistindo na tecla do barroquismo do futebol brasileiro. Nem poderia fugir da estética barroca diante de comentários como os de Décio de Almeida Prado sobre o "malabarismo" de Leônidas, por exemplo: "... malícia do pensamento ao arquitetar numa fração de segundo a jogada que surpreendesse e desorientasse o adversário; malícia do corpo para descrever no ar o prodígio de coordenação muscular, de equilíbrio em movimento, que lhe permitia golpear a bola do ângulo e do jeito que ele desejava". Gilberto Freyre, por sua vez, explicitava a questão, ao falar dos "floreios barrocos" que caracterizavam o jogador brasileiro.

Leite Lopes, mais recentemente: "Pelé, ele próprio filho de jogador de futebol [filho de Dondinho, de quem herdou o gosto pela bola e o topete "buscarré"], treinado ainda menino por um grande jogador negro do passado, Waldemar de Brito, da geração de seu pai e de Leônidas e considerado tão talentoso quanto este, é [...] o verdadeiro herdeiro de todos os 'barroquismos' brasileiros". Mesmo um jogador caracteristicamente assinalável pela clareza e a limpidez, a exemplo de Tostão, com seus dribles curtos e concisos, não foi nada estranho ao barroco, como se pôde ver no carnaval que fez em cima de Bobby Moore e da defesa inglesa na Copa do México, antes de encontrar Pelé – e este a passar de lado, para Jairzinho marcar o gol da vitória brasileira. O que vemos entre nós é um gosto pela curva, pelo efeito, pelo floreio, pela estetização da jogada, que fez Ronaldo quase se desculpar por ter feito um gol de bico na Copa de 2002, remetendo o seu chute ao de Romário na Copa dos Estados Unidos, como a expressar a necessidade de arranjar um padrinho ilustre para toque tão "grosseiro" em linha reta. De fato, *mutatis mutandis*, definições do barroco como arte lúdica e sensual, como poética do excesso, como "mais-valia" de signos, como império da forma e do trabalho artesanal com a linguagem, feito para enfeitiçar os sentidos, parecem feitas sob medida para caracterizar a escola brasileira de futebol. E assim unir, em plano geral e na dimensão maior da nossa cultura, o Aleijadinho e Garrincha, Gregório de Mattos e Domingos da Guia, Antonio Vieira e Pelé, Guimarães Rosa e Didi, Oscar Niemeyer e Leônidas, Haroldo de Campos e Ronaldinho Gaúcho.

E é claro que esta semiótica do futebol brasileiro deve ser olhada a partir de uma antropologia do corpo. Raul Bopp, em *Movimentos Modernistas no Brasil*, falou de um projeto, concebido no âmbito da vanguarda antropofágica comandada por Oswald de Andrade e Osvaldo Costa ainda na década de 1920, de realizar estudos sobre o andar do negro. De certa forma, foi uma semiótica gestual desta espécie o que fez Carybé com seus desenhos em nanquim. Ou o que realizou a *trobairitz* Cecília Meireles, em *Batuque, Samba e Macumba: Estudos de Gesto e de Ritmo* – estudos visuais com nanquim, aquarela e lápis, focalizando o samba e a macumba nas décadas de 1920 e 1930 no Rio de Janeiro. Esse andar mulato, esse movimento corporal negromestiço, não escapou aos olhares de Gilberto Freyre (*Nordeste*) e do sociólogo francês Roger Bastide (*Brasil, Terra de Contrastes*). Ambos falam do andar cadenciado das mulatas dos litorais da Bahia, de Pernambuco, do Maranhão. Em cena, o rebolado, o remelexo, o movimento das ancas em vai-e-vem, ginga a meio caminho entre o andar e dança, que Dorival Caymmi, poeta sempre fascinado pelo erotismo muscular das fêmeas, celebrou em composições como "Dora" e "A Vizinha do Lado". É esse andar cadenciado, esse movimento dos quadris, da bunda (outra palavra de origem africana), que vai se expressar, de modo mais rítmico e acelerado, na roda de samba, em requebrados sensuais de homens e mulheres de todas as preferências sexuais. E é a ele que remetem movimentos da cintura e dos quadris em certos dribles. Veja-se o que diz Domingos da Guia, o "divino mestre", citado por Aquino: "Eu era bom de baile mesmo e isso me ajudou em campo [...] gingava muito [...] o tal do drible curto eu inventei imitando o miudinho, aquele tipo de samba". Não diz outra coisa a marchinha que tomou conta do país em 1958: "A taça do mundo é nossa/Com brasileiro, não há quem possa/Ê-eta esquadrão de ouro/É bom no samba, é bom no couro.//O brasileiro lá no estrangeiro/Mostrou o futebol como é/Levanta a taça do mundo/Sambando com a bola no pé". E o que não faltam são jogadores sambistas, a exemplo do lateral esquerdo Júnior, craque do Flamengo e da seleção. (Por falar nisso, vendo certa vez cenas de carnaval na televisão, vi Júnior sambando em algum lugar: um sambista à moda antiga, sambando cadenciado, no estilo anterior à perversão da dança pelo "sambódromo" de Darcy Ribeiro, que obrigou as escolas a levar um outro tipo de samba, aceleradíssimo, destruindo o estilo tradicional da dança, para não ter atraso no desfile.) Do mesmo modo, me parece evidente a relação entre o gingado (e o repertório de golpes da capoeira) e movimentos de corpo dos jogadores brasileiros, alguns deles, aliás, capoeiristas habilidosos, como o baiano Popó. A tão citada "bicicleta" de Leônidas, por exemplo, nos traz à lembrança giros de corpo da capoeiragem. Assim como à capoeira remetem o corta-luz, o carrinho, a tesoura.

E tudo isso cabe no barroco. No barroco popular em que foram criados os nossos mestiços. A escola brasileira de futebol é filha do barroco, da mestiçagem e da nossa disposição cultural "antropofágica". Em sua *Sociologia*, Gilberto Freyre sublinhou esse aspecto "antropofágico" do nosso futebol, relacionando-o a outras de nossas manifestações de cultura. O chute em curva de Didi e a curva neobarroca de Niemeyer. Podemos falar aqui de um produto específico de uma mestiçagem e de um sincretismo também específicos. De uma escola barroco-mestiça de futebol, que continua nos ofertando os seus brilhos mágicos. Por isso mesmo, discordo do artigo de Geraldo Couto ("Mediocridade Globalizada"), publicado na *Folha de S. Paulo*, tempos atrás. Nele, Couto assina embaixo de um texto de Tony Karon, estampado na revista *Time*. Para Karon, foi-se o tempo em que cada país possuía um estilo próprio de jogar. Não acho. Mas as observações do norte-americano são interessantes, na caracterização dos estilos de alguns países: "... o jogo inglês era todo 'chutão e correria', com a bola sendo alçada com a maior frequência possível na área, onde um atacante durão abria caminho à força entre os zagueiros para enfiar sua cabeça na bola, fosse em direção ao gol, fosse para o chute de um companheiro que vinha de trás". Já os italianos "jogavam um futebol ambulante, tocando a bola um para o outro ao longo de quase todo o campo, escolhendo companheiros para passar com a lenta precisão de um jogo de xadrez, com o intuito de tirar um dos defensores adversários de posição e criar um espaço vazio onde se poderia desfechar um ataque rápido e um chute a gol". Os alemães combinariam a força física do *English Team* com a disciplina tática da *Azzurra*. Quanto ao Brasil, Karon se desmancha: "Ah, o Brasil, cuja poesia com a bola fazia todas as variedades do futebol europeu parecerem prosaicas. Eles enfatizavam aquele tipo de exibição do talento e da criatividade individual que a maioria dos sistemas europeus de treinamento tinha extirpado de seus jovens já na adolescência. Criavam uma forma vertiginosa e melódica do jogo (personificada no jovem Pelé) na qual os jogadores faziam rotineiramente o imprevisível". Karon lamenta, então, que tudo isso seja coisa do passado. Couto lamenta com ele. Eu, não. "Qualquer torcedor sabe o que significa jogar como os brasileiros (com estilo, elegância e um ritmo intoxicante)", como bem disse o escritor Salman Rushdie, em "The People's Game". Não posso negar o que vejo – ou o que ainda vejo. Para Karon, a globalização dos mercados suprimiu as linguagens futebolísticas de cada país. Criou um idioma universal pasteurizado. O jogador brasileiro continuaria com sua habilidade e fantasia, mas enquadrado num sistema pragmático de jogo, que coloca acima de tudo a disciplina coletiva e a competitividade da equipe.

Tenho boas razões para discordar. A aliança entre fantasia individual e jogo coletivo foi exemplarmente alcançada com a seleção de 1958, na Suécia. Foi mais do que clara na Copa do Chile, em 1962, com Amarildo substituindo Pelé. E se realizou plenamente em 1970, na Copa do México, com a maior seleção nacional de futebol de todos os tempos. Aquela forma "vertiginosa e melódica" do jogo não era criada por um ou por dois ou três, mas por todos os jogadores. Em segundo lugar, o futebol poético do Brasil sempre se manifestou em esquemas táticos importados. A invenção futebolística brasileira é personalizada, individual, realiza-se no craque. Invenção técnica e pessoal. Estilística, mas não sistêmica ou esquemática. Nunca fomos bons para inventar sistemas, como fez a Holanda de Cruyff com o seu "carrossel", em 1974. Daí que nossos comentaristas falassem tanto, antigamente, da falta de uma "tradição de marcação" do jogador brasileiro. Desde os babas e peladas da infância, achamos que marcar é coisa de medíocre tentando abafar ou apagar os lampejos de quem realmente sabe jogar. Em terceiro, e para não falar da beleza da seleção derrotada em 1982, vimos a conquista do pentacampeonato em 2002, na base de espetáculos de garra e fantasia, já em tempos de futebol globalizado. Assistam a um compacto com as melhores jogadas de Ronaldinho Gaúcho, o jogador mais brilhante do planeta naquele momento, em desempenhos inesquecíveis no Barcelona e na seleção – e depois a gente conversa. Mas é claro que sabendo que é possível continuar tranquilamente essa conversa com relação ao atual momento futebolístico mundial, meados da década segunda do século XXI. E prossigo dando minhas razões.

Penso que é mero saudosismo, nostalgia fantasiosa ou muita falta de atenção, o que aflora no fato de algumas pessoas mais velhas dizerem que hoje os times todos jogam da mesma forma. Não é verdade. Os esquemas, estruturalmente, são muito parecidos, às vezes idênticos, *como quase sempre o foram*, mas os resultados são diversos. Quando puxam o assunto, costumo fazer uma comparação com as atuais cabeleiras dos jogadores (por falar nisso, não me lembro de ter visto, na minha juventude, jogador usando barba, a não ser como rara forma de protesto; o que mais se via era bigode, espesso ou fininho, à Didi e Nilton Santos, mas hoje a barba comprida se tornou comum). O corte do cabelo, na sua estrutura, é praticamente o mesmo. A máquina (não a tesoura) desbasta o espaço entre as orelhas e o alto da cabeça. E parece que o estilo algo "punk" foi adotado por todos. Mas, se o corte é o mesmo, o pimpão varia. Basta comparar a seleção norueguesa com a nigeriana. Ou o cabelo do ucraniano Zinchenko com o do brasileiro Vini Jr. ou o do nigeriano Chukwueze, atacante do Villarreal. É a mesma diferença que vejo no desempenho dentro do campo. Existe, sim – mas sempre existiu: os esquemas futebolísticos são poucos –, alto grau de uniformização. O "corte" é o mesmo, de Liechtenstein ao Equador. Mas o "pimpão" – o estilo – vai mudando de país a país, de time a time, de jogador a jogador. Não era menos saudosista e desatenta, aliás, a crítica de umas duas décadas atrás que dizia que jogos sempre iguais tenderiam a terminar no 0 x 0 ou em vitórias magrelas, pelo placar mínimo. Mas me sinto sem nenhuma necessidade de contra-argumentar depois de ter assistido, num dia primeiro de julho de 2024, a um 4 x 4 entre o Manchester City e o Chelsea, uma partida espetacular, inclusive com o implacável centroavante Haaland fazendo um gol de bunda. Ainda mais que, no dia anterior, eu tinha visto o

5 x 1 do Real Madrid no Valencia. E juro: foram dois jogos totalmente diferentes um do outro. Ah, e no final de outubro do mesmo ano a partida entre o Real Madrid e o Barcelona? Jogo magnífico. E o Barcelona arrasou o meu Real Madrid dentro de casa, no Santiago Bernabéu, com uma goleada de 4 x 0, gols de Lewandowski (dois), Raphinha e Lamine Yamal. (Fiquei impressionado, por falar nisso, com os gols perdidos por Mbappé.) Na sequência, vi a partida do Arsenal – que conta com um trio brasileiro de gabriéis: Gabriel Magalhães, Gabriel Martinelli e Gabriel de Jesus, este sempre com aquela cara de eterno pedinte ou suplicante – contra o Liverpool. O jogo ficou no 2 x 2. Poucos dias depois, assisti ao clássico do futebol holandês, realizado em Amsterdã, entre o Ajax e o PSV Eindhoven, time no qual, anos atrás, o nosso endiabrado Romário exibiu brilhos e mais brilhos. O Ajax venceu: 3 x 2. Nada de extraordinário, claro. Mas, ainda aqui, convenhamos: se 2 x 2 não é 0 x 0, menos ainda 3 x 2 o é. E que tal o Liverpool 6 x 3 Tottenham?

Por tudo o que vejo, continuo a não me sentir nada inclinado a concordar com a tese da "mediocridade globalizada". Jogadores continuam reluzindo – para quem quiser e souber ver. E não é por acaso ou por mero espírito perdulário que clubes de diversas partes do mundo, do Paris Saint-Germain ao Real Madrid, do Manchester City ao Roma, investem fortunas na aquisição de craques. Eles ainda decidem jogos e campeonatos. Se o talento não contasse mais, somente o preparo e a força física, em vez de contratar Messi ou o nosso osasquense Rodrygo, os times comprariam passes de atletas como um Usain Bolt ou quem sabe, num extremo caricatural, de um Maguila. E a verdade é que craques não cessam de aparecer. Como agora este surpreendente Lamine Yamal, que na infância teve Neymar como ídolo. Lamine, filho de pai marroquino e mãe da Guiné Equatorial, estreou aos 15 anos de idade no Barcelona e hoje reluz na ponta direita do time. Lembre-se que, na sua estreia na equipe titular, foi aplaudido de pé pela torcida, ao ser substituído lá pelo final do segundo tempo. Ainda com 16 anos de idade, chegou à seleção espanhola. E o interessante é que é um ponta-direita canhoto. Quando ele dispara pela direita, é com a perna esquerda que conduz a bola. E assim vai encantando plateias do mundo inteiro, com sua visão de jogo, sua inteligência rápida, seus dribles, suas arrancadas, seu chute potente, sua habilidade extrema. Ora, é claro que o futebol, hoje, não é, obviamente, o mesmo que tínhamos na década de 1960. Ou na década de 1970. Muita coisa mudou fora e dentro do campo (principalmente, fora). E até entre o fora e o dentro, com a criação do VAR, sigla de *video assistant referee* – embora, para quem conhece história do Brasil, a sigla remeta logo ao Vossa Alteza Real, que encontramos em tantos documentos de séculos transatos.

Dentro do campo – que é o que aqui me interessa –, o estilo de jogo, atualmente, é bem outro. Em termos coletivos, embora pareçam praticamente iguais, os esquemas são relativamente diversos. Individualmente, a mudança mais visível está na função do goleiro. Armando Nogueira afirma que o precursor, nesse caso, foi o húngaro Grosics, goleiro do Honved, "o primeiro da posição a usar os pés com a mesma inteligência com que usava as mãos", na década de 1950. No Brasil, o pioneiro foi Poy, goleiro do São Paulo. Deles descendem tanto Rogério Ceni, hoje treinador do Bahia, quanto Manuel Neuer, goleiro do Bayern de Munique e da seleção alemã. Antigamente, o goleiro se limitava a cuidar do seu espaço, para que a bola não o vencesse e fosse entufar a rede. Em consequência de sua função espacialmente limitada, ele não contava nos esquemas táticos (4-3-3, 4-2-4, etc.; todos somando 10 e nunca 11 jogadores). Hoje, sua presença em campo ganhou outra dimensão, com a bola girando em trocas de passes (às vezes, bem perigosos) no campo defensivo. O goleiro passou a funcionar também como zagueiro e, não raro, como armador. Alguns aprenderam a fazer lançamentos precisos, em vez de se contentar com o desafogo do chutão para o alto. E vemos até mesmo goleiro matando a bola no peito já perto do círculo central do gramado. Mas voltemos ao meu tema: o talento individual, com a sua marca de origem, com a sua tatuagem antropológica, o seu selo cultural e estilístico, não sumiu. Ninguém vai achar que Kroos é um jogador argentino ou que Messi é um craque alemão. Nunca. Os modos de jogar são inteiramente distintos. Toni Kroos, alemão de Greifswald, descende do *Kaiser* Franz Beckenbauer, assim como Messi, argentino de Rosário, é neto de Sanfilippo e filho de Diego Maradona. Outra coisa, antropologicamente da maior relevância: a presença de mestiços escuros, de origem negroafricana, não alterou apenas cromaticamente o futebol francês – imprimiu ali um novo estilo de jogo, que não é sequer o dos tempos mais recentes de Michel Platini. Não vejo, portanto, a propalada "pasteurização". Os esquemas táticos dos times, como disse, são praticamente os mesmos, mas a individualidade tem um papel fundamental. É o craque que desmonta um marcador, que desarticula o sistema defensivo adversário, que inventa espaços e abre caminho para o gol, que comanda vitórias. Tanto ontem como hoje. Messi, a conquista argentina da Copa do Catar, e Mbappé brilhando na seleção francesa vice-campeã, que o digam. O Brasil, hoje, encontra-se em refluxo, longe de grandes títulos mundiais (mesmo o Flamengo, campeão mundial de clubes com a brilhante geração de Zico, prestou-se recentemente a um tremendo vexame no mesmo torneio – vexame devidamente antevisto por alguns jogadores, como Rodrygo, e alguns poucos analistas amadores de futebol). Mas nossos craques seguem fazendo grande sucesso no exterior, a exemplo do já veteraníssimo Casemiro, jogando na Inglaterra (e quem imaginaria, no tempo de Charles Miller, que o Brasil um dia exportaria mulatos para o futebol inglês?). E são frutos – todos eles – da mesma escola barroco-mestiça que deu vida e luz ao futebol brasileiro. Que deu luz e vida a Pelé.

Mas vamos encerrar. E, neste final, pelo que foi dito até aqui, sinto-me na obrigação de discordar de um pensador que foi muito importante para mim (e não só com relação ao futebol): o holandês Johan Huizinga, com o seu esplendoroso *Homo Ludens*. Vejamos. Quando abandonamos o espírito que reinava nos jogos mais antigos, e mesmo nos afastamos da "unilateralidade da vida esportiva medieval", com seu caráter aristocrático, passando a nos banhar nas mais diversas marés modernas e contemporâneas dos esportes, Huizinga considera que sofremos uma perda essencial. Foi o esvaziamento da dimensão lúdica do jogo transformado em esporte de massas. Esta perda do lúdico seria a herança que recebemos, em consequência da passagem do divertimento ocasional para a competição organizada de clubes. No fundo – e na verdade –, Huizinga atribui essa perda, esse estrago ou extravio, à contextura histórica em que se deu a transição do amadorismo ao profissionalismo. Nos termos seguintes: "... a sistematização e regulamentação cada vez maior do esporte implica a perda de uma parte das características lúdicas mais puras. Isso se manifesta nitidamente na distinção oficial entre amadores e profissionais (ou 'cavalheiros e jogadores', como já foi hábito se dizer), que implica uma separação entre aqueles para quem o jogo já não é jogo e os outros, os quais, por sua vez, são considerados superiores apesar de sua competência inferior. O espírito do profissional não é mais o espírito lúdico, pois lhe falta a espontaneidade, a despreocupação. Isso afeta também os amadores, que começam a sofrer de um complexo de inferioridade. Uns e outros vão levando o esporte cada vez mais para longe da esfera lúdica propriamente dita, a ponto de transformá-lo numa coisa *sui generis*, que nem é jogo nem é seriedade. O esporte ocupa, na vida social moderna, um lugar que ao mesmo tempo acompanha o processo cultural e dele está separado, ao passo que nas civilizações arcaicas as grandes competições sempre fizeram parte das grandes festas, sendo indispensáveis para a saúde e a felicidade dos que nelas participavam. Essa ligação com o ritual foi completamente eliminada, o esporte se tornou profano, foi 'dessacralizado' sob todos os aspectos e deixou de possuir qualquer ligação orgânica com a estrutura da sociedade".

Huizinga é sempre brilhante. Mas nem acho que sejam necessárias muitas palavras para contestá-lo nesse particular. De um modo geral, como bem lembrou Ronaldo Helal em *Passes e Impasses: Futebol e Cultura de Massa no Brasil*, trazendo à luz uma caracterização feita por Umberto Eco com relação à chamada "indústria cultural", a postura do filósofo holandês é a do "apocalíptico" e não a do "integrado". O ponto de vista de Georges Magnane, na sua *Sociologia do Esporte*, não é diverso. Também ele é um "apocalíptico". O próprio Ronaldo Helal comenta: "... Magnane expressa sua crítica ao esporte moderno afirmando que este 'corre o risco de perder o seu caráter lúdico para tornar-se uma empresa comercial, sujeita às regras da propaganda e da publicidade'". E mais – generalizando: "O conjunto destas críticas [de Huizinga, Magnane e outros autores] nos remete à ideia de que a transformação do esporte em um 'espetáculo' das multidões é responsável pelo declínio do elemento lúdico e que a erosão deste é acompanhada e até mesmo causada pelo advento da comercialização do esporte, transformando-o em um negócio e, consequentemente, em um evento profano". Verdade que a profissionalização e a comercialização impõem disciplina e racionalização, minimizando o espaço da brincadeira pura e simples. Neste sentido, reduzem o espaço do lúdico. Ao mesmo tempo, o futebol se firmou assim, com o profissionalismo, há mais de cem anos. E seria pelo menos estranho excluir o jogo de futebol do universo lúdico. Além disso, não vejo como a comercialização degradaria definitivamente a essência do futebol. Não só porque o comércio é tão antigo quanto a humanidade – e porque não o considero, em si mesmo, degradante. Mas também porque gosto de lembrar, aos críticos mais "apocalípticos" que sublinham a "secularização" do futebol, que a própria religião, em diversas situações históricas bem conhecidas, foi um negócio – e, não raro, um grande negócio.

Mas vamos nos concentrar em Huizinga, lembrando de imediato o fato de que, como Eco já demonstrava, nem a perspectiva "apocalíptica" nem a "integrada" conseguem dar conta da complexidade dos processos. Do nível mais elementar ao mais sofisticado. No nível mais elementar, é simplesmente insustentável afirmar que "o jogo já não é jogo" para Didi, Pelé, Tostão ou Rivelino, se não quisermos citar o extremo lúdico absoluto encarnado em nosso Mané Garrincha. Quando leio a sua afirmação, feita para provar que o futebol deixou de ser lúdico, de que "no verdadeiro jogo é preciso que o homem jogue como uma criança" (e ele mesmo fala da seriedade da criança no jogo), penso em Pelé: o moleque das peladas jogadas nas ruas de Bauru está presente nos estádios mexicanos da Copa de 1970. Só não vê quem não quer. E, por falar em "ver", enxergar "excesso de seriedade" em jogadores como Garrincha seria, no mínimo, *nonsense*. No nível um pouco mais refinado, histórica e intelectualmente, devemos chamar a atenção para o fato de que Huizinga não atenta para especificidades contextuais, como a da profissionalização do lúdico no Brasil, através do futebol, numa conjuntura muito especial, entre a abolição da ordem escravista e as políticas sociais que se seguiram à Revolução de 1930. Se continuássemos no amadorismo, o futebol brasileiro não teria o significado que teve e tem para as massas proletárias pretas e mestiças do país. Desconfio até mesmo da suposição de Huizinga de que o futebol se tenha tornado um jogo "dessacralizado", onde o "profano" aboliu o sagrado. Acompanhando a conduta e a vivência das torcidas brasileiras, com suas promessas e até rezas dentro do espaço dos estádios durante os jogos, pedindo aos céus que de alguma forma interfiram na partida, posso me inclinar a ver ali uma postura explicitamente ritualizada das pessoas, mesmo que aí não queiramos ver mais do que uma degradação do "sagrado". E a última afirmação do filósofo, asseverando a inexistência de uma ligação orgânica entre o futebol e a estrutura da sociedade, é a negação absoluta e insustentável não só de todo o saber sociológico, mas, principalmente, da realidade que se desdobra à nossa volta, se não a cada hora e a cada dia, pelo menos a cada semana.

Mas o principal, para mim, é que, ao contrário do que nos diz Huizinga, o jogo de futebol – apesar das imposições, das negociatas e da ganância do poder empresarial-publicitário – permanece lúdico, essencialmente lúdico. Ou seja: o jogo virou negócio – mas não deixou de ser jogo. E, nesse caso, Huizinga parece se esquecer de algumas de suas próprias indagações e da resposta que dá a elas, já no texto "Natureza e Significado do Jogo como Fenômeno Cultural", capítulo primeiro do *Homo Ludens*: "Está tudo muito bem, mas o que há de realmente divertido no jogo? Por que razão o bebê grita de prazer? Por que motivo o jogador se deixa absorver inteiramente por sua paixão? Por que uma multidão imensa pode ser levada até ao delírio por um jogo de futebol? A intensidade do jogo e seu poder de fascinação não podem ser explicados por análises biológicas. E, contudo, é nessa intensidade, nessa absorção, nessa capacidade de excitar que reside a própria essência e a característica primordial do jogo".

Post-Scriptum. Observei, neste final, que a invenção brasileira sempre foi mais personalizada, individual, do que sistêmica ou esquemática. Mas não devo esquecer que há quem diga que o esquema 4-2-4 (4 defensores, 2 meio-campistas, 4 atacantes) foi criado ou, ao menos, popularizado pelo Brasil. É o que nos diz Mário Marinho, por exemplo, em *O Grande Livro do Futebol*: "... a criatividade do jogador brasileiro acabou propiciando o nascimento de um novo esquema: o 4-2-4". Já Pelé o trata como caracteristicamente brasileiro, mas não exatamente como invenção nossa, quando, em sua terceira autobiografia, fala da Copa da Suécia: "Os times europeus sabem se defender e em geral tendem a ter mais zagueiros do que atacantes. E lá vínhamos nós jogando aquele futebol excitante, abusado, agressivo, e o público foi à loucura. Enquanto a maioria dos times no torneio atuava na formação 4-4-2, nós estávamos mais para um 4-2-4: quando tínhamos a posse de bola e partíamos para o ataque, havia quatro de nós na linha de frente. O Garrincha era uma peça-chave nessa estratégia. Os dribles dele pela ponta direita deixavam os defensores loucos – além de fazerem a torcida cair na risada, de pura alegria: eles nunca tinham visto nada parecido com aquilo. Depois que o Garrincha pegava a bola, o adversário não conseguia mais tomá-la dele. Ninguém sabia para que lado ele iria. Isso dava tempo para os nossos jogadores que haviam recuado voltarem ao ataque". E o rei está certo. De acordo com os registros disponíveis, o sistema 4-2-4 é criação húngara, exibida com brilho superior na Copa do Mundo de 1954. Estudiosos dizem que teria sido introduzido no Brasil pelo treinador húngaro Bela Guttmann, em 1957, quando foi contratado pelo São Paulo. Por feliz coincidência, Vicente Feola foi então auxiliar de Guttmann. Aprendeu com ele o 4-2-4 que, com variações para um 4-3-3, projetou-se como o esquema apresentado vitoriosamente pelo Brasil na Copa da Suécia. E Richard Giulianotti, por sua vez: "Duas outras estratégias de jogo foram apresentadas com grande sucesso durante as décadas de 1950 e 1960. A primeira foi o ousado sistema 4-2-4 tornado famoso pela seleção brasileira em sua campanha vitoriosa na Copa do Mundo de 1958. Esse estilo simbolizou a sobrevivência do compromisso estético do futebol em atacar e marcar gols dentro da era moderna. Embora o seu pragmatismo não deva ser subestimado, devido aos ilustres atacantes que estavam em sua ponta de lança, esse estilo de ataque brasileiro ainda é visto em todo o mundo como a forma mais pura e encantadora de futebol enquanto o próprio exemplo de 'alta modernidade' do esporte. Embora os brasileiros gradualmente tenham acomodado um atacante no meio de campo, a fluência do ataque permaneceu. O seu apogeu foi em 1970 na Copa do México, com o massacre de 4 x 1 sobre a Itália na final. Significativamente, a cobertura televisual em cores trouxe, pela primeira vez, o espetáculo completo para milhões de telespectadores na Europa e nas Américas, com a primeira superestrela global do esporte, Pelé, em seu epicentro. Os replays televisuais constantes do triunfo do Brasil forneceram um referencial crucial para a mitologização do maior time de futebol".

[Texto produzido originalmente em Brasília, no primeiro semestre de 2003, quando fui assessor especial do Ministério da Cultura, no primeiro mandato presidencial de Lula. Levemente retocado, foi incluído no meu livro A Utopia Brasileira e os Movimentos Negros *– São Paulo: Editora 34, 2007. E agora, revisto, largamente ampliado e atualizado, é republicado aqui.]*

II.

PELÉ, O NEGÃO PLANETÁRIO

1.
O DUPLO E O TOPETE

Vamos começar esta nossa conversa apreciando cenas e cenários totalmente diversos entre si. De uma parte, nos situando numa pequena cidade do interior, então praticamente perdida no sul de Minas Gerais, batizada ou rebatizada com o nome de Três Corações – e cujos nativos se dizem "tricordianos". De outra, nos deslocando até Nova York, metrópole frenética e multicolorida do mundo globalizado, na década de 1970. Nesses dois pontos tão distantes e mais ainda distintos um do outro, encontraremos a personagem central deste ensaio: Pelé, "o rei do futebol".

Comecemos por Minas. No dia 23 de outubro de 1940, uma senhora chamada Celeste Arantes do Nascimento deu à luz um gênio. Ninguém desconfiava disso naquele momento, é claro. O que se via ali, sob o signo zodiacal do escorpião, era a chegada ao mundo de um pretinho pobre, ingressando desavisado no ambiente de uma família humilde, para morar numa casinha bem precária, onde Dona Celeste vivia com o marido João Ramos do Nascimento, o Dondinho, jogador de futebol dono de algum talento, amante incorrigível do *métier* futebolístico, e soldado raso do 4º. Regimento de Cavalaria de Três Corações. Dondinho e Dona Celeste se casaram muito cedo. Não sei exatamente quando ela se iniciou no mundo encantado do sexo, mas o fato é que, quando se casou com seu querido Dondinho, estava com apenas 15 anos de idade. E um ano depois, ainda uma *teenager*, aos 16 anos, pariu Pelé. Nossos atuais moralistas "libertários" do identitarismo "woke", inimigos do prazer e da vida instintiva, que fiquem horrorizados. Mas esta foi e continua sendo a vida real, longe da basbaquice de pretender impedir que as pessoas façam sexo ou amor, deem suas belas e boas trepadas, antes de chegar à maioridade. Dona Celeste não esperou – e, graças à sua desenvoltura, deu ao mundo o maior jogador de futebol de todos os tempos. Pretinho que, aterrissando em Três Corações, logo seria conduzido à pia batismal, ganhando o nome de Edison, em homenagem a Thomas Edison, o inventor da lâmpada elétrica – e que, também imediatamente, seria carimbado com o apelido Dico, com o qual a família sempre continuará a tratá-lo. Mas Pelé, de fato, nunca foi um tricordiano. Pousou na cidade até aos 2 anos de idade, quando sua família se mudou para outras pequenas cidades interioranas, até desfazer as malas em Bauru, no interior de São Paulo. Como ele mesmo confessou, Três Corações não chegou a ocupar um espaço sequer mínimo em sua memória. "Minha primeira memória real começou com o trem viajando para Bauru". Bauru, sim, foi a verdadeira cidade de Pelé, da infância à puberdade. O lugar onde ele realmente definiu o seu lugar no mundo, a partir da definição do lugar do futebol em sua vida. E de onde, garoto ainda, tomou o trem que o levaria à cidade portuária de Santos, ponto de partida de uma peripécia pessoal planetária.

Passemos então a Nova York, na narrativa de Lew Freedman, já no parágrafo de abertura do seu livro *Pelé: A Biography*: "Nos anos de 1970, quando o grande futebolista Pelé veio para os Estados Unidos, a fim de jogar no New York Cosmos, da Liga Norte-Americana de Futebol, leitores de jornais e espectadores de televisão do país foram informados de que ele era a pessoa mais conhecida do mundo. Como, naquela época, o futebol não era considerado um esporte maior no país – de fato, esta foi uma das razões que levou a luminária brasileira a sair do seu recolhimento –, o algo egocêntrico público norte-americano teve dificuldade em acreditar na (ou entender a) informação. Mas ela era sem dúvida verdadeira. O que a audiência norte-americana não conseguia compreender era a força que o futebol tinha no resto do mundo. Através da América Central e da América do Sul, da Europa e da África, o futebol era rei. Era não apenas o esporte mais importante na maioria das nações sobre a superfície terrestre, mas também profundamente entrelaçado na textura da maioria das culturas desses países. Como o maior jogador de futebol do mundo, e indisputavelmente o melhor de todos os tempos, Pelé transcendia fronteiras nacionais. Era uma divindade humana para qualquer país futebolístico do planeta. O presidente dos Estados Unidos podia ser a pessoa mais poderosa da Terra, mas Pelé era reconhecido por camponeses do deserto e por homens tribais dentro das florestas". Para ampliar o quadro, lembremos que a revista *Time* listou Pelé entre os vinte "heroes and icons" do século XX, ao lado de, entre outros e outras, Marilyn Monroe, Anne Frank, Che Guevara e Madre Teresa de Calcutá. E Harry Harris, em *Pelé – His Life and Times*: "Na Nigéria, em 1967, foi declarada uma trégua na guerra de Biafra, para que ambos os lados pudessem ver Pelé jogar. O xá da Pérsia [Irã] certa vez esperou três horas num aeroporto internacional apenas para falar com ele. Guardas de fronteira na China Vermelha deixaram seus postos para homenageá-lo em Hong Kong. Ele teve audiência com três papas, dúzias de reis, cinco imperadores, cerca de cem presidentes e cinquenta chefes de Estado. E é cidadão honorário de mais cidades e países do que qualquer outra pessoa na história".

É a trajetória existencial e cultural deste brasileiro grandioso – a pessoa de maior habilidade que um dia nasceu neste nosso país – que vai mobilizar a nossa atenção aqui. Sem os péssimos lugares comuns do preconceito, do sectarismo, da preguiça, da pressa ou dos apriorismos –, mas com inteligência, simpatia e sensibilidade. Em seu livro sobre Vladimir Maiakóvski, o teórico formalista russo

Viktor Chklóvski observou, muito à vontade, que um livro sobre um poeta, se não é uma biografia, pode começar de qualquer maneira. Está certo. E, bem subjetivamente, tomando Pelé como poeta, resolvi começar esta excursão bem-intencionada por duas coisas que mais imediatamente me intrigam e me chamam a atenção, antes mesmo de entrar no assunto principal, que será a luminosidade mágica do seu futebol e suas consequências na vida brasileira: o duplo e o topete. O duplo, pelo que me embaraça. O topete, pelo que, muito mais do que aparenta, me parece remeter a um sentido sólido ou arraigado de construção ou estruturação da personalidade. E isto pelo seguinte: na viagem que vai do infante de Três Corações ao homem mais famoso da Terra, inumeráveis marés permearam a vida de Pelé, virando-o e revirando-o em muitas direções, abrindo e fechando situações e horizontes, favorecendo-o ou desfavorecendo-o em suas muitas vicissitudes existenciais, conduzindo-o a paragens imprevistas e mesmo jamais sonhadas. No entanto, atravessando tudo, todas estas marés, duas coisas permaneceram, estáveis e imperturbadas: o duplo e o topete. O duplo – figura frequente em muitos misticismos e algumas obras artísticas de criadores literários de primeira linha, como Edgar Poe e Fiódor Dostoiévski –, aqui se realizando de modo muito particular e sem maiores lances dramáticos, na bipartição do ser humano de que estamos tratando em duas entidades bem diversas: Pelé e Edson. É Pelé, o mito, uma entidade alada, enigmática e cheia de luz, encarnada em Edson, ser humano rotineiro, bípede e pedestre. E o topete, uma pequena coroa capilar, cruzando incólume, feito miniescultura intocável e irretocável, levas e levas de modas que cobriram e descobriram a geração de nossa personagem, afetando as pessoas dos pés à cabeça.

No caso do duplo, o jornalista José Castello, em seu livro *Pelé: Os Dez Corações do Rei*, escrito quando Pelé ainda vivia aqui pela Terra, abordou o tema, mesmo que confusamente, logo no prólogo do volume: "Toda manhã, quando se observa no espelho, os olhos ainda embaciados pelo sono, mas o topete impecável, o cidadão Edson Arantes do Nascimento volta sempre à mesma pergunta: 'Mas por que eu?'. Aos 63 anos de idade, 26 anos depois de ter abandonado o futebol, ele jamais chegou a entender por que o destino lhe reservou uma segunda e ilustre identidade: a do Rei Pelé. Desde jovem, já apreensivo, ele encontrou um artifício de linguagem salvador que facilitasse sua convivência com esse outro que o habita. Para delimitar a distância que separa Edson, o cidadão, de Pelé, o mito, Edson Arantes do Nascimento só fala de Pelé, o Rei Pelé, na terceira pessoa. 'Até hoje me pergunto como o Pelé surgiu. Me pergunto de onde ele veio e por que eu, o Edson, fui escolhido para encarná-lo', ele diz, sem nenhum constrangimento de exibir sua personalidade bipartida". À lembrança da célebre dupla criada pelo romancista escocês Robert Louis Stevenson – dr. Jekyll e mr. Hide –, Castello faz a correção imediata: "Só que no caso de Edson e Pelé, não há o bom médico, nem há o monstro tenebroso, a lutar entre si pela supremacia de um corpo. Ao contrário, Edson e Pelé, Pelé e Edson, convivem, apesar da perplexidade, numa deliciosa harmonia... os dois se dão muito bem dividindo o corpo que têm, não há afastamento algum, incompatibilidade alguma entre eles. [...]. Numa das músicas que compôs, 'Meu Legado', Edson Arantes do Nascimento, o compositor bissexto, entoa um verso que diz tudo: 'Eu fui Pelé sem saber'. E podemos acrescentar: sem desejar. Também nunca se afastou inteiramente do desejo secreto, e aparentemente absurdo, de expulsar este Pelé de si, e voltar a ser apenas Edson, o homem comum. 'Sou Pelé, mas logo voltarei a ser Edson Arantes do Nascimento', ele anunciou à imprensa, na época em que se preparava para abandonar em definitivo o futebol. Era como um prêmio, que ele se prometia. Mas foi só uma ilusão". De qualquer modo, o que vemos em Edson é sobretudo resignação. No máximo, um protesto suave como uma oração, digamos, a lembrar o antropólogo francês Marcel Mauss, que definia a oração como a mais suave das formas de protesto.

Principiando pelo apelido "Pelé", com o qual nosso craque foi premiado aí por volta dos 10 anos de idade, o que temos é que ninguém sabe ao certo como ele surgiu, nem de onde veio este artefato verbal sonorista de sentido desconhecido, signo sem objeto identificável, que não é palavra da língua portuguesa. Regra quase geral, apelidos costumam derivar, quase sempre como abreviatura, do nome próprio da pessoa; a remeter a algum evento ou acidente (glorioso, cômico, pitoresco ou humilhante) que marcou a trajetória de vida do indivíduo; ao tamanho da figura (Tostão, por exemplo, era um garotinho que costumava jogar bola em meio a meninos mais velhos, entre os quais era o pequerrucho; daí ganhou o nome da menor moeda circulante no dinheiro brasileiro da época); a um defeito físico ou mental (de Aleijadinho a Maluco Beleza, por exemplo), que tanto pode se referir a uma simples língua presa ou a tom de voz excessivamente grave ou esganiçado, quanto a uma gagueira crônica ou a uma insuperável deficiência neurológica; a algum esdrúxulo, anômalo ou supostamente único traço de caráter ou personalidade; a esta ou àquela especificidade no desempenho de um ofício ou esporte, inclusive em matéria sexual; etc. Mas, seja por isso ou por aquilo, o apelido costuma ser perfeitamente identificável e imediatamente decifrável num círculo dos atores mais próximos daquele que foi apelidado. No caso do apelido Pelé, no entanto, o mistério nunca foi desfeito. O apelido era sonoramente muito simples – Pelé, mas sua história e seu sentido permaneceram obscuros. O próprio Pelé chegou a tentar solucionar o enigma, conversando e se reunindo com seus amigos da puberdade, da sua primeira adolescência bauruense, e não encontrou resposta. "Eu não tenho ideia de onde esse nome veio, ou de quem começou a me chamar assim. Voltei a Bauru diversas vezes e perguntei a meus antigos amigos daqueles tempos, mas eles não tinham a chave, o fio de sua origem, nem sabiam como a coisa tinha começado. Diziam que apenas começou um dia e então pegou, porque pareceu adequado, independentemente do seu significado". Sem encontrar um sentido para a expressão em português, Pelé passou a procurar significados possíveis da partícula verbal em outros idiomas (segundo depoimento de jornalistas, o jogador falava espanhol com fluência, um francês pouco acima do sofrível ou passável, além de italiano e inglês). "Mas aquilo não fazia sentido em português, nem em nenhuma outra das línguas que conheço".

Bem. Não vou deixar de registrar que, das algumas línguas com as quais mantenho "relações diplomáticas", como dizia meu querido amigo Paulo Leminski de suas incursões ocasionais ou assistemáticas pelo idioma japonês, somente em uma delas o som *pelé* constitui unidade lexical: o iorubá. No completo e complexo *Dictionary of Modern Yoruba* de R. C. Abraham, encontramos o som como sintagma verbal e seu significado. Como não disponho aqui dos sinais gráficos da pronúncia iorubana, explico. No *Abraham*, o vocábulo "pelé" aparece com os dois "ee" abertos, a primeira sílaba em tom baixo e a segunda em tom alto. Afora a ondulação tonal, diz-se assim mesmo, igualzinho ao apelido do rei do futebol: pelé. E seu significado (pelé, pelé pelé): suave, brandamente, cuidadosamente. Pode também ser um alerta: *pelé ô* – cuidado! Um pouco mais alongado, *peléé* – "acept my simpathy". E, como substantivo somente, *pelé* = *gentleness* = bondade, suavidade. Mas como grafei a forma "pelé-pelé", faço mais um giro. É o mecanismo da duplicação, do *redoublement*, típico do iorubá. Diferentemente do "redobro" da gramática grega, repetição consonantal encontrável no perfeito, no mais-que-perfeito e no futuro perfeito de todos os modos verbais, a duplicação iorubana é um mecanismo mais amplo de construção linguística, alterando a classe de sintagmas lexicais. Assim, verbos se tornam substantivos (sem os acentos, tento reproduzir o som): "pedjá" é pescar, "pedjápedjá" é pescador; "fé" é amar, "fifé" é amor (nesse caso, a vogal da sílaba *redoublée* se converteu em "i"). Do mesmo modo, verbos podem se tornar advérbios: "wará" é estar com pressa, "warawará" é velozmente. Daí que "pelé" seja "suave" e "pelé-pelé", suavemente. E ainda tive um professor de antropologia, Pedro Agostinho, o autor de *Kwarùp: Mito e Ritual no Alto Xingu*, que costumava empregar livremente a expressão iorubana "pelé-pelé", mais ou menos no sentido de "vá devagar, vá com calma". Uma vez, pedi o esclarecimento: "Professor Pedro, em que sentido mesmo você diz pelé-pelé?". E ele, sorrindo: "No sentido de *take it easy*"... Pois é. Mas, como todo esse emaranhado linguístico nada tem a ver com Pelé, voltemos ao assunto. No momento, ao duplo (duplicação também aqui?). Ou ao *Doppelgänger*, para lembrar o sintagma germânico.

Mais precisamente, vamos a *O Duplo* de Fiódor Dostoiévski, notável ensaio romanesco de análise psicológica, que reli recentemente, desta vez na tradução brasileira de Paulo Bezerra. A personagem central do romance é Golyádkin, pequeno funcionário público de uma repartição burocrática em São Petersburgo, que de repente, numa noite de chuva, ventania e neve na cidade, acaba se batendo com o seu duplo. Mas este duplo da fantasia ficcional de Dostoiévski é totalmente diferente do duplo que a dupla Edson-Pelé expõe. Já de cara porque os dois ostentam o mesmo nome: Yákov Pietróvitch Golyádkin. E o narrador dostoievskiano, num texto onde a metalinguagem e a intertextualidade se explicitam, os distingue numericamente. Temos o Golyádkin 1 e o 2. Além disso, cada um habita o seu próprio corpo. Não temos aqui a coabitação física num mesmo organismo corporal. A situação não é nada fácil, "desgraça que não dá sossego". E vai ficando cada vez pior. O duplo é um tremendo problema. Uma tremenda dor de cabeça. Golyádkin generaliza, naquele estilo entre o brutalista e o literariamente descuidado, tão tipicamente dostoievskiano: duplos são entidades que aparecem com "sua estranha pretensão e seu vil e fantástico desejo de expulsar os outros dos lugares que com suas vidas estes ocupam neste mundo e assumir os seus lugares" – e que, por isso mesmo, são "dignas de estupefação, desprezo, compaixão e, além disso, de um manicômio". Mas é ele quem enlouquece e é retirado do convívio social. Não é preciso dizer que não se encontra aí nenhum parentesco, nenhuma aproximação possível, com a situação de Edson e Pelé.

Ainda pensando na dupla Edson-Pelé, fui atrás de outros duplos literários. Ao *William Wilson*, de Edgar Allan Poe. Mas aqui me embatuquei. Em tempos adolescentes, uma parte dos meus amigos era fanática por contos, novelas, romances e filmes de terror. Nunca foi a minha praia. Sempre detestei terror e o falso suspense de desfecho previsível, com exceções para Alfred Hitchcock e *O Iluminado*, de Stanley Kubrick. Li coisas de Poe por uma razão maior, que me prendia a elas: o irresistível poder escritural do autor. Me apaixonei, desde muito jovem, por dois textos fenomenais dele: o *Gordon Pym* e *A Descent into the Maelstrom*. Tinha lido também *William Wilson* e ficado impressionado, apesar do quanto a mente mórbida de Poe me afastava de seus textos. E agora, quando pensei em reler *William Wilson*, confesso que hesitei. Peguei o livro, li algumas páginas – e desisti. A barra pesada de Poe também nada tem a ver com o *affaire* Edson-Pelé. Nada tem a ver com a nossa dupla, ainda, a dupla Tertuliano Máximo Afonso-António Claro, o professor de história e o ator de filmes "classe b", criada por José Saramago no romance *O Homem Duplicado*. Não só porque são duas pessoas diversas que habitam dois corpos distintos, mas por todas as situações ficcionais imaginadas pelo romancista. E uma das personagens morre, ao final da trama, num desastre automobilístico. Um outro tipo estético-literário de duplo pode ser encontrado num texto fascinante como *Ka*, do poeta experimental russo Velimir Khlébnikov, mestre de Maiakóvski, que não hesitou em tratá-lo como "Colombo de novos continentes poéticos". Mas aqui a viagem é mística, remetendo ao mundo espiritual dos antigos egípcios. Ka é o duplo no sentido de "a sombra da alma". Não é o que nos interessa aqui.

E, se a "dupla personalidade", no caso Edson-Pelé, não me atrai para dimensões místicas, tampouco me leva a procurar reduzi-la à estreiteza de um quadro clínico patológico, na base da desordem da "personalidade múltipla" ou do "transtorno dissociativo de identidade", como leio no *Dictionnaire de Psychiatrie et de Psychopathologie Clinique*, editado por Jacques Postel, e em outros escritos técnicos sobre o assunto. Nesses textos, o transtorno da personalidade múltipla é definido pela existência, numa só pessoa, de duas ou mais entidades ou estados de personalidade distintos, cada qual assumindo, aqui ou ali, o controle total do comportamento do sujeito, não raro fazendo-se acompanhar por "uma incapacidade de recordar importantes informações pessoais". Segundo o *Dictionnaire*, o que se tem é uma entidade patológica inscrita no quadro das neuroses histéricas – e curiosamente vista como distúrbio psíquico principalmente feminino. Bem. Não vejo como enquadrar a esquisitice de Pelé no rol das doenças mentais. O aspecto histérico é evidente, mas também me parece evidente que Pelé tirou de letra a dissociação, conduzindo-a com a maestria com que conduzia a bola, sempre ao seu lado. O que vemos, no seu caso, é claramente uma dissociação. Além disso, embora eu não seja psiquiatra e não saiba o que significa a soma de transtorno identitário e sonambulismo, não posso deixar de fazer aqui o registro: desde criancinha, Pelé era sonâmbulo. Veja-se seu depoimento, numa das suas autobiografias: "Mais tarde, em Santos, na pensão de Dona Georgina e do senhor Raimundo, ou durante as viagens e mesmo quando já estava na seleção, as pessoas sempre diziam que eu andava dormindo. Pepe, meu companheiro de time, gostava de contar a história de como, certa vez, eu me levantei no meio da noite, gritei 'gol!' e depois voltei para a cama". Mas fiquemos na dissociação. Algo que, no final das contas, me parece ter muito mais de uma espécie qualquer de acordo tácito entre dois cavalheiros dividindo um corpo do que de transtorno patológico. Verdade que não precisamos chegar ao exagero da revista

Sports Illustrated, que o elegeu feliz proprietário da "mais perfeita psique de qualquer atleta" em todo o mundo – muito embora, em comparação com tantos de seus pares, Pelé possa mesmo sugerir a própria encarnação do equilíbrio.

O pai do supercraque entrou em campo querendo embolar ainda mais o jogo. Na base do espiritismo. Bem. Sabemos que, fora dos círculos eclesiásticos de religiosos profissionais e da militância leiga mais ortodoxa ou carola, o catolicismo brasileiro nunca foi impermeável ao influxo do espiritismo kardecista europeu. Não só o catolicismo, por sinal. Também a macumba aceitou a mistura: a umbanda nasceu como um precipitado (na acepção química da palavra) do cruzamento de elementos e práticas de religiões de extração negroafricana e do kardecismo francês, ambos, de resto, caracterizáveis, antropologicamente, como cultos de possessão. Mas fiquemos, de momento, com o catolicismo (a família de Pelé nunca foi macumbeira). Para assinalar que o catolicismo brasileiro assimilou sem nenhum problema princípios e práticas do espiritismo – da doutrina da reencarnação à figura do *medium* recebendo espíritos do outro mundo –, pouco importando a situação educacional-cultural do devoto ou a sua localização na hierarquia socioeconômica do país. Ricos, pobres e remediados partilharam essa abertura para mesclas entre uma e outra religião. Militares, inclusive – já que, pelo menos quando fui preso em 1970, grande parte dos oficiais do Exército brasileiro era (não sei se ainda é) ao mesmo tempo positivista e kardecista, coisa que, de resto, nada tem de contraditória, na medida em que o espiritismo sempre se definiu como "científico", como credo positivista. Dondinho, pai de Pelé, foi exemplo típico desse fenômeno banal entre nós, no campo do catolicismo popular. Sempre esteve absolutamente convencido de que seu filho era a reencarnação de um tio que o menino não chegou a conhecer: Francisco, irmão de Dondinho, morto aos 25 anos de idade. Dondinho dizia a Dico/Pelé que tinha esperança de que ele herdasse também a destreza futebolística do tio desencarnado.

Edson e Pelé nunca compraram essa aposta paterna. A propósito, me lembro de uma frase que me foi dita uma vez pelo já citado poeta Paulo Leminski. Depois de ter publicado o livro que ficou como a sua obra maior, o *Catatau*, fantasiando o filósofo René Descartes plantado em nossas latitudes tropicais, durante o período da dominação holandesa de Pernambuco, Leminski tinha começado a escrever um longo poema tematizando a Guerra do Paraguai, incluindo aí até o pai de Solano López e a célebre Madame Lynch. Mas, em seguida, abandonou o projeto. Procurei fazer com que ele o retomasse. Um dia, lhe disse: "Depois das invasões flamengas, você pega a Guerra do Paraguai. Por aí, você irá recriando esteticamente a história do seu país". Ele me olhou até algo triste e encerrou o assunto: "Não dá, Riso – é muito pro cu de um só". E me lembro disso pelo seguinte. Verdade que, embora tenha permanecido exemplarmente católico ao longo de toda a sua vida, sem fazer a mínima concessão candomblezeira (e isso num meio que, como o futebolístico, sempre recorreu a mandingueiros e a despachos formidáveis com cachaça e animais mortos), por exemplo, Pelé, já mais para o fim da sua vida, terminou por aceitar a tese kardecista. Numa entrevista de 1977 à revista *Status*, declarou: "Embora eu tenha sido sempre católico, hoje eu não acredito mais que as pessoas tenham uma única vida. Acredito que as criaturas passam pela Terra para se purificar e depois reencarnam". Mas, seja como tenha sido, ele nunca quis saber da conversa de ser uma reencarnação do tio. Deve ter achado que a dualidade Edson-Pelé já era dose suficiente de complicação. Daí a minha lembrança de Paulo Leminski. Acho que, se um dia eu tivesse perguntado a Pelé a razão de ele não ter incorporado a sugestão astral do pai, sua resposta seria a mesma de Leminski: "Não dava, amigo. Seria muito pro cu de um só". Vamos nos contentar então com a dupla Edson-Pelé. Ouvindo o que nossa personagem diz: "Eu sinto a dicotomia entre o Edson e o Pelé toda vez que pego o meu [cartão de crédito] MasterCard – por favor, compreenda, isso não é um comercial barato. De um lado, está a minha imagem dando uma bicicleta ao lado da assinatura de Pelé, e do outro, a minha assinatura de verdade, como Edson Arantes do Nascimento. É uma representação perfeita do que eu sou – ambas as identidades são independentes e ambas fazem parte de mim. São dois lados do que eu sou".

Recentemente, numa conversa informal, toquei de passagem no assunto, provocando a inteligência de minha querida amiga Vitória Eugênia Ottoni. Psicanalista traquejada e culta, Vitória logo se apressou a nuançar o quadro: enquanto eu falava de uma dupla, ela apontou para um trio, mas bem diferente do que teria resultado do espiritismo de Dondinho. A saber, o trio Edson-Pelé-Sujeito do Inconsciente. "Para resumir a ópera, fico pensando o quanto a *persona* Edson-Pelé era meiga, interessante, viva, vibrante, um corpo atlético, um craque com a bola no pé, parecendo mesmo que a pequena pelota fazia parte do seu corpo habilidoso, pulsional, com uma percepção instantânea dele, dos outros jogadores e de todo o campo de batalha onde estavam pelejando. Acho o futebol uma boa metáfora da guerra. Dois pelotões que se enfrentam, com ataques, defesas, estratégia e tática, capitão, comandante, tiro, tiro de meta, vencidos e vencedores, bandeira, pálio, hino e tudo. Às vezes penso também em um *ballet*, um corpo de baile. Em nossa personagem o que me impressiona é o corpo, lugar privilegiado de todos os sintomas, físicos e mentais". Mais: "Penso que ele tinha uma estrutura neurótica, como todos nós que podemos andar pela ágora de cabeça erguida, com traços histéricos que se foram acentuando à medida que ia ficando famoso aqui e alhures, e que ele foi aprendendo a lapidar e usar *comme il faut*. E mesmo quando parecia se desdobrar em uma segunda personalidade, como se fosse tomado por uma entidade, isso era manifestação de uma boa neurose que ele acabou por 'dominar' ou fazer *semblant de*. Aparecia e se exibia *ma non troppo*, casou várias vezes sempre com mulheres brancas ou mestiças, a exposição da sua imagem era quase sempre na medida. Não deixava os valores religiosos de lado e simplesmente driblava as questões políticas sem maiores exercícios intelectuais. Pensava literalmente com o corpo, como diria Spinoza, 'a alma é a ideia do corpo'". Discutiremos estes e outros temas adiante. De momento, apenas acrescento a informação de que Pelé e Edson não se expressavam dualmente quando estavam no exterior – como se, fora do país, eles experimentassem ou fingissem experimentar uma reintegração qualquer. O duplo só existia em português, na língua portuguesa? Parece que sim. Toda encenação é possível; todo teatro é linguístico.

Aqui, tudo o que há de extraordinário, façanhudo, espetacular, sensacional, insuperável, é Pelé. Tudo o que há de costumeiro, de ramerrame, de pacato, tímido, humilde, é Edson. Edson é a mesmice cotidiana – Pelé, o relampadear dos deuses. E isto se estendendo, com vigor absoluto, à dimensão sexual da existência. Ao reino das labaredas eróticas do desejo. Nesse campo, Pelé, mulherengo desde a puberdade, é o namorado, o sedutor, o conquistador, o garanhão, transando com as gatas que por acaso cruzavam o seu caminho. Xuxa falou de seu sofrimento intenso com a situação, em diversas circunstâncias. Pelé a traía, não Edson – era o que o seu parceiro dizia. Vemos assim a "dupla personalidade" de Pelé acionada no âmbito da relação sexo-amorosa. E Pelé avançava sobre as moças com a mesma desenvoltura com que avançava em direção ao gol adversário. Vendo-se diante de uma fêmea esplendorosa como Luiza Brunet, com aquelas ancas formidáveis, não resistiu: "Luiza, você tem compromisso para esta noite?". Ela: "Tenho, sim. Vou fazer o jantar para meu marido". Ele riu – e emendou: "Bom jantar, bonita". O acanhado Edson jamais abordaria Luiza Brunet assim, cara a cara, diretamente. E aqui temos mais esta diferença. Fala-se dos casamentos de Pelé. Mas quase nunca é feita a ressalva. Quem se casava, beijando a noivinha ao pé do altar e se dispondo a constituir uma família como supostamente todas as outras, era Edson. Pelé, não. Pelé nunca se casou. Nunca foi cônjuge. Enquanto Edson se mantinha em seu dia a dia algo descolorido, com suas sucessivas *esposas*, Pelé se esbaldava em farras perversas e polimorfas com a deliciosa, a gostosíssima Xuxa. E não por acaso empreguei livremente o conceito psicanalítico de sexualidade "perversa e polimorfa", relativo à prática que considera intercambiáveis as diversas zonas erógenas do corpo. Certa vez, Juca Kfouri lhe perguntou: "E entre quatro paredes, vale tudo?". Resposta: "Tudo, desde que os dois estejam de acordo". E imagino que, quando quem alargava as pernas na cama era a deliciosa Xuxa, o casal exploraria a seu gosto a máxima do deitar e rolar. Devem ter-se divertido pra caramba.

Verdade que, anos depois, Xuxa se tornaria superestrela televisual com programas e músicas infantis, representando, nas palavras do sociólogo francês Edgar Morin, então em viagem ao Brasil, a combinação perfeita de pornografia e imbecilidade. Verdade, ainda, que esta divisão drástica entre um Edson conjugal e um Pelé "don juan" pode não ter sido tão drástica assim. No dia a dia da vida, a trama da realidade seria mais embaralhada. Enfatizo a distinção para efeitos de análise: Edson, o *domus* – Pelé, *hé agorá*. Talvez o eventual leitor ou leitora considere que não tenho de me meter nisso, mas não vejo como. Porque a coisa me interessa do ponto de vista da leitura compreensiva; porque acho que mesmo a safadeza de Pelé não se reduz a mero estratagema antifidelidade. Pelé machista consumado? *Oui*. Como um brasileiro comum de sua geração. Mas também como os deuses. Não nos esqueçamos de que os olímpicos, os deuses gregos, assim como os *athanatoi* do panteão nagô-iorubá, eram sexistas e machistas. Xangô, de acordo com um dos textos sagrados de Oiá-Iansã (que também era louca por sexo, "fogo no corpo todo"), dominava duzentas e uma esposas. E Zeus não podia sentir cheiro de sexo. Apelava até para a metamorfose animal para degustar seus manjares, transformando-se em cisne para cavalgar Leda – e, bissexual, em águia, para raptar o jovem Ganimedes, comendo-o fogosamente em meio às nuvens, durante um voo em direção ao Olimpo. Enfim, olímpicos e orixás nada têm a ver com a pobreza erótica doentia dos puritanos de ontem e hoje.

Na Grécia, aliás, não só os deuses – também os mortais eram "machistas". Nietzsche, que aqui e ali emite despropósitos sobre a Grécia, está certo quando diz que a cultura grega do período clássico foi uma cultura masculina. "A relação erótica dos homens com os rapazes era, num grau inacessível ao nosso entendimento, o pressuposto único e necessário de toda educação masculina [...]. Quanto mais altamente se estimava essa relação, mais declinava o comércio com a mulher: a perspectiva da procriação e da volúpia – apenas isso entrava em consideração; não havia troca intelectual, nem namoro de fato. [...]. As mulheres não tinham outra tarefa senão produzir corpos belos e fortes...". No texto *Contra Neera*, atribuído a um certo Pseudo-Demóstenes, lê-se: "Temos as cortesãs para o prazer, as concubinas para se ocuparem de nossos cuidados cotidianos, as esposas para que nos deem filhos legítimos e sejam as guardiãs fiéis da nossa casa". Costumo pilheriar, de resto, dizendo que, sempre que algum filósofo grego meditava sobre a beleza, tinha em mente os rapazes de Esparta e não as mulheres de Atenas. As mulheres eram tão discriminadas que até possuíam uma ágora separada, a *gynaikeia*. A Atenas clássica foi uma cidade de homens públicos e de mulheres confinadas. As que escapavam desse quadro geral constituíam contingentes sociologicamente significativos. As mulheres ativas, narcisistas, sexualmente livres, com acesso às farras masculinas (ou "simpósios"), eram escravas, prostitutas ou estrangeiras (vale dizer, não atenienses) – nunca as mulheres "sérias", "respeitáveis", tantas vezes enrabadas no recesso de seus lares. Enfim, uma visão essencialmente negativa das mulheres atravessava a cultura grega arcaica e clássica. Podemos encontrá-la expressa já no Hesíodo de *Os Trabalhos e os Dias*, quando ele nos conta que Zeus, em resposta ao roubo do fogo por Prometeu, vinga-se criando Pandora, a mulher. Diz que vai dar um mal de "presente" aos homens "e todos irão se alegrar, mimando muito este mal". Antes disso, embora fossem mortais, os homens viviam entre os deuses e à maneira deles: de coração despreocupado, protegidos dos males e das doenças, sem ter a mínima ideia do que seria a obrigação de trabalhar para sobreviver, alegrando-se entre si nos festins. É esse mundo paradisíaco que se extingue com a entrada em cena da mulher. Deuses e homens veem-se então apartados. E surge a sexualidade ("sexo" vem do latim, do verbo *seco*, que significa cortar, recortar, cortar em dois, dividir), separando os humanos em machos e fêmeas.

Mas voltemos ao nosso duplo. Mesmo já bem mais velho, nossa personagem ainda tateava, lidando com os seus dois eus: "Depois que amadureci, passei a preferir que a minha vida fosse um pouco mais parecida com a do Edson e tratei de melhorar a convivência do Edson e do Pelé como amigos. À medida que me aproximo dos 70 anos, preciso encontrar o equilíbrio que tornará tanto o Edson quanto o Pelé fortes e felizes". Bem. Acho que já conversamos o suficiente sobre isso... Vamos agora respirar um pouco, passando do duplo ao topete, *trade mark* visual do rei do futebol. Não que eu vá me atrever a pontificar aqui sobre o que o topete realmente era, simbolizava ou representava para o próprio Pelé. Não: detenho-me, apenas e simplesmente, a falar do que o topete me diz. E sem fugir a inevitáveis associações verbais. De fato, é impossível pensar na imagem de Pelé sem o seu topete, corte capilar que os cabeleireiros nomeiam com a expressão "buscarré". Confesso, de resto, que só conheci esta palavra por causa de Pelé. E não faço ideia da sua origem. O que se sabe é que seu pai, o velho Dondinho (aliás, quando em plena forma, bem mais charmoso que o seu rebento), usou topete semelhante por muitos anos – e o transmitiu ao filho. Já vi foto dos dois juntos, cada qual com o seu topete, ambos tratados, segundo Didi (não o craque, mas o barbeiro do Santos Futebol Clube), na base da antiga fórmula da quina de petróleo, amaciante de cabelo de preto, que eu nunca soube de que era feita. Mas o que conta é que, fosse ou não por ser topete hereditário, não houve mudança na vida pessoal ou no mundo que tivesse sido capaz de produzir uma mínima alteração no corte, no penteado, no estilo de cabelo de Pelé. Ele e o topete se tornaram indissociáveis – para si e para os demais. Tanto que, quando Pelé desejava ou se via obrigado a se disfarçar, nunca foi preciso mais do que cobrir o topete com uma simples boina ou peruca – e pronto: ninguém o reconhecia.

Uma única vez, em toda a sua vida jovem e adulta, Pelé dispensou o topete. Foi quando raspou a cabeça (e outros jogadores, como Jairzinho, o seguiram) na fase de treinamentos para a Copa do Mundo de 1970, no México. Pelé tirou o topete e se fez tricampeão mundial de futebol. E por que tirou o topete? Simples: tinha passado no vestibular – e a raspagem do topete fez parte do rito de trote do calouro. De todo modo, não é só o topete de Pelé. Acho que a cabeleira dos jogadores merece ao menos um subcapítulo na história do futebol brasileiro, privilegiando personalidades como Paulo Cézar Caju e Marinho Chagas, entre outros, sem falar daquele montinho capilar ridículo de Ronaldo na Copa de 2002, a lembrar o menino Cascão das histórias em quadrinhos de Mauricio de Sousa. E é justamente o jogador Paulo Cézar Caju quem vai lembrar, em seu livro *Dei a Volta na Vida*, a raspagem do topete como exemplo da liderança absoluta de Pelé no grupo que conquistou o campeonato mundial no México. Diz ele: "Tínhamos a presença de Pelé que, tendo amargado o desastre da Copa do Mundo de 1966, na Inglaterra, com a eliminação do Brasil ainda na primeira fase, queria porque queria ganhar aquela Copa do México. Ele se reuniu com a gente e falou: 'O grupo é muito bom. Eu já fui campeão do mundo quatro vezes, duas pela seleção e duas pelo Santos, poucos aqui foram. Eu acho que a gente tem condições de trazer o caneco. Vocês estão comigo?'. Respondemos que sim, com todo o entusiasmo. E o ambiente fluiu bem dali para a frente. O melhor jogador do mundo, o rei do futebol, mostrou que não tinha aquela vaidade que outros jogadores exibem". E então: "O Pelé foi fundamental nesse sentido. Ele revelava um grande senso de responsabilidade diante do grupo, procurando eliminar o fantasma que pairava sobre todos nós depois da Copa da Inglaterra. Pelé se tornou, com seu comportamento, uma referência para o grupo. Tanto que, quando raspou a cabeça no princípio dos treinamentos, todos os outros jogadores negros o imitaram". Bem. O time foi lá – e venceu. Assim, depois do rei firmar seu reinado, deixou que o topete voltasse a reinar.

Voltemos, então, aos tempos estáveis do até então intocável topete. Diversas vezes, ao longo de sua vida, Pelé ouviu o comentário de que não envelhecia, de que mantinha maravilhosamente a forma física e a aparência, de que não mudava. Ao que ele mesmo costumava responder: "Dizem que eu não mudo, mas eu mudo, sim – o que não muda é o meu topete". E aqui me ocorrem também, ao sabor da brisa, sentidos secundários desta expressão verbal. Porque topete é palavra que não aponta apenas para um determinado desenho de um certo tufo de cabelo despontando no alto da cabeça. Significa, também, arrogância, atrevimento, ousadia, audácia. Deixando a tal da postura arrogante de lado, que ela nunca fez exatamente parte do figurino do rei, fiquemos com o topete também remetendo ao caráter atrevido, ousado, audaz do jogador. Seria ou soaria então, para mim, como um signo polissêmico, aludindo a componentes desta manifestação pessoal da genialidade dos campos verdes do esporte, entre o autocentramento, a coerência e a audácia. No final das contas, portanto, e pra começo de conversa, é isso: o duplo e seu topete.

2.

O AÇOITE DA POBREZA

Na segunda metade do século XX, dois brasileiros nascidos no interior das classes populares ganharam, do seu povo, o título de "rei" – Pelé e Roberto Carlos. Um jogador de futebol e um cantor-compositor de música popular, confirmando que estas eram então as principais vias da ascensão social e econômica da gente mais pobre (independentemente da cor) em nosso país. Roberto nasceu numa família humilde, de baixa classe média, tanto que passou a infância andando de muleta, pois só quando completou 15 anos seus pais conseguiram reunir dinheiro suficiente para pagar a prótese que ele passaria a usar. Pelé foi mais pobre ainda do que Roberto. E descendentes, ambos, de índios (o mameluco Roberto bem mais visivelmente do que Pelé, cafuzo escuro, mas cuja mãe era uma figura "clássica" de cabocla mineira). Enfim, personagens populares que se tornaram ídolos populares.

Vejamos, mesmo brevemente, a situação social de Pelé naquele seu contexto familiar, com Dondinho se virando para tentar arranjar dinheiro para a sobrevivência do grupo. "Na noite de vinte e três de outubro do ano de mil novecentos e quarenta, numa velha casa de tijolos, de pintura desbotada pelo tempo, na cidade de Três Corações, em Minas Gerais, uma jovem senhora, Dona Celeste, sorria, enternecida, diante da figurinha insignificante de um negrinho que acabava de chegar ao mundo. Ao lado da cama, de pé, sem saber o que dizer, de contente que estava, o marido, igualmente jovem, não tirava os olhos do garoto, primeiro filho do casal". É assim que, em *Eu Sou Pelé*, sua primeira autobiografia, Pelé diz imaginar como deve ter sido seu nascimento – que, aliás, como acabamos de ver, aconteceu na própria casinhola tricordiana da família e não em hospital ou maternidade. E Pelé prossegue: "Apesar das dificuldades financeiras que meus pais enfrentavam naqueles dias, devem ter ficado muito contentes por terem uma boca a mais para sustentar. E meu pai, pelo fato de eu ser o primeiro filho, e homem, deve ter ficado duplamente satisfeito [...]. Alguém deve ter comentado, então: 'É bem escurinho, puxou mais o pai'". Pelé toca logo na tecla terrível das dificuldades financeiras, claro. Em Três Corações, Dondinho era o craque do time. Mas o salário, digo, a merreca mensal que recebia era tão mínima que não dava para pagar as contas. Pelé: "Não me lembro de quase nada da minha infância em Três Corações. Sei que, naquele tempo, nossa vida não era nada fácil, apesar de todos os sacrifícios que meus pais faziam para melhorar as finanças da família. Meu pai era bom de bola, mas não dava muita sorte. Ninguém podia viver muito bem, naqueles dias, jogando futebol numa cidade pequena como Três Corações".

Pintou então o reconhecimento do seu talento e uma grande oportunidade na vida: um convite para assinar contrato e atuar pelo Atlético Mineiro, em Belo Horizonte. Corria o ano de 1942. Pelé reconta: "Ele [Dondinho] topou a parada e foi para Belo Horizonte cheio de esperança. Mamãe confiava nele, e o resto da família, também. Contudo, estava escrito que não seria aquela a grande ocasião que ele tanto aguardava. Logo de saída, numa partida contra o São Cristóvão do Rio de Janeiro, papai chocou-se com o Augusto (o mesmo Augusto que mais tarde passaria para o Vasco da Gama e chegaria à seleção brasileira) e, no choque, contundiu-se seriamente. A partida terminou empatada por um gol e na segunda, que o Atlético disputou com o América, papai já não jogou". Dondinho não voltará a ser o mesmo, embora prossiga jogando com o joelho estragado, que cobria de gelo. Com tristeza, Pelé certa vez observou que o futebol era o único meio que o pai conhecia para tentar descolar alguma grana. Mesmo assim, ele foi contratado por um outro time do interior paulista. E a família se mudou para Lorena. "Eu ainda não tinha muito mais do que dois anos de idade quando nos mudamos para Lorena e é essa a razão por que não posso contar nada da cidade onde nasci". Mas a passagem por Lorena não demorou. Ainda Pelé: "Poucas vezes tenho ouvido papai e mamãe falar dos dias que passamos em Lorena. Aliás, não foram dias, mas muitos meses. Papai continuava jogando futebol e trabalhando não sei no que mais, porque só com a bola não podia sustentar a casa. Já nesse tempo ele era bastante conhecido e a sua fama de grande cabeceador, constante dor de cabeça dos goleiros, chegava aos clubes mais importantes do interior paulista. Minha mãe começava a pensar que acabaríamos criando raízes em Lorena quando, um belo dia, papai resolveu mudar de clube novamente". Mas o pouso em São Lourenço foi ainda mais rápido do que em Lorena. "Não chegamos a nos acostumar com a nova casa e já papai saía para outra aventura".

Uma nova perspectiva tinha fugazmente se aberto. Dona Celeste, que detestava futebol, atribuindo-lhe a penúria em que vivia e considerando maluquice maldita e sem sentido a paixão de Dondinho pelo esporte, sentiu-se assim compelida a refrear suas eternas reclamações contra o mundo da bola. Motivo: ofereceram a seu marido um contrato para jogar na equipe futebolística de Bauru e, para completar, um emprego local no serviço público. "Naquele tempo – conta mamãe – a melhor coisa que poderia nos acontecer era o seu pai arranjar um emprego público". Simples: emprego público era (como ainda hoje é) sinônimo de segurança. Parecia então que desta vez tudo daria certo, com a família tirando finalmente o pé da lama. Engano, não deu. A má sorte continuava a atazanar e perseguir Dondinho, deixando-o em péssimos lençóis, quando os havia. O time que o contratara foi subitamente reestruturado, passando a se chamar

Bauru Atlético Clube. A nova diretoria, que então assumiu, manteve a sua contratação, mas não encampou o acerto da vaga no serviço público – emprego fuleiríssimo, aliás, que Dondinho só conseguiria anos depois: faxineiro de uma clínica. Mas não vamos apressar o passo. Pisando os pés em Bauru, Dondinho não só se encontrou numa cidade estranha, onde não tinha amigos, como de repente se viu no mato sem cachorro. Sem nada, muito embora com sete bocas para alimentar: a família – que, além do casal Celeste-Dondinho e do filho Dico, contava ainda com Ambrosina, a avó materna de Pelé, e o Tio Jorge, irmão de sua mãe – ampliara-se com o nascimento de mais dois bebês: Zoca e Maria Lúcia. E bebês em "fase de crescimento", como se diz. Moravam numa construção precária de madeira, com um telhado capenga, cheio de goteiras, que alagavam a casa, de modo que, quando chovia, era preciso procurar um cantinho seco onde dormir. Nas noites mais frias de junho e julho, a família se amontoava na cozinha minúscula, a fim de tentar se manter aquecida. Enfim, tudo era muito difícil. Vivia-se, segundo a definição de Pelé, no "sufoco da quase miséria". Nem sempre havia comida em casa. "Nos períodos em que meu pai ficava afastado do futebol por causa da lesão, a família realmente passava dificuldades. Zoca, Maria Lúcia e eu andávamos sempre descalços e usávamos roupas de segunda mão. Sem uma fonte de renda constante, lembro-me de que em várias ocasiões a única refeição que a minha mãe tinha para nos servir era pão com uma fatia de banana". E o astral não raro pesava, com discussões ásperas, algo azedas, cruelmente desagradáveis. O próprio Pelé recorda, em depoimento dado quando já estava atuando pelo Cosmos de Nova York: "E assim a gente existia... Mas, enquanto ia crescendo, comecei a entender o que era a pobreza. A pobreza é uma praga que deprime a mente, esgota o espírito e envenena a vida. Quando as coisas não faltavam – coisas simples, como comida suficiente em casa, ou a pequena soma de dinheiro para pagar o aluguel –, éramos muito felizes. Havia uma grande quantidade de amor naquela pequena casa; amor que superava muito da miséria. Mas havia também muitas discussões amargas, recriminações violentas, brigas dolorosas sobre a falta do necessário, de coisas que Dona Celeste sustentava com firmeza que eram nosso direito, porque tinham prometido emprego a Dondinho".

Ou seja: a atmosfera doméstica era pesada e o casal Dondinho-Celeste se perdia em conversas que ao final encalacravam. Dondinho se via cheio de dores e culpas. Ainda assim, o que podemos dizer é que, apesar da pobreza e mesmo da miséria, a infância de Dico foi alegre, colorida e feliz em Bauru, cidade de tamanho médio e relativa importância econômica, plantada na rede ferroviária do interior paulista. Até porque, e especialmente naqueles tempos pré-televisuais e pré-internéticos, crianças raramente viam além do horizonte mais imediato em que se desdobrava o seu cotidiano: Dico devia achar que toda criança vivia do mesmo jeito que ele. "Fiz amizade com uma porção de garotos que moravam perto da minha casa – pretos, brancos, até alguns de origem japonesa. Tudo o que eu queria era brincar. O quintal da nossa casa de madeira tinha videiras, uma mangueira e alguns pés de cana. Eu era um devorador de mangas, fruta que adoro até hoje. Meus amigos vinham para o quintal e inventávamos brincadeiras, às vezes fingindo que estávamos no circo. Os galhos das árvores faziam as vezes de trapézios, e os riscos que corríamos eram assustadores. [...]. Eu precisava de espaço e o quintal era pequeno demais. Passei a brincar na rua – feliz a criança que pode brincar na rua! [...]. Hoje em dia não existem muitas crianças que possam brincar na rua, que sejam capazes de reconhecer uma mangueira e que tenham o privilégio de chupar uma manga colhida diretamente no pé, de sentar no chão para saboreá-la, sem se preocupar se o suco escorre pelos braços". Perfeito. Nunca me esqueço, aliás, de uma vez em que uma enteada minha me chamou, surpresa e algo chocada, para ver "um bicho estranhíssimo" que estava amarrado no poste, num posto de gasolina.

Fui com ela ver o tal do "bicho estranhíssimo". Bem, era um peru. Ela nunca tinha visto um assim "ao vivo". Perguntei-lhe se já tinha visto uma galinha viva. E ela me disse que também não...

É isso. Mas voltemos a Pelé, repetindo: "Para mim, a vida começou realmente em Bauru, quando comecei a me entender por gente. [...]. Num instantinho, fiz amizade com a molecada da vizinhança e continuei naquela fase gostosa da vida, que é só brincar, brincar, sem pensar em mais nada. Nossa nova casa era de madeira: não era grande e no quintal tinha apenas uma parreira, uma mangueira e uns pés de cana. Quando era tempo de manga, a gente se empanturrava, apesar de toda vigilância da vovó Ambrosina e da minha mãe. Trazíamos nossos amigos para o quintal e ali inventávamos toda sorte de brinquedos, inclusive cirquinhos. Armávamos trapézios na árvore, utilizando velhas cordas e bancávamos os artistas, correndo o risco até de quebrar o pescoço". Digamos então que Três Corações foi apenas o lugar onde Pelé nasceu – Bauru, a cidade onde foi criado e se criou. Em comparação com as cidadezinhas em que até então pousara, por sinal, Bauru sugeria uma tremenda metrópole. Numa de suas autobiografias, Pelé diz justamente isso: "A própria Bauru parecia o centro do mundo: muito maior do que qualquer outro lugar em que eu morara até àquela altura, com todo o aparato de uma cidade grande, ou assim eu imaginava: lojas, um cinema e hotéis. Na ocasião, era uma das maiores cidades do interior do Brasil e uma espécie de eixo dos transportes, atravessada por três das principais ferrovias brasileiras". E Pelé pintou o sete por ali: jogando bola, namorando, matando lagartixa e passarinho, nadando no rio, virando porrada, etc. Mas deixemos isso de infância-pobreza-alegria para os estudiosos do assunto e retornemos ao tema futebolístico.

Se nem sempre havia grana para cobrir as despesas mais básicas da casa e da família, da alimentação ao aluguel, imagine se haveria dinheiro para futebol – ainda mais sabendo-se que Dona Celeste abominava o "esporte bretão" com mais força e bem mais razão do que Lima Barreto. Para se divertir individualmente como para armar uma pelada, Pelé e seus amigos mirins recorriam ao expediente nacional empregado, do Oiapoque ao Chuí, para resolver o problema. "Não podíamos comprar uma bola, então fizemos o que a maioria dos garotos fazia: rechear, com tiras de pano ou jornal amassado, a maior meia masculina que conseguíamos achar nas cordas de secar roupa, dar à meia a forma mais aproximada possível de uma bola e então amarrá-la com barbante", lembra o craque, acrescentando que a tal meia era quase sempre furtada de algum varal da vizinhança. E se a bola era de meia, o campo era o meio da rua. No caso, em Bauru, da rua onde o próprio Pelé morava. "Um belo dia, nós, os pixotes, resolvemos fundar o nosso próprio time, um time só nosso, em que marmanjos não tivessem vez. A ideia foi minha e foi recebida de forma entusiástica por todos os meus amigos. Saímos à procura de meias velhas para fazer a bola, após uma breve reunião defronte à minha casa. Não demorou muito e havia meias até demais, algumas quase boas, com furinhos pequenos demais para que elas fossem jogadas fora. Fizemos a bola e logo armamos a nossa primeira pelada oficial, na rua da minha casa. Sapatos serviam de traves (eram poucos os que os tinham) para os dois gols. Os limites do campo eram as duas calçadas e os riscos que traçamos ao longo das 'traves', de ambos os lados. No limite do tempo, não pensamos, pois estávamos dispostos a jogar até quando nossas mães aparecessem para nos chamar. Aquela tarde ficou gravada na minha memória. A bola era nossa – embora fosse feita de meias velhas –, o time era nosso, tudo era nosso! Todo mundo mandava, todo mundo era capitão dos dois quadros e todo mundo era juiz. O resultado foi que o jogo ficou gritado demais, a ponto de provocar reclamações da vizinhança. Nessa altura, minha mãe apareceu no portão e, para mim, a partida terminou ali. Não me lembro se o time que eu defendia estava apanhando ou ganhando, quando eu saí. Mas me lembro que levei uns puxões de orelha quando entrei em casa. O Zoca, como era menor, escapou. E a roupa dele estava tão suja quanto a minha!". O modo como o futuro supercraque encontrou saídas para viabilizar seus desejos futebolísticos, na circunstância em que então vivia, carente de quase tudo, é algo que merece ser contado, pelo que tem de psicológica e sociologicamente revelador, como veremos – sem maior pressa – ao longo deste e de outros tópicos do presente ensaio.

Ainda na infância, aos 7 anos de idade, Pelé tentou ganhar algum dinheirinho engraxando sapatos. Um amigo o ajudou a fazer uma caixinha tipo *kit* de engraxate, o Tio Jorge bancou a compra dos primeiros petrechos para o exercício do ofício e lá se foi o neguinho pela vizinhança, batendo de porta em porta à cata de clientes. Arranjou somente um, que talvez tenha tido pena do pretinho, em suas rondas por aquelas casas próximas à sua. Além disso, engraxou as chuteiras de Dondinho e um par de sapatos dele mesmo, que herdara do filho mais velho do patrão de uma tia sua (o menino tinha crescido e seus pés já não entravam no pisante). Dico se orgulhava daquele seu par de sapatos, tão chiques que só deveriam ser usados aos domingos para ir à missa. Apanhou quando Dona Celeste descobriu que o pivete os estava usando para jogar futebol. Sua explicação: "Eu precisava sentir como era chutar uma bola com um sapato no pé". Entendo perfeitamente e o aplaudo com muito gosto – mas não sou Dona Celeste. De qualquer sorte, o pretinho foi em frente. Mostrando à mãe que andar pela vizinhança não dava lucro, convenceu-a a deixá-lo acompanhar o pai ao estádio de futebol, em dia de jogo deste, a fim de batalhar como engraxate no meio dos torcedores. Deu certo. Com Dondinho ganhando o pão dentro de campo e Dico recolhendo a grana de alguns pisantes engraxados na arquibancada, voltavam ambos leves e alegres para o lar. Vendo que a coisa tinha dado certo, Dona Celeste permitiu então que Dico passasse a frequentar a estação de trem de Bauru, onde os pequenos engraxates da cidade se congregavam.

Mas Pelé precisava também de alguma grana extra para melhor equipar o seu time. E foi assim que se converteu, por um pequeno lapso de tempo, em ladrão de amendoim. Afinal, era necessário comprar uma bola de couro, bola "de verdade", pouco importava se de tamanho oficial ou não, para o seu time infantil em Bauru, o Sete de Setembro. Falaremos disso adiante. De momento, aqui, vou me limitar a tocar numa cumplicidade que considero adorável, de algum modo felliniana ou digna do neorrealismo cinematográfico italiano, entre a avó Ambrosina e o seu neto Dico, relatada em livro por José Castello. Ambrosina acobertava o negócio escuso do neto, que se arriscava furtando amendoim na estação de trem. Ele e seus amigos furtavam – e ela torrava (escondido) o amendoim, para que a turma saísse a vender aqueles grãos crocantes (na Bahia, a preferência não é bem pelo torrado, que também se aprecia, mas pelo amendoim cozido, dissolvendo-se gostosamente na boca). Por falar nessa *performance* de Ambrosina, não vou deixar de observar que, quando o assunto são os seus netos, avós costumam ser amigas de transgressões. E até deliciosamente transgressoras elas mesmas. Na minha experiência pessoal (e acho que na de todo mundo, salvo as exceções de praxe), sempre foi mil vezes preferível revelar um malfeito à minha avó Emília (branquinha delicada e aparentemente frágil, parece que descendente de lavradores pobres do norte de Portugal, casada com um mulato alto e forte chamado José Alvino), em busca de entendimento parcialíssimo e proteção, do que sequer sonhar com o caso chegando aos ouvidos de minha mãe, onde o castigo (talvez, a surra) seria a coisa mais provável. Um biólogo (ou um especialista em etologia humana) talvez dissesse, quem sabe, que a avó é um mecanismo de defesa natural do neto.

Não apanhei pouco, por falar nisso – e Pelé apanhava bastante. Em casa – e na escola. Dona Celeste aplicava-lhe quase diariamente cascudos, beliscões, umas boas palmadas e puxões de orelha. Além de premiá-lo com surras até relativamente frequentes. Pior ainda na escola básica, onde uma professora que detestava e quase o levou a deixar de estudar, costumava castigá-lo com ou sem motivo. Pelé se lembra que teve professoras bondosas e generosas, como Cida, Lourdes e Conceição, até que esbarrou numa tal de Lau, como os mais próximos chamavam a professora Laurinda, pessoa que, na visão de Pelé, podia ser tudo, menos de boa índole. Deixemos que ele mesmo fale. "No terceiro ano de grupo, minha vida escolar começou a se complicar cada vez mais. Eu já não gostava muito de ir às aulas e, ainda para piorar as coisas, logo de saída percebi que a nova professora não era nada sopa. Chamava-se Dona Laurinda e pegou a classe logo após a saída de outra professora, Dona Conceição, que era bem mais bondosa do que ela. Essa Dona Laurinda só não me fez desistir de estudar porque eu tinha minha mãe e meu pai, que não me deixavam relaxar de uma vez por todas com meus deveres escolares. Nas mãos daquela professora, conheci toda sorte de castigos. Por eu falar demais na classe, ela me entupia a boca com pelotas de papel. Parecia um castigo bobo, mas a verdade é que, depois de estar com aquela bola de papel na boca por algum tempo, esta começava a doer, pois as bochechas ficavam esticadas demais. Só sofri na primeira vez, pois aprendi depressa a solução para enganar a professora: mordia a pelota até deixá-la pequena. Outras vezes, quando eu fazia qualquer arte mais séria, Dona Laurinda me colocava de joelhos sobre grãos de feijão [na Bahia, que eu saiba, professores davam preferência ao milho], na frente de toda a classe. Aquilo era bem pior do que as pelotas de papel, pois os joelhos doíam à beça. Eu não ficava muito tempo naquela situação incômoda. Cada vez que a professora se distraía, eu tirava um grão de feijão e, assim, acabava ficando ajoelhado apenas na madeira do assoalho. Quando ela me tirava do castigo, permitindo que eu voltasse ao meu lugar, eu deixava os grãos em cima da mesa dela, depois de fingir que os catava no chão. Meus colegas, quando percebiam a minha manobra, faziam força pra não rir. Isso poderia chamar a atenção de Dona

Laurinda e, quem o fizesse, ficaria malvisto como companheiro. Outro castigo duro de aguentar era o de ficar de pé, encostado na parede e de costas para a classe, com os dois braços bem abertos, como um Cristo crucificado. Quando a gente cansava e abaixava os braços, Dona Laurinda vinha por trás e, com um safanão, fazia-nos abri-los novamente. Quando era eu o castigado, ela não podia sair de perto. Era só virar as costas e eu já descansava os braços, deixando-os cair ao longo do corpo. Eu era um aluno marcado e, por isso mesmo, raramente podia gozar da delícia de um recreio. Ela [a tal da Lau] me fazia ficar na classe, durante os intervalos... Quando eu conseguia sair para o recreio, sempre inventava uma brincadeira que era proibida".

O que foi dito até aqui é mais do que suficiente para mostrar a pobreza em que a família de Pelé vivia. Tanto que, vindo de uma casa marcada pela escassez, onde aqui e ali faltava comida, Pelé não acreditou quando foi obrigado a fazer uma farta e forte dieta de proteínas no Santos, a fim de crescer e criar musculatura, coisas absolutamente necessárias para que de fato pudesse se tornar um jogador profissional de futebol. E essa pobreza se prolongou no tempo. Até mesmo depois da vitória na Copa do Mundo de 1958, na Suécia, nosso personagem continuou a receber salários bem baixos. Com o tempo, claro, a situação mudaria. Ventos soprariam moedas em boas e grandes quantidades. Todos sabem disso. Pelé ganhou dinheiro, sim. E não foi qualquer merreca. Ganhou bastante – especialmente, levando-se em conta a estratificação social brasileira, com o escândalo das suas disparidades. Mas ao mesmo tempo ganhou pouco, em comparação com a atual elite futebolística mundial, que é multimilionária. Não me lembro agora onde li que o que David Beckham faturou só com publicidade (futebol exclusive) foi muito mais do que Pelé recebeu em toda a sua vida profissional. Pelé jamais chegou a sonhar sequer com a terça parte da montanha de dólares como a que Ronaldo ganhou num ano de Copa do

Mundo (2002) e contrato publicitário com a Nike. E o que é pelo menos interessante assinalar: os jogadores da atual elite futebolística internacional ganham muitíssimo mais do que Pelé ganhou – sem ter nem metade do seu talento.

Enfim, o rei passou a sua infância e pré-adolescência sob o açoite da pobreza. Sob ameaça de fome. De todo esse tempo, num depoimento retrospectivo, deixou um comentário inesquecível sobre o significado da pobreza na vida de uma pessoa, que encontrei reproduzido no já mencionado livro de Lew Freedman. Comentário que, sem dúvida alguma, considero definitivo – e talvez a melhor coisa que já tenha ouvido sobre o assunto: "Pobreza é medo. Não o medo da morte, que, como é inevitável, se compreende. Pobreza é um medo terrível. É o medo da vida".

3.
QUALIDADE TÉCNICA E HUMANA

Futebol, no seu nível mais alto, é
complexidade disfarçada de simplicidade.

– Henry Kissinger, "World of Wonder".

Vamos falar dos *Lehrjahre* de Pelé. Dos seus anos de estudo e aprendizagem. De dedicação à técnica. Mas, quando penso na relação ou no casamento entre técnica e arte, horizonte em que Pelé aparece como caso ou exemplo definitivamente superior, não tenho como me prender com exclusividade ao mundo do futebol. Longe disso. Sou logo conduzido a projetar o assunto em dimensão ampla. A pisar no terreno das observações gerais. E aqui logo me lembro de um mestre no assunto: o poeta norte-americano Ezra Pound. Na primeira parte de seus *Literary Essays*, dedicada à arte da poesia, Pound é categórico: "Creio na técnica como prova da sinceridade de um homem". Mais: "O domínio de qualquer arte é trabalho para uma vida inteira". Mas acho que foi no *ABC of Reading* que o poeta ressaltou o óbvio: antes de um dia se apresentar para um concerto público, o pianista terá dispendido anos às voltas com a técnica dos teclados. No tocante ao futebol, como acabei de dizer, Pelé se mostra como exemplo acabado disso. E desde muito jovem.

Aliás, no linguajar futebolístico, quando dizemos que um jogador é "técnico", temos em mente uma virtude que se lapidou, a habilidade trabalhada, o requinte: não é pedra bruta, mas polida. E o que desejo sublinhar é que nenhum craque nasce do nada. Todo bom jogador sabe disso. Não por acaso alguns deles passam horas e horas treinando cobranças de falta e de pênalti. É importante ressaltar este aspecto, até como antídoto para o subanarquismo hoje generalizado nas artes e na cultura, quando o conhecimento e a técnica são desprezados e os supostos "libertários" colocam, acima de tudo, o culto da "vivência" pessoal. Jogam-se então os critérios fora e a "vivência" é transformada em álibi para todas as incompetências. Verdade: entramos numa época em que a ignorância é celebrada: músicos que não conhecem música, pintores que não sabem pintar, escritores incapazes de nos apresentar construções frásicas minimamente elogiáveis, que dirá de algum brilho. Mas isso não vigora no futebol. Na arte da bola. Aqui, exigem-se anos de estudo e aprendizado. Mesmo a pedra rara existe para ser lapidada, como vemos com os jovens revelados ou comprados pelo Manchester City ou o Real Madrid. Aprendizado com algumas preleções fundamentais, sim, mas, acima de tudo, com desempenhos práticos. E o resultado é logo reconhecido. Qualquer torcedor, desde a infância, sabe distinguir um craque de um perna de pau. E ninguém quer perna de pau no seu time. Quer o craque. Se o público das demais produções estético-culturais brasileiras – música, literatura, cinema, artes plásticas, arquitetura, etc. – tivesse um décimo do conhecimento que um torcedor comum tem do futebol, o nível da arte brasileira seria outro, sem nada a ver com o reino dos embustes e dos aplausos e mitos fáceis que vemos à nossa volta. É por isso mesmo que ninguém fala de "cotas raciais" na hora de escalar o Flamengo, o São Paulo, o Atlético Mineiro ou a seleção brasileira de futebol. Aqui o que conta não é nenhuma "reparação histórica", mas a técnica, o saber, a "visão de jogo", devidamente combinados com a inteligência, a intuição, o dom do improviso. E Pelé, desde muito cedo, foi mais do que preparado para entrar em campo como um jogador profissional.

A iniciação tradicional do moleque brasileiro na prática do futebol, ainda na minha geração, se dava ao ar livre (mesmo que fosse no intervalo do recreio, quando se estava no colégio), num pátio, num terreno baldio, no meio da rua, juntamente com os demais moleques da turma. E foi por esse caminho que o futebol não demorou a entrar na vida de Pelé, ou antes, do então menino Dico. "Aprendi a jogar na rua, no quintal, que é como se aprende a jogar futebol". Como se aprendia, na verdade. Porque isso mudou. Hoje, nas cidades brasileiras de dimensões grandes e médias, pelo menos, quase nenhuma turminha infantojuvenil joga mais na rua ou em terrenos irregulares e até esburacados. Da classe média para cima, o que se vê é uma geração do "playground", das quadras "poliesportivas" construídas em prédios e conjuntos residenciais. Mas também a molecada mais pobre tem acesso a pequenos campos em escolas públicas, a quadras que prefeituras implantam em espaços abertos, a "escolinhas", seja na orla do mar, seja em praças e centros de lazer nos bairros populares. Antigamente, não. Aprendia-se na rua. E em firulas com a célebre bola de meia, cujo domínio não era nada fácil. Como tantos outros observadores e/ou participantes de babas e peladas, qualquer analista costuma salientar que era preciso ter pelo menos um mínimo de habilidade para conseguir exercer ou exibir algum controle sobre aquela pelota de peso e dimensão sempre variáveis, não só pela sua feitura toscamente artesanal, como também a depender de quantas vezes e com que força ela já tinha sido chutada, quando não, em tempos de chuvas finas ou aguaceiros, caído em poças de lama.

Mas a verdade é que nenhuma criança ou rapazinho já púbere, envaidecendo-se indisfarçavelmente com a aparição de seus primeiros pentelhos, se incomodava com isso. Era de meia, mas era bola – e fim de papo. Uma declaração maravilhosa do grande craque Leônidas da Silva – citada por André Ribeiro, em seu livro *O Diamante Eterno: Biografia de Leônidas da Silva* – diz tudo: "... eu tive sempre comigo, atada aos meus sapatos desconjuntados, essa bola de pano que constitui o primeiro contato do *footballer* com a multidão. Convivi com ela e tornei-me seu velho camarada". A variabilidade da bola era coisa secundaríssima, na qual a atenção se concentrava exclusivamente para, aquilatando a condição objetiva da pelota, tentar evitar erros em dribles, chutes e passes. "Não fazia diferença", lembra Pelé – "o prazer de chutar aquela bola, de fazê-la se movimentar em resposta a uma ação minha, foi o maior sentimento de poder que tive até então". Ou ainda: na infância, "desenvolvi o prazer de controlar a bola, fazendo-a ir para onde eu queria, na velocidade que eu queria". E, sempre por ali presente, Dondinho não se cansava de ir ensinando a Dico tudo o que sabia das manhas e artimanhas do jogo de futebol. Ensinava com um misto de amor e rigor. E foi a pessoa que maior influência teve na vida de Pelé. Sim: Pelé era louco pelo pai. Vejam como o então jornalista esportivo Benedito Ruy Barbosa abre o texto de apresentação do livro *Eu Sou Pelé*:

"Quando conheci Pelé, era ele apenas um negrinho magro, espigado, ainda com aquele olhar assustado de menino do interior, maravilhado com as novidades de uma cidade como Santos, que tinha até mar e praia, para os seus folguedos. Não era, contudo, e apesar dos seus quinze anos de idade, um garoto medroso. Sempre o vi olhando os outros de frente, de cabeça erguida, numa demonstração de autoconfiança que me impressionou desde a primeira vez em que o entrevistei, para o jornal em que trabalhava naquela ocasião, a *Última Hora*.

– Como você se chama?

– Pelé.

– Pelé?!

– Não. Meu nome é Edson Arantes do Nascimento. Pelé é apelido.

– De onde veio?

– De Bauru. Sou filho do Dondinho!

– Que Dondinho?

O sorriso desapareceu dos lábios do negrinho. Fez cara de desapontamento:

– O senhor é repórter esportivo?

– Sim.

– E não conhece Dondinho, meu pai?

Confessei que não conhecia. Pelo menos não me lembrava de nenhum jogador com aquele nome. Naquela tarde, o menino Edson falou mais do pai do que dele mesmo, fugindo, inclusive, do assunto da entrevista que eu queria fazer. E falou com tanta paixão e com tanta ternura, que logo percebi estar diante de um menino diferente. Para ele, naquele momento, Pelé não era assunto. Dondinho era. E ele falou apenas de seu pai, craque do Bauru Atlético Clube, que não teve a sorte que merecia, pelo futebol que jogava".

Somente quatro anos depois de recebida a promessa, Dondinho conseguiu o emprego público que lhe haviam prometido. Quatro anos de castigo, passando necessidades com a família. E olha que era um empreguinho de merda, também no sentido literal (costumo rir, por falar nisso, com nossos atuais jornalistas, que já não sabem o que quer dizer "literal" ou "literalmente", e empregam a expressão de forma totalmente despropositada): quase faxineiro de uma clínica de saúde, onde estava encarregado, entre outras coisas, de varrer o chão e esvaziar e limpar penicos. Mas tudo bem, o que se há de fazer? Harris informa que, ao menos, o emprego fez as tensões domésticas refluírem. Os esporros e lamentos de Dona Celeste foram para o fundo do palco. Além disso, quando não havia mais sapatos a engraxar naquele dia, na estação de trem de Bauru, Dico tomava o rumo da clínica, ajudava o pai a fazer café e ficava a ouvir recordações da carreira futebolística de Dondinho e reminiscências a respeito do Tio Francisco, então vivendo no além. "Essas conversas fizeram com que eles [Dondinho e Dico] ficassem ainda mais próximos e Dico passou a querer ser um jogador de futebol, como o pai". Mais ou menos por essa época, de resto, as pessoas de seu círculo, em Bauru, começaram a chamá-lo por um novo apelido, que ele detestava: Pelé. Estava então entre os 9 e os 10 anos de idade. Jogava já com meninotes mais velhos, rapazitos, num time formado por sua *street football gang* (como a definiu Harris), a que deram o nome de Sete de Setembro, não em homenagem à data da Proclamação da Independência do Brasil, como se costuma dizer. Mas, como Pelé contou, em homenagem a uma rua: "O nome foi escolhido em homenagem à rua Sete de Setembro, que fazia esquina com a Rubens Arruda, que era a rua da minha casa".

Pelé, como diz Luiz Carlos Cordeiro, em *De Edson a Pelé – A Infância do Rei em Bauru*, era um "líder nato", comandando a turma, "além de ser sempre o melhor nos jogos de pião, bolinha de gude, papagaio (pipa) e nas brincadeiras de 'salva', nas quais era sempre o único que não era capturado e que sempre salvava seu grupo". Além disso, tinha, digamos, instinto empresarial. Ainda Cordeiro: "Pelé era meio dono do time [Sete de Setembro], junto com José dos Santos, gerente do vagão-restaurante da Paulista. Nesse time, aconteceu um fato interessante, relatado pelo jogador Lelo, hoje pastor evangélico e ex-vereador. 'O time queria comprar uma bola e não havia dinheiro suficiente, então Pelé vendeu a mim, Helder e outro jogador para o time do Pinga (que seria depois zagueiro do Noroeste), também daquelas imediações, por sessenta mil-réis, cada um custando vinte. E a bola foi comprada, revelando outro traço da esperteza daquele menino-prodígio'". Pelé negociando "passe" de jogador – para cuja abolição se concentraria anos e anos mais tarde, integrando a equipe ministerial do governo de Fernando Henrique Cardoso. Mas não vamos avançar. Como escrevi parágrafos antes, Dico detestava o apelido Pelé. A razão, ele nunca disse – e deve ter sido mesmo por algum motivo extrarracional. Mas o fato é que se cansou de virar porrada com muitos dos outros meninos que insistiam em tratá-lo assim. Em vão. Ele mesmo comentou que deve ter levado a pior na maioria dessas brigas, porque o apelido grudou nele. "Tudo o que sei é que dali em diante eu passei a ser Pelé para todo mundo que eu conhecia, menos para a minha família, que continua a me chamar Dico até hoje".

Em todo caso, é reveladora a história de como Dico passou a gostar, a curtir mesmo, o apelido Pelé. O narcisismo se encarregou de providenciar a passagem, somando vaidade pessoal e vaidade futebolística. Como pivô da transição, o Sete de Setembro. Seguinte: o Sete de Setembro precisava ter uma bola de verdade, o pelotaço de couro, além de calções, camisas e chuteiras. Enfim, precisava de tudo. Sem bola e vestual, tinha só os seus jovens jogadores, com Pelé de caçula. O que fazer? Pintaram algumas ideias. Um dos garotos sugeriu que eles coletassem lenha para vender na vizinhança. Naquele ano de 1950, o uso do fogão a gás ainda não se tinha generalizado socialmente no país. Nas casas dos bairros mais pobres de nossas cidades, o fogão a lenha permanecia firme no seu posto. Logo, em princípio, catar lenha para vender não seria má ideia. O problema foi que outros tinham pensado nisso antes. Outra ideia: extrair o pouco de tabaco restante em baganas encontradas pelas ruas e, com isso, fazer cigarros para comercializar. E ainda se pensou em catar ferro velho para vendê-lo a algum revendedor. Como nada disso deu certo e a prosperidade do Sete de Setembro não se materializou, apareceu então a sugestão de roubar amendoins do depósito de mercadorias da estação ferroviária ou de vagões de trens que transportavam produtos agrícolas – e vendê-los na porta do cinema, ou do circo, quando algum deles desembarcasse com palhaços e trapézios em Bauru. Pelé não topou de imediato se engajar na *peanut-stealing operation*, como a chamou Harris. Pelava-se de medo de que a notícia chegasse aos ouvidos de Dona Celeste. Mas acabou topando. E a empreitada teve êxito. A meninada comprou não só as camisas do time, como sacas (vazias, claro) de farinha que as mães dos jogadores transformaram em calções. Adiante, herdaram as chuteiras velhas que um outro time jovem da cidade tinha dispensado.

Pelé narra a história em sua primeira autobiografia – mas, como ainda era muito tímido ou cauteloso na época, já cuidando de sua "imagem", omite a participação da avó Ambrosina, atribuindo a si mesmo e aos demais garotos a torragem do amendoim: "... iniciamos os assaltos contra os sacos de amendoim, na Sorocabana. Entrar nos armazéns não era possível, pois ficávamos muito à vista dos trabalhadores. Também não podíamos roubar o amendoim ainda nos caminhões, pois os choferes e seus ajudantes estavam sempre por perto. Estudamos a situação durante algum tempo, até que encontramos o caminho melhor: entrar nos vagões, na hora do almoço do pessoal. Tiramos a sorte para ver quem entraria no vagão primeiro. Teriam que ser dois – tínhamos decidido – e eu dei azar: fui escolhido. Não me lembro quem foi meu companheiro aquele dia, mas sei que quase morri de medo quando entrei no vagão. Levamos bacias velhas, peneiras e até mesmo um balde velho, para colocar o amendoim. Enquanto dois entravam no vagão, com muito cuidado para não serem vistos, os demais ficavam de prontidão, preparados para receber as vasilhas e dar nos pés. Naquela primeira investida contra os vagões da Sorocabana, suei frio durante toda a operação de furar os sacos com o canivete e recolher o amendoim que descia bonito, como a água de uma cachoeira. Abordávamos os vagões pelo outro lado, onde geralmente não tinha ninguém vigiando. Passávamos por baixo deles, entre as rodas e, depois de olhar bem para todos os lados, entrávamos. Rasgávamos os sacos, enchíamos as vasilhas e, para aproveitar o embalo, enchíamos os bolsos e as camisas também. Nós mesmo torrávamos o produto do roubo e, depois, íamos vendê-los. Num instante, arranjamos dinheiro para comprar as camisas, mas não iguais às usadas pelos jogadores de verdade. Contentamo-nos com simples camisetas, que eram mais baratas, e com alguns calções. Desistimos de comprar as meias e as chuteiras, pois não sobrou dinheiro para isso. Nessa altura, já tínhamos sido descobertos em plena ação nos vagões da Sorocabana, tivemos que bater em retirada e desistir de arranjar mais fundos para o nosso clube". De qualquer forma, o Sete de Setembro estreou assim mesmo. O time logo ficaria conhecido em Bauru. As chuteiras não demorariam a aparecer. E a própria prática de furtar amendoins ficou fundamente gravada na memória do rei. Conta-se que uma vez, brincando com os jogadores da seleção que foi à Suécia, envolvidos todos no passatempo letra/objeto, veio o tópico seguinte: "fruta com a letra M". E Pelé, sério, achando que ia ganhar o jogo: "Minduim!".

Dondinho acompanhava tudo em cima do lance – digo, o time, não o roubo de amendoins. Lembra-se sempre, aliás, de que Pelé jogava, naturalmente, de *centre-forward*, mas também de meia, na defesa e, ocasionalmente, até no gol. Brincava nas onze, como então se dizia. Só não brincava em serviço, que o pai não deixava. Dondinho levava o garoto para um velho campo de futebol abandonado e não lhe dava um minuto de descanso. Meteu em sua cabeça que era mais do que necessário que ele chutasse com os dois pés. E o instruía, treinava e exercitava à exaustão em todas as tramas e transas do futebol, praticando incansavelmente passes, dribles, tudo quanto era arte e artifício, caprichando no cabeceio (ouvimos antes da fama de grande cabeceador que Dondinho carregava – e agora ele transmitia sua técnica ao filho). As pessoas ficaram embasbacadas quando viram um rapazinho de apenas 17 anos de idade fazer aquele belo e preciso gol de cabeça, no final da final de uma Copa do Mundo, no 5 x 2 contra a Suécia. Mal sabiam que Pelé levara anos treinando cabecear, sob o olhar disciplinador de Dondinho, famoso por sua precisão no cabeceio. E, coisa então rara, ele cabeceava sem fechar os olhos. Mas isso nem era tudo. Depois de horas de treinamento com o pai, o menino Pelé, ao se ver livre, passava o resto do seu tempo jogando com os colegas do Sete de Setembro. "Eu devia ter uns onze anos de idade quando o nosso time, o Sete de Setembro, começou a fazer furor em Bauru. Ganhávamos a maioria dos jogos, pois nossa turma era bamba mesmo e, além do mais, nenhum time do mundo treinava mais do que o nosso". Assistindo a esses jogos, Dondinho dava conselhos ao filho. "'Você está prendendo muito a bola. Às vezes, você estraga toda a jogada por causa disso'. E relembrava comigo os lances do jogo, para mostrar os meus erros: 'Por que foi que você centrou aquela bola? Tinha caminho livre para entrar e chutar'. Eu sempre ouvia os conselhos que ele me dava e procurava fazer as coisas como ele me dizia".

Numa apreciação em plano geral, o rei escreveu: "Dondinho me ensinou muita coisa, não só sobre técnica, mas também sobre como me conduzir em campo. Alguns dos truques que mais tarde me ajudariam a marcar tantos gols e a ganhar troféus, aprendi sob o olhar atento dele. Ele me falou do efeito do chute com o lado de dentro do pé, de como fazer passes precisos, da importância de manter a bola sempre próxima. Isso acabaria se tornando uma espécie de assinatura do meu estilo de jogo – passos curtos com a bola sob o meu domínio, a cabeça no mesmo prumo dela ou tão perto disso quanto possível, para assegurar total controle na hora de driblar o defensor. Aprendi cedo a usar uma mudança brusca de passada, seja de rápida para lenta ou vice-versa, para enganar o adversário. Isso funcionava especialmente bem quando vinha com a bola para cima de um zagueiro, mantendo-a perto de mim, em vez de chutá-la longe e perder o controle, o que significava que o defensor tinha que dar meia volta sobre os calcanhares e nessa hora era apanhado desprevenido pelo leve toquinho que eu dava, fazendo a bola passar por ele. A finta de ombro era outro truque que podia ser usado nesse caso, e era devastador quando empregado numa jogada em que a bola já estivesse viajando em velocidade: abaixando o ombro, fosse o esquerdo ou o direito, eu conseguia deixar zagueiros no chão sem sequer tocar na bola. [...]. Eu adorava aqueles momentos passados com meu pai, aprendendo a jogar futebol e a ser homem".

Futebol à parte, o que mais se podia ver, então, era Pelé dando em cima das meninas ou se atracando em porradas com rivais na rua (eventualmente, mesmo com amigos ou com seu irmão Zoca; até partidas de futebol de botão não raro terminavam em pancadaria), com trocas de socos, rasteiras e pontapés. Pelé sempre foi bom de briga. Um porradeiro nato, como se dizia antigamente na Bahia. Falando de seus tempos escolares, ele mesmo conta: "Geralmente, eu aparecia na classe sem sequer um lápis em ordem para ser usado. Logo escalava alguém, apressadamente, para que me emprestasse lápis, borracha e tudo o mais que eu necessitasse para a aula. E ai de quem se recusasse a me atender! – Vou te esperar na saída... Às vezes, eu me esquecia de cumprir a ameaça, mas geralmente a cumpria. Ganhei, por isso mesmo, fama de mau. Brigava muito, com colegas de grupo e com garotos que não eram da minha turma. Outras vezes, quando queria matar aula para ir jogar bola, também escalava os que deveriam me acompanhar. A maioria aceitava o meu convite com a maior das boas vontades, mas, quando alguém se recusava a nos acompanhar, também sofria as consequências, pois ficava marcado. Dentre os garotos com quem mais briguei, na minha infância, acho que posso colocar o Zinho [na época, seu melhor amigo] em primeiro lugar. Nem sei quantas vezes nos pegamos a tapa, em plc na rua, por dá-cá-aquela-palha. A maioria dos meninos tinha medo dele, e se acovardava diante de uma ordem sua. Ele era respeitado, mais respeitado do que eu. Mas comigo não tirava farofa. Quando começávamos a discutir, por qualquer coisa, acabávamos sempre engalfinhados, rolando pelo chão. Muitas vezes, apanhei. Mas também o surrei várias vezes. Apesar de tudo, porém, éramos amigos. Gostava de tê-lo comigo em minhas aventuras de moleque [nadar, caçar passarinho ou lagarto, roubar doces na doceria da avenida, fabricar carrinhos de rolimã, etc.], menos no futebol".

Pelé piveteava (é curioso, por falar nisso, que o primeiro sentido dicionarizado da palavra "pivete" seja o de substância aromática que se queima para perfumar um ambiente). "Com Raul ou outros amigos, murchava pneus de carros, tocava a campainha das casas e saía correndo, não desprezava uma briguinha de rua. Era irrequieto, irreverente e desassossegado". E essas brigas de rua podiam ter consequência. O amigo Raul relembra: "Chegara a Bauru o famoso Circo Garcia e ficamos loucos para assistir. Como não tínhamos dinheiro, engraxamos sapatos, vendemos amendoim torrado, etc., passando alguns dias juntando dinheiro para assistir ao espetáculo. Quando lá chegamos, entramos no circo felizes e realizados e demos de cara com um grupinho de moleques, na arquibancada, que estavam a fim de pegar o Dico, pois ele havia aprontado dias antes com os caras. Eles saíram correndo atrás de nós (eram uns oito) e tivemos que voar de perto do cemitério, onde estava o circo, até às nossas casas, a mais de dois quilômetros de distância". Raul ficou puto, claro. Depois de tanto trabalho para juntar o dinheiro do ingresso no circo, Dico-Pelé, porradeiro aprontador, estragou tudo. Até um cachorro se envolveu nessas misturas de futebol e porrada de rua do menino Pelé. Sim. Havia na vizinhança um cachorro chamado Rex, que adorava Pelé e o acompanhava para onde quer que ele fosse. Cordeiro: "Quando o pequeno craque chegava aos jogos de futebol com Rex, acontecia um fato inusitado. Como não havia traves fixas nos campinhos, era necessário fazer buracos para fincar pedaços de madeira ou bambus que substituiriam as traves. Pelé chegava ao ponto onde o buraco seria feito e chamava: 'Rex, aqui, bem aqui'. E lá ia o cãozinho com suas patas e muito boa vontade cavando, cavando o suficiente para colocar a estaca. Depois, Pelé se deslocava para outro ponto: 'Aqui, Rex', até completar os locais para colocar as traves improvisadas. Os amigos e o irmão Zoca se divertiam, enquanto as demais pessoas se impressionavam com a cena incomum... [Rex] era um amigo bem fiel. Certa vez, acompanhava Pelé na saída de um jogo do Noroeste a que ele fora assistir, quando o garoto foi cercado por três moleques de outra turma e deu-se início a uma briga de rua que, entretanto, durou pouco. Rex, enraivecido e tomando as dores do amigo, insurgiu-se contra os outros moleques, desferindo mordidas e arranhões e provocando a imediata fuga dos três".

Esse *know-how* em matéria de pancadaria seria futuramente muito útil a Pelé, no mundo do futebol profissional. Ele se tornaria um jogador que sabia muito bem se defender e que, quando batia, batia pra valer. E tinha mesmo que fazer isso. Quanto mais era reconhecido como um jogador superior aos demais, mais era perseguido, agredido, caçado em campo. O velho Waldemar de Brito, ex-jogador e treinador que o revelou, vendo o quanto seu pupilo estava apanhando em campo, não se conteve. Fala Pelé: "Nem tenho mais conta das vezes em que me machuquei em campo, depois da Copa do Mundo [de 1958, na Suécia]. Minha primeira contusão séria foi a que sofri contra o Corinthians, no Pacaembu, antes do embarque da seleção brasileira para a Suécia. Depois vieram outras, seguidas. Eram poucas as partidas em que eu não era 'caçado'. Tinha que cuidar mais das minhas pernas do que da bola. Um dia era o joelho, outro era o tornozelo, outro era a canela... Entravam em mim pra valer. Um belo dia, o Waldemar de Brito [craque do São Paulo que levou o menino-rei para o Santos, revelando-o assim ao Brasil] veio falar comigo: 'Você precisa começar a dar também. Esse negócio de só levar pontapé e ficar quieto, não está certo. Já estão abusando de você'. E me aconselhou ainda: 'Nada de querer brigar ou de começar a dar pontapés primeiro. Só não quero que você banque o bobo, que apanhe e fique quieto. Quando eles perceberem que você também sabe dar botinadas, aí vão parar de abusar como estão abusando'. Foi o que passei a fazer. Se levava um pontapé, dava dois em troca".

É bem conhecido o episódio com Procópio, zagueiro célebre por seu estilo violento. Foi num jogo entre o Santos e o Cruzeiro, pela Taça de Prata, em 1968. Alguns dizem que Procópio, jogando pelo Cruzeiro e encarregado de marcar Pelé, teria dado um safanão no pescoço do craque; outras pessoas, então presentes ao jogo no estádio do Morumbi, afirmam que Procópio vinha batendo muito no craque, "mordendo seu tornozelo". Seja como tenha sido, Pelé deu o troco (em campo, nunca tomou a iniciativa de bater, é bom que se diga; só dava porrada se apanhasse primeiro). Numa jogada, deixou a perna no lugar certo e atingiu feio o agressor, provocando rompimento do tendão do joelho. Resultado: Procópio foi retirado do campo, sem nenhuma condição de continuar jogando, e ficou cinco anos fora dos gramados futebolísticos. Armando Nogueira lembra de outro evento na mesma linha, começos da década de 1960, amistoso Brasil 2 x 0 Alemanha, no Maracanã: "Numa dividida, Pelé, querendo revidar os pontapés que vinha sofrendo, entra duro e quebra a perna de um zagueiro alemão". E Pelé não só devolvia porradas que levasse, como curtia com a cara do agressor. O zagueiro Roberto Rebouças (do Esporte Clube Bahia) contou ao escritor Zé de Jesus Barreto, seu amigo, a história de uma porrada que levou de Pelé, quando foi escalado para marcá-lo, num jogo no velho estádio da Fonte Nova. Ele já vinha batendo no rei desde o início da partida. De repente, emparelhados em alta velocidade, Pelé desferiu uma tremenda cotovelada no rosto de Rebouças, que saiu do ar e teve de ser atendido longamente fora do campo. O jogo estava no zero a zero. Quando Rebouças voltou a si e ao campo, Pelé disse a ele: "Veja como está o placar". Rebouças conferiu, surpreso: estava 2 x 0 para o Santos. E Pelé, dando risada, sacaneando: "Adivinhe quem fez os gols...". Mas o lance mais célebre aconteceu no jogo contra o Uruguai na Copa de 1970, que, além de eficaz como porrada bem dada, foi exemplo de admirável malandragem. Naquela altura da partida, Pelé já estava puto de tanto levar porrada. Assim, num lance ofensivo pela ala esquerda do campo, deixou o cotovelo no caminho do seu marcador, o uruguaio Fontes. E, enquanto o cotovelo explodia na cara do uruguaio, Pelé se atirava ao chão de modo mais que convincente. O juiz não duvidou: falta a favor do Brasil.

Mas, ainda aqui, em se tratando de temperamento porradeiro, Dondinho havia-lhe dado lições. Ao ver que, numa partida de futebol, alguém xingou seu pai, por este ter perdido uma chance de gol, o menino Pelé não contou conversa. Mas deixemos que ele mesmo narre o que aconteceu: "Certa vez, durante um dos 'pegas' entre os dois times [o Bauru e o Noroeste], um torcedor do Noroeste, perto de mim, xingou papai, quando ele perdeu um gol certo, na cara do goleiro: 'Dondinho perna de pau… Vai pra casa, vagabundo!'. Não aguentei: 'Vagabundo é a sua mãe, ouviu?'. Quando o tal se voltou pra ver quem o insultava, eu já tinha meio tijolo na mão, pronto para o que desse e viesse. 'Sai daqui, negrinho, antes que eu te dê uns pé de ouvido!'. Com o meio tijolo na mão, eu me sentia confiante: 'Dá, se o senhor for homem'. Nessa altura, um crioulão – provavelmente, amigo do meu pai – já estava do meu lado: 'Se botar a mão no garoto, eu te amasso as fuças'. Nem sei quem foi que começou o rolo. Foi tapa pra todo lado, pontapé, rabo de arraia, o diabo, enfim. A polícia entrou na briga pra apartar e alguns soldados acabaram apanhando também. Eu caí fora, com meio tijolo e tudo. Intimamente, mesmo sem ter usado o meio tijolo, eu me sentia vingado. O tal que havia xingado meu pai apanhou um bocado". Naquele dia, no caminho de volta para casa, Dondinho lhe pediu explicações. E mostrou ao filho que, se ele de fato desejava se profissionalizar no futebol, teria de saber controlar seu temperamento. Pelé aprendeu a lição: segurar a onda, não se descontrolar e provocar, invertendo as coisas de modo a fazer o adversário perder a cabeça. Em *My Life and the Beautiful Game*, ele nos conta que, embora se enfurecesse com facilidade e frequência, tratava de disfarçar o fato ao máximo. Especialmente, não dando mostras de descontrole ao oponente, durante o jogo. Do contrário, daria ao adversário a vantagem de saber que ele estava com raiva, fustigá-lo ainda mais e provavelmente fazê-lo pagar por isso. Pelé, por sinal, fazia uma distinção bem clara. Considerava que uma reclamação ríspida com o árbitro poderia fazer com que ele fosse mais cuidadoso e mesmo severo quando a situação se repetisse. Mas, bem melhor que exibir fúria diante do adversário, era desnorteá-lo com a bola, fazê-lo de bobo, até que ele, sim, perdesse as estribeiras. E como lidar com torcedores e até fãs agressivos? Outra lição de Dondinho: ignorá-los.

Essa coisa de "controlar o temperamento", para usar a expressão de Dondinho, é fundamental. Uma partida de futebol é, quase invariavelmente, uma guerra de nervos (tanto que exceções raríssimas, enfrentamentos pura e exclusivamente esportivos, ficam gravados na memória dos jogadores e são celebrados, como naquele maravilhoso Brasil 4 x 2 Peru, então sob o comando do técnico Didi, na Copa de 1970). E não é nada leve, com troca de xingamentos, gozações, porradas e outras coisas mais. Rivelino dizia que se divertia jogando contra italianos, porque eles costumavam ser irascíveis e descarrilhavam com facilidade. Às vezes, a baixaria sobrepuja tudo. Conta-se que certa vez um técnico do Bahia chamou o zagueiro direito do time e deixou a dica: "Olha, dizem que a mulher do ponta-esquerda tá corneando ele...". Não deu outra. Numa bola dividida, o zagueiro baiano acertou o ponta adversário, derrubando-o e lhe disse de passagem: "Vá tomar conta da bunda de sua mulher, rapaz". O cara enlouqueceu, deu uma porrada no zagueiro e... foi expulso. Conta-se, ainda, que o goleiro Leão (o das pernas bonitas) era exímio e despudorado provocador, fazendo atacantes perderem totalmente a linha. E esse jogo de nervos não se limita ao retângulo verde em que se desenvolve a partida. As torcidas participam da guerra. Além da função principal de incentivar seu time, elas devem se encarregar também de abespinhar, enervar, intimidar, desequilibrar e, se possível, encolerizar o adversário. São cruéis e mesmo sádicas em seu comportamento e em suas provocações. Em "Na Zona do Agrião. Sobre Algumas Mensagens Ideológicas do Futebol", o antropólogo Luiz Felipe Baêta Neves chega mesmo a falar, corretamente, de uma *tática de torcida*, cujo objetivo primacial é irritar, prejudicando psicologicamente o adversário. É neste sentido que se costuma defini-la como o "décimo segundo jogador".

Hoje, uma poderosa maré autoritária, fascista mesmo, pretende impedi-la de desempenhar esse papel. Pretende impor, como dogma ou lei, que a torcida siga à risca o manual ideológico do bom-mocismo do identitarismo *woke*, hoje, felizmente, entrando em declínio. Tal imposição contraria frontalmente toda a história e tradição do futebol: uma torcida nunca foi feita de meros espectadores, mas de *participantes* do espetáculo. Para fazer isso, ela trata de provocar a equipe e os jogadores adversários. E bate sempre onde sabe que dói, seja atingindo a cultuada macheza futebolística (gritando "bicha!" ou "veado!" sempre que determinado jogador pega na bola), seja repisando alguma ferida (como faziam com Leônidas, que certa feita foi acusado de furto do colar de uma madame que andou comendo em Santos e passou a ser chamado de "ladrão", quando entrava em campo: pior, com a superposição de injúria moral e injúria racial: "Olha o colar, negro safado, devolve o colar!"), seja apelando para preconceitos de todo tipo, etc. Claro que o ataque a Leônidas era racista, mas a torcida o fazia para desequilibrar emocionalmente o craque. O jogador precisa saber lidar com isso – quando não sabe, a torcida não larga seu pé, como hoje torcedores espanhóis fazem com o irritadiço Vini Jr., por exemplo, que, nessa batida, corre o risco de acabar se sentindo expelido do futebol peninsular. De fato, Vini Jr. não desenvolveu (e nem sei se irá desenvolver) aquela típica – grossa, cerrada, espessa – couraça psicológica que todo grande jogador experiente e experimentado desenvolve. Ao contrário dele, Pelé tirava de letra a invectiva racista, como ele conta, por exemplo, a propósito de uma partida decisiva contra o Boca Juniors, na Bombonera, em Buenos Aires: "... os torcedores do Boca são famosos por serem barulhentos e fanáticos. Gritavam *macaquitos de Brasil* para nós – isso mantinha a nossa adrenalina circulando, embora eu nunca tenha me incomodado de verdade com esses gritos racistas.

Coisas assim aconteciam o tempo todo. A gente xingava de volta e, no apito final, acabava tudo". Às vezes, o ataque nem se manifesta no campo, mas longe dele. Não me lembro agora onde li que, nos dias que antecederam a partida final da Copa de 1970, torcedores italianos fizeram desfilar pelas ruas de vários lugares de seu país, em referência direta a Pelé, uma série de bonecos negros, todos em posições e posturas consideradas humilhantes. Enfim, esta é uma realidade do futebol (mesmo jogado na praia entre amigos) que exige do jogador cabeça perfeitamente no lugar ou muito autocontrole ou absoluto sangue-frio. Caso contrário, o sujeito, mesmo calejado, pode acabar expulso de campo, como Zidane, que, depois de ouvir repetidas provocações relativas à sua família, na final da Copa de 2006, acabou perdendo a cabeça e deu uma tremenda cabeçada no marcador italiano que o atiçava.

Mas vamos retomar o passo. Quando aquela macacada infantojuvenil do Sete de Setembro se viu totalmente uniformizada, de chuteiras e de posse de uma "bola de verdade", ficou tão prosa que mudou o nome do time. Não havia mais Sete de Setembro. Agora, era Ameriquinha. Àquela altura, o prefeito de Bauru decidiu patrocinar um torneio de futebol com os times infantojuvenis da cidade. O Ameriquinha conseguiu sua vaga para a disputa. E treinava todo santo dia. O torneio começou e o time de Pelé foi ganhando jogo atrás de jogo, invicto. Como o prefeito era também proprietário do jornal local, o Ameriquinha passou a ter uma publicidade e tanto. Recebia elogios de todos e foi ganhando a plateia que assistia aos jogos. Até que chegou o dia da grande final. O jogo aconteceu no principal estádio de Bauru, que viu então os seus cinco mil lugares ficarem todos ocupados. O Ameriquinha venceu. Pelé, então já com 12 anos de idade, fez o seu gol na vitória do time – e ficou orgulhosíssimo porque Dondinho estava lá presente, quando ele balançou a rede da meta adversária. Já adulto, Pelé contou que, das muitas lembranças que tinha daquele dia, duas o marcaram em especial. Uma delas: a multidão chamando seu nome – "Pelé! Pelé!" –, numa espécie de canto que ia aumentando regularmente, "até que descobri que já não detestava o nome, até começava a gostar dele". A outra: o abraço forte de Dondinho depois do jogo, dizendo-lhe: "Você jogou uma bela partida, Dico – eu não teria feito melhor". O felizardo ainda chegou em casa com um prêmio em dinheiro, graças a seu desempenho como artilheiro do torneio. E tinha plena certeza de que tudo aquilo era inevitável: "Sabíamos como jogar futebol na rua, sem chuteiras e sem uma bola. E agora a gente estava ali, jogando num campo confortável, coberto por um gramado bonito. Por que não iríamos vencer?".

Pouco depois dessa vitória no torneio jovem de Bauru, Pelé se viu dando um novo e importante passo. O Bauru Atlético Clube, o BAC, como era mais chamado, equipe na qual Dondinho jogava, decidiu montar um time juvenil, o Baquinho, com Pelé e alguns de seus amigos no plantel. Para Pelé, foi o máximo: integrava agora o mesmo time do pai. Dondinho, na equipe adulta – ele, no juvenil. E a sorte não parou aí. Seu técnico seria ninguém menos do que o veterano Waldemar de Brito (coincidentemente, amigo e ex-treinador de Dondinho; crioulo paulistano que tinha sido um dos principais jogadores do país nas décadas de 1930 e 1940, atuando como armador ou centroavante em diversos clubes, a exemplo do São Paulo e do Flamengo, tendo inclusive jogado na seleção brasileira que disputou a Copa de 1934, na Itália, quando fomos eliminados logo no jogo de estreia). Waldemar – "boêmio, era um homem elegante, metódico e extremamente disciplinador, sem contar que sabia tudo de futebol", na definição de Luiz Carlos Cordeiro – era, segundo Harris, "um professor maravilhoso e ajudou Pelé a desenvolver sua destreza, sua arte, notadamente a sua habilidade no salto para o cabeceio e no chute de bicicleta". Pelé se lembrava sempre de que Waldemar gritava muito, era um *shouter*, mas, principalmente, nunca se esqueceu de sua importância naquele momento de sua formação técnica. "Ele apontava constantemente nossos erros e isso foi muito bom para mim". E como o *Diário de Bauru* aqui e ali estampava fotos de jogadores infantojuvenis, e os retratados inchavam de orgulho, Waldemar um dia falou para o time que gostaria que eles não lessem mais jornais de esporte. "Isso não faz nenhum bem a vocês. Só atrapalha o nosso trabalho". Waldemar temia que a "máscara" – e, na terminologia futebolística, "mascarado" é o jogador que acha que é o suprassumo e, caprichando em floreios individualistas, prejudica o desempenho coletivo da equipe – fosse danosa à meninada. "Um sujeito envaidecido só tem olhos para as suas virtudes. Não vê os próprios defeitos e isso é muito ruim, principalmente para um jogador de futebol", dizia o técnico.

E era um bom conselho, porque o menino Pelé, aos 12 anos, já tinha muitos admiradores. O seu fã-clube, como também já o tinha Roberto Carlos, na mesma idade, em Cachoeiro do Itapemirim: a diferença é que, enquanto um sonhava em jogar no Maracanã, o outro sonhava em cantar na Rádio Nacional. E a fama viria a ambos muito cedo na vida. O jornalista Paulo Sérgio Simonetti, que foi professor de comunicação na Universidade do Estado de São Paulo, escreveu: "Para os bauruenses, a consagração de Pelé não foi assim tão surpreendente. Ele já arrastava multidões desde criancinha. Os torcedores chegavam mais cedo ao campo nos jogos do BAC – Bauru Atlético Clube, para ver aquele crioulinho infernal jogando pelo Baquinho". Luiz Carlos Cordeiro, que conheceu Pelé naquela cidade paulista e o trata então como "príncipe", escreve que a fama que Pelé logo alcançou não surpreendeu ninguém ali: "Em Bauru, aconteceram os primeiros dribles, os primeiros gols, títulos, prêmios, elogios da imprensa, aplausos da torcida, a formação de um ídolo que, mesmo menino, já levava a plateia aos campos de futebol, de terra ou gramado, não importando as dimensões". Enfim, os moradores da cidade se reuniam nos fins de semana para vê-lo jogar. E este livro de Cordeiro ainda traz um aspecto relevante, pelo fato de que o autor entrevistou mais de sessenta pessoas que foram contemporâneas de Pelé em Bauru, dos 5 aos 15 anos de idade do futuro rei, quando ele foi levado para o time do Santos. "Os mais diferentes campos eram os templos do futebol bauruense, na paixão pelos jogos do BAC ou do Noroeste nos seus respectivos estádios, ou ilustrados nos campinhos pelo já famoso futebol do garoto Pelé, que os lotava de apaixonados pelas performances daquele crioulinho que, como ninguém, tinha o domínio de todas as jogadas. Já aos doze, treze, catorze anos, Pelé levava muita, mas muita gente mesmo, para assisti-lo. [...]. 'Pelé vai jogar hoje no campinho do Canto do Rio'; 'Hoje tem Pelé na quadra de futebol de salão da PRG-8'. E onde se anunciava sua presença, lá ia o povão gozar as delícias de um grande jogo, de lances fenomenais. E todos já sabiam: onde tinha Pelé, tinha espetáculo. Seu Antonio, hoje [em 1997] com quase oitenta anos, afirma que ia ao campo do Canto do Rio, na baixada da Vila Seabra, apenas para ver aquele neguinho danado jogar: 'Eu me divertia com as jogadas dele. Era impossível alguém segurar aquele moleque tinhoso com a bola no pé. Só mesmo no sarrafo. E mesmo assim era difícil caçar o neguinho. Valia a pena ver aquele moleque franzino jogar um futebol tão maravilhoso'".

Não por acaso Waldemar de Brito queria evitar que a garotada lesse publicações esportivas de Bauru, a fim de bloquear a "máscara", expressão brasileira para designar, como disse, o jogador que se excede em floreios por estar excessivamente cheio de si. Elogios e fotos da e na mídia local eram mais do que suficientes para produzir jogadores mascarados. E o Baquinho de Pelé, por exemplo, ao vencer o torneio juvenil, foi capa do segundo caderno de *A Gazeta Esportiva* de Bauru. Ainda em 1954, o *Diário de Bauru* colocava nos céus a vitória do Baquinho por 12 x 1 contra o Flamengo, da cidade de São Paulo, destacando o *show* de Pelé. Mas o próprio jornal, em outra matéria sobre o mesmo jogo, "As Diabruras de Pelé", se encarregava também de adverti-lo contra a máscara: "Estas primeiras linhas são para você, Pelé. Não se impressione com o noticiário de jornais ou rádios, porque a nossa missão é informativa. Se você quiser vencer no futebol, não dê ouvidos a certas coisas e procure continuar jogando melhor do que está. Você ainda não é um craque realizado e tem muita coisa pela frente. Muito cuidado com a máscara, a ruína de muita gente boa! Aliás, o seu progenitor, profundo conhecedor do *métier*, saberá como conduzi-lo. Uma vez mais advertimos: não se mascare. Prossiga lutando e se esforce para melhorar sempre! Seus mestres saberão ministrar-lhe algo que futuramente poderá assegurar seu futuro! É tudo, Pelé. [...]. Observando o prélio de anteontem na rua Javari, vimos Pelé fazer mil e uma com a esfera, fazendo mesmo, em certas ocasiões, extasiar o numeroso público presente ao estádio. Pelé marcou cinco tentos e culminou com uma esplêndida atuação. Fintas notáveis, distribuição perfeita e tiros bem calibrados com endereço certo. Dondinho, genitor de Pelé, não cabia em si, após a partida. Estava empolgado. Seu filho cumprira ótima atuação, contribuindo imensamente para o espetacular triunfo. Não era para menos a satisfação de Dondinho. [...]. No reservado da imprensa, um nosso companheiro de São Paulo frisou que Vicente Feola [então o técnico da seleção brasileira] gostaria de conhecer Pelé, entretanto achamos muito cedo. Vamos deixá-lo com Dondinho e Waldemar de Brito mais algum tempo". *Nota bene*: o garoto estava com apenas 14 anos de idade – ainda bem que escutava o pai e o técnico.

Pelé sempre ouviu Waldemar de Brito com toda a atenção de que era capaz. "No campo, durante os treinamentos, eu procurava ser o melhor aluno do técnico. Ouvia com atenção os seus ensinamentos e procurava colocar em prática tudo o que ele dizia. Ele nos ensinava a carregar a bola de forma correta, chutar de todas as maneiras possíveis, armar o jogo, tudo, enfim, que um técnico como ele poderia ensinar a alunos como nós. [...]. Percebi, desde logo, que Waldemar de Brito tinha um particular interesse por mim, embora nos tratasse com igual atenção. 'Você tem futuro, garoto. Mas ainda tem o que aprender para ser um craque' – disse-me ele, certa vez. Ele corrigia os meus defeitos, mas me deixava à vontade para tentar certas jogadas que, aos olhos de outro qualquer, poderiam parecer individualismo excessivo. 'Todo caminho é válido quando procuramos o gol' – dizia". A este respeito, aliás, houve uma conversa sensacional entre o mestre e o pupilo, reveladora da genialidade futebolística do futuro rei. Quem conta é o já citado Cordeiro: "Certa vez, [Waldemar] deu bronca no menino Pelé, que fez um gol de calcanhar, próximo à pequena área. 'Por que fez isso, menino? Não podia virar, olhar para o gol adversário? Teria mais certeza do lance!'. Pelé explicou, com a simplicidade de um ser humano qualquer, que desconhecia as grandes leis da física e da matemática, mas com o conhecimento e a prematura sabedoria de extraordinário e visionário jogador: 'Sabe, seu Waldemar, eu olhei para o nosso gol, observei a posição das traves e imaginei onde estaria o outro gol'. O técnico não falou nada". Ele estava de costas para o gol adversário, mas como as duas metas fazem linha reta, ele poderia muito bem fazer o gol sem precisar se virar de frente... Este raciocínio, aliado a uma disposição incansável para treinar, só poderia dar no que deu. E Pelé, como outros grandes jogadores, treinava até sozinho.

Conta Valeriano, antigo jogador do Noroeste de Bauru, que o garoto Pelé gostava de treinar com os profissionais do time: "... o neguinho era o primeiro a chegar nos treinos. Quando a gente chegava, lá estava ele, sentado na arquibancada, com as chuteiras do lado e um gibi na mão, aguardando a chegada do roupeiro, do treinador e dos jogadores. Aí descia correndo para se arrumar". Lembra ainda Valeriano que Pelé dava um baile em meio aos profissionais – e "era admirado, respeitado e querido pelos profissionais noroestinos, pois 'era simpático, alegre e muito esforçado, além de jogar como ninguém'". Cordeiro: "Não gostava dos exercícios físicos [como Romário, que dizia que era jogador – e não atleta], mas ficava batendo bola depois dos treinos com quem quisesse acompanhá-lo, e outras vezes até sozinho, driblando, inventando formas de levantar e carregar a bola, chutando para o gol, mesmo vazio, de média, longa e curta distâncias. Até que o roupeiro (que às vezes era escalado por ele para ser *sparing* no bate-bola) avisava que precisava recolher a bola e o resto do material do treino, fechar os vestiários e ir embora". Mas não é necessário prosseguir multiplicando exemplos. Pelo que se disse até aqui, não fica nenhuma dúvida de que o empenho técnico de Pelé, desde a pré-adolescência, foi absoluto. E o fato foi que ele nunca deixou de treinar. Já profissional no Santos Futebol Clube, estava sempre se esmerilhando: "Enquanto os outros jogadores iam à praia, eu estava batendo bola. Treinei muito". Daí o seu comentário geral: "O sucesso não é por acaso. É trabalho duro, perseverança, sacrifício e amor". Mesmo depois de uma vitória espetacular, Pelé não deixava de rever criticamente a sua *performance*. Como depois do sensacional triunfo sobre a Rússia, na Copa da Suécia: "Naquela noite, depois do nosso jantar de comemoração, voltei para o meu quarto e reprisei mentalmente cada movimento, cada chute. Não estava muito feliz com o meu desempenho – poderia ter jogado melhor". E é óbvio que Pelé nunca atribuiu exclusivamente ao talento superior a sua glória futebolística. Atribuiu-a igualmente ao empenho incansável e sistemático no aprimoramento do seu gênio.

"Não sou muito adepto da teoria de que um jogador já nasce feito. Você pode nascer com certas aptidões, dom ou talento. Mas que você, ao nascer, já está destinado a ser um craque de bola, sinceramente, não acredito e não concordo. Sucesso não é acidente. É trabalho, perseverança, aprendizado, estudo, renúncia e, acima de tudo, muito amor àquilo que se está fazendo, ou se preparando para fazer", escreveu o craque, em *Jogando com Pelé*. Marta, a rainha mundial do futebol feminino, diz a mesmíssima coisa. Verdade que muitos craques são relaxados ou desleixados, contentando-se com ser "milagres da natureza". Mas não é sempre assim. Veja-se o caso de Tostão (cujo pai jogou no América (mineiro) ainda no tempo do amadorismo), tão semelhante ao de Pelé. Menino ainda, embora já ídolo futebolístico de seu bairro em Belo Horizonte, Tostão aprendeu que "criatividade e produtividade andam juntas". Em seu livro *Tostão – Lembranças. Opiniões. Reflexões sobre Futebol*, ele nos fala também dos treinadores que aprimoraram desde muito cedo o seu futebol; da sua disciplina e cultivo da técnica; do seu rigoroso sentido de autocrítica. Relata que, aos 13 anos, jogando futebol de salão no Cruzeiro e logo disputando o campeonato juvenil de Minas Gerais, "o técnico era o saudoso Lincoln Alves e aprendi aí os dribles curtos, rápidos, usando as duas pernas, com a direita servindo de apoio, e o chute de esquerda após o drible". Aos 15 anos, já no juvenil do América (ainda como Pelé, jogou no mesmo time que o pai), pelo qual se fez campeão, foi a vez do técnico Biju: "Ele me orientou também para o passe longo, olhar de um lado para o outro, cabeça em pé". E logo Tostão entrou, ele mesmo, a cuidar de si: "... tive uma boa orientação no início da carreira e passei a partir daí... a ser meu próprio técnico. Pensava após os jogos no que fiz e deixei de fazer, treinava o que não sabia e estudava os adversários, meus marcadores. Isso tudo foi importante no crescimento do meu futebol. Eu treinava mentalmente as jogadas, repetindo com detalhes na imaginação as situações de jogo". Mais: "Eu tinha uma vontade muito grande, disciplina e uma capacidade crítica exagerada, sempre insatisfeito com a minha atuação. Treinava todos os dias após o período normal, com o preparador físico Paulo Benigno, os fundamentos em que tinha mais dificuldades". Em suma: todo craque que se projeta na paisagem do futebol carrega consigo uma longa história de trato constante com a bola, iniciada ainda na infância. Solitária ou coletivamente, uma história de muitos treinos e de inumeráveis peladas.

É por isso mesmo que o dom do improviso e a competência técnica não são excludentes entre si. E é assim em todas as áreas do criar, do pensar e do fazer. Ou alguém acha que, mais ou menos como a lenda da maçã de Newton, Didi viu uma folha seca se desprendendo ou sendo expelida de uma árvore, girando pelo ar, e então disse para si mesmo – eureca! – e já sabia perfeitamente como fazer na próxima cobrança de falta? Veja-se o livro *Didi: O Gênio da Folha-Seca*, de Péris Ribeiro, citando, aliás, o craque: "... o próprio Didi preocupou-se em explicar que o seu jeito diferente de bater na bola já vinha da adolescência. É que, ao sofrer uma violenta *pregada* em uma pelada, quase ficara inutilizado. E, ao voltar aos campos, começou a estudar uma nova maneira de chutar e passar a bola. Queria inventar um outro estilo de jogo. [...]. Então vieram os dribles curtos e insinuantes, os primeiros lançamentos longos... E o chute diferente, pressionando a bola contra a grama. 'Sempre que possível, evitava o corpo a corpo, o choque direto. E se já era de *pensar* o jogo, me tornei mais cerebral ainda. Continuava a correr muito, mas aos poucos passei a cadenciar o meu ritmo, até nas passadas em campo. Afinal, quem tem de correr é a bola, não é mesmo?' – relataria um Didi com ar professoral. Catedrático dos segredos do futebol, o extraordinário camisa 8 brasileiro sabia como poucos desestabilizar o adversário. Este era o caminho para se ganhar um jogo. Ou um campeonato".

Lembro-me sempre de um jogador de golfe (cujo nome não consigo recordar) que, ao final de um desempenho espetacular, foi parabenizado euforicamente por um fã, que lhe disse: "Você hoje estava com uma sorte incrível". Ao que ele respondeu: "Pois é, comigo acontece essa coisa engraçada: quanto mais eu treino, mais sorte eu tenho". Perfeito! Não me perguntem quantas horas João Gilberto passava ao violão ou Tom Jobim, ao piano. Quantas horas Cézanne, Renoir, Picasso ou Volpi gastou, aprofundando o sentido da forma e amadurecendo o olhar. Nem quanto tempo Carlos Drummond de Andrade e João Cabral de Melo Neto despenderam na apreciação, no exame detido e na prática da criação e produção de obras literárias. "Lutar com palavras/é a luta mais vã./Entanto lutamos/mal rompe a manhã", escreveria Drummond, sintetizando sua dedicação extrema ao *métier* poético, num dos poemas do livro *José*, cujo título bem se aplicaria ao nosso craque: "O Lutador". E não é preciso retornar aqui ao ensinamento de Ezra Pound. No caso de Pelé, tudo, na verdade, convergia para a formação de um tremendo jogador. E ele sabia se servir desse banquete: "Na minha primeira temporada completa no Santos conquistei a camisa 10. Fui artilheiro do campeonato paulista, o principal que disputávamos, com 17 gols. O treinamento e a alimentação haviam mudado o meu corpo. Depois de seis meses, eu desenvolvera mais músculos, estava mais forte. Na verdade, as minhas coxas engrossaram tanto que ficaram com a mesma circunferência da minha cintura". Mais: "Eu treinava bastante. Sempre fui um perfeccionista – ainda sou. Treinava mais o pé esquerdo, que tinha menos potência do que o direito. Também exercitava os cabeceios. Naquela época, existia um aparelho com uma bola pendurada no alto e tínhamos que saltar para cabeceá-la. O Santos também tinha um ginásio e, durante um ano, aprendi karatê, que foi muito importante: me ensinou a cair e a saltar. Depois disso, aprendi judô, que me ajudou a aprimorar o equilíbrio e a agilidade. Quando driblava os adversários, dificilmente caía".

Afora tudo o que dissesse respeito à habilidade, à capacidade de fazer com a bola, com "a menina" (como os grandes jogadores brasileiros, à Didi, a chamavam), o que bem entendesse, Pelé acolheu e desenvolveu heranças, coisas físicas de atleta superior. Veja-se a distribuição da musculatura ao longo do seu corpo. José Castello: "A arte de Pelé sempre se baseou em fundamentos reais. Em aspectos da anatomia. Fisicamente, os preparadores físicos consideram que, apesar do corpo esquálido que tinha como menino, ele se transformou num atleta superdotado, um caso raro, mesmo entre os atletas mais notáveis. Muitos já avaliaram que, enquanto ele jogou, Pelé teve sempre uma excepcional musculatura, não concentrada apenas nas pernas, como acontece com a maior parte dos jogadores, mas distribuída por todo o corpo". No quesito da impulsão, relativo ao movimento rápido com que o jogador se desprende do chão, num arroubo enérgico que o projeta para o alto em direção ao cabeceio, por exemplo, Pelé era simplesmente admirável. Quase imbatível. E não era só impulsão, mas um segredo a mais. Fachetti, o grande zagueiro da seleção italiana, assim nos relata o gol de cabeça de Pelé, na final da Copa de 1970 contra a Itália: "Subimos juntos, fora do tempo, para cabecear. Eu era mais alto e tinha mais impulsão. Quando desci ao chão, olhei para cima, perplexo. Ele ainda estava lá no alto, cabeceando a bola. Parecia que podia ficar no ar o tempo que quisesse". Rivelino também falava desta sensação de que Pelé conseguia ficar parado no ar. Em *Jogando com Pelé*, aliás, o rei ensina: "No salto para cabecear a bola, você sobe devido à força de inércia que impulsionou o seu corpo para cima, mas até certa altura, porque a força da gravidade está exercendo sua ação para baixo. A habilidade do cabeceador localiza-se, exatamente, na sensibilidade de perceber o momento em que essas duas forças se equilibram. Surge então aquela paradinha no ar e, se você baixar os braços, ou um deles rapidamente, ganhará alguns centímetros, que poderão significar a cabeçada para defender ou para testar e marcar um gol. Observe que falei em testar. Aqui está outro importante detalhe, na arte de cabecear. O cabeceio deve ser feito com a testa, a parte frontal da cabeça, e nunca com o cocuruto. Jamais feche os olhos quando for cabecear, procure mantê-los sempre abertos, inclusive para que possa ver de onde vem a bola e para onde vai enviá-la. Portanto, cabeceie com a testa, mantenha os olhos abertos e a boca fechada, para evitar acidentes comuns como corte na língua. Na testa, a área de impacto é maior e o golpe será mais potente. A fim de aumentar mais a potência da cabeçada, você deve levar o tronco para trás, arqueando-o, e trazê-lo à frente num movimento rápido e vigoroso, mantendo contraída a musculatura do pescoço. A ação de inclinar o tronco para trás é executada de maneira mais lenta e o movimento para frente deve ser explosivo".

Pois é. Até o famoso "olhar periférico", que tantos acham ser um dom feminino, aconteceu ao nosso craque. Ele se refere ao tema de passagem, em sua primeira autobiografia, ao narrar um gol que marcou contra a Suécia, na partida final da Copa de 1958 (itálicos meus): "Tivemos várias oportunidades perdidas, antes de realizar a manobra que resultaria no nosso terceiro gol. A bola passou de pé para pé e, finalmente, Nilton Santos a estendeu em minha direção. *Com o 'rabo dos olhos' vi um zagueiro sueco se preparando para me atacar*. Suspendi a bola por cima dele, dei-lhe a volta e, quando a bola ia caindo, enchi o pé. O goleiro caiu, as redes estufaram e, ao mesmo tempo, ouvi o grito de 'gol' dos brasileiros todos que estavam presentes". Durante muito tempo, Pelé nunca achou que a capacidade de ver com aquele "rabo de olho" fosse uma dádiva da natureza. Contava que havia *aprendido* a enxergar assim. José Castello: "Existem muitas lendas a respeito do formato especial do rosto de Pelé, que teria uma aparência mais estreita e angulosa que o normal, conferindo-lhe, como dizem, uma 'cara de cavalo'. O que lhe dava, dizem ainda, uma visão periférica mais aguçada, aumentando seu domínio visual sobre o espaço em torno. Teria assim, em consequência, para usar outra metáfora animal, 'olhos de pantera'. Sem que tal ampliação tenha sido realmente comprovada, Pelé parece convencido de que tem, de fato, uma visão mais vasta que a habitual. Contudo, ele atribui esta qualidade não só ao formato especial de seu rosto. A esse fator supostamente herdado, ele acrescentou um componente de luta, expresso num ensinamento que recebeu do técnico Waldemar de Brito: 'Antes de a bola chegar até você, dá uma olhadinha de canto de olho, como se você fosse piscar para a menina que está chegando a seu lado'. Pelé considera que o exercício contínuo dessa 'olhadinha', mais do que qualquer característica anatômica, foi o responsável pelo aumento de sua sensibilidade visual. Ela seria, antes de tudo, o fruto de um aprendizado. Uma conquista".

Mais tarde, no entanto, especialistas confirmaram a visão periférica de Pelé. E ele aceitou, como vemos em sua terceira autobiografia: "Algumas pessoas sugeriram que eu seria capaz de ver mais do que os outros jogadores por ter os olhos mais separados do que o normal. Não é verdade, mas acabei fazendo testes e descobri que realmente tenho uma ótima visão periférica. Não consigo me lembrar, em três décadas jogando futebol, de ninguém que tenha conseguido me roubar a bola vindo de trás – não da maneira como vejo acontecer com tanta frequência com outros jogadores. Ninguém era capaz de fazer isso porque eu sempre percebia a presença do adversário. Não posso explicar como ou por que – se eu ouvia passos, se via uma sombra, se era um sexto sentido. Desde menino, sempre fui assim". Mas penso que, em vez de fazer uma leitura excludente do assunto, podemos muito bem aliar as duas coisas: o dado corporal, físico, morfológico, e o exercício, a prática constante, sistemática, desse olhar, intensificando ou aprimorando a virtude inata. Teríamos então o aspecto genético e o aspecto da conquista. E de uma conquista fundamental. Já que o futebol, como bem lembrou o poeta Décio Pignatari, não é jogado só com os pés, mas também com os olhos, que funcionam como decodificadores das informações que rolam pelo campo. Mas, enfim, como se lê numa matéria do *Sunday Mirror*, "Pelé teve tudo: físico, habilidade, controle de bola, velocidade, poder, espírito, inteligência, instinto e sagacidade". Nem foi por outra razão que o preparador físico Júlio Mazzei lhe disse, certa vez, que ele poderia ter sido campeão olímpico de decatlo, tal a completude dos seus atributos: "Sem nenhum treinamento, você consegue correr 100 metros em 11 segundos, saltar um metro e oitenta de altura e, no salto em distância, chega a seis metros e meio. O seu corpo responde com perfeição a todas as exigências esportivas".

Aqui chegando, há uma outra dimensão altamente relevante, que não devo deixar na penumbra. Pelo contrário: me sinto na feliz obrigação de dar-lhe o devido ressalte. É que Pelé não foi educado apenas para o esporte, mas para a vida. Recebeu uma espécie de educação integral, cujo acento foi sobretudo moral. Dondinho, exemplo de atleta que não bebia ou fumava, não o treinou apenas para o cabeceio e a *performance* ambidestra. Basta lembrar o caso do dia em que flagrou Pelé fumando juntamente com seus amiguinhos. Na hora, não disse nada. Evitou falar na frente dos outros. Esperou Pelé chegar em casa e aí então disse o que achava que devia dizer. Pelé não se esqueceu: "Ele me disse que fumar ou beber seria prejudicial à minha condição física, se eu queria jogar futebol. Mas, mais importante, 'não pegue nada dos outros, não tome emprestado' era sua mensagem. E ele abriu então sua tristemente pobre carteira de dinheiro para me oferecer o necessário para comprar cigarros, em vez de filar dos outros". Pelé conta que ficou envergonhadíssimo e nunca mais em sua vida tocou num cigarro. Vale dizer, Dondinho fazia Dico encarar também a questão comportamental. E aqui Dona Celeste ia fundo. Até porque era ela a grande autoridade final da família. Pelé: "Qualquer um que julgasse Dona Celeste com base no seu sorriso amável ou na sua figura pequena e frágil, teria uma boa surpresa. Ela governava a casa com uma autoridade absoluta". Nessa governança, a educação dos filhos estava sob seu comando. Pelé se tornou Pelé, sob esta luz, graças a ela. Dona Celeste tinha aparência frágil, mas muita força e firmeza interiores. Exigia, da família, um comportamento irrepreensível. Eles podiam ser pobres, tudo bem, mas tinham de ser e saber ser corretos. A família prezava a boa conduta dos seus. Prezava a retidão moral.

Fala Pelé, de si e de seus irmãos, explicitando que, para Dona Celeste e sua família, educação, religião e ética andavam e moravam juntas, implicando-se mutuamente: "A gente não roubava, a gente não pedia, a gente não mentia, a gente não enganava; a gente não dizia palavrão, fosse qual fosse a provocação; a gente acreditava em Deus e orava para Ele, mas sem esperar que Ele viesse para resolver nossos problemas para nós; tratávamos os mais velhos com respeito; e, acima de tudo, obedecíamos a nossos pais". Por isso mesmo, Luiz Carlos Cordeiro pode dizer que, mesmo sendo pobre, Pelé "tinha berço": "A família era humilde, mas lhe dava educação, religiosidade, bons exemplos de dignidade, apego ao trabalho, respeito à família e ao próximo". E o próprio negão: "Sempre fui religioso. Venho de uma família católica, tenho muita fé e sempre busquei Deus em todos os caminhos que trilhei na vida. [...]. Deus me concedeu um talento, e sempre me senti na obrigação de desenvolvê-lo no sentido do bem. No Chile, na Copa do Mundo de 1962 [quando, contundido, se viu sem condições de jogar], compreendi com total clareza que eu era um simples mortal, passando por este mundo com uma espécie de missão. Senti que, já que todos vamos morrer, devemos ter respeito pela vida, devemos nos fazer úteis e tratar os outros como gostaríamos que eles nos tratassem. Tudo o que sou e tenho devo a Deus. A minha fé me ajudou ao longo do meu caminho." Daí, penso eu, que, para Pelé, apesar de uma que outra derrapada inevitável na vida pessoal (ninguém consegue ser integralmente íntegro 24 horas por dia), o futebol, o belo jogo, e uma visão moral do mundo de base cristã nunca se tenham divorciado.

4.
A CIDADE E O SEU TIME

Em seus dias de criança e mocinho púbere, o time que tomou conta do coração de Pelé foi o Corinthians. Nosso já tantas vezes citado Luiz Carlos Cordeiro se fez responsável por essa revelação: "Quando criança, o coração de Pelé batia ao ritmo das fortes emoções corinthianas. Seus ídolos eram Gilmar, Baltazar, Luizinho (que ele chegou a substituir anos depois, em 1957, em seu início na seleção brasileira de futebol), entre outros. E, lógico, seu time de futebol de botão não poderia ser outro. [...]. Edson Tourinho, que também jogou basquete na seleção de Bauru, foi goleiro, quando menino, do Canto do Rio, time em que Pelé jogou também [não se surpreendam: Pelé jogou em praticamente todos os times de Bauru e, como Garrincha, não tinha problema algum em disputar três partidas num mesmo dia]. E ele lembra que, nos treinos e bate-bolas daquele time invencível, quando Pelé fazia algum gol de cabeça, saía comemorando, brincando: 'Gol do neguinho Baltazar', em alusão ao artilheiro centroavante corinthiano, chamado 'cabecinha de ouro' pelo forte e inigualável cabeceio". Centroavante do Corinthians e da seleção brasileira, nos torneios mundiais de 1950 e 1954. Nesta, inclusive, seu nome era citado no *jingle* brasileiro para a Copa, como a lembrar a comemoração do menino Pelé: "Gol de Baltazar, gol de Baltazar/Gol de cabecinha, dois a zero no placar!".

Mas o período pré-Santos Futebol Clube não termina nesse ponto – ou no gol do neguinho Baltazar. Na soleira da porta de entrada na adolescência, atraindo a atenção de "olheiros" do futebol, de caçadores de craques ainda em embrião ou projeto, como jogador amador em Bauru, o menino Pelé por pouco não foi jogar no Bangu, no Vasco ou no Palmeiras. Diz a lenda que não foi aceito no Palmeiras por racismo. Mas, na opinião de quem estudou o assunto, é bobagem. O Palmeiras foi time de diretores e torcedores racistas, sim, mas parece que não foi este o caso. Quanto ao Bangu, o time de Moça Bonita, o lance quase rolou. Foi quando se teve a presença do treinador Tim em Bauru. E, de fato, Tim quis levar o garoto. Pelé andava com 14 anos de idade e, quando não estava jogando bola ou se envolvendo em brigas sozinho ou com turmas de rua, batalhava pelas mesmas ruas a fim de descolar dinheiro. E haja "trabalho infantil"! Penso, inclusive, que vale aqui uma digressão para relativizar a atual postura dogmática sobre o assunto. A ideia de que o "trabalho infantil" significa invariavelmente um sequestro da infância e destrói a dignidade da meninada, como tantos "progressistas" gostam hoje de apregoar, não tem validade alguma no caso de Pelé. E não só no caso dele, como no de muitos outros garotos. Pelé teve uma infância muito mais animada, variada e colorida, mais humana e socialmente rica, do que a infância da maioria dos garotos ociosos de "playground" e "condomínio fechado" que conheço, cuja única tarefa compulsória é ir à escola, assistir às aulas e, pelo menos supostamente, fazer os deveres de casa.

Já que estamos em Santos, cidade situada numa ilha, veja-se o caso da infância praieira de filhos de pescadores artesanais, por exemplo. Conheci bem isso nos anos em que morei na praia de Itapoã e nos bons anos em que moro aqui na Ilha de Itaparica. O pescador artesanal se planta no mundo dos chamados saberes tradicionais. O pescador a pé, pescador de linha, na verdade, é uma figura mais sedentária, permanece parado no seu posto, com a vara e o anzol. O pescador de rio e mar, não. Está sempre se movendo. E faz isso levando em conta os ritmos da natureza. Pesca consultando o tempo, as nuvens, a direção do vento, o movimento das marés, etc. Por isso, a pesca é tão diferente de um emprego com horários e relógio de ponto. O pescador conversa com as águas. E as águas ensinam muitas coisas. Pois bem. Desde muito cedo, as crianças acompanham os pais na prática dos seus ofícios. Vemos meninas seguindo as mães à cata de mariscos e meninos se ajeitando em companhia paterna nos barcos que saem para as pescarias. Com os pais, aprendem a ler ventos e marés, a saber onde ficam os pesqueiros, a dominar as técnicas da pesca, a conhecer o comportamento e a conduta dos peixes. É assim, na prática desde a infância, que são transmitidos os tais saberes tradicionais que atravessam gerações. De outro modo, tudo isso se perderia. Por isso mesmo, costumo relativizar. É um crime colocar crianças a trabalhar como na época da Revolução Industrial inglesa ou na sociedade escravista brasileira, enfurnadas na faina da moagem da cana-de-açúcar. Mas não se pode generalizar. Muito da concepção de "trabalho infantil" como contravenção e crime, como tortura de crianças e esfarelamento irremediável da infância, é conversa de um segmento restrito da população, que na verdade não conhece as variações e minúcias reais dessas práticas. É discurso elitista universitarizado, infinitamente distante de uma visão popular da matéria.

Mas voltemos a Pelé. Depois de um tempo trabalhando na estação, desta vez vendendo tortas ou pastéis aos passageiros pelas janelas dos trens, Pelé arranjou emprego numa fábrica de calçados, costurando couro, debruando botas. Além disso, ajudava um amigo japonês numa lavanderia e a família do amigo a vender verduras no mercado. Neste último caso, unindo o útil ao agradável: não era só o dinheiro extra, mas principalmente um chamego com a japonesinha irmã do amigo (como sempre falam que Pelé só teve casos amorosos com mulheres brancas, é bom lembrar que sua primeira namorada e sua última mulher eram nisseis – o que nunca ninguém viu foi relação sua com mulheres realmente negras; com mulatas, sim). Foi nessa época que Elba de Pádua Lima, o então famoso Tim (mesmo eu, criança, vivendo numa Bahia pobre e provinciana, sabia muito bem quem era Tim), deu o ar de sua graça em Bauru. Foi um *frisson* no meio futebolístico da cidade. Tim nascera numa fazenda no interior de São Paulo, começou sua carreira de jogador no Botafogo de Ribeirão Preto (a cidade dos irmãos craques Sócrates e Raí) e atingiu o auge no Fluminense do Rio, chegando, entre uma coisa e outra, a ser convocado para a seleção brasileira que disputou a Copa do Mundo de 1938, na França, quando o Brasil ficou em terceiro lugar. No seu livro *Guia dos Craques*, o jornalista Marcelo Duarte nos dá uma definição concisa do jogador Tim: "Inteligente, ótima colocação em campo, driblador notável, passes imprevisíveis e eficiente goleador". Como técnico/treinador, recebeu sempre altos elogios, havendo mesmo quem o considerasse "o maior estrategista" do futebol brasileiro, naquela época.

Quando arriou as malas em Bauru, Tim era treinador do Bangu, time carioca de muito prestígio, com sua camisa de listras vermelhas e brancas, dando *shows* de bola no Estádio Proletário Guilherme da Silveira, mais conhecido como Moça Bonita. Tim havia se deslocado até Bauru com um propósito bem definido. Ouvira falar dos times juvenis da cidade e do próprio Pelé ("olheiros" abundam no mundo do futebol). Quando Pelé soube disso, sua cabeça deu giros e mais giros, rodopiando perante a perspectiva eletrizante de vir a jogar no Maracanã contra o Flamengo, por exemplo. "Eu ainda não passava de um negrinho espigado, franzino, mas metido a sebo quando tinha uma bola no pé, quando o Tim, do Bangu, apareceu em Bauru. Tinha ouvido falar de mim e veio me buscar para o seu clube. Era a primeira chance que me aparecia para jogar num time de uma cidade grande, como o Rio de Janeiro. Quando eu soube da notícia, fiquei louco de alegria e cheguei a pensar que iria mesmo para o Bangu". Dondinho, obviamente, vibrou com a ideia. Mas Dona Celeste bateu na mesa. E Pelé, abatido, se viu obrigado a recolher seus *flaps*. Sonho adiado para uma outra ocasião. Tivesse ido para o Bangu, Pelé passaria a fazer parte de um time com história admirável (por exemplo: não participou do campeonato carioca de 1907 porque se recusou a aceitar o regulamento que proibia a participação de jogadores "de cor" naquela competição) e no qual jogava um grande craque baiano, também negro: Zózimo. Afinal, com o seu futebol caracteristicamente marcado por um misto de perícia e elegância, Zózimo vestiu a camisa alvirrubra do Bangu de 1952 a 1964 – e o jovem Pelé teria desembarcado em Moça Bonita ali entre 1954 e 1955. De qualquer modo – e para a nossa sorte – Zózimo e Pelé foram companheiros na seleção brasileira de futebol. Em 1958, na Copa da Suécia, o craque do Bangu foi devidamente convocado, mas ficou na reserva de Orlando. Já na Copa seguinte, a do bicampeonato mundial no Chile em 1962, Zózimo, então com 30 anos de idade, foi titular absoluto do escrete canarinho. E jogou pra caramba.

No ano seguinte, contudo, Waldemar de Brito, que tinha se mudado para a capital São Paulo (provavelmente, de saco cheio daquela tediosa vida interiorana, excessivamente parada e pacata), reapareceu em Bauru e foi visitar o amigo Dondinho. Conversar com o pai de Pelé. Falou então que considerava correta a decisão de impedir Pelé de partir para o Rio. Mas que agora, já com 15 anos de idade, ele deveria tentar uma oportunidade no Santos Futebol Clube. E Waldemar sabia do que estava falando: reconhecia no adolescente Pelé um prodígio incontroverso. Ao Santos, portanto. O presidente do time era seu amigo – e falaria com ele. Levou então os pais de Pelé ao hotel onde estava hospedado, para uma conversa telefônica com o presidente do Santos. A conversa aconteceu e Dona Celeste se viu em lágrimas. Não queria que seu menino metesse o pé na estrada – Pelé ainda usava calças curtas! –, mas acabou cedendo.

"No fundo, ela sabia que o futebol era a única chance real de Pelé escapar da pobreza em Bauru. 'Você nunca foi bom estudante', disse ao filho, 'e não quero que passe o resto da vida costurando sapato'", escreve Harris. Por fim, ela mesma observou que já havia chegado a hora de Pelé vestir calças compridas. Com a ajuda do proprietário da fábrica de calçados – entusiasmado com a ideia de Pelé jogar num time grande, da primeira divisão do campeonato paulista – e adiantamentos salariais conseguidos por Dondinho e pelo Tio Jorge, a família juntou o dinheiro que dava para comprar umas camisas e sapatos novos para a viagem. E o mais importante: pôde levar Pelé a um alfaiate, para que este fizesse dois pares de calças compridas, de brim azul, para o rapazinho. "Não dormi, pensando na viagem, pensando no que estaria me esperando em Santos. Eu conhecia, na ponta da língua, a escalação do time santista. Conhecia todos os jogadores, alguns por fotografias e figurinhas de futebol [havia álbuns para serem preenchidos com figuras de jogadores de futebol, naquela época; cheguei a preencher um deles: o dos jogadores das seleções que disputaram a Copa do Chile, em 1962], outros por tê-los visto jogar em Bauru. Pensando naqueles nomes famosos, senti medo de repente. Como é que vou fazer para enfrentar um Zito? – perguntei a mim mesmo. Ou um Formiga?".

Ao chegar a Santos, o trio Waldemar-Dondinho-Pelé pegou um ônibus, passou primeiramente pela praia e então tomou o rumo do estádio, com a determinação de ver o novo time de Pelé enfrentando uma outra equipe do interior de São Paulo, o Comercial de Ribeirão Preto. O Santos, claro, venceu a partida. E Pelé ficou extasiado com a qualidade e a classe do time. Dondinho levou então o filho até ao vestiário, onde Waldemar o apresentou ao técnico Luís Afonso, o Lula. "Então, você é o famoso Pelé", disse Lula – e apresentou o rapaz aos jogadores do Santos, alguns dos quais já conheciam Dondinho. Waldemar deixou-lhe ainda, na despedida, um conselho precioso: "Uma coisa muito importante que você vai fazer: você não vai ler jornais e não vai ouvir rádio... Principalmente, antes de um jogo, nunca leia gazetas esportivas, nem ouça rádio". Pelé acataria o conselho, em definitivo: "... ao longo de toda a minha carreira, e mesmo depois, jamais dei muita bola para a imprensa", declarou, anos depois. Mas, naquele momento em que se viu só na Vila Belmiro, Pelé se viu, também, meio sem chão: desta vez, nada de voltar para casa, por mais que a saudade batesse na porta. Pelé foi levado para a Vila Belmiro, a "concentração" do time (sempre achei curiosa a palavra "concentração" nesse contexto: ela deixa de designar um estado mental para designar o prédio privativo de um clube de futebol, no qual os jogadores são encerrados antes da partida que irão jogar), onde inclusive alguns jogadores moravam. Harris: "Havia dois ou três beliches por quarto, um prego atrás da porta para pendurar as roupas, uma cadeira ou duas – e era isso. Na sua primeira noite ali, Pelé demorou a dormir. Mas acordou cedo e percorreu a distância até à praia. Quando nada, era a chance de olhar o mar". A caminho da cidade de Santos, o que havia, além do futebol, era Pelé e o seu sonho de ver o mar.

"Além do futebol, o outro pensamento que ocupava a minha mente era a realização de um velho sonho: eu ia ver o mar! Os jogadores profissionais eu conhecia bem de fotografias e figurinhas, mas a ideia de ver o mar era um delírio – difícil imaginar todo o fascínio que ele exercia sobre uma criança criada tão longe do litoral, e como a ideia de vê-lo era grandiosa e quase solene para mim. [...]. Quando finalmente chegamos a Santos, a primeira coisa que fizemos foi ir ver o mar e caminhar na praia. Quando pisei na praia, ao lado do meu pai, me abaixei para sentir a areia com as mãos e provar a água. Minha professora sempre disse que era salgada – e estava certa, embora eu tivesse duvidado na época. Crianças são assim mesmo. Fiquei encantado de ver como o Oceano Atlântico era enorme. Desde criança sonhava vê-lo". Mas o mar destronaria ainda um outro conselho de Waldemar ao jovem craque: nada de fumar, de beber, de andar atrás de mulheres. "Não, o Waldemar não precisava se preocupar com cigarros. Mas e as mulheres? Como mantê-las longe da minha cabeça? Pedir isso a um garoto de quase 16 anos é praticamente uma heresia. Eu era jovem, forte, saudável e meio mulherengo. No que dependesse dos meus hormônios, pelo menos... Desde que começara a jogar em Bauru, dividia o meu tempo entre correr atrás da bola e correr atrás das meninas". E agora, em Santos, esta disposição feminil, sob o signo indomável do desejo, se via acentuada ao extremo pelo desfile de coxas ao ar livre, na orla e na beira do mar.

"Santos é uma cidade de praia, muito mais parecida com o Rio de Janeiro do que com São Paulo, a capital de concreto. Eu adorava isso, pois significava que, quando não estava treinando, podia passar o tempo que quisesse na praia. Nos primeiros tempos, porém, eu tinha um certo medo de ir à praia. Não por causa do mar ou nada parecido, mas por causa das mulheres. Em Bauru, as pessoas quase nunca usavam maiô... e a minha mãe costumava dizer que mulheres que usavam maiô – ou até mesmo *jeans*, aliás – não eram decentes, não serviam para mim. Me dizia para tomar cuidado com mulheres que exibiam demais o corpo. Como eu era muito religioso, fiquei realmente preocupado com isso porque, uma vez na praia, tudo o que eu queria fazer era olhar para as mulheres nos seus maiôs exíguos. Me aterrorizava a ideia de que Deus pudesse me punir, considerando aquilo pecado mesmo". Pois é. Mas, depois de ter feito um acordo qualquer com Deus, Pelé não demoraria a descobrir que, em vez de ter medo de fêmeas de maiô, era muito mais fácil e prazeroso retirar a peça que teimava em cobrir o restante e mais importante de seus corpos. Quando nada, para ficar apreciando, sem pressa e com todo o deleite do mundo, as marquinhas de sol que decoravam aquelas peles brunas, morenas, castanhas, luzidias.

***

Santos é uma das cidades mais antigas do país, nascida anos antes do início da construção da Cidade do Salvador, a primeira capital da América Portuguesa. Sabe-se que a Ilha de São Vicente, que a cidade do mesmo nome partilha com Santos, foi assim batizada em 1502, quando ali ancorou uma expedição portuguesa comandada por Gaspar de Lemos. Os índios davam ao lugar o nome de Gohayó ou Ingaguaçu ("lagamar grande", segundo Theodoro Sampaio, em *O Tupi na Geografia Nacional*). Em 1532, Martim Afonso ocupou a ilha, onde encontrou já moradores europeus, elevando a povoação à categoria de vila e estabelecendo o necessário para que ali pudesse haver "vida conversável", segundo a bonita expressão de Pero Lopes de Sousa, no *Diário da Navegação*. Mas Santos mesmo só vai nascer um pouco adiante, em 1543, graças a Brás Cubas, que construiu uma capela no Outeiro de Santa Catarina e deu início à nova povoação, para onde transferiu o porto. Como este não é o espaço adequado para recontar a história do lugar, retenhamos este sintagma: o porto. A realidade portuária marca toda a história da cidade. Foi por seu porto que entraram em nosso país levas e levas de imigrantes, entre italianos e japoneses. Foi por seu porto, *nota bene*, que entrou no Brasil a primeira bola de futebol, trazida por Charles Miller às luzes inaugurais do século que passou. E também ali o futebol se tornou esporte de massa, de multidão urbana, em cujo ambiente nasceria o Santos Futebol Clube, que um dia conquistaria por duas vezes, sob o comando de Pelé, o campeonato mundial de clubes. E aqui devemos salientar o caráter especial da relação entre a cidade de Santos e o time do Santos.

Quando ouvimos alguém falar hoje da cidade de São Paulo, de Salvador da Bahia, do Rio de Janeiro ou de Brasília, alguns signos ou símbolos fazem questão de logo nos vir à mente. Como a Avenida Paulista (com o MASP de Lina Bo Bardi), o Pelourinho e o Farol da Barra, o Pão de Açúcar ou o Corcovado (com o Cristo Redentor), a Praça dos Três Poderes, a Esplanada dos Ministérios (com a catedral), o Palácio da Alvorada. São lugares que simbolizam estas cidades – signos com os quais seus moradores se identificam e, através dos quais, vão tecendo também eles as suas identidades. Mas, quando alguém fala da cidade de Santos, engastada no litoral paulista, o que ocorre a um brasileiro comum – absolutamente ignorante, como todo brasileiro comum, da história do seu país? Imagino que, no máximo, duas coisas ou entidades: a camisa branca ou listrada do Santos Futebol Clube (também carinhosamente tratado como "o Peixe", assim como o Atlético Mineiro é "o Galo") e o grande porto, frequentador assíduo de nossos noticiários econômicos e policiais. É interessante assinalar o fato. Podemos identificar o Rio de Janeiro com alguns de seus "acidentes" geográficos ou com realizações urbanístico-arquitetônicas como o Aterro do Flamengo ou o Sambódromo. Mas nenhum dos seus times de futebol simboliza a cidade *in globo*, em seu conjunto total, ou representa por inteiro a autoproclamada "cidade maravilhosa". Nem o Flamengo, nem o Fluminense, nem o Vasco, nem o Botafogo, nem o velho e querido América. Muito menos, é claro, o Bangu, o São Cristóvão ou o Olaria. E podemos dizer o mesmo a propósito da relação entretida entre a cidade de São Paulo e seus times, do Corinthians ao Palmeiras. Mas o Santos simboliza a cidade de Santos – e não só por carregar o seu nome. Como isto pôde acontecer? Em primeiro lugar, comparativamente, Santos é uma cidade de tamanho médio e não apresenta variações e diversidades notavelmente fortes e marcadas no seu interior. Em segundo lugar, embora cidade importante, no contexto paulista e em nossos manuais de história econômica, Santos nunca rebrilhou como metrópole ou polo cultural no horizonte urbano do Brasil. Sempre foi cidade média sem maior expressão/projeção nacional. Não foi, também, cidade que ostentasse um elenco de times de futebol igualitariamente poderosos, que fossem capazes de concorrer cerradamente entre si. Santos não contava sequer com rivalidades locais significativas, como as de Cruzeiro e Atlético, em

Belo Horizonte; Bahia e Vitória, em Salvador; Internacional e Grêmio, no campeonato gaúcho; ou Flamengo e Fluminense, a mais célebre de todas (e que ingressou no linguajar cotidiano de todos os brasileiros, que empregam a expressão fla-flu, cunhada pelo jornalista Mário Filho, para designar polarizações fanáticas, radicais ou viscerais), no Rio de Janeiro. Não. O Santos Futebol Clube se projetou praticamente sozinho e – com Pelé e a sua turma de altíssima categoria futebolística – cobriu-se de glórias, cobrindo assim também a sua cidade.

Não é só. Time com o nome da cidade é coisa bem comum na Europa, mas nem tanto assim no Brasil. Temos o São Paulo, é verdade. Ou o Fortaleza. Mas trata-se mais de exceções do que de qualquer outra coisa. Em Pernambuco, não temos uma grande equipe ostentando o nome do Recife. Não: temos o Santa Cruz, o Esporte, o Náutico. Assim como não temos grandes times assumindo o nome de Porto Alegre (mas o Internacional e o Grêmio), o de Belo Horizonte (mas o Cruzeiro, o Atlético e o América) ou o do Rio de Janeiro (mas Flamengo, Fluminense, Bangu, América...), etc. Na Europa, ao contrário, o que não falta é clube carregando o nome de sua cidade: Porto, Venezia, Milan, Sevilha, Barcelona, Real Madrid, Torino, Braga, Napoli, Paris Saint-Germain, Liverpool, Bayern München, Roma... Na Inglaterra, chegamos ao excesso de uma cidade, Manchester, dando nome a dois times: Manchester United e Manchester City. Mas não é assim tão generalizado, no Brasil, o nexo entre o time e a localidade, através do nome do clube. Entre as explicações óbvias para isso, está o fato de que o futebol não foi criação local, mas produto cultural importado. Ele nos veio de fora e era lógico, natural até, que, não tendo marcos ou referências futebolísticas em nosso próprio meio ou entorno, os nomes dos primeiros times brasileiros, antes que indicar vínculos de vizinhança e comunidade, fossem cópias de nomes de equipes inglesas. Ainda não tínhamos como ter olhos para nós mesmos. E isso não aconteceu só no Brasil. Tivemos aqui o Corinthians, assim como o River Plate, na Argentina, e o Sporting Cristal no Peru, por exemplo. Já o Santos, ao exibir este nome, anuncia e acentua, por assim dizer, seu vínculo com o lugar onde nasceu. A base é o chão da cidade. Do município. Ou, por outra, clube e comunidade aparecem, aqui, como entidades solidárias. A cidade cria o time, o time representa a cidade – ou, ao menos, certos segmentos demográficos ou socioculturais desta. E o time do Santos, carregando o nome da sua cidade, a enchia de orgulho e alegria. Além disso, não devemos nos esquecer de que, com suas inúmeras vitórias e conquistas de títulos, o Santos, além de ser um time local, tornar-se-á, também, como o Flamengo ou o Corinthians, um time nacional, com torcedores espalhados pelo país inteiro.

De fato, a expansão de sua torcida foi simplesmente espetacular. Em *Time dos Sonhos – História Completa do Santos Futebol Clube*, Odir Cunha escreve, empenhando-se em esclarecer: "Para alguns, o fenômeno tinha duas explicações: as crianças que cresceram deslumbradas com o Santos de Pelé e agora já tinham idade para ir ao estádio, e os nordestinos que apreciavam o Santos de longe e que, ao chegarem à cidade [de São Paulo, em grandes fluxos migratórios], passavam a praticar a paixão. [...]. Em 1977 [já depois da Era Pelé, portanto], cada clássico com a presença do Santos era certeza de estádio cheio... E o interessante é que a torcida cresceu unicamente pela qualidade do futebol do time, não por imposição dos pais – que nem eram santistas. O Santos cresceu em uma época na qual o patriarcado ia perdendo força e seria inadmissível um pai bater no filho ou impedir que ele entrasse em casa por não torcer pelo time da família (como aconteceu com o jornalista Vital Bataglia, quando seu pai descobriu que ele não era corintiano, e sim são-paulino). A torcida do Santos nasceu ao som de Beatles e Rolling Stones, influenciada pela rebeldia do *rock*, dos *hippies*, do amor livre. Não foi forjada ou alimentada pela mídia. [...]. Nenhum político se dizia santista. Não daria votos. Nenhum jornal da capital [São Paulo] daria mais espaço ao Santos. Não venderia tanto como falar dos outros times grandes, mesmo que fosse para destacar suas crises. A torcida do Santos surgiu e cresceu do nada, como os grandes esquadrões santistas ao longo da história. Quando se percebeu, ela já estava tomando as arquibancadas, virando a estrutura do futebol de cabeça para baixo".

Interessa, além disso, mencionar a extração econômica do segmento social que gerou o time do Santos. Sabe-se, por exemplo, que, historicamente, o Manchester United era o time do operariado; o Manchester City, da burguesia; o nosso Fluminense, da grã-finagem carioca. E por aí vai. Desse ponto de vista sociológico, o Santos Futebol Clube foi criação da juventude classemediana da sua cidade. A história está bem narrada pelo já citado jornalista Odir Cunha. "Será que os jovens Raimundo Marques, Mário Ferraz de Campos e Argemiro de Souza Júnior podiam imaginar a dimensão do que estavam começando quando, no dia 5 de abril de 1912, convocaram outros colegas de Santos – todos estudantes ou funcionários de empresas de comércio – para uma reunião a fim de fundar um clube de futebol? [...]. Raimundo Marques, que morreria seis anos depois, vítima da 'gripe espanhola', abriu a sessão falando da necessidade de Santos ter um time de futebol, visto que o futebol na cidade, depois de um início promissor, tinha sido completamente abandonado. [...]. A verdade é que a desativação dos clubes anteriores atraiu para aquela reunião... todos os craques, os abnegados, os empreendedores do futebol santista. O novo clube nasceria sem dinheiro, já que seus sócios eram jovens praticantes do esporte, mas com a garra e a energia própria da mocidade. E se chamaria... 'África' foi a primeira sugestão, rejeitada por Raimundo Marques depois de consultar o plenário. Em seguida, sugeriu-se 'Brasil', nome também não aprovado. [...]. Foi então que Antonio de Araújo Cunha propôs 'Santos Futebol Clube'. Depois de um momento de silêncio, fortes aplausos aprovaram adotar-se o nome da cidade, uma cidade menor que as capitais, mas que, através de seu porto, um dos maiores do país, se abria ao mundo, destemida e curiosa. Raimundo Marques pôde então concluir: 'Meus senhores, acaba de ser fundado o Santos Futebol Clube'. Eram 10 horas e 33 minutos da noite de 14 de abril de 1912". Enfim, nem África, nem Brasil – Santos.

Mas vamos em frente. Nas décadas de 1950/1960, ao tempo em que Pelé brilha intensamente nos campos de futebol, conquistando para o seu time títulos nacionais e internacionais, a cidade de Santos vive também o período da presença inquieta e intensa, em sua orla, da vanguardista Patrícia Galvão (Pagu). Morando na cidade, além de escrever na *Tribuna de Santos* (sobre temas que iam da obra de Joyce ao existencialismo sartriano), Pagu funda a Associação dos Jornalistas Profissionais, aposta fichas no então desconhecido dramaturgo Plínio Marcos (a quem apresenta a obra de Nelson Rodrigues), forma grupos amadores de teatro e luta, com sucesso, pela construção do Teatro Municipal de Santos. É também como fruto dessa conjuntura que Gilberto Mendes, compositor experimental que morava na cidade, participando da linha de frente do vanguardismo musical brasileiro, em diálogo criativo com a *neue Musik* europeia, vai compor *Santos Football Music.* Em sua tese *A Música Experimental de Gilberto Mendes: Contexto e Análises*, João Batista Carvalho de Brito Cruz nos lembra que Mendes não se interessava por futebol, mas, certo dia, ouvindo por acaso a narração radiofônica de uma partida de futebol, sacou que ali havia "grande música". Cruz: "O desafio estava posto: trazer à música experimental de concerto a ambiência sonora e a dinâmica futebolística de uma partida de futebol santista. Assim nascia, em 1969 (ainda na Era Pelé), *Santos Football Music*. De cara, o compositor inventou instrumentação curiosa: orquestra completa, uma charanga que toca ritmos de samba, três irradiações de *tape* (todas contendo locução de jogo gravada em rádio) e interação com o público. Além dessa escolha peculiar de instrumentos, o compositor ainda traz para *Santos Football Music* mais um componente: o teatro musical (ou, como prefere, o teatro-música)". Por esse caminho, conseguiu conferir "enorme inteligibilidade comunicacional às técnicas da música experimental". Enfim, com o Santos de Pelé, a música experimental erudita ou "de concerto" e a agitação brilhante e inovadora de Pagu, aquela cidade conheceu, de fato, o ponto alto de sua vida estético-cultural.

***

Pelé foi muito bem recebido pelos seus companheiros de equipe. Mais velhos, eles de fato trataram o garoto como o caçula do time. E um caçula brilhante. Ao mesmo tempo, Pelé não deixava de ser usado por eles para realizar pequenas tarefas cotidianas. Servir cafezinho, por exemplo. Nessa época, chegou a ganhar novo apelido, Gasolina, que não pegou. Pelé prevaleceu. Hoje, quando militantes e jornalistas que seguem a cartilha do patrão fazem de tudo para ver racismo a cada minuto e em todo canto, tentaram classificar Gasolina como apelido racista. A razão, não sei. Não vejo motivo para considerar racismo o fato de um preto retinto ganhar, de seus próprios amigos negros, o apelido de Tição, por exemplo. Militantes da esquerda racialista quiseram ainda caracterizar como racista o apelido Negão. Também não entendo. Mais fácil definir como racista o fato de mulatos mais escuros darem, a um mulato mais claro, o apelido francamente pejorativo de Tinta Fraca. O boteco-restaurante que frequento, ao lado do Joanilton Marvado, no Largo da Quitanda, em Itaparica, chama-se Bar do Negão. O proprietário, Negão, não vê racismo nenhum no apelido – e é assim que sua mulher, Rosa, o trata. Não faz tempo, um crioulo, também apelidado Negão, escreveu carta nas redes sociais protestando: era preto, era alto e forte e, por isso mesmo, o chamavam assim – e qual o problema? O próprio Pelé, às vezes, referindo-se a algum preto ou mulato escuro alto e forte, diz "negão". Vemos isso em suas autobiografias.

No caso de Gasolina, que ele considerava "apelido afetuoso", segundo suas próprias palavras, houve também outra leitura: alguém escreveu que deram este apelido ao garoto porque ele se acendia e pegava fogo muito rápido. Mas há uma outra versão ainda, confirmada por Pelé, que difere desta. Os jogadores mais velhos, embora afetuosos, não deixavam de usá-lo como uma espécie de servente, pedindo cafezinho. A frase de praxe, para o pedido, era: "Me dê um cafezinho aí, garoto – e não derrame a gasolina". No final, já o estavam chamando de Gasolina. Mas ele acabou batendo na mesa, praticamente exigindo que o chamassem Pelé: "Tudo bem. Eu posso continuar a servir refrigerante e café a vocês, mas, de agora em diante, ninguém me chama mais de Gasolina. Eu sou Pelé na imprensa e sou Pelé aqui também". Convenhamos que, para quem, poucos anos antes, detestava o apelido, foi uma mudança e tanto. "Crioulo era outro apelido que eu tinha naquele tempo [final da década de 1950, início do decênio seguinte]. Na verdade, muitos jogadores negros eram chamados assim. Mário Américo foi um personagem muito querido e inesquecível no futebol brasileiro, e ele também era preto – quando me chamava Crioulo, estava sendo apenas afetuoso". Por falar nisso, Garrincha, que ganhou este apelido em referência a um pequeno e rápido (ou gracioso e irrequieto) pássaro brasileiro, que carrega o nome artístico de *troglodytes aedon*, também conhecido como cambaxirra (cutipuruí, na Amazônia), Garrincha, repito, cujo outro apelido era "o Torto", era mestre em botar apelido em todo mundo. O capitão da seleção brasileira na Copa da Suécia em 1958, o guapo Bellini, por exemplo, foi carimbado por ele com o apelido de Martha Rocha. Zagallo era "Caspinha"; Castilho, "Boris Karloff"; Pelé, "Elisa" (não me perguntem a razão); etc. Mas o apelido que ficou mesmo foi Pelé, este nome sem qualquer outro referente que não o próprio sujeito assim chamado. É interessante. Regra geral, os apelidos de nossos jogadores têm significado preciso ou são derivações afetivas do nome próprio, como em Nadinho, Vavá, Zito, Dida, etc. Pelé, não: não tem dimensão referencial, nem deriva de nome próprio. E foi como Pelé que o jovem jogador se firmou.

No Santos, viu-se logo que Pelé era talentosíssimo. Mas havia um problema a ser resolvido. Tratava-se de um rapazito praticamente raquítico, carecendo do peso e da altura necessários para jogar de igual para igual no meio profissional: "o técnico Lula achava que um ratinho como eu não poderia jogar com gatos graúdos". Colocaram então o mocinho numa tremenda dieta. Comida e mais comida, com alto teor de proteínas. Ora, para quem nem sempre achava em sua casa o que comer, aquela "obrigação" foi um verdadeiro paraíso. "Comidas que raramente podíamos comprar em nossa casa em Bauru se tornaram lugar comum: carne sempre que eu quisesse, frango sempre que eu quisesse... E peixes maravilhosos das praias de Santos, em molhos que nunca imaginei que existissem". Mas é também interessante lembrar que, embora o Santos estivesse destinado a ser o seu lugar, num caso de amor altamente correspondido, Pelé tentou fugir duas vezes da Vila Belmiro, a fim de voltar para casa. Nos primeiros dias, ficou logo angustiado por ser fraco e pequeno. Daí passou a pensar que nunca poderia ser um jogador. A tristeza pelo físico nada atlético somou-se à saudade de casa, da família. Um belo dia, acordou às cinco da matina, pegou suas coisas e foi descendo a escada com o intuito de se mandar da Vila Belmiro e pegar o ônibus ou o trem para Bauru. Por acaso, na descida da escada, deu de cara com Sabuzão (ou Sabuzinho, a depender do texto), antigo trabalhador do time, espécie de faz-tudo, que àquela hora estava indo ao mercado comprar peixe fresco para a mãe, administradora da cozinha do clube. Sacando a intenção de Pelé, conversou com ele. Disse-lhe que não precisava se incomodar por ser pequeno – do jeito que andava comendo, no batente diário da dieta, em seis meses estaria tão forte quanto os demais.

Sentindo-se mais seguro, Pelé ficou. Mas, logo adiante, o desejo da fuga voltaria mais forte. Pelé vinha brilhando no juvenil do Santos. Mas experimentou uma pane numa partida importante. Jogou mal. Perdeu um pênalti. E saiu de campo vaiado. Não suportando a humilhação, correu chorando para o quarto e dormiu do jeito que estava vestido, com o uniforme sujo e suado do jogo. Acordou no meio da noite, decidido a desaparecer. Pegou suas coisas e lá se foi novamente escada abaixo. Mas o acaso foi propício. Mais uma vez foi flagrado (e persuadido a permanecer no time) pelo mesmo Sabuzão. Vale dizer: não fosse Sabuzão/Sabuzinho e a história do futebol mundial poderia ter sido outra.

Mas houve também uma cartada decisiva, graças à lucidez do técnico Lula (responsável pela montagem da grande equipe e, fato relevante, seu único treinador por mais de uma década), que deslocou Pelé de posição, avançando-o em direção à área adversária. "Um belo dia, num dos treinos dos titulares, o Lula resolveu me escalar para jogar na frente. O falecido Valter estava na Vila Belmiro e, como era meia armador, ficou na minha posição. Acho que me saí bem jogando avançado, pois o Lula nunca mais me escalou para jogar atrás. Daquele dia em diante, passei a ser homem de área, atuando sempre como meia avançado". Com o movimento que fez, Lula mudou tudo. E logo mais Pelé estaria a brilhar, como artilheiro, vestindo a camisa branca (ou a alvinegra) do Santos. Até que, como tantas vezes acontece, a desgraça de um jogador foi a felicidade de outro. No caso, o então artilheiro do Santos, Vasconcelos, também chamado Vasco, quebrou a perna numa partida contra o São Paulo. Pelé assumiu seu posto no time principal. "Tudo o que eu queria era jogar futebol e era bom demais ser pago para fazer isso". E assim, aos 15 anos de idade, vestiu pela primeira vez a camisa 10 do Santos Futebol Clube. Até então, nada havia de especial, nenhuma aura, cintilando em torno da camisa 10 de nenhum time ou seleção. Não era camisa de prestígio especial. Foi Pelé quem a transfigurou em fetiche, objeto de desejo e até objeto de culto. A partir dele, quase todo grande craque que aparece no futebol de qualquer país, em todo o mundo, de Zico a Maradona ou de Messi a Modric, vai querer não só aprender a fazer coisas como o rei fazia, mas, igualmente, envergar a agora mítica camisa 10. De todo modo, Zé de Jesus Barreto dá uma outra versão da história, que não vou deixar de registrar: "A camisa 10 caiu-lhe como um manto de rei por acaso. Às vésperas da Copa da Suécia, a FIFA fez um congresso em Estocolmo para as providências finais antes da competição. Uma delas seria a numeração nas camisetas, de 1 a 22, que caberia aos atletas de cada equipe, titulares e reservas. O Brasil não teve representante na reunião e nem tinha mandado a relação dos atletas já convocados, os titulares e os reservas, com seus respectivos números. Então, [ficou-se] sem saber bem quem era quem, o número que caberia a cada jogador. Assim é que, por exemplo, o goleiro Gilmar jogou com a camisa 13 e Garrincha vestiu a 11 [...]. A Pelé, por artimanhas do destino ou decisão dos deuses, coube a camisa 10. Desde então, a camiseta 10 se tornou um signo, privilégio dos grandes craques, uma marca do Rei, para sempre consagrada".

A estreia de Pelé aos 15 anos, aviso, não deve ser vista como coisa insólita, excepcional. Como Rimbaud, craques costumam estrear cedo. No Brasil e no mundo – tanto ontem, como hoje. Tostão vestiu a camisa do Cruzeiro, como jogador profissional, aos 16 anos. Com os mesmos 16 anos, Diego Maradona fez a sua estreia como jogador profissional. Leônidas da Silva, o sergipano Clodoaldo, meio-campista do Santos e da seleção brasileira (autor de golaço decisivo no 3 x 1 com que batemos o Uruguai na Copa do México), e o londrino Saka (nome completo do negão: Bukayo Ayoyinka Temidayo Saka), ponta-direita do Arsenal e da seleção inglesa, estrearam aos 17 anos. Também aos 17 anos Bobby Moore estreou na defesa do West Ham. Um pouco mais velho, entre os 17 e os 18, foi a vez de Iniesta, o grande craque espanhol. Mas, como adiante veremos mais sobre a figura e o desempenho de Pelé, vou dar aqui uma girada de ângulo, para um comentário final sobre a relação de Pelé com o seu time. A obsessão mercadológica – talvez fosse melhor ou mais exato dizer: o frenesi financeiro – do futebol atual, fazendo jogadores mudarem sempre de time, em busca de grana e mais grana, comprando carrões rebrilhosos, iates e/ou jatinhos, é um traço fundo e tristemente marcante das gerações futebolísticas mais recentes. Marca geracional a ferro quente, entranhada na carne e na mente de atletas mais novos, circulando num ambiente corrupto e corruptor onde princípios éticos e escrúpulos de qualquer ordem parecem bens de produção e consumo impressionantemente escassos. Onde valores são entidades em vias de extinção. Mas Pelé e os craques seus contemporâneos tinham nada ou quase nada, muito pouco a ver com isso. Pelé, em especial. Ou Nilton Santos, que jogou a vida inteira no Botafogo.

E isto – é muito importante que se lembre – numa espécie de conjuntura áurea da prática e do desempenho esportivos no Brasil. Afinal, tínhamos o Santos no gramado, Éder Jofre no ringue e Maria Esther Bueno na quadra de tênis. E sem dever nada a ninguém, pelo contrário. Ainda é o jornalista Odir Cunha quem fala do Santos da geração de Mauro, Gilmar, Zito, Mengálvio, Coutinho, Pelé e Pepe, como de uma equipe saída "das origens do seu povo, como se seus jogadores tivessem brotado naturalmente da terra". Um time que não era fruto ou produto "do poderio econômico de uma grande organização, capaz de, a peso de ouro, reunir os mais consagrados jogadores do mundo em um exército multinacional de craques". Mais: "Uma equipe que, de 1955 a 1969 (quinze anos), ganhou onze campeonatos paulistas, seis títulos brasileiros, dois sul-americanos e dois mundiais, além de incontáveis troféus; que foi, ao lado do Botafogo, a base das seleções nacionais campeãs do mundo em 1958, 1962 e 1970; que goleou seus maiores rivais fora de casa, encantou plateias e críticos de todo o mundo, praticou o futebol mais ofensivo, bonito e goleador de que se tem notícia (teve um técnico por treze anos, Lula, que abominava a retranca); que reuniu no seu elenco alguns dos melhores jogadores brasileiros de todos os tempos e ainda teve o supremo privilégio de contar com Pelé, o atleta do século, só pode ser o melhor time que já existiu. Tudo isso sem nenhum estrangeiro e sem nenhuma contratação milionária. Pois, como definiu Coutinho, o Santos montou 'um time de graça', com juvenis ou jogadores que vieram sem nenhum ônus, como se o próprio deus do futebol tivesse resolvido reunir em uma cidade do litoral brasileiro todas as peças de uma máquina divina de fazer gols".

Pelé nasceu nisto e nisto viveu. Basta compará-lo, sob tal aspecto, a outro jogador também revelado pelo time de Vila Belmiro: Neymar – um sujeito notavelmente habilidoso, muito inferior a Tostão, mas bem superior ao baiano Bebeto, por exemplo, só que com uma cabecinha de merda. No futebol e fora dele. No futebol, basta lembrar a entrevista recente que deu a Romário (muito melhor jogador do que ele), colocando-se em pé de igualdade com Tostão e Rivaldo. Ridicularizando-o, no artigo "Neymar e a Realidade Paralela", Kfouri escreveu: "Tostão, além do refinamento minimalista, jogava com uma noção de futebol coletivo que Neymar nunca teve". Quanto ao extraordinário Rivaldo – que começou a jogar no Recife, pelo Santa Cruz, entre os 16 e os 17 anos de idade –, foi campeão brasileiro pelo Palmeiras, bicampeão espanhol pelo Barcelona (quando foi eleito o que de fato era: melhor jogador do mundo) e vestiu a camisa 10 da seleção, comandando a conquista do pentacampeonato mundial em 2002. Fora do futebol, penso que não por acaso Pelé era querido e até muito querido nos lugares onde pousou, ao passo que os vizinhos de Neymar, na França, fizeram de tudo para que ele se mudasse do lugar onde morava. Quando saiu de lá, foi um alívio nas redondezas. No artigo "Rola a Bola", o economista Luiz Gonzaga Belluzzo escreveu: "Neymar é a encarnação da alma financista e midiática", distribuindo grossura e ostentação de "nouveau riche" pelo mundo. E seu caso apresenta um outro aspecto talvez ainda mais grave do que a ausência ou fragilidade dos elos de lealdade que o atassem ao time. Porque não é só do time que se trata, mas do país. Quando olhamos na cara e nos olhos de Neymar, sentimos que nem a vontade nem o orgulho nacional se encontra em primeiro lugar, quando ele entra em campo vestindo a camisa amarelo-ouro da seleção. Agora mesmo, machucado, em vez de se cuidar para participar de partida eliminatória da seleção brasileira, enfrentando a Argentina, preferiu se esbaldar no carnaval, mandando a seleção às favas. O jogador Raphinha – outro cabecinha de merda, por sinal –, chegou a dizer que "o erro" de Neymar foi "ter nascido brasileiro"... (de fato, ele bem que poderia ter nascido na Holanda, tempos atrás, e ter sido um dos reservas de Cruyff no "carrossel holandês"). Mas não vamos nos deter nesse item. O que me importa ressaltar, de momento, é que, enquanto o oportunista Neymar, ganhando infinitamente mais dinheiro do que o rei, saiu pulando de clube em clube, do Santos para o Barcelona, do Barcelona para o Paris Saint-Germain, até se destamancar nos cafundós trilionários da Arábia Saudita, onde conheceu o fracasso, Pelé passou toda a sua esplendorosa vida profissional no mesmo time. No Santos Futebol Clube, o Peixe. E aí se aposentou (já agora, depois do fiasco saudita, Neymar quer retornar ao Santos, como prêmio de consolação ou aposentadoria de luxo). Só mais tarde, já com a poeira assentada, foi que o rei se convenceu a deixar o seu retiro e voltar a ensarilhar as armas, para jogar no Cosmos e assim não só escapar de uma crise financeira que o atingira em cheio como, ao mesmo tempo, tentar alargar e impor a presença do futebol na sociedade norte-americana.

Pelé sempre teve como referência, segundo ele mesmo disse algumas vezes, a lealdade de Dondinho ao Bauru Atlético Clube. Ao lado do exemplo de Dondinho, encontrou também apoio de companheiros. Seu lugar era no Santos, seu lugar era no Brasil. Em *Eu Sou Pelé*, lê-se, ele mesmo falando, aos 21 anos de idade: "Não pretendo sair do Brasil, apesar de todas as grandes propostas que tenho recebido do exterior. [...]. Renovei meu contrato agora [1961]. O Santos compreendeu que seria justo reajustar meus vencimentos, pois para não sair do clube rejeitei uma proposta do Internazionale, de Milão, de quarenta milhões de cruzeiros, só de 'luvas'. Tive outra, também, do Juventus da Itália. Um dos seus dirigentes veio me perguntar, quando lá estivemos nesta última excursão, quanto eu queria para jogar pela sua equipe. Pedi trezentos mil dólares, certo de que eles não aceitariam. Mas eles aceitaram e aí então, para desconversar, mandei-os falar com o Athiê [presidente do Santos]. [...]. Valerá a pena não aceitar os milhões que me oferecem, para me levar do Brasil? O empresário Cacildo Oses veio me perguntar quanto quero ganhar para jogar no Real Madrid. Não lhe dei resposta. Não quero sair daqui". Bem. Em princípio, não tenho nada contra um craque ir para um time europeu, a fim de ganhar bem e projetar mundialmente seu futebol. Como no caso de Falcão se transferindo para o Roma, por exemplo. Mas Falcão tinha caráter, como bem mostrou no episódio em que abrigou, num hotel de sua propriedade, o poeta Mário Quintana, então sem ter onde morar.

O que condeno é a idolatria monetária, o jogador de futebol rendido ao culto de Mamom, encarnação bíblica da cobiça. Não se trata de ingênua e simplesmente combater a comercialização do futebol. A profissionalização do esporte já trazia em si a inevitabilidade do processo. Meu problema é com a exacerbação disso. Dito de outro modo, não é com a economia de mercado – mas com a sociedade de mercado, reino absoluto do *homo economicus*. Hoje, não há time que não tenha dono ou pelo menos patrocinador, lemos sobre contrato bilionário da seleção brasileira com a Nike e suas cláusulas suspeitas, sabemos de empresas que, como a fábrica farmacêutica Bayer, são proprietárias de times, etc. O jogador atual, quando entra uniformizado em campo, nos faz lembrar, como alguém já observou, aqueles homens-sanduíche de antigamente, que carregavam placas de madeira para anunciar produtos. Mas o que fazer? Não é só o futebol. Na sociedade de mercado, tudo vira mercadoria. Como diz o romancista Jonathan Franzen, em *Freedom*, a gente se enganava pensando que o *rock* contestava o consumismo, quando ele mais não era do que sua dama de companhia. Claro: música é mercadoria. Na verdade, até a natureza virou mercadoria – o mercado de carbono que o diga. Mas é preciso que o mundo entenda que nem tudo é dinheiro. A este respeito, Pelé, que foi riquíssimo, dá a sua lição: "Eu vim de berço humilde, senti a dureza da vida ainda quando era pequeno, engraxei sapatos na rua, vi meus pais lutando a vida inteira para me criar e para criar meus irmãos, mas nem por isso faço do dinheiro a razão de todos os meus atos". Aí está. E foi por isso que Pelé ficou no Santos (e no Brasil, obviamente). Ou seja: o maior jogador de futebol de todos os tempos foi de uma lealdade total a seu time. E ele mesmo se encarregou de dizer a frase definitiva: "Pelé é o Santos e o Santos é Pelé. Nunca deixaremos de ser um só".

Post-Scriptum 1. Apenas uma observação. Hoje, temos mais desnacionalização do que cosmopolitismo. O Real Madrid, por exemplo, é um time da Espanha. Mas não é um time espanhol. Observem como ele avança do meio de campo em direção à meta adversária. O que vemos em ação são os brilhos do inglês Bellingham, do francês Mbappé e dos brasileiros Rodrygo e Vini Jr., com o apoio precioso do uruguaio Valverde. É a mesma a situação do Manchester City. O goleiro Ederson é brasileiro. Aké veio da Holanda e Guardiol, da Croácia. Rodri é espanhol. De Bruyne, belga. Bernardo Silva, português. Haaland, da Noruega. Etc. Deste ângulo, respondo ao ex-craque Kevin Keegan: é com alguma tristeza que vejo a multinacionalização do futebol. Porque a Copa do Mundo perdeu muito da graça que tinha. Hoje, com a excelência técnica de seus elencos multinacionais, o Real Madrid e o Manchester City (apesar da fase ruim de que só agora se recupera, quando pouco antes parecia um time cansado e algo apático, que chegou a ser superiormente dominado pelo Aston Villa) poderiam muito bem ganhar copas do mundo, derrotando seleções meramente nacionais. E confesso que isso fez desbotar meu antigo entusiasmo pelo velho torneio mundial de seleções.

Post-Scriptum 2. Falei, de passagem, na aposentadoria de Pelé. O sintagma "pendurar as chuteiras" é que é empregado com referência à aposentadoria do jogador profissional. De fato, ninguém fala de "aposentadoria" com relação a jogadores de futebol. Jogador não se aposenta – jogador pendura a chuteira. E a expressão, de resto, se expandiu para fora dos gramados. Ganhou sentido geral, extrafutebolístico. E não somente significando aposentadoria em determinado ramo profissional. Mas em qualquer atividade humana que se deixa de praticar, por velhice, acidente ou doença. Sexo, inclusive.

– Vai naquela morena ali?

– Não, meu amigo, vou mais não. Já pendurei a chuteira.

Nesse caso, a aposentadoria não é fácil – e pode até produzir alguma melancolia ou depressão. Mas também a do jogador profissional não é fácil. Giulianotti viu bem: "… a experiência real da aposentadoria pode ser semelhante a uma forma de morte pública. Pendurar as chuteiras pode garantir a privacidade e o relaxamento mental que o jogador almejava antes. Mas comumente anuncia o fim de uma camaradagem institucionalizada com os membros de seu time e a quebra de um espelho público em que se tornou familiar". Aqui, aposentadoria não está a salvo de significar marasmo, solitude e até invisibilidade. O cara pode se sentir atravessando paredes como um fantasma, sem que ninguém o veja. Não foi esse o caso de Pelé. Muito pelo contrário. Pelé deixou de jogar futebol, mas sua presença pública, no Brasil e no mundo, se manteve poderosa. Enquanto ele esteve vivo – e ainda hoje, depois que ele se foi.

5.
BOLA-HOMEM-CAMPO

O segredo é jogar com entusiasmo, simplicidade e, sobretudo, pensar cada jogada antes da bola chegar aos seus pés. O importante, portanto, não é ver a jogada, mas antever.

– Pelé.

Futebol, alterando duas ou três vezes uma frase de James Joyce no seu mais do que maravilhoso *Ulysses*: corpos-signos em movimento num campo verde... Mas pensando aqui, particularmente, na estilística do futebol brasileiro.

No ensaio que abre este livro, "A Escola Brasileira de Futebol", falei de Pelé como encarnação exemplar da inteligência corporal de que fala Howard Gardner, o teórico das inteligências múltiplas. Mas podemos também pegar uma outra visão, como a do cientista brasileiro Silva Mello, no artigo "Pelé e os Intelectuais", de 1966: "A questão que desejamos focalizar não é de poder o mérito comportar graus e classificações, mas sim de representar ele uma qualidade intrínseca e imanente do valor humano, qualquer que seja a sua exteriorização. A pergunta não é a de saber se podemos colocar Pelé ao lado de Einstein, Santos Dumont ao lado de Freud, o conjunto dos Beatles ao lado dos grandes vultos do passado ou do presente, Churchill, Bergson, Arquimedes ou qualquer outro ser humano notável, seja escritor, pintor, cantor ou algum outro de diferente categoria. O que é preciso ser posto em relevo é que todos eles dominam pelas suas qualidades superiores, qualidades que os colocam acima dos seus semelhantes, graças geralmente aos seus atributos instintivos.

Mas essa superioridade deve provir sempre do cérebro, seja o recurso empregado a mão, o pé, a voz, a vista ou qualquer outro órgão do corpo. A mão escreve, pinta, esculpe e ainda executa muitas outras artes e atividades. O pé, desde a mais alta antiguidade, teve o seu valor na carreira, no salto, na dança e modernamente no futebol e em outros esportes, chegando à maravilha das dançarinas profissionais. Aliás, na falta ou perda dos braços, tem havido indivíduos que escrevem, pintam e executam outras atividades servindo-se dos pés. É preciso considerar que em todos esses casos é sempre o cérebro que comanda, dele dependendo as tarefas executadas pelos pés e pelas mãos, embora algumas delas possam tornar-se automáticas pela repetição. Na verdade, porém, é sempre o cérebro que comanda e decide. Se o nosso Pelé joga com os pés, é a sua personalidade, a sua capacidade de percepção, a sua visão de conjunto, a sua rapidez, o comando dos seus nervos e dos seus músculos que lhe permitem os golpes espantosos que consegue aplicar".

Robert L. Fish lembra, aliás, que já se sugeriu que Pelé carregava uma espécie de microcomputador embutido em seu cérebro, que se autocorrigia instantaneamente em função da constante mudança de posição da bola no campo e do posicionamento também sempre mutável dos demais jogadores – e que era isto que o fazia estar no lugar certo no tempo exato, para fazer a jogada que fosse mais precisa e efetiva. Certo: Pelé organizava mentalmente o jogo, criando problemas para os outros e articulando soluções para os seus. Mas podemos, também, ser mais específicos. Recorrendo, aliás, a palavras do próprio Pelé, quando ele fala do futebol de salão chegando a Bauru em princípios de sua adolescência (itálicos meus): "O futebol de salão era uma coisa nova e eu me adaptei a ele como um peixe à água. É muito mais rápido do que o futebol de grama. Você precisa raciocinar com grande velocidade porque todos ficam amontoados, muito próximos uns dos outros. Aprender aquele jogo provavelmente me ajudou a *pensar melhor com os pés*". Então, em resumo, é isso. É sempre o cérebro que comanda e decide, sim. Mas é igualmente aqui que Pelé se revela insuperável – na capacidade de pensar com os pés.

***

Mas este é o capítulo do homem – ou do ser humano, de um modo geral. Dito isso, temos o tema do relacionamento do ser humano com a bola. Em particular, de Pelé com a pelota. "Nos primeiros quinze anos de minha vida... meu único amor de verdade era a bola". E aqui o melhor é escutar o que o próprio rei teve a dizer, em seu livro *Jogando com Pelé*. Vamos, então, à extensa citação:

> "Aprendi, depois de algum tempo, que a bola tem uma profunda relação com o homem. Por ser uma esfera, ela é a mais simples e perfeita forma, não apenas no seu aspecto geométrico, como também para a intuição e, sobretudo, para o 'sentimento'. Quando apalpamos uma bola, nossa mão resvala por uma superfície em que não se encontra nenhuma resistência ou surpresa. Não há ângulos e, devido à curvatura inteiramente igual, acha-se a mão sempre à mesma distância do centro de gravidade do objeto. [...]. Pois bem, o mesmo relacionamento existente entre a mão e a bola, há entre o pé e a bola. Entretanto, essa relação pé e bola é mais complicada, porque você não tem, nos pés, dedos que 'agarrem' a bola. Então, é preciso usar o dorso, os lados interno e externo e até a planta do pé para controlá-la. Também podemos usar o calcanhar, o joelho, a coxa, o ombro, o peito e a cabeça, na tarefa de dominar essa esfera elástica que sempre está a nos desafiar e até a brincar com a gente.
>
> Você já observou que a primeira reação de alguém, ao ver uma bola rolando em sua direção, é dar um chutão, na tentativa de mandá-la para longe? No entanto, logo em seguida, o indivíduo sai correndo atrás dela, como se quisesse pedir

desculpas! Lembro-me de que, antes de controlar a bola, a gente quer mesmo é chutá-la para qualquer lado, sem direção definida e sem se preocupar com estilo ou força. Só de olhar o modo como rola, pula e voa, começamos a sentir um grande desejo de mantê-la por perto. Primeiro, o 'vai pra lá', depois o 'venha cá'. Creio que essa aproximação é resultante também do desafio que ela provoca. A gente crê que já a conhece bem e pronto!, lá vem aquela 'furada', ou porque o terreno onde ela está brincando é ruim, ou não se fez o cálculo certo para tocá-la. Daí o fato de que, mesmo antes de pensarmos em começar o aprendizado do jogo pelo controle da bola, é natural que chutes sem direção e tentativas de passes sejam ensaiados em primeiro lugar. Tais ações constituem, sem dúvida, os primeiros contatos do homem com uma bola.

É preciso haver uma ligação quase sentimental com a pelota. Trate-a com carinho, como se ela fosse uma amiga querida. Para dominá-la, primeiro, coloque-a no chão, olhe fixamente para ela como que dizendo: vem, vem brincar comigo! O corpo deve estar bem equilibrado, os músculos relaxados, soltos. Depois, carinhosamente, coloque a planta do pé sobre ela e, num movimento suave e preciso, da frente para trás, procure tirá-la do chão, colocando a ponta do pé por baixo, fazendo-a saltar. Quanto mais tempo permanecer sob seu controle, melhor. Para manter o equilíbrio, incline o corpo para a frente e mantenha os braços abertos, um pouco abaixo da linha do ombro, ligeiramente dobrados e relaxados, o joelho da perna de apoio funcionando como uma mola. O pé controlador deve procurar sempre o centro da bola e se manter sempre solto, utilizando-se ao máximo da flexibilidade do tornozelo. Agora, uma coisa muito importante: o olhar deve estar fixo na bola como que a hipnotizando. Ela é o foco constante do equilíbrio, que dirigirá todos os movimentos. Um simples desvio do olhar e pronto, lá se vai a bola querendo fugir de você, assim meio tristonha, por não se ter dado muita atenção a ela. Mantenha-a sempre junto. Trace um círculo de dois metros de raio e tente se manter brincando com ela dentro dele. [...]. Não se esqueça de tudo repetir com o outro pé. O bom jogador deve saber dominar a bola com ambos os pés. Em seguida, você já deve tentar o controle com a coxa, depois com a cabeça e até com os ombros. Com a prática constante, é possível realizar combinações: do pé para o joelho, daí para a cabeça, da cabeça ela volta ao pé, etc. Você verá que, quanto mais praticar, mais coisas será capaz de fazer. Outro conselho: só se aprende aquilo que é praticado e pensando naquilo que se está aprendendo. Ao cometer um erro, não desanime. Pense em por que errou, trate de se corrigir e tente de novo. Quanto maior a repetição, mais rápido é o índice de aprendizagem, e nunca se aprende nada isoladamente. E, de repente, você percebe que está aprendendo outras coisas. Aprende, por exemplo, a perceber suas limitações e a nunca pensar que já sabe tudo. A gente nunca é ou foi, nós estamos sempre sendo... Se você não tiver uma bola, é possível aprender até com uma laranja ou uma bola feita de meia ou jornal. Já vi gente controlando até caixa de fósforo!".

Aí está. Vê-se, claramente, que, para Pelé, a bola não é um objeto inanimado, inerte, feito de materiais mortos, pedaços de couro costurados entre si, com uma bexiga inflável dentro. Nem a esfera petroquímica do futebol atual. Não. A bola é um ser vivo – e muito vivo. Quase uma cadelinha arisca, até encontrar atenção e carinho. Até ser seduzida. E conquistada. Pelé: "O futebol é como uma religião para mim. Amo a bola e a trato como um deus. Muitos jogadores acham que a bola é algo que precisa ser chutado. Eles devem ser ensinados a acariciá-la, a tratá-la como uma joia preciosa".

***

Maciel de Aguiar, cronista chato e tolamente fantasioso, fez pelo menos uma boa observação sobre Pelé, num texto publicado em espanhol, tratando-o como "negrinho astuto, precipitado como uma gazela, impetuoso como o vento, sagaz como um gato". Escrevendo as "orelhas" (ou "badanas") da primeira autobiografia do rei, por sua vez, o jornalista e empresário Paulo Machado de Carvalho, que chefiou as delegações brasileiras nas copas de 1958 e 1962, fazendo uma inesperada aproximação entre Pelé e o conquistador Casanova, assim definiu nosso craque: "... incorrigível desencaminhador de sistemas, perdição de goleiros, o violador das mais austeras defesas, educadas no convívio de tradicionais famílias do futebol universal". É evidente que não vou fazer aqui uma redação escolar (ou uma tese universitária, o que hoje é praticamente a mesma coisa), desenvolvendo cada um desses tópicos. Mas pretendo providenciar uma visão geral da arte futebolística tal como ela se expressou no corpo de Pelé, jogador que tinha a capacidade de adivinhar espaços que pareciam inadivinháveis. Mas, para começo de conversa, vamos a uma pequena explicação. No meu livro *Oriki Orixá* – coletânea de ensaios e recriações de peças primorosas da textualidade sagrada nagô-iorubá –, escrevi o seguinte: "O leitor notará que, nas traduções/recriações dos poemas, grafo o vocábulo 'dansa' não com 'ç', mas com 's'. Já se escreveu assim. A escolha, aqui, deve ser creditada na conta da bailarina Suki Villas Boas. Numa conversa, Suki me disse que achava uma contradição escrever 'dança' com 'ç' e não com 's', já que o 'ç' era uma letra visualmente capenga, desengonçada, enquanto o 's', em seu desenho sinuoso, era uma letra danSarina. Achei que ela estava com a razão". E continuo achando. Tanto que também aqui, mas apenas neste tópico, vou grafar assim o vocábulo: dansa com s. Etimologicamente, aliás, tudo indica que a palavra veio do francês, onde é escrita com s – *danse, danser*.

A comparação entre o futebol e a dansa – a dansa em geral ou algum tipo ou estilo específico de dansa – é um lugar-comum praticamente universal. No Brasil, a analogia é com o samba. Na Argentina, centrando-se em Maradona, com o ritmo do tango. No caso de craques da América Central, fala-se da salsa. Etc. Às vezes, temos a mescla, a depender da levada, da manha, das passadas ou do ciscar do jogador, como naquela musiquinha que nos acompanhou na Copa de 1962, no Chile: "vai a bola para a frente/ no comando de Feola/vai Pelé dansando o samba/e Garrincha o chá-chá-chá...". Com relação ao Brasil, o Gilberto Freyre de *Novo Mundo nos Trópicos* situa as coisas de uma perspectiva histórica e culturalmente ampla: "Há alguns anos, sugeri uma caracterização psicológica de tipos regionais, ou sub-regionais, brasileiros que poderia ser baseada sobre os vários estilos de dansas carnavalescas que existem no Brasil. [...] ... sugeri que através de cuidadoso estudo das dansas de carnaval seria possível classificar diferenças regionais ou sub-regionais de temperamento, *ethos* ou personalidade [...]. Ao lado desse estudo, sugeri outro em torno da maneira brasileira mais característica de jogar o futebol. O jogo brasileiro de futebol é como se fosse dansa. Isso pela influência, certamente, dos brasileiros de sangue africano, ou que são marcadamente africanos na sua cultura: eles são os que tendem a reduzir tudo a dansa – trabalho ou jogo –, tendência essa que parece se faz cada vez mais geral no Brasil, em vez de ficar somente característica de um grupo étnico ou regional". Pelé sempre concordou com esta aproximação, entrelaçando futebol brasileiro, dansa e música: "O futebol é especial. Joga-se em grupo, não se pode jogar sozinho – existe algo mágico na harmonia absoluta entre companheiros de time. [...]. Quando a equipe está em sintonia, tudo evolui lindamente, como se participássemos de uma dansa sincronizada". E mais: "As pessoas dizem que o que eu fazia no campo tinha muito de arte, o que talvez seja verdade. O que certamente havia, quando eu estava em campo, era uma musicalidade. Sem a menor dúvida, o jeito brasileiro de jogar futebol está intimamente ligado ao ritmo, à melodia e ao batuque". Não por acaso, aliás, quando um time coloca seu oponente na roda, impondo-se com inquestionável superioridade, dizemos que deu *um baile* na equipe adversária. E o jogador Sócrates, da "democracia corintiana" e da seleção brasileira, vai além do "como se fosse dansa" de Freyre, reivindicando uma subcategoria específica: "o futebol deveria ser considerado um tipo de dansa".

E é mais ou menos isso o que vemos acontecer no caso de Pelé. Os diversos jogadores, comentaristas e estudiosos que focalizam seu futebol não só remetem o seu desempenho a uma dansa, como variadas vezes ele mesmo é tratado diretamente como um dansarino, ou um misto de jogador e bailarino, deslizando com força e delicadeza (simultâneas) pelos campos de futebol. O conhecido cronista Oldemário Touguinhó, por exemplo, tido como um dos maiores especialistas em matéria de Pelé, aproximou-se da cena com clareza e sensibilidade: "Força e beleza. Rapidez e precisão. A elasticidade e a firmeza no gesto que poderia ser de bailarino. O corpo que gira 90 graus, mantendo o equilíbrio difícil sobre o pé esquerdo, enquanto o braço avança no ar como se impusesse uma direção. O olhar que acompanha criticamente o movimento da bola, e a boca que se abre, finalmente, num sorriso discreto pelo objetivo alcançado". Veja-se, ainda, a declaração seguinte do ex-jogador (foi do Chelsea, do Arsenal e do Manchester United) e ex-treinador do Tottenham Hotspur, nosso conhecido George Graham, que chegou a jogar pela seleção escocesa no Maracanã, quando o time da turma da terra do uísque perdeu de 1 x 0 para o time da turma da terra da água ardente: "Pelé tinha tudo. Todos os grandes jogadores têm um poder aliado a seus enormes talentos... Ao ficar mais velho e experiente, Pelé era capaz de fazer as coisas de um modo mais sutil. Eu gostaria de comparar Pelé a Nureyev: a graça aliada ao poder".

Ok. Mesmo Henry Kissinger, o chanceler judeu-alemão dos Estados Unidos que era louco por futebol, em artigo publicado na revista *Newsweek*, escreveu que "conduzir a bola ao longo de todo o campo, até ao gol adversário, requer habilidade análoga ao balé". Mas com uma diferença. No futebol, o que temos não é a dansa pela dansa, a dansa como forma artística em si. Mas sim uma espécie de dansa pragmática, dansa de combate, dansa competitiva, dansa da busca da vitória. E podemos também passar do plano particular da dansa para o horizonte mais amplo da estética em geral. Que o jogo, em sentido genérico, tem a ver com a estética, já o velho Johan Huizinga, mesmo algo cautelosamente, o dizia. Está no *Homo Ludens*: "Se, portanto, não for possível ao jogo referir-se diretamente às categorias do bem ou da verdade, não poderia ele talvez ser incluído no domínio da estética? Aqui o nosso julgamento hesita porque, embora a beleza não seja atributo do jogo enquanto tal, este tem tendência a assumir acentuados elementos de beleza. A vivacidade e a graça estão originalmente ligadas às formas mais primitivas do jogo. É nele que a beleza do corpo humano em movimento atinge o seu apogeu. Em suas formas mais complexas, o jogo está saturado de ritmo e de harmonia, que são os mais nobres dons de percepção estética de que o ser humano dispõe. São muitos, e bem íntimos, os laços que unem o jogo com a beleza". Que o digam poetas como os nossos Carlos Drummond, João Cabral e Chico Buarque.

Um excelente jogador – o craque inglês Kevin Keegan (jogou no Liverpool e no Hamburgo, entre outros clubes, além de brilhar no *English Team*, na seleção inglesa de futebol), que, como George Graham, foi também treinador, comandando como técnico o Newcastle, o Manchester City e a seleção inglesa na Eurocopa 2000 –, Keegan, repito, que tinha uma admiração irrestrita pelo supercraque brasileiro, dizia que Pelé foi a figura central no processo de aprimoramento ou da elevação de patamar do futebol, ao promover como ninguém as qualidades estéticas daquele esporte. Mais. Keegan (não sei se ele ainda é vivo; provavelmente, sim; nasceu em 1951) dizia que Pelé elevou esteticamente o jogo não só enquanto jogador, mas também depois que parou de jogar, tornando-se "embaixador mundial do futebol". E ainda: a Inglaterra inventou o futebol, mas foi o Brasil que o projetou num patamar até então inédito de *finesse* artística. Em seu livro, Harry Harris cita, além de tudo, uma apreciação geral feita pelo craque inglês, na observação seguinte: "Para mim, Pelé é o homem do século. Alguns grandes jogadores vêm e vão, mas Pelé permaneceu em voga do tempo que começou, no final dos anos cinquentas, até agora. Durante o sorteio no Japão para a Copa do Mundo de 2002 [quando o Brasil alcançaria seu pentacampeonato], o lugar inteiro parou, quando ele entrou no fórum. Cada pessoa olhou em volta, como a dizer umas às outras, 'ali está ele'. Apenas olhar para ele já era o suficiente. Ele tem *status* de realeza". Rei-dansarino, então. E aqui me ocorre o famoso verso de W. B. Yeats: "How can you know the dancer from the dance?". Que se costuma traduzir de forma empobrecedora (perdendo a densidade do verbo *to know*) por "como separar o dansarino da dansa?".

***

José Castello, citando o jornalista Calazans Neto, faz uma boa exposição do que alguns analistas do futebol pensam, muito provavelmente com toda a razão do mundo: "Depois de afirmar que o maior jogador da história do futebol foi o ponta-direita inglês Stanley Mathews, que entre 1934 e 1954 dominou a cena do futebol britânico, e não Pelé, o insuspeito Di Stéfano, ele próprio uma das maiores lendas do futebol, fez uma ressalva esclarecedora, mas ainda assim misteriosa: 'Estou falando de jogadores de futebol, não de fenômenos sobrenaturais'. Ninguém supõe que Pelé seja mesmo um bruxo, ou um mágico. Mas muitas das situações que experimentou ao longo da carreira nos levam, quase de modo inevitável, a evocar essas figuras, ainda que como metáforas, simplórias talvez, mas ainda assim eficazes, que nos ajudam a nomear o indizível. Um cronista esportivo como Calazans Neto, por exemplo, tem uma explicação objetiva para o que, visto à distância e sem algum cuidado, toma sempre a aparência de magia. Para Calazans, o que faz Pelé superior aos outros jogadores é 'a quantidade de atributos, mais do que a perfeição em cada um desses atributos'. Como atacante, ele tinha todas as qualidades que se pode desejar: velocidade, explosão, capacidade física, técnica, habilidade, talento, criatividade, força, extraordinária rapidez de raciocínio e reflexos apurados. Chutava com as duas pernas, era um grande cabeceador, dava passes matemáticos, driblava com criatividade, tinha um chute forte e preciso e uma fantástica visão de jogo. Talvez não tenha sido o melhor jogador do mundo em cada um desses atributos. Mas é a soma deles, o encontro deles num só homem, que produziu o espanto e faz pensar em algo sobrenatural".

O grão da questão é que Pelé acionava, quando necessário, todos os atributos imagináveis que o habitavam, em função do gol que visava marcar. Era inteiramente pelo ataque. Por seu modo/estilo de ser jogador e por sua pregação sistemática em favor do futebol alegre, solto, ofensivo. Com isso, chocava-se brutalmente com as regras do *association*. Do conjunto das 17 regras básicas do futebol, criadas há mais de 150 anos, a maior parte delas é apenas genérica – e as que sobram são a favor da defesa. Destinam-se a bloquear o ataque e a proteger o sistema defensivo. Pelé não se conformava com isso. Nem ele, nem outros craques cujo êxtase ou orgasmo estava no gol. Vejamos. A primeira regra determina apenas que o campo deve ser retangular e fixa algumas medidas de comprimento e largura. A segunda diz respeito ao mais que óbvio: a bola do jogo deve ser esférica. A terceira estabelece que uma partida tem de ser jogada por duas equipes e que cada uma delas contará com onze jogadores, dos quais um ocupará a posição de goleiro. A quarta lembra que nenhum jogador poderá entrar em campo com qualquer objeto que seja considerado perigoso para ele e os demais – joias, inclusive. A quinta diz que a partida será controlada por um árbitro. E por aí vai. Temos até regra que impõe o uso de moeda (vitória do capitalismo financeiro!) no sorteio que decide a direção de quem ataca no primeiro tempo da partida. Outra que define quando a bola estará fora de jogo. Etc. As poucas regras que restam dizem respeito a cobranças de punições pelo ataque (falta dentro ou fora da área), arremesso lateral, tiro de meta e, por fim, ao escanteio (cuja determinação de que seja cobrado dentro do pedacinho de campo demarcado por linhas brancas não é obedecida hoje por ninguém). Enfim, temos regras genéricas e as que acabam favorecendo a defesa. Não existem regras pró-ataque e pró-atacantes. Se as tivéssemos, uma partida de futebol seria, sem dúvida, bem mais viva, livre, movimentada e, muito provavelmente, mais plena de gols. Daí a crítica dos craques goleadores, como Pelé.

Antes de partir desta para a melhor, como se dizia antigamente, o "doutor" Sócrates, por exemplo, defendeu tese querida de um número razoável de torcedores, entre os quais me incluo: a redução do número de jogadores numa equipe de futebol. Passando a contar não com 11, mas com 9 jogadores, haveria mais espaço para a construção de belas jogadas. Outros ainda sustentam que deveria ser abolida a barreira na cobrança de faltas. Pelé, por exemplo: "A maneira como está no momento é flagrantemente injusta. Digamos que eu dê um drible em um jogador, dois, três... talvez drible o time inteiro e fique apenas com um zagueiro e o goleiro à minha frente. Se o último defensor fizer falta sobre mim e eu ganhar um tiro livre, então todos os companheiros da equipe dele poderão compor a barreira entre mim e o gol. Eles estavam todos atrás de mim e mesmo assim podem se reagrupar à minha frente. Isso é justo? A minha solução é que a barreira fosse composta de um único jogador (o defensor que cometeu a falta, digamos) ou que não houvesse ninguém mesmo – dessa maneira, um tiro livre seria como uma cobrança de pênalti de fora da área". Claro. Com barreira, o chamado "tiro livre" pode ser tiro, mas não é livre. Pelé apresentou ainda uma outra excelente proposta: os laterais poderem ser cobrados não só com as mãos, mas também com os pés. "Quando o goleiro repõe a bola em jogo, pode chutá-la ou lançá-la com as mãos. Por que os outros jogadores não podem fazer o mesmo quando a bola sai? O argumento contra a minha proposta é que os jogadores poderiam chutar a bola diretamente para a área. Mas acho que isso seria positivo. Digamos que um jogo de futebol está nos seus minutos finais e um time apenas tenta gastar o tempo mandando a bola para fora. Se você se limita a recolocá-la em campo com as mãos, não consegue ameaçar o gol. Mas, se pudesse chutar a bola diretamente para a área, quem sabe…". Penso ainda que, além de reduzir o contingente de jogadores de cada time, deveríamos relativizar a lei do impedimento. Se o jogador fica impedido por malandragem, safadamente estacionado na "banheira", o juiz marca a transgressão e, a depender, pode expulsá-lo de campo. Mas se o cara ficou em impedimento de forma involuntária, por sua vontade de jogar e gana de fazer gol, a coisa muda. Não haveria impedimento. E muito menos essa coisa de definir como impedimento lance de centímetro: o sujeito é declarado impedido porque a unha do seu polegar ou do dedão ou do dedo menor do pé calhou de cair meio centímetro à frente da unha do beque. É um absurdo. Claro que não marcar impedimento por vontade de jogar é coisa que vai ficar a critério do juiz. Por decisão pessoal subjetiva. Mas qual o problema? Não é assim que o árbitro dá ou não dá, de acordo com o seu ponto de vista, a chamada "lei da vantagem"?

***

Quem quiser apreciar o futebol majestoso de Pelé, não espere descrições aqui, que as palavras falham. Veja o filme *Pelé Eterno*, de Aníbal Massaini Neto, por exemplo. Lá, as imagens dizem tudo. Ou quase tudo. Mas não era só a categoria incomparável. Além disso, Pelé tinha o que nem todo craque tem: paixão pelo jogo, fome de bola, fome de gol. Era sempre uma chama acesa dentro do campo. Na epígrafe deste livro, coloquei umas palavras perfeitas de Décio Pignatari sobre Pelé. Encontrei-as no texto "Flama não se Paga", incluído em seu livro *Contracomunicação*. Na continuação do texto, Décio fala justamente sobre isso. Pelé era flamante, sinônimo de flamância, mescla de esplendor e entusiasmo. Mas é melhor ler as palavras inesquecíveis do próprio Décio, um dos intelectuais que melhor e mais profundamente pensou o futebol em nosso país. Vejam:

> "Aprende-se, talvez, com Pelé. Mas não se imita Pelé. O crioulo inimitável deve toda a grandeza e toda a beleza do seu futebol à sua inesgotável capacidade de criação. Poucos, muito poucos, raros, raríssimos, talvez ninguém, teve ou tem tanta sensibilidade e inteligência criativa para a relação básica do futebol: a relação bola-homem-campo, em função da meta. O campo é um verdadeiro prolongamento de sua pele: para onde vai, Pelé como que carrega o campo consigo. Ele sabe que, por estranho que pareça, o campo não é estático e sim uma estrutura dinâmica, móvel, relacionado às contínuas deslocações da bola e dos homens e envolvendo sempre uma questão de tempo – o tempo fracionado em piques e lances que dão a precisão e o ritmo das jogadas e do jogo.
>
> É comum ver bons jogadores, e até craques consumados, errarem no cálculo de um *rush*, de um pique, de uma antecipação, de um impulso, de um deslocamento – para não falar já de um lançamento. Esse erro é excepcional em Pelé. Sua noção perfeita de posição nasce do fato de não só saber perfeitamente onde está (e onde os demais estão) a cada momento – mesmo em lances agudos e ultra-rápidos – como de saber também onde estará (e onde os demais estarão) no lance imediatamente seguinte. Vale dizer: sua posição é sempre boa, é sempre a melhor possível,

porque é ele próprio quem a cria, com ou sem bola, é ele próprio quem cria as condições favoráveis à sua melhor posição. Tanto no posicionamento geral, como no desempenho de cada lance individual, Pelé cria, ao mesmo tempo, o problema e a solução.

No entanto, essa inteligência, esse gênio, essa lucidez física tem a animá-la uma flama que nem a luz poderosa da glória conseguiu ofuscar. Quem se lembra de tê-lo visto numa de suas primeiras aparições – senão a primeira – no quadro principal do Santos, no Pacaembu, em fins de 1956 ou começos de 57 (entrou no 2º. tempo – de que jogo? não me recordo), lembrar-se-á de que o público riu ao ouvir o bizarro nome anunciado através dos alto-falantes; lembrar-se-á de um negrinho correndo doido pelo campo, como um novilho negro saindo do toril, doido, doido faminto à procura da bola e de si mesmo. Que achou a ambos, ou melhor, que criou a ambos, viu-se logo nos jogos seguintes. Viu-se também que o futebol lhe era um absoluto estado de necessidade. Mais do que o gosto, o risco da aventura necessária – algo que se conquista, criando. Rei".

É realmente uma leitura maravilhosa. Mas sejamos ainda específicos quanto ao tópico do posicionamento. Da criação do lugar. O supracitado Kissinger definia a partida de futebol como uma espécie de geometria da procura de espaços livres de onde chutar a gol. Pelé sempre soube, como ninguém, que futebol é técnica, tática e estética – simultaneamente. Além disso, entre os ensinamentos que passou a seu pupilo, Waldemar de Brito o instruiu numa coisa fundamental, com a qual poucos técnicos costumavam se preocupar: o que o jogador deve fazer quando a bola ainda está a caminho, antes de chegar a ele. Segundo Waldemar, ele deve se postar lateralmente, *sideways*, com relação à trajetória da bola, até ao último minuto – e, assim, ter a oportunidade de observar a localização dos demais jogadores, de modo que, quando finalmente a pelota chegar a seus pés, ser capaz de passá-la instantaneamente a um companheiro de time, sem precisar perder tempo olhando em volta para descobrir onde os outros se encontram. Para lembrar uma expressão do poeta-ensaísta carioca José Lino Grünewald, Pelé introjetou o ensinamento e executava magistralmente a arte de *escreviver* a jogada. A propósito, me lembro que Zé de Jesus Barreto me contou que, certa vez, Pelé disse o seguinte a Clodoaldo: "Antes da bola chegar a você, olhe pra mim, pra ver onde estou – se você esperar a bola chegar a seus pés, para só então olhar para mim, eu já estarei marcado por algum zagueiro". Ou, como disse o próprio rei, com outras palavras: além de ver, antever é fundamental.

Falando de sua adolescência e do time do Baquinho, Pelé foi ao ponto: "Vários dos meus colegas de time eram muito habilidosos. Conseguiam correr com a bola dominada, tomá-la do adversário, fazer malabarismos, mas nem todos sabiam como *receber* a bola. Eles não tinham essa visão adicional que eu parecia ter. Talvez seja uma coisa que não se pode ensinar. Ou você tem ou não tem. E eu, definitivamente, tinha aquilo – uma capacidade de prever o que iria acontecer, um pouco antes de todo mundo. Mesmo depois de me tornar profissional, as pessoas perguntavam: 'Como você sabia que aquilo ia acontecer?'. E eu respondia: não sei, eu simplesmente sabia". Não surpreende nada e ninguém, então, porque Pelé se sentia em estado de satisfação plena ao jogar ao lado de Tostão, inclusive declarando que a perspectiva de jogar com o craque mineiro foi uma das fortes razões que o fizeram voltar atrás da sua decisão de abandonar a seleção brasileira – e a aceitar a convocação para integrar o escrete em 1970, nos gramados verdes do México. Vejam como essa dupla se irmana, a partir da fala seguinte de Tostão: "Eu jogava como meia-armador, mais recuado, mas gostava muito de chegar na frente e fazer gols, daí optei depois por ser um ponta de lança, fazendo a ligação do meio campo com o ataque. Reunia as qualidades principais para a posição: o passo correto, a antevisão da jogada, cabeça em pé sem olhar para a bola, vendo o companheiro livre se movimentando antes da bola chegar aos meus pés, e estar presente na área, no momento certo, no lugar certo para fazer o gol. Não é a bola que procura o artilheiro, ele é quem sabe antes dos outros onde a bola vai chegar. Como sabe? Sabendo. Ele sabe, mas não sabe que sabe. Existe um saber que antecede a compreensão humana". Por tudo isso, Pelé e Tostão jogavam feito "almas gêmeas". E é realmente perfeito o comentário de Nilton Santos: "Na cabeça de muito jogador, não passa nada no momento de fazer uma jogada. Na cabeça de Pelé, passa um longa-metragem".

Mas Pelé sabia igualmente, e como raros, que futebol também é malandragem. Escrevendo sobre o milésimo gol de Pelé, Armando Nogueira sublinha que o rei fez tudo quanto é tipo de gol: "O gol de ação, Pelé está cansado de fazer, chutando bolas suadas, bolas amadas, bolas sangrentas, bolas mortas, bolas vívidas, bolas divididas. O gol dos deuses, desses, Pelé certamente perdeu a conta: bola no peito, três dribles verticais, um chute certeiro. O gol dos espertos, Pelé já fez: uma tarde, enlaçou o braço no braço de um beque e saiu a gritar pro juiz: 'Ele está me agarrando!'. Pênalti – Pelé cobrou e marcou". Ainda Armando, em mais malandragem: "Um dia, Pelé vai deixando a grande área, arrastando uma perna. O beque recebe do goleiro e sai com a bola, despreocupado, sem desconfiar que Pelé não estava machucado coisa nenhuma. Era fingimento. De repente, não mais que de repente, Pelé dá um bote, o beque toma um susto, descontrola-se, perde o domínio da bola – gol de Pelé!". E o rei nos ofertou ainda um gol único, que gerou um sintagma linguístico no português brasileiro: "gol de placa". Ele conta: "Foi durante uma partida contra o Fluminense que marquei o que muitos consideram o meu gol mais espetacular. De novo o palco era o Maracanã. Peguei a bola junto à nossa grande área e comecei a correr com ela na direção do gol do Fluminense.

Um jogador veio tentar me desarmar, depois outro, um terceiro, um quarto, um quinto, um sexto... Eu driblei todos eles antes de passar pelo goleiro também. [...]. Como o jogo não teve transmissão de TV, o lance existe apenas na lembrança daqueles que o presenciaram. Como uma forma de recordá-lo, porém, o jornal *O Esporte* mandou fazer uma placa de bronze que foi afixada na entrada do estádio. O gol ficou conhecido como o 'gol de placa', e desde então, sempre que as pessoas falam em 'gols de placa', estão comparando-os com a perfeição que alcancei naquele dia".

Por fim, podemos falar do gol-de-vingança. É que, quando faziam gozação com Pelé, curtindo com a cara dele dentro do campo, o troco sempre vinha. Não raras vezes isso aconteceu. Ele mesmo fala de um jogo contra o Vasco da Gama, no Maracanã, em fevereiro de 1963. O Vasco vencia por 2 x 0 e faltava pouco tempo para o final da partida. Certo da vitória, um zagueiro do Vasco, Fontana, começou a debochar: "Cadê o Rei? Cadê o famoso Rei?". Pelé ficou puto. Fez um gol e, mesmo assim, Fontana seguia caçoando: "Cadê o Rei?". Foi aí que, já no finalzinho, Pelé marcou outro gol, empatando a partida. Pegou então a bola no fundo da rede e a entregou a Fontana, dizendo: "Toma aqui, leva pra tua mãe. Diz a ela que é presente do Rei". Seja como tenha sido, desde aquele dia Fontana não se sentiu mais à vontade para encarar o negão. Tostão lembra bem essa história toda: "O zagueiro Fontana, do Cruzeiro, do Vasco e da seleção brasileira tremia de medo ao enfrentar Pelé. Na semana da partida [de qualquer partida com o Santos], ele se machucava na segunda-feira, era dúvida e ia se preparando para no domingo não jogar ou ter uma desculpa, caso Pelé fizesse gols. Em uma dessas ocasiões, inventamos horas antes da partida que o Pelé não ia jogar. O Fontana, que era dúvida, disse que já estava bom. Quando o time entrou em campo e ele viu o rei, todo esperto, ficou nervoso e percebeu o riso contido em todos nós. Resultado da partida: 2 x 0 para o Santos, com um *show* de Pelé".

E já que falamos tanto de dribles, de driblar deus-e-o-mundo, vamos nos deter brevemente aqui. Anotando, inicialmente, o seguinte: pode-se falar do drible em si e do seu efeito ou função na textura dinâmica do jogo. São coisas diversas. Em *Jogando com Pelé*, por exemplo, o rei fala da técnica e da forma do drible em si. De saída, diferençando entre o drible e a finta. São ambos expedientes para enganar, ludibriar o adversário. A diferença é que, enquanto na finta o movimento é executado sem bola, o drible se realiza com ela. "Você pode fintar com o pé, com a perna, tronco, braços, cabeça e até com os olhos" – mas sempre *sem* bola. De passagem, Pelé aproveita para fazer uma observação importante: "o movimento do jogador que está sem a bola é tão importante como o daquele que a tem. Por mais incrível que possa parecer, jogar *sem* a bola é uma arte!". Entendo perfeitamente, claro, embora não tenha notícia de jogador algum que tenha feito gol *sem* bola. Mas vamos adiante: "No drible, você leva uma vantagem sobre o oponente – ele não sabe qual será o seu movimento verdadeiro. Você tem sempre a iniciativa. É quem comanda a ação. O oponente tem que ficar sempre a adivinhar para onde você vai sair. Por seu turno, seu principal objetivo é fazer com que ele perca o equilíbrio, enganando-o. Por isso é que requer uma condição básica: você jamais pode perder seu próprio equilíbrio. Assim, o drible torna-se apenas uma questão de equilíbrio de quem o executa, enquanto procura desequilibrar o adversário". Mas há mais: "... outra coisa importante na ação de driblar: RITMO! Tem que haver decisão, reflexo e reação rápidos, mas o movimento tem que obedecer a certo ritmo, com muita habilidade". E outra: "todo oponente sempre tem um lado mais fraco, geralmente relacionado com o que se chama de perna fraca. Se ele é canhoto, a sua perna fraca é a direita, e vice-versa. Dessa maneira, costuma-se, no drible, explorar o ponto fraco do oponente. Com sua perna chamada fraca, ele terá dificuldade de interceptar, ainda mais em se tratando de sua perna de apoio".

Indo adiante, Pelé observa que é inútil tentar fazer uma classificação geral, uma tipologia das fintas ou dos dribles, já que são muitas as possibilidades de fintar ou driblar. Incluindo-se aqui o raríssimo *drible de rebote*, "quando, com muita sorte, a gente toca a bola nas próprias pernas do adversário e a recebe 'limpinha', de volta". Por isso mesmo, ele prefere deixar as inúmeras circunstâncias de lado, e chamar a atenção para uma característica geral da ação de driblar: "Ao se tentar o drible, o adversário pode estar à sua frente, atrás ou ao seu lado. Em quaisquer dessas situações, é preciso proteger sempre a bola, mantendo-a próxima de você. Quando um oponente está ao seu lado, e você parado ou correndo, procure colocar o seu corpo entre a bola e o adversário. Assim, será mais difícil para ele tirar a bola, a não ser que cometa uma falta. No drible, usa-se mais a parte interna ou externa do pé, logo atrás dos artelhos, e o toque deve ser sempre suave e ritmado. Por isso, o tornozelo deve estar solto, flexível". Em todo caso, Pelé discorre, até aqui, sobre o drible em si – ou *an sich*, diria Beckenbauer. O que obviamente não significa que não pensasse sobre o aspecto instrumental ou funcional da jogada: "A finta ou o drible não significam demonstrar ao público, ou aos demais jogadores, quão bom de bola você é. Seu verdadeiro valor reside na capacidade de manter a posse da bola por mais tempo que o adversário. Também é importante saber que o drible não se justifica se você tiver um companheiro esperando por um passe" – era este, aliás, o motivo das discussões entre Pelé e Garrincha, quando jogavam juntos: Garrincha estava se lixando para justificativas do seu prazer de driblar. Mas deixemos isso para depois. Por ora, completando o quadro traçado por Pelé, enfatizemos, como foi dito, a função do drible na textura dinâmica do jogo. Deste ângulo, o drible deve ser visto como uma dupla vitória. Ou uma vitória simultaneamente tática e psicológica. Tática, na sua implicação de domínio sobre um segmento do campo. Psicológica, no sentido de que desconcerta, desconjunta e até diminui, desmoraliza o adversário. Didi tinha clara consciência disso:

"O drible sempre foi uma arma poderosa. Dependendo do marcador, procurava aplicar-lhe um corte seco, para tirá-lo do caminho. Ou um drible largo, descadeirante, capaz de desmoralizá-lo de vez. De um jeito ou de outro, nunca deixou de dar resultado. Mas tudo tinha de ser bem pensado. Era preciso estudar o adversário. Analisar o seu estilo, o porte físico, o temperamento... Futebol é arte. Mas tem muito de ciência, de psicologia também". Garrincha era mestre absoluto no domínio desta dupla função do drible. De uma parte, assegurava seu reinado numa faixa do campo. De outra, desmoralizava o adversário. Era terrível marcá-lo. Nelson Rodrigues e Pelé falam disso. Ao levar o zagueiro ao chão, Garrincha levava a plateia às gargalhadas. Fazia o beque de bobo. Enquanto os demais atacantes do seu time avançavam e se posicionavam em busca do gol.

Quanto ao segundo ponto sublinhado por Pignatari, o do fogo aceso dentro de campo, podemos resumir: Pelé, a flama, sempre foi o avesso da fleuma. O avesso do tédio. Basta rever, em algum vídeo, seu modo de avanço frontal, viril e veloz em direção à meta adversária. Tostão: "[Pelé] jogava com grande objetividade e inteligência. Seu futebol não admitia excessos, enfeites, nem faltas. Ele quase não fazia embaixadas, não driblava para os lados, mas sempre em direção ao gol". E nada de timidez ou cautela. No mais das vezes, ele me faz lembrar de um "proverb of hell" do poeta inglês William Blake, que dizia que a prudência é uma donzela feia e velha, cortejada pela incapacidade... O espírito de Pelé, dentro de campo, mais do que labareda, era de puro e pleno *entusiasmo*, no sentido genuíno da expressão grega – *enthousiasmós*, que significa "ter o deus dentro de si". Pelé, em campo, carregava esse deus flamante dentro dele. E, se me pedissem para definir o seu futebol com uma só palavra, eu não hesitaria: suspense. O mais genuíno suspense. Na fração de segundo em que a bola chegava aos seus pés, instaurava-se de imediato o suspense. O que será que vai acontecer? O que o negão vai aprontar dessa vez? Para onde vai conduzir o jogo? Nunca se sabia ao certo. E Pelé, não raro, relampejava.

6. ÁS DE COPAS

Como não há quem ignore, o Brasil permanece, até aqui, como o único país que disputou todas as edições do campeonato mundial de seleções nacionais de futebol. Corre hoje o risco, frisam alguns amigos meus, de não participar da próxima. A situação atual: embora conte com jogadores excelentes, o time não consegue se encontrar. E daí os torcedores vão juntando suas razões para tentar explicar os desempenhos e resultados medíocres da equipe. Quanto a mim, não arrisco uma previsão. Já errei demais em prognósticos passados, a respeito dos mais variados tópicos, de coisitas menores a assuntos de peso. Apenas para exemplificar, lembro que, em inícios da década de 1970, adolescente ainda, eu afirmava que o computador só se tornaria um eletrodoméstico de uso social generalizado no século XXI. Apostei que Leonel Brizola seria eleito presidente do Brasil. Como se fosse pouco, quando o *skate* se espalhou pelo país, critiquei prefeituras gastando dinheiro público para construir pistas para aquela prática esportiva, já que ela, garantia eu, não passaria de modismo de um só verão. Quebrei a cara mais vezes, sim, mas esses três exemplos bastam. De modo que prefiro reter a informação sobre a nossa presença em todas as copas do mundo, o fato (também único) de sermos pentacampeões – e pronto. Nesse panorama, Pelé aparece, por sua vez, como o único jogador tricampeão. E é o que nos interessa neste ensaio. De outra parte, é evidente que não se trata de recontar aqui, pela milionésima vez, essa história. Os brasileiros comuns a conhecem bem. E existem pilhas de crônicas, artigos, entrevistas, reportagens e livros sobre o assunto. O que se vai encontrar, nos parágrafos seguintes, são apenas alguns fatos, entremeados de observações gerais de natureza mais analítica, ainda que aqui e ali redundantes. No centro do palco, obviamente, o rei Pelé.

Ao contrário de minhas profecias furadas, a de Waldemar de Brito, sobre Pelé no escrete canarinho, se realizou por inteiro. Depois de convencer Dondinho sobre a oportunidade de Pelé ir para o Santos, Waldemar disse ao amigo: o garoto vai ser convocado para a seleção brasileira muito antes do que você pensa. E assim foi. Pelé "fez nome" muito cedo, muito rapidamente. Ainda jogando em time infantojuvenil, como vimos, o técnico Tim, no Rio de Janeiro, já tinha a atenção chamada para ele. E logo todos começavam a ficar de olho no garoto. Em 1957, antes da Copa do Mundo. "Nessa altura, eu já era conhecido do público, tanto do Rio como de São Paulo, e já tinha fotografias minhas nos jornais, com maior frequência". E, se todo mundo estava de olho no rapaz, a Confederação Brasileira de Desportos (CBD), também. Desse modo, Pelé vestiu a amarelinha quase imediatamente, pela soma de seus méritos, quando mal tinha saído do borralho da puberdade e entrado na adolescência. "Eu ainda não tinha dezesseis anos quando senti, pela primeira vez, a emoção de vestir a camisa da seleção do Brasil. Foi na Copa Roca, contra a Argentina. Antes de sair a lista dos convocados, muita gente veio me dizer: 'Você vai ser convocado, Pelé!'. Eu ria e, por dentro, achava que a turma estava exagerando. Afinal, eu ainda era um garoto, sem experiência para defender uma seleção. [...]. Estava em Bauru, visitando meus pais, quando ouvi o locutor da Rádio Bandeirantes anunciar os nomes dos convocados. Estava sozinho, na sala, ouvindo a programação esportiva daquela emissora. Quando foi anunciada a leitura da lista, senti um frio no corpo. Tinha certeza de que não ouviria meu nome entre os escolhidos, mas mesmo assim fiquei na expectativa. O locutor começou a anunciar: Castilho... Gilmar... Djalma... Nilton Santos... De repente, falou: Mazzola... Pelé... Tive vontade de dar um salto, gritar, fazer alguma coisa, enfim, para desabafar minha alegria. No mesmo instante, porém, comecei a sentir medo. Nem cheguei a ouvir os nomes restantes. Um frio percorreu meu corpo, fiquei gelado. Quando me levantei da cadeira, percebi que estava tremendo da cabeça aos pés, como se estivesse com maleita. Foi quando minha mãe apareceu: 'O que é que você está sentindo, Dico?!'. 'Fui convocado para a seleção brasileira, mãe!' – disse, gritando. Ela ficou parada, no meio da sala, como se não tivesse entendido nada. 'A senhora compreende, mãe? Fui convocado para a seleção brasileira!'. Aí entrou meu pai. Que foi, Dico? 'Vou pra seleção brasileira, pai!'. Acho que ele ficou mais emocionado do que eu [...]. Eu só pensava numa coisa, naquele momento: no medo que eu estava sentindo, misturado com alegria. [...]. Aquela noite não consegui dormir".

Mas dormiu – e veio a estreia. Era a Copa Roca, Brasil x Argentina. Dois jogos: um no Rio, outro em São Paulo. No primeiro, Pelé começou no banco de reservas. Mas, lá pelas tantas, Mário Américo, o célebre massagista da seleção, veio a ele: "Vamos massagear essas perninhas?". Diante da surpresa de Pelé, riu: "Você vai entrar, crioulo! Vê se acaba com eles, hein?!". Pelé entrou em campo e o nervoso inicial logo passou. A Argentina estava na frente. "Houve, então, um lance pela direita, se não me engano. Alguém levantou um centro para a área e não sei quem foi que apanhou e deu um tiraço daqueles. O goleiro argentino largou o corpo no ar, defendeu... e largou a bola. Eu vinha na corrida e, automaticamente, a empurrei para as redes. O estádio explodiu, meus companheiros me abraçavam, me apertavam... Eu não sabia o que pensar. Ria, feito bobo". Mas a Argentina acabou levando a melhor: 2 x 1. No entanto, no segundo jogo, o Brasil deu o troco, com vantagem: 2 x 0. "A Copa

Roca ficou no Brasil e aquilo tudo, para mim, parecia um sonho". E aqui devemos dar ressalte a um aspecto fundamental. Já naquela época, entre os 16 e os 17 anos de sua idade, e antes mesmo de vestir pela primeira vez a camisa da seleção brasileira, Pelé tinha perfeita consciência de sua superioridade e da sua grandeza. Quem nos dá um ótimo retrato disso é Armando Nogueira, numa das crônicas deliciosas de *A Ginga e o Jogo*. "Ele acabara de jogar, com o Santos, uma partida do [torneio] Rio-São Paulo, contra o América. O ano, 1957. O local, Maracanã. Pelé tinha feito três ou quatro gols. Era a primeira vez na vida que eu o via jogar. A rigor, eu nem sabia direito de quem se tratava. Porém, ficara deslumbrado com a exibição do garoto. Desci ao vestiário, com a intenção de conhecê-lo.

Perguntei-lhe, de estalo:

– Pra você, quem é o maior centroavante do Brasil?

– Eu! – respondeu o garoto.

– E o maior meia-esquerda?

– Eu, também – respondeu com redobrada firmeza".

Também por essa época, depois de saber da conversa de Armando com o garoto, mas ainda antes da Copa da Suécia, Nelson Rodrigues, em texto hoje famoso, foi o primeiro a dar a Pelé o título de rei, vendo nele a superação do "complexo de vira-latas". Escreve Nelson, depois de se extasiar com o seu desempenho, naquele mesmo jogo do Santos contra o América: "O que nós chamamos de realeza é, acima de tudo, um estado de alma. E Pelé leva sobre os demais jogadores uma vantagem considerável: – a de se sentir rei, da cabeça aos pés. Quando ele apanha a bola e dribla um adversário, é como quem enxota, quem escorraça um plebeu ignaro e piolhento. Vejam o que ele fez... Enfiou, e quase sempre pelo esforço pessoal, quatro gols em Pompéia. Sozinho, liquidou a partida, liquidou o América, monopolizou o placar. [...]. Ainda no primeiro tempo, ele recebe o couro no meio do campo. Outro qualquer teria despachado. Pelé, não. Olha para frente e o caminho até o gol está entupido de adversários. Mas o homem resolve fazer tudo sozinho. Dribla o primeiro e o segundo. Vem-lhe, ao encalço, ferozmente, o terceiro, que Pelé corta, sensacionalmente. Numa palavra: – sem passar a ninguém e sem ajuda de ninguém ele promoveu a destruição minuciosa e sádica da defesa rubra. Até que chegou um momento em que não havia mais ninguém para brilhar. Não existia uma defesa. Ou por outra: – a defesa estava indefesa. E, então, livre na área inimiga, Pelé achou que era demais driblar Pompéia e encaçapou de maneira genial e inapelável. [...]. Ora, para fazer um gol assim não basta apenas o simples e puro futebol. É preciso algo mais, ou seja, essa plenitude de confiança, de certeza, de otimismo que faz de Pelé o craque imbatível. Quero crer que a sua maior virtude seja, justamente, a imodéstia absoluta. Põe-se por cima de tudo e de todos. E acaba intimidando a própria bola, que vem aos seus pés numa lambida dócil de cadelinha. Hoje, até uma cambaxirra sabe que Pelé é imprescindível na formação de qualquer escrete. Na Suécia, ele não tremerá diante de ninguém. Há de olhar os húngaros, os ingleses, os russos de alto a baixo. Não se inferiorizará diante de ninguém. E é dessa atitude viril e, mesmo, insolente de que precisamos. [...]. Por que perdemos, na Suíça, para a Hungria? Examinem a fotografia de um e outro times entrando em campo. Enquanto os húngaros erguem o rosto, olham duro, empinam o peito, nós baixamos a cabeça e quase babamos de humildade. Esse flagrante, por si só, antecipa e elucida a derrota. Com Pelé no time, e outros como ele, ninguém irá para a Suécia com a alma dos vira-latas. Os outros é que tremerão diante de nós".

Tremeram, de fato – e Pelé arrasou. Didi, Pelé e Garrincha, na verdade. Mas, como disse, não vamos recontar a peripécia, apenas destacar algumas coisas. Pelé nem começou jogando logo de cara. Tinha sido atingido violentamente por um pontapé de um zagueiro do Corinthians, num jogo-treino da seleção. O massagista Mário Américo entrou correndo em campo para socorrer Pelé e, de passagem pelo agressor corintiano, não se conteve: "Por que você fez isso, seu filho da puta?". A resposta, sabemos: ali se expressou a inveja enraivecida. E Pelé viajou contundido para a Suécia, ficando de fora dos dois primeiros jogos da Copa. Ele, machucado; Garrincha, no banco. A dupla fundamental escanteada. Mas tudo bem, tudo azul no estádio Nya Ullevi. O Brasil passou pela Áustria, na estreia. Em seguida, empatou com a Inglaterra, que ainda atravessava a sua grande crise: arrogante, achando-se dona do futebol, vinha há algum tempo caindo pelas tabelas. De torneio em torneio, de jogo em jogo. Por incrível que pareça, chegara já a ser eliminada das finais da Copa de 1950, no Brasil, quando experimentou a humilhação de apanhar de 1 a 0 da seleção dos Estados Unidos. Os jogos mais importantes ainda estavam por vir. O primeiro deles seria contra a Rússia, que saíra na frente na corrida espacial lançando o Sputinik e agora sentava praça de estar praticando um "futebol científico" que nenhum time leigo seria capaz de derrotar. Além disso, a equipe contava com Iáchin, o "aranha negra", considerado então o maior goleiro do mundo. Do lado brasileiro, teríamos as estreias de Pelé e Garrincha – juntos! – numa Copa do Mundo, quando então teria início uma *escrita* que ninguém mais esqueceu: sempre que Pelé e Garrincha entraram em campo juntos, vestindo a camisa amarelo-ouro da seleção, o Brasil nunca perdeu. Até empatou aqui e ali, como no jogo contra a Tchecoslováquia, na Copa do Chile. Mas, sobretudo, venceu. E venceu bem.

A primeira grande vítima foi o "futebol científico" dos russos. Mas aqui vale uma informação. A fim de se classificar para as quartas de final o Brasil tinha que vencer a Rússia. Foi aí que, sentindo o peso da responsa, os líderes do elenco – Bellini, Nilton Santos e Didi – chamaram Feola às falas, numa reunião ocorrida de madrugada, e o fizeram escalar Zito, Pelé e Garrincha para a partida. Estádio lotado, a imprensa do mundo inteiro falando do jogo, que seria transmitido para toda a Europa, através de uma rede de televisão

– e o joelho de Pelé doendo ainda. "Quando, perfilados, ouvimos os primeiros acordes do hino nacional brasileiro, senti uma força estranha dentro de mim. Lembro-me bem daqueles momentos. Esqueci o joelho, esqueci tudo. Somente reparei nos russos quando os dois times estavam alinhados para o início da partida. Me pareceram bem maiores do que nós, principalmente aquele goleiro, Iáchin, que parecia cobrir todo o gol com seu corpo de gigante. À minha esquerda, eu via Zagalo; à direita, Vavá, Didi e Garrincha. Nenhum deles parecia preocupado demais. Olhei para trás e vi o Zito, sorrindo. 'Vamos meter os peitos!' – disse o Vavá, antes do juiz autorizar o início do jogo". Iniciado o jogo, a casa pegou fogo. Até hoje, os grandes amantes do futebol dizem que, logo em seguida ao apito do juiz, aconteceram os três ou cinco minutos mais vibrantes e esplendorosos de uma partida de Copa do Mundo. "Foi só dar a saída e já começou o *show*. Os russos movimentaram a bola, mas ela logo foi ter aos pés do Garrincha, na direita. O Mané foi pra cima de um adversário, aplicou-lhe um drible espetacular e fugiu em direção da linha de fundo. Quando pensei que ele fosse centrar, o danado driblou outro zagueiro que fora ao seu encontro e largou um tiro venenoso. Iáchin estendeu aquele corpão todo no ar, mas não alcançou a bola. Fiquei com o grito de gol preso na garganta, pois a bola voltou a campo, depois de bater na trave. [...]. O jogo estava apenas começando, mas a gente já podia perceber um grande descontrole na defesa da Rússia. O Garrincha, sempre manobrando pela direita, fazia o diabo. O público vibrava... De repente, vejo o Didi com a bola e me enfio entre dois adversários. Ele me solta o passe, como se tivesse medido a distância que nos separava e a minha posição. Deixo a bola passar, vejo o gol na minha frente, atiro com toda a força que posso. Iáchin se estende novamente no ar e eu quase grito gol. A bola bate no travessão e volta novamente. Não me aguento e a xingo: filha da puta! Didi ri: 'Calma, garoto. Já, já, ela entra'". E de fato entrou. Por duas vezes, dois gols de Vavá. O goleiro

Iáchin batido no chão, com uma cara de dar pena. O "futebol científico" fora simplesmente desmantelado.

Vieram então as vitórias contra o País de Gales, um time algo medíocre, mas duro na queda, jogando na base do ferrolho ou retranca. E contra a excelente e requintada equipe da França. Vencemos o País de Gales por 1 x 0. E esse gol único e suado não foi simplesmente um gol, mas uma jogada mágica do garoto de 17 anos: "De repente, porém, apareceu a grande oportunidade… foi o Didi, mais uma vez, quem me fez aquele passe maravilhoso. Eu estava dentro da área, a poucos passos da meta. Pensei em chutar, assim que recebi a bola, mas vi um pé na minha frente, tentando calçar o tiro. Com um leve toque, de ponta de chuteira, puxei a bola para mim. O dono do pé passou na minha frente. Deixei a bola cair e, quando vi o goleiro sair para se atirar aos meus pés, cutuquei a bola por baixo do seu corpo. Não sei quantas vezes pulei, gritando gol, feito um louco. Precisava desabafar aquela alegria que estava dentro de mim. Chorei, quando me vi quase sufocado pelos abraços dos meus companheiros. Acho que posso dizer que aquele foi o 'meu gol inesquecível', pois ele foi decisivo para a nossa seleção, naquela tarde". Veio então o confronto com a França. "Garrincha, que nessa altura já era supervedete, por causa do carnaval que tinha feito com os russos, era o exemplo da tranquilidade que reinava entre nós… Estávamos perfeitamente calmos quando iniciamos a partida". Vavá abriu o placar, mas o craque Fontaine empatou. "Foi aquele o primeiro gol que Gilmar sofreu na Copa do Mundo de 1958 e toda a nossa equipe sentiu aquele impacto. Durante alguns minutos, nada nos dava certo. Os passes saíam tortos, os tiros sem direção, as fintas sem maior efeito, tudo, enfim, parecia se complicar para nós. Por duas vezes, estive com o gol do desempate nos pés, mas errei os tiros. A mesma coisa aconteceu com o próprio Vavá, com Garrincha e com os outros atacantes. Por outro lado, os franceses, acreditando mesmo na vitória, procuravam o seu segundo tento com uma ganância que dava medo. […]. Foi Didi quem acabou com aquele nervosismo da nossa equipe e, ao mesmo tempo, com o fogo dos franceses. Apanhou uma bola na intermediária da França e, quando todo mundo pensava que ia fazer um passe para algum de nós, que corríamos ao seu lado, ele arriscou uma daquelas suas famosas folhas-secas. Abbes, goleiro francês, espichou-se todo no ar, mas não pegou nada. A bola chutada por Didi entrou no ângulo, sem possibilidade de defesa". No segundo tempo, o time voltou bem mais tranquilo. E passou a mandar no jogo, deixando os franceses tontos. A meta adversária revelou-se arco da derrota, não do triunfo. Resultado: 5 x 2. Com três gols de Pelé. Passada a partida, Fontaine declarou que, ao ver Pelé jogar, a vontade que lhe deu foi de pendurar as chuteiras.

Chegou então a hora da decisão final contra a dona da casa. O começo não foi fácil. "A partida nem tinha esquentado ainda e aconteceu aquilo que não esperávamos. Nossa defesa titubeia num lance em nossa intermediária... Quando percebemos, a bola estava nas redes. Gol da Suécia. Ficamos perplexos por uns instantes, como se não acreditássemos no que estava acontecendo. Um a zero para a Suécia?! Vejo o Didi correndo em direção ao nosso gol, para buscar a bola. Grito, a todo pulmão: vamos dar logo essa saída! Alguém grita também: depressa com essa bola! Era Vavá, impaciente. Acho que, como eu, ele também estava com a impressao de que a partida já estava no fim. E era apenas o início! Demos nova saída e aí, então, como que por milagre, me senti invadido por uma tranquilidade engraçada. Garrincha começou a fazer das suas, pela direita. Na esquerda, Zagalo atacava e defendia. Parecia um motorzinho. Não demorou muito e o Mané fugiu como um raio para a linha de fundo. Deixou seu marcador pregado no chão e largou um centro rasteiro, forte. Vavá entrou como um louco e, mesmo vendo pés adversários por todos os lados, carrinhou a redonda. Svensson, goleiro sueco, nem viu por onde a bola passou. Era o nosso primeiro gol, o gol do empate. Corremos todos para Vavá, mas ele nem queria saber de abraços: 'Vamos jogar, pessoal! A partida está pra nós agora!'". E estava mesmo. Garrincha escapou novamente pela direita, deixou dois suecos para trás, centrou e Vavá, mais uma vez de carrinho, marcou. Pelé fez o terceiro. Zagallo, o quarto. A Suécia diminuiu. Mas, como restavam poucos minutos para o final do jogo, os brasileiros já se moviam em campo como campeões do mundo. "Antes do apito final do árbitro, porém, suspenderam uma bola para a área sueca – não me lembro quem foi – e eu, que acompanhava o lance, subi para cabecear. Percebi o vulto do goleiro, que se preparava para deixar a meta. Cabeceei por cima dele. A bola descreveu uma curva e foi cair no canto direito da meta, tocando na trave antes de entrar. O goleiro tinha voltado, mas só conseguiu agarrar o poste. Mal a bola entrou e já o árbitro encerrava a partida. Senti, dentro de mim, uma emoção como igual nunca tive, em toda a minha vida. Queria gritar, a voz não saía. Senti as pernas bambearem e, quando vi, estava estendido na grama. Acho que cheguei a perder os sentidos, pois, quando dei por mim, estava rodeado pelos meus companheiros, que, chorando de alegria, gritavam em coro: somos campeões do mundo! somos campeões do mundo! Chorei também. E como chorei. O Gilmar me abraçava, dizendo: chora, garoto, chora! Ele também chorava... todos, enfim, estavam chorando".

Ainda Pelé: "O Mário Américo, o meu bom Mário Américo, provocou gargalhadas que se misturavam às lágrimas, quando, num daqueles seus piques famosos, invadiu o campo e passou a mão na bola. O árbitro a queria para ele, pois é hábito, na Europa, o juiz ficar com a bola das grandes partidas, como tinha sido aquela. Fez menção de correr atrás do crioulo, mas desistiu. Foi um corre-corre danado, mas ninguém conseguiu pegar o ladrão. O Mário sumiu com a redonda na boca do túnel. 'Essa ninguém me tira!' – gritava ele, rindo e chorando ao mesmo tempo. [...]. Jornalistas, repórteres e fotógrafos brasileiros, além de torcedores nossos e dirigentes da delegação, já estavam no campo, abraçando-nos, exultantes como nós... 'Vamos dar a volta olímpica', gritou o capitão Bellini. Apareceu uma bandeira sueca. Demos a volta olímpica com ela, sob os aplausos do público, que parecia reconhecer o nosso feito. Foram momentos inesquecíveis. Alinhados, ouvimos mais uma vez o hino nacional brasileiro. A bandeira do Brasil lá estava, mais alta do que todas! Ninguém conseguia segurar as lágrimas que desciam, a se misturar com o suor que ainda escorria do rosto. O rei Gustavo, soberano da Suécia, veio ao gramado. Cumprimentou-nos, um por um, com um sorriso triste... Depois de nos cumprimentar, ele foi dar a mão também aos jogadores da Suécia, que ainda permaneciam no campo. O Mário Trigo [o dentista gaiato da seleção brasileira] não resistiu à tentação: adiantou-se e, amistosamente, deu uns tapinhas nas costas do rei, dizendo: 'Ei, *king*!...'".

Mas vamos finalizar este tópico. Se me demorei nos lances de Pelé, narrados por ele mesmo, foi porque aquela Copa o projetou planetariamente, levando o mundo esportivo a louvar a sua grandeza, manifestando-se assim já na adolescência. Mas aqui devemos sublinhar ainda – e com as cores mais vivas – o sentido socioantropológico, político-cultural, da vitória no campeonato mundial. Foi uma conquista esportiva de alta significância para todos nós. O que se costuma comentar, a propósito, foi que superamos ali o tal do "complexo de vira-latas", de que falava Nelson Rodrigues. Mas o que isso quer dizer? Simples. Na Copa de 1950, a mestiçagem foi dada como a maior culpada pela nossa derrota, através principalmente das figuras dos negromestiços Barbosa (goleiro) e Bigode (lateral) e do zagueiro Juvenal, mulato. Sim: o grande vilão escolhido foi a nossa realidade inter-racial intensa e extensamente mesclada. E aqui mais uma vez se pode comprovar que a cegueira ideológica, enquanto perdura, é insuperável, ignorando solenemente quaisquer evidências empíricas que a contrariem. A mestiçagem, na figura do mulato, foi tida como a razão do fracasso da seleção (por extensão, da própria sociedade brasileira), com todo mundo fazendo vista grossa para o fato de que o capitão do time uruguaio, Obdúlio Varela, era, ele mesmo, um mulato... Expressavam-se ainda ali, reforçando a nítida dimensão masoquista de uma sociedade nacional bipolar, as velhas teses do "racismo científico" europeu, que marcaram tão fortemente o pensamento social brasileiro, de Sylvio Romero a Paulo Prado, passando por Euclydes da Cunha. Claro que tínhamos produzido uma reação brilhante e vigorosa contra as teses da mestiçagem como degeneração. Reação que atinge pontos luminosos com Juliano Moreira, Alberto Torres, Manuel Bonfim e, sobretudo, com o Gilberto Freyre de *Casa-Grande & Senzala*, obra-prima do modernismo e do pensamento antirracista no Brasil, publicada no mesmo ano em que Hitler chegava ao poder na Alemanha, com apoio dos comunistas locais.

Mas o "racismo científico", a ideologia da inferioridade do mestiço (e, logo, do brasileiro), ficou fundamente gravado na psique nacional. Caricaturada, em consequência da derrota contra o Uruguai em 1950, na figura do negromestiço e do mulato mais claro, que, na hora decisiva, tremeriam diante da suposta superioridade dos brancos. Dos estrangeiros em geral. A mesma conversa, aliás, que surgiu como explicação para o nosso fracasso no campeonato seguinte, a Copa da Suíça, em 1954, quando o Brasil perdeu de 4 a 2 para a Hungria e foi eliminado do torneio. Foi uma derrota até certo ponto esperada, desde que o mundo inteiro louvava a equipe húngara, então comandada por Puskas. Mas, entre nós, mais uma vez a mestiçagem foi dada como a grande responsável pelo insucesso do escrete. O fracasso da seleção era visto novamente como o fracasso de todo um povo. Veja-se o texto *Taça do Mundo, 1954*, relatório produzido por João Lyra Filho, o intelectual que chefiou a delegação brasileira na Copa da Suíça. Neste relatório – devidamente analisado pela antropóloga Simoni Lahud Guedes, em seu livro *O Brasil no Campo de Futebol – Estudos Antropológicos sobre os Significados do Futebol Brasileiro* –, Lyra pretende explicar a derrota do selecionado por uma operação que já se havia tornado rotineira entre nós: equacionar time de futebol e povo brasileiro. A nossa formação étnico-racial explica tudo: a culpa pelo desastre da seleção vem do fato de sermos um povo mestiço. "Na verdade, como sempre, o nó da questão é o mulato", escreve Simoni. E não nos esqueçamos de que foi justamente a propósito dessa derrota diante dos húngaros que Nelson Rodrigues arrematou a formulação de um nosso suposto "complexo de vira-latas", que, no seu entender, Pelé, o menino-rei, superava com maestria e majestade.

Neste sentido, 1958 veio para nos redimir. Com a vitória na Suécia, a geração de Pelé, Garrincha e Didi deu esta grande lição a todos nós. Decretou, também nos campos de futebol, a falência da tese racista de que negros e mulatos eram desequilibrados, instáveis e tremiam diante de brancos em competições internacionais. No dizer de Zé de Jesus Barreto, "Pelé zerou tudo". Foi a vitória do Brasil sincrético e miscigenado. Do Brasil Mestiço. Um Brasil que se afirmava então como nação moderna no mundo. Com a Bossa Nova de João Gilberto e Tom Jobim, com a Brasília de Lúcio Costa e Oscar Niemeyer, com os brilhos futebolísticos (técnicos, estéticos e estratégicos) da geração de Pelé e Garrincha.

* * *

Quando a seleção chegou de volta ao Brasil, viu a festa nas ruas de todo o país. No Rio, em São Paulo, em Santos. A vida de Pelé, decididamente, era outra. Já em Bauru, em meio ao delírio da população local, ele mesmo pensou, de si para si: "Eu, que saíra da minha cidade num vagão de segunda classe, voltava então de avião e a minha volta era notícia!". Tudo mudara. Em seu livro *Veneno Remédio*, José Miguel Wisnik conta como percebeu a mudança: "Os fatos se precipitaram. Num dia qualquer de 1957, vi numa gazeta esportiva a foto de um garoto que vinha se destacando no Santos. Em 1958 esse garoto se chamava Pelé e fazia parte da seleção brasileira, e a seleção brasileira, num domingo infinito que parece a própria final dos tempos, era campeã do mundo. Quando Pelé volta para a Vila Belmiro – o pequeno estádio do Santos – já se podia ouvir pelo rádio, no momento em que a bola chegava a ele, um alarido diferente na plateia, um clamor excitado e ansioso, uma marca de sagração". Ao mesmo tempo, a fama e a glória não conseguiam eliminar o aspecto mais rasteiro do cotidiano. Depois de alguns meses em Santos, nosso jovem campeão mundial se viu convocado não para qualquer grande partida, mas para o serviço militar. Pelé não gostou nada da ideia. Tinha de se livrar daquilo. Procurou dois diretores do Santos, que eram militares, na esperança de que o ajudassem. Disse que já tinha lutado pelo Brasil na Copa e que não precisava "ir para o Exército e fazer o mesmo outra vez". Os milicos riram: a dispensa só seria possível se houvesse alguma justificativa médica. "Como vamos dizer que você tem pulmões fracos ou uma perna defeituosa? O país inteiro sabe que você é o mais puro exemplo de boa saúde. Se você não tivesse se destacado tanto, talvez se pudesse dar um jeito. Mas, no seu caso, não. Se existe algum brasileiro de 18 anos que *precisa* fazer o serviço militar, é você". Sem alternativa, o jovem rei se engajou no Exército, servindo no quartel do Sexto Grupo de Artilharia de Costa Motorizada. E ali, mais do que Pelé, era o soldado Nascimento, o recruta 210. "Um ou outro sargento não queria saber de me poupar para os jogos, e então me mandava pegar na enxada para carpir mato no fundo do quintal do quartel ou então varrer a frente, na rua, 'para que todo mundo visse que Pelé era um soldado como outro qualquer'. Longe de me aborrecer com aquilo, eu até achava graça. E atendia às ordens quase sempre sem reclamar. Às vezes, porém, dava as minhas bronquinhas, mas não adiantava nada. Tinha mesmo que fazer o que eles mandavam. 'Aqui, você é apenas um recruta – e recruta não tem vez!'". Ao lado disso, nesse tempo no Exército, Pelé não deixou de confirmar e acentuar o seu nacionalismo. "No Exército, aprendi a importância de ter disciplina e a valorizar o quanto o meu país significa para mim" – disse ele.

Até que veio a Copa de 1962, a ser disputada no Chile. E é importante sublinhar, a este respeito, a quase inacreditável persistência chilena. Dois anos antes, o Chile experimentara terremotos formidáveis, acompanhados de *tsunamis* também altamente destrutivos, que devastaram a costa pacífica do país, arrebentando cidades e deixando milhares de mortos e desabrigados. Ainda assim, os chilenos encontraram força e energia para fazer a festa do futebol mundial. O Brasil era visto então como o favorito para empalmar a taça. E aqui sobressaiu mais um traço cultural nosso: país de craques, sim, mas também de grandes supersticiosos: "No dia 20 de maio, depois de uma visita ao presidente Jango, em Brasília, a delegação brasileira embarcou em São Paulo para o Chile no mesmo avião da Panair e com o mesmo comandante do voo para a Suécia em 1958", lembra Barreto. O próprio Pelé narra o acontecido: "O chefe da delegação, o dr. Paulo Machado de Carvalho, queria que a nossa preparação para 1962 espelhasse a de 1958 tanto quanto possível, na esperança de repetir a vitória. Levou tal intenção a alguns extremos curiosos, chegando mesmo a mexer os pauzinhos para que o piloto da Panair do Brasil que nos levara à Suécia, o comandante Bugner, nos levasse também a Santiago. E, embora o comandante estivesse agora trabalhando na Varig, que assumira o controle das linhas da Panair quando esta companhia deixara de operar, uma das turbinas do nosso avião de 1962 tinha o logotipo da Panair. Como a turbina foi parar lá? O dr. Paulo queria que *tudo* fosse exatamente como em 1958". E, até certo ponto, foi. Inclusive, com o jovem Pelé comandando seu esporte favorito em longas viagens internacionais: a guerra de travesseiros entre os jogadores. O que não estava previsto era que justamente ele iria ficar fora da disputa, machucando-se na partida de estreia contra a Tchecoslováquia.

"Comecei bem o jogo, ignorando a dor na virilha, mas o desastre veio depois de apenas 25 minutos. Recebi um lançamento de Garrincha e me projetei, driblando vários jogadores da defesa antes de desferir uma pancada para o gol. A bola bateu na trave e voltou com grande velocidade, mas eu estava preparado para ela e tentei chutar de novo. Só que dessa vez alguma coisa cedeu – senti algo se mexer lá no fundo de mim, o tipo de movimento interno que obviamente não deveria estar acontecendo, e me encolhi todo no gramado, puxando a perna contra o peito para tentar aliviar a dor". Naquela época, substituições de jogadores não eram permitidas e Pelé, sem condições de jogar, foi obrigado a ficar em campo "fazendo número". "Mas aí aconteceu uma coisa incrível – não, não tive uma recuperação milagrosa ou algo parecido. Apenas senti que uma boia salva-vidas era atirada em minha direção pela generosidade e pelo espírito esportivo dos jogadores tchecos, três deles em especial. Eles viram que eu estava sofrendo, mas, em vez de explorar essa minha fraqueza e 'cair para matar' – o que me tiraria do campo pelo resto do jogo, com certeza, e talvez até para sempre –, preferiram me neutralizar com delicadeza. Quando Masopust e Popluhar me viam com a bola, esperavam, até que eu concluísse a jogada, desde que, é claro, eu não representasse uma ameaça. Não me pressionavam, não tentavam me tomar a bola. O lateral direito Lala agiu da mesma forma: quando comecei a só fazer número na extrema-esquerda, me deixou à vontade. Essa é a própria definição de jogo limpo, na minha opinião: eles estavam brigando pelo título também, precisavam da vitória tanto quanto nós – mas puseram em primeiro plano as perspectivas de longo prazo de um adversário contundido. Essa experiência com os jogadores tchecos foi realmente comovente, e uma das revelações da Copa de 1962 pelas quais sou mais grato".

Amarildo vai entrar então no lugar de Pelé. Mas ninguém pode prever o que irá acontecer. Com Pelé e Garrincha jogando juntos, a seleção brasileira nunca tinha chegado a perder. Nenhumíssima vez. E agora? Garrincha era a nossa grande esperança. E aqui cabem algumas palavras sobre esse jogador fenomenal. Na verdade, o simples fato de um sujeito como Mané Garrincha conseguir jogar futebol já era, em si mesmo, uma espécie de escândalo ortopédico. Veja-se como certa vez o *Jornal do Brasil* o retratou: "As pernas em arco, curvadas para o mesmo lado, quase as de um aleijado, sequer deveriam permitir-lhe caminhar direito. Alterando tão radicalmente o eixo de seu corpo, desequilibrando-o para a direita, na certa deveriam fazê-lo cair toda vez que tentasse correr. E, no entanto, esse antiatleta, desafio à medicina esportiva, era um fio de prumo, um homem que só caía quando derrubado. E que, pelo contrário, desequilibrava os outros". Como se fosse pouco, Garrincha, com aquele corpo aparentemente mais próximo de uma cadeira de rodas do que de piques futebolísticos, era dono de um espantoso poder de aceleração. Prova de que não há mesmo fórmulas para nada, seja para o amor ou para o esporte: Pelé, o atleta perfeito – Garrincha, o atleta impensável. E foi em função de seus dribles pra lá de desconcertantes que o grito de "olé" foi transplantado das touradas hispânicas para as arquibancadas dos estádios de futebol. João Saldanha presenciou o fato. Jogo entre o Botafogo e o River Plate, na Cidade do México, em 1958. "Estava muito difícil fazer gol. Poucas vezes vi um jogo disputado com tanta seriedade e respeito mútuos. Mas houve um espetáculo à parte. Mané Garrincha foi o comandante. Dirigiu os cem mil espectadores, fazendo-os reagir à medida de suas jogadas. Foi ali, naquele dia, que surgiu a gíria do *olé*, tão comumente utilizado posteriormente em nossos campos. Não porque o Botafogo tivesse dado *olé* no River. Não. Foi um *olé* pessoal. De Garrincha em [seu marcador] Vairo. Nunca assisti a coisa igual. Só a torcida mexicana com seu traquejo de touradas poderia, de forma tão sincronizada e perfeita, dar um *olé* daquele tamanho. Toda vez que Mané parava na frente de Vairo, os espectadores mantinham-se no mais profundo silêncio. Quando Mané dava aquele seu famoso drible e deixava Vairo no chão, um coro de cem mil pessoas exclamava: ôôôôô-lê!".

E foi esse futebol maravilhoso, circense-chamejante, que, com toda a sua intensidade, fez a festa na Copa do Chile: Garrincha e o seu carnaval. Brasil 3 x 1 Inglaterra, por exemplo – e Pelé: "Garrincha foi fantástico, desmontou o time deles". Brasil 4 x 2 no Chile, por exemplo – e Pelé: "De novo, o jogo foi de Garrincha. Parecia que ele jogava num plano superior aos outros. Desfilou seu enorme talento, se entregou ao time, foi o líder, marcou gols e seus dribles eram assombrosos". O time era mesmo bom. E Amarildo estava com a corda toda. Uma indescritível alegria sucede então a tristeza. Mas, somando tudo, Garrincha ainda foi mais. Pelé: "Garrincha foi o dono daquela Copa do Mundo de 1962". Bicampeonato. Anos depois, numa viagem retrospectiva, Armando Nogueira escreveu: "Garrincha foi o maior exemplo de espontaneidade que conheci num campo de futebol. A memória dirá que ele foi a sublimação do drible. É um reconhecimento, sem dúvida, mas, certamente, incompleto. Garrincha foi muito mais do que um driblador irresistível. Outro dia, vi um teipe de 1962, no Chile. Naquele mundial, Garrincha alcançaria a plenitude do futebol. Quando ninguém esperava, o ponta-direita linear surpreende e se transforma no atacante esférico. O solista sempre desgarrado pela ponta, subitamente se transfigura. Somam-se no mesmo espanto duas genialidades. Garrincha vira Pelé, em tudo que Pelé tinha de atacante maravilhoso. Garrincha sai da ponta e vai pro meio e, sozinho, consegue transtornar a defesa britânica. Dribla, passa, cabeceia e chuta. Ao mesmo tempo, faz todo mundo lembrar e esquecer Pelé, que tinha sofrido uma distensão na virilha e estava, irremediavelmente, fora da Copa. Foi o mundial de um só jogador. Garrincha fez até gol de cabeça e de perna esquerda. A Copa que o descobrira na Suécia, acabaria por eternizá-lo nos campos de Viña del Mar e de Santiago do Chile". Garrincha, alegria do povo.

Não demoraria para também Pelé ganhar um novo título mundial. Desta vez, nos gramados – e não angustiadamente em bancos de reservas ou nas arquibancadas. Sim. Logo depois da frustração pessoal na Copa do Chile, o rei teria uma grande alegria. Eliminando a forte equipe uruguaia do Peñarol (time favorito das classes trabalhadoras do país vizinho) por 3 a 0, numa partida realizada em Buenos Aires, o Santos se classificou para disputar com o Benfica, campeão europeu, o título da Copa Intercontinental de Clubes, em duas partidas – o primeiro jogo no Brasil, o segundo em Portugal. Relata o rei: "O time português tinha o ótimo Eusébio, que estava jogando o seu melhor futebol na época. O Santos escolheu fazer o jogo de casa no Maracanã, em vez de na Vila Belmiro, porque num campo maior nosso jogo fluiria melhor, e porque tínhamos certeza de poder contar com o incentivo da torcida carioca. De novo, o Maracanã foi palco de uma grande atuação minha. Abri o placar numa jogada de oportunismo, empurrando para dentro o rebote de um zagueiro. Coutinho fez o segundo e eu o terceiro, mas o Benfica era persistente e o jogo terminou em 3 a 2. Foi o bastante para que eles alimentassem esperanças para o jogo da volta. Quando chegamos a Lisboa, percebemos que o Benfica estava tão confiante de nos vencer que já se falava na venda de ingressos para um terceiro jogo, o do desempate. Eles mandaram fazer flâmulas dizendo 'Benfica, Campeão do Mundo'. Isso nos espicaçou e acabamos tendo um dos melhores desempenhos da história do Santos. Foi sem dúvida a melhor partida da minha carreira. [...]. Logo que o jogo começou, Pepe cruzou a bola da esquerda e eu completei para dentro. O meu gol seguinte foi uma delícia. Driblei cinco jogadores e chutei no ângulo direito. Até os torcedores do Benfica aplaudiram. No segundo tempo, mais uma vez driblei três jogadores e fiz um passe preciso para Coutinho marcar o terceiro. Era mesmo uma atuação de gala – ninguém conseguia me deter. Marquei mais dois, pondo 5 a 0 no placar, e – embora o

Benfica tenha conseguido fazer dois gols de consolação no finalzinho – o Santos era campeão do mundo. Foi uma atuação soberba, uma obra de arte futebolística que jamais esquecerei".

Mas vamos adiante. Quatro anos depois da Copa do Chile, teríamos a Copa da Inglaterra. Mas seria um desastre total. Não só pela violência que tomou conta daquela edição da Copa, mas por nossa mistura de excesso de confiança, brigas internas, desorganização e incompetência – para não falar da falta de preparação física exigida pelo torneio. Tudo começando pela cúpula, graças ao misto de estupidez e vaidade que tomou conta de João Havelange, então presidente todo-poderoso da CBD. Em "O Futebol entre Palcos e Bastidores", entrevista concedida a Marcos Gomes e Paulo César Carrano e publicada na coletânea *Futebol: Paixão e Política*, Juca Kfouri resume: "Havelange teve o grande mérito em 1958 e 1962, sendo um homem egresso da natação, consciente de que não conhecia nada de futebol e, sem nenhuma expectativa de que o Brasil pudesse ser campeão do mundo, em 1958, entregou a seleção para ser organizada por Paulo Machado de Carvalho, que era dirigente do São Paulo, um empresário vitorioso da Rede Record, e que organizou uma seleção com os métodos mais modernos da época. A seleção tinha psicólogo e dentista. Descobriram que um dos problemas físicos crônicos do jogador brasileiro eram os focos de infecção dentária. O dentista cuidou de todos eles e o Brasil ganhou aquela Copa. Bem, em 1962, como não repetir a experiência que tinha dado certo? E sobrou para o Paulo, novamente. Em 1966, Havelange falou 'não, a glória do tricampeonato, quem vai trazer sou eu, vou organizar, sou o chefe da delegação'. Brigou com o Paulo e o resultado foi aquilo que todos se lembram".

Caminharíamos, assim, da conquista luzente de 1962 para o fracasso sombrio de 1966. Para falar em termos mais concisos e precisos, digamos o seguinte: a derrota de 1966 pode ser explicada pelo conceito grego de *hýbris*, ao qual se somou acirrada (e desleal) disputa de poder, implicando desestruturação total do projeto. A *hýbris* é a desmesura, o descomedimento, a presunção, a autoconfiança além da conta. E quem nela incorre, segundo o entendimento dos gregos antigos, é passível de punição. Como punido foi o Brasil na Copa da Inglaterra. Pelé não conhece o conceito, obviamente, mas descreve com clareza o quadro geral da *hýbris* que então nos dominou: "No período que antecedeu a Copa do Mundo de 1966, na Inglaterra, todo mundo ainda estava obcecado pelas nossas vitórias de 1958 e 1962. *Todo mundo* – torcedores, jornalistas, empresários, até jogadores – ainda falava sobre os títulos que o Brasil conquistara na Suécia e no Chile. Nós tínhamos a possibilidade de ser tricampeões agora, de ficar com a Taça Jules Rimet para sempre. O país inteiro vibrava com a perspectiva. Não havia uma alma que não fosse tocada por um otimismo exagerado. No que dizia respeito ao comando da seleção, nós iríamos até lá só para buscar a taça e, depois de dar uma volta com ela para mostrá-la aos outros países, trazê-la para casa. Todos achavam que íamos vencer com facilidade. Mas a nossa preparação não foi planejada com a mesma humildade de 1958 e 1962. Começamos a perder o título antes mesmo de embarcar para a Inglaterra".

Não se fazia nada correto. Ou, sequer, de sensato. Para começo de conversa, tivemos a convocação de uma legião enorme de atletas. Um contingente excessivo, totalmente desnecessário e prejudicial a qualquer trabalho sério, concentrado, de organização, treino e formação de um time. Nunca, até então, nada de minimamente semelhante havia acontecido na preparação de uma seleção brasileira (ou de qualquer outro país) para disputar o campeonato mundial. Mais de 40 jogadores foram convocados e distribuídos por quatro equipes, sem um lugar definido para os treinamentos. Eram bandos de atletas viajando pra lá e pra cá, feito nômades: treinos em Três Rios, São Paulo, Caxambu, Niterói, Rio de Janeiro, Belo Horizonte, etc. Pelé não acreditava no que via. "Não é fácil montar um time, cuidar bem dos atletas, prepará-los adequadamente – agora imagine montar *quatro* times, com aquela multidão de jogadores. E foi o que aconteceu: deixamos o Brasil sem um time principal – e não havia nada que unisse o grupo". A escalação mudava a cada partida que se fazia, de modo que impossibilitava o entrosamento dos jogadores, a coesão orgânica e dinâmica da equipe. Em poucas palavras, quando aquela miscelânea instável entrava em campo, tínhamos onze jogadores, mas não um time. Porque não existe time onde não existe unidade. Isso é elementar e essencial. Como se não bastasse, a direção não se entendia. O chefe da delegação andava às turras com o técnico Feola, retirando-lhe a autoridade. O agora administrador Paulo Amaral sabotava o trabalho do novo preparador físico. Etc. "A essa altura [já no continente europeu, véspera da Copa], os jogadores não tinham mais confiança no time e menos ainda na comissão técnica, que só pensava em conseguir uma vitória fácil, nunca pensou no time em si", frisa Pelé.

Começamos a Copa, portanto, num tremendo, formidável baixo-astral, atingindo jogadores já abatidos pela falta de um bom preparo físico, indispensável para enfrentar os duros duelos à vista. E veio a violência. Na Copa do Mundo de 1966, a fim de tentar impedir a qualquer preço que o Brasil conquistasse em definitivo a Taça Jules Rimet, moveram uma caçada impiedosa e implacável contra Pelé nos gramados, atropelando criminosamente seus passos dentro de campo, sob olhares impassíveis de árbitros execráveis, muito provavelmente comprados. Portugal se responsabilizou pelo "dirty work", quando não precisava disso, já que possuía uma bela seleção, com craques de primeiríssima, a exemplo do moçambicano Coluna, dando *show* na armação do time, e do maravilhoso Eusébio. Especificando, o carrasco final foi um zagueiro português chamado Morais. Na barba do juiz, que fez então a famosa "cara de paisagem", o filho da puta do Morais deu dois violentos pontapés no joelho já bichado do rei, que saiu de campo carregado, sem condições de continuar participando daquele campeonato. Mesmo os ingleses, os mais interessados em vencer a disputa internacional, reclamaram. Como o craque Kevin Keegan. Para ele, com Pelé de fora, violentamente excluído pelo açougueiro português, a competição perdeu toda a sua graça: "Pessoas como eu, interessadas em ver o maior jogador em ação, sentiram que a joia do torneio fora roubada", disse Keegan. A verdade é que a Copa de 1966 foi um marco muito triste: o momento em que o chamado "futebol-força", fundado na preparação física, transformou-se em futebol-violência, espetáculo de gladiadores muitas vezes traiçoeiros. E não só com relação ao Brasil. A decisão da Copa, entre Inglaterra e Argentina, teve muito mais de batalha campal do que de jogo de futebol. Mas fiquemos com o nosso caso – e retomemos a perspectiva geral. Ainda a *hýbris*, ainda o católico Pelé, leitor da Bíblia: "O orgulho antecede a queda, diz o Livro dos Provérbios, e isso nunca soou mais verdadeiro do que quando aplicado ao Brasil na Copa do Mundo de 1966". Não fomos derrotados pela falta de preparo físico, somente. Nem somente pela violência. Mas por tudo. "Nós fracassamos, só isso" – resume o rei.

Mas, para não estacionar aqui, no discurso sobre a deslealdade nos gramados, com jogadores escrotos caçando craques, a fim de lesioná-los e forçar sua retirada de campo, sublinhemos que há também a outra face da moeda: o companheirismo, a lealdade, o respeito. Como vimos na conduta de jogadores da Tchecoslováquia com Pelé, na Copa do Chile. E Ruy Castro nos conta um caso exemplar, protagonizado exatamente por dois grandes rivais dentro de campo: o ponta-direita Garrincha, do Botafogo, e o lateral esquerdo Altair, do Fluminense. "Quanto ao tricolor Altair, quem o visse não podia acreditar na sua fama de homem mau: era tão magro que Garrincha só o chamava de Olívia Palito. Suas pernas eram dois cambitos, como as da namorada do Popeye. Mas, no choque contra as do adversário, pareciam de aço. E Altair era especialista numa jogada então pouco comum, o 'carrinho', embora sempre visasse a bola.

O único ponta contra o qual não levava vantagem era Garrincha – como bem se lembrava o Fluminense desde os 6 x 2 de 1957. [...]. Com toda a dureza de seus embates, Garrincha e Altair criariam, sem saber, um dos lances mais bonitos do futebol – e, desde então, incorporado às regras não escritas do cavalheirismo esportivo universal. Foi no jogo Botafogo x Fluminense pelo torneio Rio-São Paulo de 1960, aos três minutos do segundo tempo. Numa disputa de bola com Quarentinha, Pinheiro caiu com distensão muscular e a bola sobrou limpa para Garrincha. Garrincha ouviu Pinheiro cair e gritar – e, em vez de avançar pela avenida aberta em direção ao gol, jogou a bola de propósito pela lateral para que Pinheiro fosse socorrido. Nas tribunas do Maracanã, o jornalista Mário Filho, ao ver aquilo, levantou-se da cadeira e exultou. A atitude de Garrincha era um *beau geste*, um exemplo do espírito humanitário que deveria caracterizar o esporte. Mário Filho abraçava-se às pessoas, apontava para Garrincha e dizia alto: 'É o Gandhi do futebol! O Gandhi!'. Mas a beleza do lance ainda não havia terminado. O bandeirinha marcara o lateral a favor do Fluminense. Altair foi repor a bola em jogo e ficou na dúvida. Aquela bola, moralmente, não era do Fluminense. Então, fingiu cobrar errado o lateral e fez a bola quicar de volta para fora, devolvendo-a ao Botafogo. Todos entenderam o que ele quis dizer. [...]. Tal partida não merecia produzir um perdedor. Talvez por isso tenha terminado em 2 x 2".

Melhor ainda, a propósito desse tópico de lealdade-solidariedade, a história seguinte, narrada por Hilário Franco Júnior: "A Guerra Fria não fez esquecer completamente que o *fair play* é parte do futebol. É o que mostra um duplo episódio envolvendo jogadores de dois países que não mantinham relações diplomáticas. Enfrentaram-se na véspera do Natal de 1955, pela quarta de final da primeira Copa dos Campeões Europeus, o Real Madrid e o Partizan de Belgrado [capital da então Iugoslávia]. Jogando em casa e contando com um inspirado Di Stéfano, os espanhóis venceram por 4 a 0. Na capital iugoslava para a partida de volta, em fins de janeiro do ano seguinte, os madridistas manifestaram desejo de assistir à missa e, como o regime [comunista] do marechal Tito havia fechado todas as igrejas, os dirigentes locais providenciaram a liberação e limpeza de uma delas, para que a cerimônia religiosa pudesse ocorrer. No encontro, realizado sob duras condições climáticas, o Partizan ganhou por 3 a 0 e foi eliminado pelo placar combinado dos dois encontros [4 x 3 para o Real Madrid]. Ainda no gramado, os espanhóis comemoravam sua classificação para a etapa seguinte, quando passaram a ser alvejados por bolas de neve pelo público de 100 mil pessoas, descontentes com o resultado. Os jogadores iugoslavos, que já se retiravam, voltaram a campo para cercar e proteger seus adversários dos projéteis gelados, levando-os em segurança ao vestiário". Bonito, não? E além dessas boas histórias de Garrincha e Altair e do jogo entre Real Madrid e Partizan, deixo aqui, ainda, uma nota pelo menos muito interessante, a respeito daquele torneio de 1966 da Inglaterra. Foi o episódio relativo aos Beatles, a uma visita-apresentação que não houve, na concentração brasileira em Liverpool. Uma vez mais, deixo a palavra com Pelé.

"Houve também um choque cultural. A chefia da delegação, como sempre, impusera regras estritas sobre o que poderíamos e o que não poderíamos fazer. Era uma Copa do Mundo, e por isso estávamos ali. Tínhamos de ficar no hotel e fazer tudo o que mandavam. Mas a década de 1960 na Inglaterra era o período dos cabelos compridos e da rebelião da juventude. Antes de começar o torneio, um jornalista me disse que os Beatles adoravam futebol e queriam fazer um *show* em nossa homenagem. Achei boa a ideia, seria uma maneira de relaxar, e fui conversar com Feola e Carlos Nascimento. Tinha ouvido falar dos Beatles, é claro, mas não os conhecia pessoalmente. Nascimento, que era de uma geração mais velha, não ficou impressionado. A verdade é que ele não fazia a menor ideia de quem eram os Beatles.

– O quê? Aqueles garotos cabeludos? Olha, vocês, rapazes, estão aqui para jogar futebol, não para ouvir *rock'n'roll*. Não vou permitir.

Saí dali furioso. Só dez anos depois vim a conhecer John Lennon. Eu estava morando em Nova York, jogando pelo Cosmos, e tinha aula de inglês na escola Berlitz, perto do Central Park. Lennon estudava japonês na mesma escola. Eu conversava com ele no corredor entre as aulas, almoçávamos juntos, e uma vez a Yoko veio buscá-lo na saída. Ele me perguntou se eu sabia que os Beatles iam tocar para o time do Brasil em 1966, mas que não deu certo.

– Mas é claro que eu sei! – respondi. – Fui eu quem foi pedir permissão!".

***

México. Copa de 1970. Antes de entrar diretamente no assunto, penso que não será demais fazer referência a dois fatos que rolaram "extracampo", como se costuma dizer, naquela época. Um deles diz respeito à postura geral da esquerda diante da participação da seleção brasileira naquele torneio. Quase todos os nossos esquerdistas cruzaram os dedos e acenderam velinhas para que o Brasil não empalmasse definitivamente a Jules Rimet em gramados mexicanos. Na verdade, não era a primeira vez que esse tipo de encrenca "marxista" vinha à luz em nosso meio. Na década de 1920, a liderança de esquerda do nosso movimento operário investia abertamente contra o próprio futebol, definindo-o (e o combatendo) como esporte burguês a serviço da dominação de classe, desde que anestesiava o proletariado, afastando-o do mundo real da exploração capitalista. O outro fato, diversamente, diz respeito em particular à nossa personagem. Logo ao término da Copa da Inglaterra, Pelé fez uma declaração-desabafo: jamais voltaria a jogar novamente numa Copa do Mundo. E se a esquerda quebrou a cara, vendo que suas pragas não surtiram o efeito desejado, antes disso Pelé já tinha recuado de sua recusa em voltar a vestir a camisa amarelo-ouro do escrete canarinho, em mais um campeonato mundial de seleções. E recordo esses dois fatos porque, quando hoje os menciono ocasionalmente em alguma conversa, vejo que nenhum deles é do conhecimento geral das pessoas.

Poucos são hoje os que sabem que, em 1970, grande parte da esquerda brasileira torceu pelo fracasso do escrete canarinho na Copa do Mundo do México. E, mais uma vez, Pelé foi seu alvo. Depois do triunfo sensacional do Brasil, inclusive, tentaram desmerecer seu desempenho inigualável. Apareceu jornalista até para atribuir a Tostão a vitória no torneio. Tostão foi valoroso e valioso, sim. Era um craque. Um grande craque – e daí que eu olhe com desdém a injustificada pretensão do compositor popular escrevendo e cantando "se muito for, eu sou um Tostão" (na verdade, se muito foi, ele foi um Piazza). Tostão era um puta craque, sim. Mas, convenhamos, Pelé foi sempre Pelé. Mas por que a esquerda torcia pelo fracasso da seleção? Argumentava que uma vitória do escrete canarinho seria como um presente dos céus à ditadura militar, conferindo-lhe inédita popularidade interna – e, externamente, enevoando aos olhos do mundo as crueldades do regime contra os seus dissidentes. E quem tinha chegado ao poder, naquele momento, era um general "linha dura", barra pesada, frio como um bloco de gelo diante de notícias de torturas e assassinatos cometidos por sua ordem ou com seu aval. A reação da esquerda foi de tal ordem que, bem posteriormente, no prefácio à edição brasileira de *O Atlântico Negro*, o sociólogo inglês Paul Gilroy se viu constrangido a praticamente pedir desculpas pelo fato de ter torcido por nós naquela Copa. Por curiosidade e até pelo próprio teor informacional específico do texto, situando o autor com relação a nós e sob nosso influxo, vejam o que Gilroy escreveu: "A história do futebol, que se transformou de maneira tão bonita aqui, após sua apresentação à elite brasileira pelos ingleses, fornece algumas instigantes possibilidades analíticas. De imediato, a paixão duradoura de Bob Marley pelo time do Santos e seu encontro em 1978 com Paulo Cézar [Caju] assomam à mente. Estes pontos importantes, mas normalmente deixados de lado, afetaram minha própria vida, quando eu era jovem, e, ignorando o terror sustentado pelo Estado, que havia investido o futebol de novos significados, era um dos dissidentes pós-coloniais que sem nenhuma vergonha, entusiasticamente, escolheu torcer pelo Brasil na Copa do Mundo de 1970, quando eles [os jogadores brasileiros] tiraram de um time inglês formado apenas por brancos aquilo que acreditávamos ser uma posição totalmente imerecida: o título de campeões do mundo".

Bem. Discutirei adiante, nos parágrafos do item "Bolítica", algo das afirmações de Gilroy – até porque, ao contrário do que parece que contaram a ele, a esquerda não foi unânime em sua rejeição do escrete canarinho, naquela conjuntura precisa. A coisa foi bem mais tortuosa e contraditória. Vejam, por exemplo, a lembrança que o torcedor-historiador (de esquerda) Hilário Franco Júnior guardou daquele momento: "A esquerda, acuada pela repressão e fragmentada em inúmeras tendências, encontrava-se dividida entre dar vazão ao sentimento nacionalista ou torcer contra o time brasileiro. Não foram poucas as discussões nos aparelhos guerrilheiros sobre qual seria a postura de um verdadeiro revolucionário diante da situação. Não foram poucos aqueles que escutaram e assistiram de forma duplamente clandestina à performance do selecionado canarinho. Não foram poucos os que vibraram com o primeiro gol da Tchecoslováquia, marcado por Petras aos onze minutos do primeiro tempo, ainda que incomodados com a comemoração do jogador comunista ajoelhando-se no gramado e fazendo o sinal da cruz. Muitas daquelas pessoas ficaram inconformadas com o resultado da espetacular tentativa de Pelé de marcar do meio de campo, quando o goleiro Viktor estava adiantado, quase na linha da grande área. E por fim muitas ficaram surpresas ao serem tomadas pelo sentimento de alegria quando o Brasil empatou o jogo com Rivelino e virou com um gol de Pelé e dois de Jairzinho. O nacionalismo de chuteiras abriu fissuras irreparáveis nas mais aguerridas convicções ideológicas".

Em todo caso, lembro apenas que a esquerda tinha então – e muito – com o que se preocupar. O ditador implacável era popular em todo o país, a maioria da população apoiava o governo. Barreto faz um bom retrato sintético daquela figura sinistra que, para nosso desespero, era aplaudido em estádios de futebol, lugares onde, no dizer de algum de nossos cronistas esportivos, até minuto-de-silêncio era vaiado: "... gaúcho de gestos populistas, oriundo do núcleo SNI-Serviço Nacional de Informações, amante do futebol, torcia para o Grêmio, Flamengo e Atlético Mineiro, ia aos estádios com radinho de pilha no ouvido. Era inflexível com os 'inimigos' e bom de *marketing*. O governo Médici criou o 'pra frente, Brasil', o 'ame-o ou deixe-o' [contra os opositores do regime, assim caracterizados como gente que não amava o país] e o 'milagre econômico' – nossa economia em alta. Tempos do Mobral [programa de alfabetização nacional], do BNH [Banco Nacional de Habitação, produzindo a sonhada casa própria para milhares e milhares de brasileiros], do Projeto Rondon [direcionando a juventude para tarefas de integração nacional], a Transamazônica, o verde-amarelismo pulsando". Era assim, de fato, que a maioria da população – como o genial bossa-novista João Gilberto, completamente seduzido pelo olhar firme do ditador – via o general. Voltando ao futebol e ao que Hilário escreveu, verdade que a reação da esquerda contra a seleção não foi exatamente unânime. O que não faltou, entre nós, foi esquerdista torcendo escondido pelo Brasil. E ainda outros o fizeram abertamente. Minoritário, eu também fui contra a ditadura, militando na Polop (Política Operária), uma organização clandestina de esquerda. Fui, inclusive, preso aos 16 anos de idade, justamente em 1970, sob Médici. Saí da cadeia, adolescente ainda, dois ou três dias antes da estreia do Brasil na Copa, 4 a 1 contra a Tchecoslováquia, que comemoramos freneticamente, num carnaval temporão pelo centro histórico de Salvador. Dissidente, sim – mas torcer contra a seleção brasileira, contra o Brasil, jamais. Mesmo porque, apesar de influxos altamente significativos, não acredito que o futebol faça/desfaça governos à sua simples vontade. Foi no governo de Fernando Henrique Cardoso que o Brasil se tornou pentacampeão do mundo – e, poucos meses depois, ele e o seu partido perderam a eleição presidencial.

Ainda assim, não quero deixar passar em branco o aspecto seguinte. Muito curiosa e sintomaticamente, esta mesma esquerda, que enxovalhou a seleção brasileira por conta do ditador, emudeceu quando Lula, já presidente da República, e em seu segundo mandato, fez o elogio aberto do mesmíssimo general Garrastazu Médici, em discurso no aniversário da Empresa Brasileira de Agropecuária, a Embrapa, no dia 23 de abril de 2008. Parece brincadeira o que ele disse: "Um dos presidentes que permitiu que a gente vivesse o momento político mais crítico da história do país, o presidente Médici, foi o homem que assinou a Embrapa e foi o homem que assinou Itaipu. Em uma demonstração de que cada um de nós tem uma coisa boa para oferecer, tem coisas ruins dentro da gente, e que nós não poderemos ficar julgando eternamente as pessoas por um gesto, ou por dois gestos, sem compreender os outros gestos que as pessoas fizeram, que permitiram que o Brasil encontrasse o seu rumo". O que Lula defende aqui, com todas as letras, alto e mau som, é que não devemos continuar julgando Médici eternamente por causa de apenas "um ou dois gestos" – vale dizer, por coisas menores como exílio, prisão, tortura e assassinato de contestadores do regime ditatorial –, em detrimento de "outros gestos", que conduziram à realização de coisas maiores, "que permitiram que o Brasil encontrasse o seu rumo". Dito de outro modo, esqueçam as cabeças que os militares deceparam, pois o que importa é que eles definiram e executaram um projeto nacional. E a esquerda – a mesma esquerda que torcia pelo fracasso do Brasil na Copa, para não fortalecer Médici

–, desta vez, aplaude, apoia e elege um discurso celebratório, elogio explícito àquele ditador. Durma-se com uma coerência dessas...

O outro ponto, antes mencionado, foi o anúncio de Pelé comunicando que não voltaria a disputar uma Copa do Mundo. Em sua segunda autobiografia, lemos mais ou menos o seguinte: "Tenho de admitir que, quando voltei para o Brasil depois dos jogos da Copa do Mundo de 1966, meu coração não pensava em jogar futebol. Os jogos tinham sido uma revelação para mim, em termos de conduta antiesportiva e arbitragem comprometida. A Inglaterra ganhou os jogos naquele ano, mas não era o melhor time em campo. Não que o Brasil o tivesse – tivemos um dos mais pobres –, mas também a Inglaterra não o teve. E os juízes ajudaram a Inglaterra a ganhar, sem nenhuma dúvida. Eu já tinha jogado muito futebol em minha vida e tinha sido muitas vezes alvo de ataques, mas nunca como naqueles jogos. Eu estava também convencido de que não teria como participar dos jogos da Copa do Mundo, que as agressões sempre me impediriam de jogar todas as partidas, e talvez as coisas não pudessem ser de outro modo. Cada contusão significava meses de tratamento doloroso, antes que eu pudesse voltar a jogar. E cada nova contusão demorava mais a sarar, e era apenas uma questão de tempo até que eu recebesse o golpe final que me afastaria do futebol para sempre. E este pensamento me inquietava". Mas agora, três anos depois, para a felicidade geral da nação, Pelé voltava atrás. Por quê? Ouçamos: "Depois da decepção de 1966, eu tinha me aposentado da seleção. No entanto, quando se começou a pensar na Copa do Mundo de 1970, no México, mudei de ideia – depois de uma ausência de dois anos, decidi jogar outra vez pelo meu país. Inúmeros fatores contribuíram para essa mudança de atitude. O Santos estava jogando bem e eu me mantinha no papel de artilheiro, o que me enchia de confiança. Mais importante ainda, decidi que não encerraria a minha carreira como perdedor. Depois de tudo que conquistara, depois do escarcéu que tinham feito com os meus 1.000 gols, eu não ia deixar o palco do futebol internacional por baixo. Sairia pela porta da frente". Acrescente-se a isto, disse ainda Pelé, que, nesta próxima Copa, ele estaria jogando ao lado de Tostão. Ou seja: Tostão foi uma das razões para Pelé voltar a vestir a camisa do Brasil.

Para aquela Copa, o trabalho seria muito bem executado, já desde as partidas eliminatórias (como o Brasil não era o campeão do torneio anterior, nem seria a sede da nova rodada, teria de se classificar entre os países concorrentes). Surpresa geral foi a indicação de João Saldanha para ser o técnico da seleção. Ruy Castro, naquele seu tom folclórico-carioquês: "... para as pessoas que só acompanhavam o futebol pelos jornais, seu nome era tão popular quanto o de Giorgy Valentinovich Plekhanov, um teórico marxista russo de quem nunca tinham ouvido falar. O gaúcho Saldanha só era conhecido em certas rodas selecionadas: no botequim do Osmar, na rua Miguel Lemos, onde se discutia futebol e de onde saíam as piadas políticas que depois corriam o Brasil; na areia do Posto 4, em Copacabana, onde fora um dos primeiros craques do futebol de praia ao lado de Heleno de Freitas; e, obviamente, dentro do Botafogo, que frequentava como sócio desde que viera para o Rio com sua família em 1931. Seu pai, Gaspar Saldanha, deputado e fazendeiro rico do Rio Grande do Sul, fora um dos articuladores militares de Getúlio Vargas na Revolução de 1930. Getúlio ficara tão grato a Gaspar que o premiara com apartamento no Rio e um cartório em Copacabana. Não um cartório qualquer, mas o maior da zona sul – e, se você é dono de um cartório, sabe o que isso significa. Com essas facilidades, o jovem João, nascido em Alegrete, Rio Grande do Sul, em 1918, nunca precisara trabalhar. Nem mesmo no cartório da família, a cargo de seu irmão Aristides. Magro, alto, charmoso e com o cabelo à prova de pente, seu apelido poderia ser aquele que gostava de aplicar a outros homens magros e altos: 'Mapa do Chile' [apelido, aliás, do pernambucano Marco Maciel, vice-presidente no governo de Fernando Henrique Cardoso]. Melhor do que o apelido que lhe fora dado dentro do Botafogo: 'Linguiça'. Saldanha tinha sido uma espécie de *playboy* na Copacabana dos anos [19]40. Fora também um dos primeiros no Rio a ter carro conversível. Ao mesmo tempo, era militante do Partido Comunista Brasileiro e dizia ter lutado com Mao Tsé-Tung na Revolução Chinesa em 1949 [o que era, obviamente, curtição/gozação com a cara dos que o ouviam]".

Escolhido para dirigir a seleção, Saldanha entrou de sola, exigindo carta branca no comando da equipe, anunciando logo os 22 jogadores convocados, claramente definidos os titulares e os reservas. "Quero um time com 11 feras em campo", declarou. E a seleção, de fato, passou a ser tratada, pela mídia e pelos torcedores, como a equipe das "feras do Saldanha". Nas partidas eliminatórias, em busca da classificação para a Copa, o time de Saldanha brilhou. E não foi pouco. Sobressaiu ali, antes de tudo, o altíssimo desempenho de Tostão, jogador técnico, de inteligência rápida e brilho inquestionável. Logo de cara, dois belos resultados, jogando fora de casa: 2 x 0 na Colômbia, com os dois gols marcados por Tostão; e 5 x 0 na Venezuela, com três gols de Tostão e dois de Pelé. O terceiro jogo, também fora de casa, foi contra o Paraguai. "O terceiro jogo, em Assunção, foi um inferno, com os paraguaios aprontando desde a chegada, e no hotel... a ponto de uma noite João Saldanha ter saído com Antonio do Passo, Brito e Carlos Alberto para enfrentar na rua, aos tapas, um grupo de torcedores 'borrachos'. João chegou a tomar o revólver de um deles, entregando-o à polícia. Estádio cheio, Saldanha mandou todos a campo, para aquecer, tomar vaias, garrafadas e xingamentos, aclimatando-se antes da batalha: Brasil 3 x 0". Nos jogos de volta, o Brasil deitou e rolou: 6 x 2 na Colômbia (Tostão fez dois e os outros quatro foram distribuídos entre Edu, Pelé, Rivelino e Jairzinho); 6 x 0 na Venezuela (três de Tostão, dois de Pelé e um de Jair); 1 x 0 no Paraguai, gol de Pelé. A seleção começava a ser um tremendo sucesso sob o comando de João Saldanha, também chamado "João Sem Medo", por não fugir a confrontos físicos na base de bolachas, socos e pernadas. Mas foi justamente aí, e também por isso, que tivemos o caso da queda/demissão de Saldanha.

Zé de Jesus Barreto resume: "A despeito dos resultados e do bom futebol mostrado nas eliminatórias, Saldanha, que não tinha língua presa e não fugia do pau, aos poucos foi perdendo as estribeiras, criando áreas de atrito com repórteres que lhe faziam perguntas que ele considerava idiotas, soltando farpas contra dirigentes da própria CBD e, por fim, com os militares do governo – que já não o engoliam bem, até por ser comunista. E o futebol começava a ser tratado e usado como 'questão de Estado', o ministro da Educação Jarbas Passarinho (também militar) dando pitacos, intervindo e interferindo. [...]. Afora algumas respostas ríspidas em entrevistas coletivas, criando um clima hostil com alguns repórteres, Saldanha foi derrubado depois de uns episódios, já em 1970, enquanto arrumava as malas, o passaporte para o México e bebia um pouco mais da conta para aliviar o estresse. Num desses episódios, invadiu armado a concentração do Flamengo para enfrentar o treinador Yustrich, que era um 'homão' e andava esculhambando o trabalho dele na seleção desde o amistoso em Belo Horizonte – Brasil 0 x 2 Atlético Mineiro, com dois gols de Dario, o Dadá Maravilha [um jogador sortudo, mas medíocre]. O 'homão' era então técnico do Galo, saiu arrotando grandeza e chegou a chamá-lo de covarde. Ainda bem que os dois não se bateram de frente, poderia ter sido trágico. [...]. Foi depois desse jogo contra o Galo Mineiro que o general Médici teria dito numa roda de amigos palacianos que gostaria de ver Dario na seleção. Vazou, e os repórteres foram saber de Saldanha. A resposta, de pronto, feito soco no estômago: 'O presidente escala o Ministério dele e eu escalo a minha seleção'. Ecoou, e as entranhas do poder sentiram o golpe, Havelange e Antonio do Passo foram chamados a Brasília, a batata de Saldanha estava quase assada: '...passou dos limites, não tem mais as condições de equilíbrio emocional para um cargo de tamanha importância', concluíram. Pois ainda viria a gota d'água que fez transbordar o copo da crise, da derrubada. Nos amistosos, Saldanha costumava tirar de campo o meia Gerson e Pelé, até porque, disse um dia, eram atletas que não tinham mais o que treinar nem mostrar e precisavam ser preservados para que chegassem inteiros à Copa. Se um deles se machucasse, quem substituiria, como jogaria o time? Num desses babas, então, João botou Gerson no campo, noutro, o rei Pelé. De provocação, veio a pergunta: Por que Pelé no banco? E João, na tampa: Tá míope, só enxerga de óculos, não dá pra jogar de noite... No dia seguinte, era o assunto, estava nas manchetes dos jornais, nos microfones das estações de rádio, nas imagens da televisão – 'o Pelé está cego, acabou...'". E Saldanha caiu.

A versão de Pelé difere. Ele conta que, como Saldanha sabia que não demoraria a ser demitido, não quis sair de qualquer jeito, sem alardear uma justificativa forte para ser substituído no comando da seleção. E então decidiu responsabilizar Pelé por sua queda. Iria tirar Pelé do time porque o craque estava mal fisicamente e sofrendo um caso grave de miopia. Mais tarde, vendo que a conversa da miopia não colava, inventou que Pelé andava às voltas "com uma doença muito séria". Pelé ficou preocupado ao ponto de procurar a direção da seleção para saber da real situação de sua saúde – e o departamento médico o tranquilizou. Mas, apesar desse quiproquó, Pelé sempre fez questão de reconhecer duas coisas fundamentais com relação a Saldanha. Em primeiro lugar, foi ele quem realmente montou o time que conquistou o tricampeonato. "Nosso ponto forte era que o coração do time de Saldanha permanecia o mesmo. Tínhamos passado cerca de um ano e meio jogando juntos e nos entendíamos perfeitamente. Hoje em dia, as seleções conseguem se reunir no máximo dois meses antes da Copa do Mundo, quando conseguem. Mas nós jogávamos lado a lado fazia tempo. Acho que foi essa a nossa maior vantagem, aquilo que fez da equipe de 1970 a melhor seleção que já existiu". (Neste ponto, por sinal, Pelé demonstra ter superado uma opinião anterior. O que ele dizia, em *Isto É Pelé*, documentário de 1974 dirigido por Eduardo Escorel e Luiz Carlos Barreto, era outra coisa. Achava que o time de 1958 era superior, considerando individualmente os jogadores em suas posições. Mas que o time de 1970 o superava no plano tático, na dinâmica da ação coletiva da equipe. Naquele filme, diz que se as duas seleções pudessem um dia se enfrentar, a de 1958 venceria a partida – o que, na minha modesta opinião, seria altissimamente improvável...) Em segundo lugar, Saldanha ouvia atentamente os jogadores, pedia suas opiniões, e não sobre assuntos triviais, como acontecia em 1966, mas sobre temas centrais, de fato relevantes, que diziam respeito aos métodos de treinamento, ao jogo dentro do campo e coisas assim. Meia dúzia de anos depois, em entrevista a *O Pasquim*: "Realmente, tenho um pouco de miopia, mas dá pra enxergar a bola. Mas, sabe, nunca fiquei com raiva de Saldanha. E depois daquilo conversei várias vezes com ele".

Tostão, por sua vez, nos dá um depoimento sobre Saldanha, do qual a figura do jornalista-treinador se projeta igualmente engrandecida: "Em 1969, Saldanha foi escolhido para técnico nas eliminatórias, e esse foi o meu melhor momento individual na seleção. Saldanha, ao assumir o comando, me perguntou: 'O que te preocupa na seleção?'. Respondi: 'Ser reserva de Pelé, pois acho que posso ser o titular ao seu lado'. Ele, então, disse: 'Você é o titular absoluto a partir de hoje'. [...]. Saldanha não era um técnico de táticas, jogadas ensaiadas, mas era um ser humano especial, contador de histórias nem sempre verdadeiras, observador, inteligente e visionário". Acontece que, nessa época, pouco antes da ida do escrete brasileiro para o México, um acidente quase tirou a visão de Tostão. Foi numa partida do Cruzeiro contra o Corinthians, em dia de muita chuva. "Corri atrás da bola, escorreguei e caí junto com ela. Ditão [defensor adversário] rebateu com toda a força, e a bola molhada chocou-se contra meu olho esquerdo. Se ele fosse um craque, daria um toque para o lado, sairia com a bola, mas não teve nenhuma intenção de me atingir. Fiquei tonto, tentei continuar, mas logo saí. Fui para o hotel, dormi e acordei enxergando pontos e linhas escuras... Diagnóstico: descolamento da retina. Percebi imediatamente que era coisa séria, cirúrgica, estavam ameaçadas minha carreira e minha visão. [...]. Saldanha deu declarações de que me esperaria até ao último momento e se despediu de mim antes da viagem para os Estados Unidos [Tostão foi operado no início de outubro de 1969, em Houston, Texas]. [...]. Em abril, como previsto, apresentei-me à seleção, depois de seis meses totalmente parado, um mês depois dos outros jogadores e faltando menos de três meses para a estreia. Não podia começar a treinar duro imediatamente, só exercícios leves progressivos, não só pela falta de condições físicas como também por causa do olho operado. Comecei a cabecear com bola de borracha, depois bolas de couro vazias e só depois bolas normais. As dificuldades foram muitas, e só um visionário como Saldanha aceitaria tudo isso". Aceitou, sabia o que fazia e, na Copa, Tostão foi um brilho só.

Mas sigamos em frente com a Copa de 1970. A liderança de Pelé, em meio aos craques do time, foi um fato incontestável. Na verdade, Pelé sempre foi um líder. Desde garoto. Adolescente, vimos ele conversar de igual para igual, dentro de campo, com o já consagrado Didi. Paulo Cézar Caju, aliás, ao falar da liderança do rei, lembra um esporro que Pelé deu em Fontana (aquele mesmo do "presente do rei para sua mãe"): "Não esqueço o dia em que rolou um clima de mal-estar entre Pelé e o falecido Fontana, que dizia que o Rei protegia os jogadores do Santos. À noite, Pelé pediu uma reunião com toda a delegação e deu uma prensa no zagueiro e, indiretamente, em todos nós. Nunca tinha visto o negão tão brabo. Mas valeu a pena, a casa ficou em ordem. Depois, ainda fez questão de abrir a palavra para quem desejasse falar, afirmando que todos ali tinham o direito de se manifestar. O Rei realmente queria ganhar a Copa do

Mundo". Quando pensamos nisso, uma pergunta nos ocorre automaticamente: por que Pelé nunca foi capitão do time? A resposta é simples: porque não quis. Aliás, há duas coisas que ele se recusou a ser: capitão (e por que "capitão", por falar nisso?) e técnico. No primeiro caso, por sagacidade. No segundo, pelo perfeccionismo, por seu grau muito alto de exigência com relação ao desempenho alheio. Comecemos por aqui: "Muitos grandes jogadores se aposentam e continuam no esporte como treinadores. Essa carreira não era para mim. Embora tivesse sido jogador por 20 anos e trabalhado com muitos treinadores talentosos, nunca me interessei em tomar esse caminho. Acho que teria sido um bom treinador, por causa da minha experiência, do meu conhecimento do jogo e da minha dedicação. Não tenho certeza se teria tido a mesma sorte que tive como jogador – e não tenho certeza de como me comportaria quando os jogadores cometessem erros. Acho que sou perfeccionista demais". E o capítulo da sagacidade: "Algumas pessoas não entendem por que eu nunca fui capitão da seleção. Talvez eu fosse um candidato óbvio, uma vez que – embora tivesse apenas 25 anos [o depoimento é relativo à Copa de 1966] – era muito experiente e jogava a minha terceira Copa do Mundo. No entanto, sempre recusei esse papel. Nunca fui capitão – nem do Santos, nem do Cosmos, nem do Brasil. Sempre expliquei às comissões técnicas dos meus times que, como Pelé, eu já tinha o respeito dos jogadores e do público, além da atenção do juiz. Se fosse o capitão, isso significaria menos um jogador com influência em campo. Tendo outro nesse papel, eram duas pessoas com autoridade no time".

Com a queda de Saldanha, o cargo de treinador foi dado ao chato do Zagallo (em 1958, era com um "l" só, depois o boboca duplicou a consoante, não sei se por boçalidade ou numerologia). Mas, de qualquer forma, embora fazendo burradas, como a da dispensa de Zé Carlos e Dirceu Lopes, ele aperfeiçoou a equipe montada por seu antecessor, num aspecto. Escalou Rivelino e Gerson juntos. A imprensa reclamou (como antes reclamara por Saldanha ter escalado Pelé e Tostão juntos). O argumento brotava da cretinice caolha de sempre: Gerson e Rivelino jogavam na mesma posição, não podiam ser escalados ao mesmo tempo. Pelé: "Mas Zagallo tinha o ponto de vista dele [que era o de João Saldanha, na verdade]: 'O que esse time precisa é de craques, jogadores que sejam inteligentes. Vamos por esse caminho para ver aonde vai dar'". Havia ainda um problema a ser superado: Zagallo era adepto de um futebol mais defensivo e, felizmente, nossos craques não entraram nessa viagem. De fato, dentro de campo, o comando real não era de Zagallo. Quem comandava/regia o jogo era um triunvirato: Gerson, Pelé e Carlos Alberto. E assim entrou em campo, na Copa do México, a melhor das equipes futebolísticas de todas as épocas (que, mesmo assim, saiu do Brasil desacreditada, é bom lembrar). Foram partidas e jogadas impossíveis de esquecer. A estreia com um 4 x 1 na então Tchecoslováquia. O lindo gol de Pelé, recebendo e acolhendo no peito um lançamento perfeito de Gerson. O golaço de Jairzinho, caminhando já para os lances finais da partida: recebeu um passe de Pelé e deu uma digna de Garrincha, driblando três ou quatro adversários e chutando rasteiro no canto. Um inesperado, inédito e impressionante chute a gol do meio da rua, como se dizia antigamente, e que por muito pouco não entrou, enlouquecendo o goleiro. Assim: Gerson passou a Pelé no círculo central, ainda na intermediária brasileira, e pediu o passe de volta. Ficou puto, porque o rei nem olhou. Encheu o pé dali mesmo, do meio de campo, como ninguém nunca tinha feito antes, encobriu o goleiro Viktor, que passou a correr de costas, desesperado, mais perdido que filho de puta em dia dos pais – e a bola passou a um palmo do ângulo da trave adversária. Gerson ficou desnorteado. Pediu desculpas a Pelé, por ter cobrado o passe de volta. Tostão ficou totalmente arrepiado admirando a trajetória da bola, como confessou depois do jogo. E a torcida toda na arquibancada, maravilhada, sem acreditar no que via, aplaudindo de pé. E olha que foi um chute dado no velho capotão de couro, não na bolinha de brinquedo de hoje em dia, quando qualquer um manda a distinta de uma a outra trave do campo: "uma pequena obra-prima de audácia que teria sido ainda mais bonita se a bendita bola tivesse entrado", no dizer do próprio autor da jogada.

O jogo entre Brasil e Inglaterra não foi nada fácil. Quase Pelé abre o placar aos 10 minutos de jogo, com uma cabeceada mortífera, indefensável, que até hoje ninguém sabe como o extraordinário goleiro Gordon Banks conseguiu defendê-la. A Inglaterra contava com uma defesa praticamente intransponível. O Brasil teve de jogar com a mais absoluta paciência. Pelé: "Mas a nossa paciência foi finalmente recompensada com um maravilhoso gol de jogada coletiva: começou com Tostão driblando três jogadores ingleses, incluindo uma finta alucinante no até então impecável Moore, antes de cruzar a bola para mim. Em vez de chutar, como estava claro que a defesa inglesa esperava que eu fizesse, dominei a bola e a rolei com capricho para Jairzinho, que estufou a rede naquele que foi praticamente o nosso único chute a gol em toda a partida". Veio então a partida contra o Uruguai, a sempre temida "celeste olímpica", assim chamada pelo muito bonito azul da camisa daquele selecionado, que havia faturado as medalhas de ouro do futebol nos jogos olímpicos da década de 1920. O Uruguai começou enervando a torcida brasileira, quando fez o seu 1 x 0. Conta-nos Tostão: "Foi uma partida nervosa no início, não conseguíamos sair da forte marcação uruguaia. Fizeram um gol, jogavam melhor, e o fantasma de 1950 renascia. Nos últimos quinze minutos [do primeiro tempo], Gerson, muito marcado, trocou de posição com Clodoaldo, e eu comecei a cair nas laterais, saindo do forte bloqueio no meio da área. Assim aconteceu o gol de empate. Clodoaldo tocou para mim na ponta esquerda, saiu correndo, gritando para receber. Dei um tempo de fração de segundo para ele chegar com a perna certa para o chute. A bola passou por trás dos zagueiros e o Clodoaldo em velocidade, na posição correta, chutou para as redes".

Poucas vezes, até mais do que vibrar, a torcida de milhões de brasileiros se sentiu tão aliviada com um gol. Ainda Tostão: "No vestiário, levamos uma grande bronca de Zagalo, dizendo que era uma vergonha, o time estava apático, medroso, e ele queria homens em campo. O segundo tempo foi outra partida: nosso time solto em campo, o Uruguai cansado, fizemos mais dois gols". E o Brasil despachou o Uruguai. Naquele jogo, Pelé fez uma finta esplêndida, drible de corpo sem tocar na bola, o chamado corta-luz, no goleiro uruguaio – outro goleiro excepcional: Mazurkiewicz, filho de pais poloneses, titular da seleção do Uruguai em três copas do mundo –, e foi o segundo quase gol mais belo que os gols efetivos que aconteciam no torneio. Por fim, tivemos o deslumbrante massacre do jogo final contra a Itália. O time jogando como ninguém nunca viu outro time jogar. 4 x 1. E a obra-prima técnica e estética do último gol. Na descrição de Barreto: "Estava reservado, como fecho de ouro do título e do mundial, certamente o gol coletivo mais bonito de todas as copas. Os brasileiros por um minuto e meio trocando passes, de pé em pé, sem os italianos verem a cor da bola, até que Clodoaldo, ainda em nosso campo defensivo, fez um carnaval de dribles – um, dois, três, quatro –, passou a Rivelino na lateral esquerda, que enviou o lançamento rente à linha de lado para Jairzinho, caído pela canhota e acompanhado pelo grude Fachetti; Jair descambou para o meio e achou Pelé, nas proximidades da meia lua. O Rei amaciou, olhou de lado e chamou o lateral direito Carlos Alberto (conforme tinham combinado no vestiário) penetrando livre. Rolou a bola. E Carlos Alberto acertou um chutaço de primeira estufando as redes e saindo pros festejos, título sacramentado".

De uma perspectiva ampla, em *A Dança dos Deuses – Futebol, Sociedade, Cultura*, o supramencionado Hilário Franco Júnior escreveu: "A Copa do Mundo de 1970 demarcou a história do futebol graças aos lançamentos de Gerson, aos chutes de Rivelino, à inteligência tática de Tostão, às arrancadas de Jairzinho, aos gols e quase gols de Pelé, ao ritmo ruidoso de um futebol elevado à categoria de arte, ainda que proveniente de um país rebaixado à condição de ditadura militar. Tudo difundido pela televisão em transmissão ao vivo (inclusive para o Brasil) e pela primeira vez em cores (mas ainda não para o país campeão) fazendo com que, a partir de então, gestos, dribles, comemorações, feições e expressões de jogadores passassem a ser espetáculo mundial imortalizado, reproduzido e idolatrado em escala nunca vista. Pelé foi definitivamente ungido como rei do futebol. Sua marca de mil gols – alcançada meses antes, em 19 de novembro de 1969 – tornou-se a demonstração quantitativa de uma superioridade indispensável a toda sociedade tecnológica". E aqui não posso deixar de me lembrar de palavras do antropólogo Roberto DaMatta no artigo "Símbolos do Brasil", estampado no Estadão: "Foi o futebol que juntou hino e povo, que consorciou camisa e bandeira, que popularizou a ideia de pátria e de nação como algo ao alcance do homem comum e não apenas do 'doutor' e do mandão. Os campeonatos mundiais que conquistamos obrigaram a juntar civismo burguês e carnaval; jogo e crença religiosa oficial; magia e igreja; investimento capitalista e amor pelo Brasil. Podíamos odiar a pátria comandada pelos militares e desdenhar a incompetência dos políticos que levavam o país a ser devorado pelo 'dragão inflacionário', mas não havia como ficar indiferente a essa bandeira verd'amarela quando ela se transmudava em camisa da seleção de futebol e era envergada por pessoas cuja excelência era claramente medida num campo aberto, obedecendo a normas simples, conhecidas por todos".

Mas, para finalizar, voltemos ao mesmo Zé de Jesus Barreto sintetizando a campanha e engatando uma conversa em direção ao futuro, sobre Cruyff e a Holanda, heranças da Copa de 1970: "Para os que amam o futebol como expressão cultural (fazer criativo), arte, a seleção brasileira de 1970 teria sido [no meu entender, foi] a melhor de todas as copas, beirando a perfeição. Não só pelo título conquistado de forma invicta, vencendo com superioridade todos os jogos, mas sobretudo pela beleza do futebol mostrado nos gramados mexicanos. Posse de bola, fundamentos, a pelota bem tratada no chão, movimentação/troca constante de posição dos jogadores com e sem a bola, repertório ofensivo variado, aplicação tática, coragem e controle emocional, um exuberante preparo físico e, mais que tudo isso, talento. Gols e gols bonitos de ver. [...]. Era um grupo de atletas superdotados tecnicamente, acima da média, manhosos e vencedores, comandado por um Rei humilde e generoso, dentro e fora das quatro linhas, em pleno exercício de sua majestade: Pelé. [...]. Aquele time foi exemplar, inovou e revolucionou o jeito de jogar, com beleza e eficiência. Qualidade. A Holanda de Cruyff, em 1974, como mais tarde o Barcelona de Pep Guardiola e a Espanha campeã em 2010, confessadamente, se inspiraram no Brasil de 1970, tricampeão no México". De fato, o "carrossel holandês" (também chamado "a laranja mecânica"), que nos fascinou a todos na Copa da Alemanha, em 1974, foi inspirado diretamente na seleção brasileira de 1970. Sua base brasileira estava já no "futebol total" do Ajax, a grande equipe holandesa treinada por Frank Rijkaard e guiada pelo gênio de Cruyff, penso que o maior jogador do mundo, depois de Pelé – originalmente, em onomástica holandesa, Hendrik Johannes Cruijff: valorização da posse de bola, troca de passes e marcação cerrada, empenho para tomar a bola já na intermediária do time adversário, etc. E Pep Guardiola, hoje meio que em maus lençóis, é filho de Cruyff e Rijkaard. Objetivamente: a dupla treinou Guardiola, quando ele era jogador do Barcelona. E a seleção espanhola seria campeã do mundo em 2010 com as ideias que Cruyff extraiu do selecionado brasileiro tricampeão: a "filosofia" da posse de bola, no caso, sob a regência de Xavi e Iniesta.

E não me esqueço, ainda, de duas coisas. Uma delas foi o acordo que ele, já como treinador, fez com o nosso Romário, então jogando sob seu comando no Barcelona. Conta Kfouri: "... Cruyff teve a sensibilidade de dizer para ele: 'Tá legal, você quer ir para a noite? Você vai, mas vou passar a cobrar o que você fizer nos domingos'. E quando chegou aquele domingo, Romário meteu quatro gols no Real Madrid, na primeira semana do acordo". A outra coisa de que não me esqueço foi do que disse Cruyff, quando alguém o comparou a Pelé: "Posso ser um novo Di Stéfano, mas não posso ser um novo Pelé. Ele é o único que ultrapassa os limites da lógica". Pensando sobre a declaração, podemos dizer mais ou menos o seguinte. Pelé fundiu a racionalidade do futebol europeu com o afro-barroco mestiço-popular da escola brasileira de futebol. Injetou, no padrão técnico, o improviso e o sexto sentido inerentes ao jogo em nossas latitudes tropicais. Por isso mesmo, seu estilo aceita verdadeiros oxímoros – e não estará errado o apreciador que falar de *cartesianismo mágico*, por exemplo. Movendo-se entre a objetividade e a imaginação, entre o pragmatismo e a fantasia, mesclando esses polos até eles se tornarem indiscerníveis um do outro, Pelé desfilava majestosamente em campo, para a delícia e a felicidade do nosso olhar, como a encarnação maior de todas as virtudes futebolísticas. Como a sua síntese suprema.

Post-scriptum. Já falamos aqui da formação católica de Pelé. E era coisa arraigada, de muita profundura, acompanhando-o da infância ao seu último dia de vida. Aos mais de 50 anos de idade, falando de seus sonhos sociais, ele se manifestou nos termos seguintes: "... de vez em quando, estou deitado, rezando o terço de contas que minha avó (que está com 100 anos) me deu, um terço que foi da mãe dela [que era escrava], me pego pensando o que eu posso fazer para melhorar o mundo...". E se Pelé nunca teve nada a ver com aquela história de fazer macumba para ganhar jogo ou campeonato, ele nunca abriu mão da fé católica em suas viagens pelo mundo do futebol. Com cautela e muito respeito, como na Copa do Mundo de 1970 – e quem respeita a religião e aceita sem preconceito a sua prática, não deixará de reconhecer a beleza do que jogadores nossos fizeram durante aquele certame. Ouçamos Pelé, atribuindo ao poder da oração um peso próprio e decisivo na vitória brasileira:

> "Outro fator determinante na nossa campanha foi a oração. Nós rezávamos quase diariamente ao longo da competição, normalmente depois do jantar. Não que fosse obrigatório – nem todos eram católicos. Tudo começou quando eu estava ao telefone com o Brasil e a Rose me contou que a família vinha se reunindo todos os dias para rezar por nós. Achei aquilo maravilhoso e a ideia de juntar um grupo para rezar me fez chorar. Expliquei o meu plano aos jogadores. Primeiro, falei com o Rogério e o Carlos Alberto. Eles concordaram na mesma hora. Conversei com o Antonio do Passo, da direção da delegação, e ele também concordou. Começou com esses quatro. Depois, Tostão e Piazza entraram também, e em seguida Mário Américo. Eram umas 40 pessoas ao todo na delegação e, à medida que o torneio avançava, quase todo mundo acabou se juntando a nós. Encontrávamos algo ou alguém para ser objeto de nossas orações: os doentes, a Guerra do Vietnã, a saúde de alguém que precisava de ajuda e assim por diante. Nunca rezamos para ganhar o título da Copa do Mundo [Pelé explicou à turma que rezar pedindo para ganhar a Copa seria degradar a oração]. Pedíamos apenas que ninguém sofresse uma contusão grave e que tivéssemos um bocadinho de sorte. Acredito que isso foi um fator importante na nossa união como equipe. O espírito das pessoas ficava mais leve. Vivíamos como uma família de verdade, cultivávamos o respeito mútuo, deixando de lado todas as palavras amargas. Todos nos dávamos bem. Como poderíamos fracassar?".

7. COMPANHIAS & COMPANHEIROS

Conta-se que, ao ir ao encontro de Pelé, numa audiência ou recepção na Casa Branca, o velho Ronald Reagan se adiantou: "Muito prazer, eu sou Ronald Reagan, o presidente dos Estados Unidos. Você não precisa se apresentar, porque Pelé o mundo inteiro sabe quem é". Conhecido é também o comentário do artista "pop" Andy Warhol: "Pelé é um dos poucos que contrariam a minha tese. Em vez de 15 minutos de fama, ele terá 15 séculos". Não foram os únicos. O cineasta Pier Paolo Pasolini era outro fã total do rei: "No momento em que a bola chega aos pés de Pelé, o futebol se transforma em poesia". Poderíamos enfileirar estorinhas e anedotas de igual charme e teor, mas o que quero dar ressalte, aqui, não é ao fato de que todos conheciam Pelé e reconheciam o seu gênio. Mas, sim, ao que outros jogadores disseram dele. Do rei do futebol. Ou sublinhar o modo como o viam e como se relacionaram com ele. Lembrando, para começo de conversa, a cena seguinte. Quando Pelé ainda era um garoto, na cidade de Bauru, numa época em que a estrela maior do futebol brasileiro era Leônidas da Silva, o Diamante Negro, um homem já de idade mais avançada, vendo o menino Pelé jogar, crioulinho endiabrado num jogo de várzea qualquer, exclamou, para a reprovação de alguns e o aplauso de outros: "Este moleque é demais. Vai ser melhor que o Leônidas da Silva". Anos e anos mais tarde, o próprio Leônidas, depois de assistir maravilhado a partidas de Pelé, não resistiu à comparação: "Qual a diferença entre mim e Pelé? Eu fui um craque e ele é um gênio".

***

"Quando eu estava para embarcar, em Bauru, para vir tentar a sorte no Santos, o pessoal da cidade me dizia:

– Você vai treinar entre aqueles 'cobras'? Vai ver como eles vão te boicotar!

Outros chegavam a afirmar:

– Não te darão a bola nos treinos. Farão tudo pra que você não acerte. Todo time grande tem as suas panelinhas. Não vão dar vez para um garoto como você.

Em poucos dias percebi que não havia um mínimo de verdade em tudo o que me disseram em Bauru. Logo fiquei amigo do pessoal do Santos, e eles me tratavam com carinho".

O garoto Pelé foi de fato muito bem acolhido no Santos por toda a macacada boa de bola – Zito, Dorval, Pepe, etc. –, que o tratava afetuosamente como o caçula de Vila Belmiro. Do mesmo modo, Pelé fala do clima fraterno que imperava, desde o embarque da delegação, no ambiente da seleção brasileira que foi campeã mundial em 1958. "Chegou finalmente o dia do embarque... No meio daquela turma, comecei a esquecer um pouco o joelho contundido. Já éramos como uma família, onde os veteranos pareciam mais crianças do que nós, os novatos. O Mazzola, Pepe, Garrincha, Didi, Zagalo, Zito, Mauro, todos, enfim, contribuíam para alegrar o ambiente, brincando e aceitando as brincadeiras dos colegas. O espírito de camaradagem, que começou a ser cultivado durante os preparativos da seleção, no Brasil, imperava na nossa delegação. Não havia picuinhas ou desentendimentos entre quem quer que fosse". E quando atentamos para este "espírito de camaradagem", também não devemos deixar de dizer que se percebe aí, nas palavras de Wisnik, "uma cultura difusamente homossexual, como todas aquelas, aliás, que operam num nicho libidinal masculino separado das mulheres". Ok, mas vamos prosseguir. Pelé foi admirador confesso não só de alguns jogadores excepcionais do passado, como Leônidas e Zizinho ("o jogador que eu mais idolatrei"), por exemplo, mas também dos craques seus contemporâneos. Como Didi. Quando o "príncipe etíope" foi eleito o melhor jogador da Copa da Suécia, Pelé se adiantou a dizer que ninguém mais que Didi merecia o título. "Eu e Garrincha éramos jovens e um pouco ingênuos. Didi era muito hábil. Era o nosso mestre, ficava sempre em volta de nós dizendo: preste atenção aonde você vai chutar essa bola! Era esperto demais, às vezes. Fingia que ia passar a bola para um lado do campo, aí passava para o outro. Aquilo nos confundia também. Ele então gritava: seus idiotas, eu estou tentando confundir o time deles!". E a ingenuidade de Pelé àquela altura, e sobre muitos assuntos, era um fato. Vejam isso: "... eu tinha observado uma outra coisa sobre a Copa do Mundo: todas as demais equipes só tinham jogadores brancos. Achei aquilo muito estranho. Me lembro de ter perguntado aos meus companheiros: será que só existe preto no Brasil?".

***

Pelé nunca negou o que aprendeu com outros jogadores. Com o próprio Didi, por exemplo. É o que ele mesmo relata, a propósito do seu jeito de cobrar pênaltis: "A arte da cobrança de pênaltis é pôr a bola exatamente onde o goleiro não está. Os goleiros tentam prever para onde o cobrador vai chutá-la e os cobradores, por sua vez, tentam enganar o goleiro, batendo do outro lado. Lembro-me de um treino em 1959 com a seleção em que vi o Didi inventar um novo truque. Ele corria para a bola, mas um pouco antes de chutá-la levantava a cabeça para ver para que lado o goleiro estava indo. Só nessa fração de segundo decidia onde ia chutar a bola e, claro, vencer o goleiro. Achei a ideia brilhante – ligeiramente à margem das regras, já que a ideia é que o goleiro não se mexa enquanto você não bater na bola. Na prática, porém, o goleiro começa a se mover um pouco antes do chute – e assim, levantando a cabeça antes de chutar, você fica em posição de vantagem. Embora eu dê o crédito da ideia a Didi, ele nunca a usou num jogo oficial. Eu, sim. O truque ficou conhecido como 'paradinha', porque eu corria para a bola e dava uma ligeira parada enquanto levantava a cabeça, antes de chutar". Além disso, nunca deixou de agradecer a companheiros que foram importantes para o seu desempenho, como foi o caso do excelente centroavante Coutinho, infelizmente perseguido pela obesidade, no Santos: "Ele me ajudava bastante, isso não se discute. Ficamos famosos por nossas tabelinhas, passes rápidos de primeira que confundiam a marcação adversária. Nós treinávamos muito esse tipo de jogada e o resultado era incrível".

Uma figura pela qual Pelé teve uma admiração sem limites foi o estupendo Mané Garrincha. "Nunca joguei ao lado nem contra alguém melhor do que Garrincha. Jogando juntos, nunca perdemos. Dentro do campo, era um companheiro. Fora do campo, foi um grande amigo". Pelé gostava muito de Mané, Mané gostava muito de Pelé. Mas como eram diferentes! A começar pelo corpo. Pelé exibia um porte de campeão olímpico, Garrincha era quase um aleijado: perna torta, bacia deslocada, uma perna maior do que a outra e, como se fosse pouco, estrábico. Se Pelé se viu recrutado sem apelação para o serviço militar, o aleijadinho Garrincha foi imediatamente dispensado assim que apareceu de calção diante de um sargento – e enquanto Pelé servia o Exército, Garrincha se servia de algumas mulheres de oficiais do Exército que sentavam praça perto de Pau Grande. Divergiam imensamente, também, em suas relações com o futebol. Pelé era a encarnação de um paradoxo: racional e apaixonado, ao mesmíssimo tempo. Durante os 90 minutos de jogo, movia-se única – e prazerosamente – em função da meta adversária. Visava ininterruptamente o gol. Garrincha, diversamente, era a própria expressão do lúdico. O rei da curtição. Costumo dizer que, embora não fosse macumbeiro, Garrincha tinha muito dos erês do candomblé, dos espíritos infantis do terreiro, para os quais, deflagrado o jogo de luz e ritmo da cerimônia, tudo é festa. Estas suas disposições redondamente discrepantes diante do fenômeno futebolístico se manifestavam nos maiores e nos mínimos detalhes. Basta comparar, a propósito, suas reações radicalmente diversas diante da derrota para o Uruguai na Copa de 1950, no Maracanã. Pelé ficou arrasado, Garrincha não deu a mínima. Conta Ruy Castro: "Em 1950, o Brasil perdera a Copa do Mundo para o Uruguai, em pleno Maracanã, e Garrincha nem se lembrara de ouvir o jogo pelo alto-falante armado na praça. Foi pescar e, na volta, encontrou Pau Grande inteira chorando. Quando ficou sabendo por que, achou uma bobagem. Futebol só era bom para jogar". Quanto a Pelé, coitado, vejam a seguir o que deu nele.

"Me lembro de entrar em casa quando o jogo terminou e ver o meu pai e todos os amigos dele absolutamente calados. Aproximei-me e perguntei o que tinha acontecido [tinha ido brincar, enquanto o Brasil jogava]. 'O Brasil perdeu' – respondeu ele, como um zumbi. 'O Brasil perdeu'. Só de pensar naquela tarde, e lembrar a tristeza que via em toda parte, até hoje fico arrepiado. Eu disse para Dondinho que não ficasse triste. Mas a minha mãe me puxou para um lado e falou: 'deixe o seu pai em paz'. A cidade inteira estava silenciosa. O barulho das comemorações, dos rojões estourando e dos rádios no volume máximo tinha desaparecido como num voto de silêncio. Ninguém pensava que fôssemos perder. Especialmente, não em circunstâncias tão humilhantes, perante o Uruguai, que juntamente com a Argentina era nosso arquirrival. A decepção era maior do que podíamos suportar. Bauru parecia uma cidade fantasma. Também foi a primeira vez que vi o meu pai chorar. Muitos amigos dele também não conseguiram se conter. Foi chocante para mim, pois tinha crescido acreditando que homens não mostravam suas emoções daquela maneira. 'Um dia, vou ganhar a Copa do

Mundo para o senhor', prometi então a meu pai [promessa que de fato cumpriria oito anos depois, nos gramados da Suécia]. Naquele mesmo dia, algum tempo depois do jogo, fui até o quarto do meu pai, onde havia uma gravura de Jesus na parede, e desfiei o meu rosário: 'Por que isso aconteceu? Por que aconteceu com a gente? Nós tínhamos o melhor time... como pudemos perder? Por que, Jesus, por que estamos sendo castigados assim?' – e chorava, arrasado, conversando com a imagem de Cristo. 'Sabe, se eu estivesse lá, não tinha deixado o Brasil perder a Copa. Se eu estivesse lá, a gente ganhava'... Não houve resposta".

Não havia nada de comum entre ambos? Claro que sim: os dois tinham nascido sob o signo de escorpião, eram católicos devotos, passaram uma parte da infância matando passarinhos, adoravam sexo (e Garrincha era até mais radical nesse particular: enquanto Pelé estreou com uma prostituta, a estreia de Mané foi com uma cabra, cometendo o pecado medieval da "bestialidade"). Afora isso, e mais uma que outra coisa, não sei. Mas ouçamos Pelé falando sobre Garrincha, em sua autobiografia de 2006 – da contusão que o tirou da Copa do Chile aos últimos dias de um supercraque derrotado pela cachaça: "Garrincha ficou ao meu lado todo o tempo que passei contundido e costumava dizer: 'Você não vai me abandonar, vai? Você vai superar isso, vai jogar de novo logo, logo...'. Bom amigo e companheiro, Garrincha ficou muito chateado com a minha contusão. Tentou até influenciar no tratamento, dizendo que ia sugerir aos médicos que me mandassem para Pau Grande – a terra natal dele –, para ver uma benzedeira, uma mulher em quem depositava grande confiança e que, segundo ele, fazia verdadeiros 'milagres'. [...]. Outra coisa aconteceu em 1973: Garrincha foi homenageado com um jogo no Maracanã. Embora eu estivesse ocupado, não poderia perder a oportunidade de participar. Garrincha era o maior ponta-direita que eu tinha visto jogar, e fora um prazer atuar ao seu lado. Era bom vê-lo de novo com a amarelinha (o jogo era entre

Brasil e um combinado de convidados da FIFA), depois de ter se aposentado precocemente por causa de uma lesão no joelho. Ele também tinha se metido em enrascadas pessoais, especialmente com a bebida, e perdera o rumo na vida. [...]. A parte mais triste do fim de Garrincha aconteceu alguns anos depois. Todo mundo queria homenageá-lo, e ele aceitou o convite para sair num carro alegórico durante o desfile das escolas de samba do Rio de Janeiro. [...]. Garrincha desfilou pela Mangueira. Eu assisti pela televisão e, quando o vi, tive vontade de chorar. Ele estava lá, sentado num carro alegórico, aparentemente sem nenhuma noção do que acontecia ao seu redor. A expressão era de esgotamento absoluto, como se a vida já tivesse abandonado seu corpo. Uma das cenas mais tristes que vi na vida. [...]. Garrincha morreu em 1983. Não fui ao funeral dele. A verdade é que odeio ver pessoas mortas... Prefiro rezar sozinho".

Aí está: o craque que venceu tantos adversários, foi vencido pelo álcool. Destruído por si mesmo. Mas o Garrincha que me importa, aqui, é o Garrincha vivo. Sempre que jogaram juntos, como disse, ele e Pelé nunca perderam uma partida. O que não impedia, de forma alguma, que um brigasse com o outro dentro de campo, enquanto a bola girava. Pelé lembra que Garrincha não enlouquecia somente os defensores dos times contra os quais jogava: "Às vezes, ele nos enlouquecia também. Nunca sabíamos o que faria em seguida. De vez em quando, eu ficava bem irritado. Quando ele pegava a bola, eu sabia que driblaria pelo menos uma pessoa, e então ficava esperando o cruzamento. Mas muitas vezes ele recuava com a bola, o que me deixava em impedimento e me forçava a voltar também. Discutimos muito por causa disso. Ainda assim, apesar desses pequenos aborrecimentos, é claro que tínhamos um entendimento maravilhoso". E ainda: "Eu enfiava a bola pra ele na ponta e disparava para receber na área, mas... ele gostava de brincar, dar mais um drible, voltava a driblar... eu perdia o pique, xingava ele todo". De volta, Garrincha tece loas: "Pelé era fora do comum, um assombro, absurdo. Um goleador. Eu era mais de preparar as jogadas". E tocando também ele na tecla dos desentendimentos: "Em campo, [Pelé] era um chato. Ficava pedindo a bola, gritava, xingava... e eu queria brincar mais um pouco com meu joão". Garrincha (que se referia a todos os seus marcadores pelo nome de "joão") gostava mesmo de brincar. Era a própria encarnação do *homo ludens*. Acredito, por isso mesmo, que, quando perguntaram ao grande lateral direito Djalma Santos, quem ele escolheria para um time dele, Garrincha ou Pelé, o craque respondeu: "Se eu quiser ganhar o jogo, escolho Pelé. Se já estiver ganhando, quero Garrincha".

***

Ouçamos, agora, alguns jogadores falando de Pelé. Tostão é o retrato acabado de um encanto: "Eu me lembro de belos gols, os mais bonitos em partidas sem grande importância. Contra o Bahia em Salvador, jogo amistoso, saí driblando desde o meu campo até chegar ao gol adversário e encobrir o goleiro. Foi o meu dia de Pelé". Mais: "Admirava Pelé por sua alegria, respeito e educação com as pessoas". E mais: "Fui compreendendo por que Pelé era o melhor jogador do mundo. Jogava em alta velocidade, com dribles curtos, longos, tabelas, chutava com os dois pés, cabeceava com os olhos abertos olhando para o goleiro, passava bem, era inteligente, um guerreiro em campo, crescendo nos momentos ruins. O seu futebol não tinha faltas, excessos, adornos, era a total simplicidade e eficiência. Ambicioso, sempre querendo ser o melhor, mas compreendia a importância dos companheiros para o seu sucesso. Jogávamos uma partida, e ele estava anulado, só atuando na meia direita. Cheguei e disse a ele que estava jogando errado e que era melhor jogar do outro lado. Ele perguntou: 'Você acha?'. Eu disse que sim. Ele humildemente concordou, foi para o outro lado e fez grandes jogadas. Em campo, um logo compreendia o movimento dos olhos, do corpo, o pensamento do outro, antes de a bola chegar. A comunicação analógica, corporal, não verbal, inconsciente, é muito mais rica que a comunicação digital, consciente, por meio da palavra".

Outro exemplo de encantamento com o rei está num depoimento de Roberto Rivelino, que o jornalista Jary Cardoso recolheu no YouTube e me passou. É claro que Rivelino eleva às nuvens a figura de Pelé como craque-maior do futebol mundial. Diz que o rei era completamente diferente de tudo o mais que viu no universo futebolístico. "Deus foi muito generoso com ele". Classifica como simplesmente absurdo o que o rei conseguia fazer dentro de campo. Porque no campo, diz ele, a coisa não é como vista de fora. É mais complicada, muito mais difícil. Pelé fazia parecer fácil o alto grau de dificuldade dos problemas que resolvia, com a sua incomparável habilidade. "Nunca na minha vida vi um jogador dominar a bola no peito como ele". "Do jeito que a bola vinha, ele a colocava onde queria". Ninguém cabeceava como ele. Ninguém pensava tão rápido. Etc. Em suma, tudo em Pelé parece absurdamente absurdo. E é uma delícia ouvir a versão de Rivelino sobre o gol de cabeça que Pelé fez, na Copa de 1970, na vitória brasileira na final sobre a Itália. Rivelino foi parabenizado diversas vezes pelo cruzamento irretocável que fez para Pelé marcar. Mas sua versão é outra. Ele diz que não fez cruzamento para ninguém. Tostão cobrou um lateral para ele, que não tinha qualquer saída, nenhuma outra opção, a não ser chutar de virada – sem olhar –, lançando a bola na área italiana. Nem sabia onde Pelé estava. Foi o negão que, vendo a direção da bola, subiu como só ele sabia subir, projetando-se um pouco mais depois de uma paradinha, para ficar quase estacionado no ar – e assim testar a bola, de modo perfeito, para o fundo da rede. Quanto ao quase gol estupendo contra a Tchecoslováquia, com um tiro potente despachado do meio de campo, Rivelino comenta que ele, Gerson e Tostão eram jogadores que vasculhavam o campo com o olhar, para ficar cientes de tudo. Mas que, naquele lance, só Pelé tinha visto que o goleiro da Tchecoslováquia estava adiantado... Mas não é só futebol. O craque Riva se emociona mesmo é quando fala da humildade do rei. E do fato de ele nunca reclamar de nada. Nem de comida ruim. Rivelino lembra que um dia serviram à seleção um bife tão duro que não havia como comê-lo. Todos reclamando. Esperou que Pelé também reclamasse. Mas, não. O rei se sentou, pegou o bife e passou a cortá-lo em pedacinhos miúdos, mínimos, tornando-o assim passível de mastigar e engolir. É um exemplo extremo, claro. Mas, de qualquer sorte, vale para nos lembrar do fato de que Pelé nunca foi presunçoso. Nunca. O que ele tinha era uma autoconfiança extraordinária, absolutamente incomum.

Mas ouçamos um pouco mais, outras vozes. Pepe, ponta-esquerda do Santos: "Quando o Pelé chegou no Santos, diziam que seria o melhor jogador do Brasil. Erraram, foi o melhor do mundo". Gilmar, goleiro do Santos e da seleção bicampeã mundial: "Pelé entrava em campo com corpo, genialidade, alma e coração". Puskas, o grande craque húngaro: "O maior jogador de futebol do mundo foi Di Stéfano. Eu me recuso a classificar Pelé como jogador. Ele está acima de tudo". Fontaine, craque da seleção da França em 1958: "Quando vi Pelé jogar, me deu vontade de pendurar as chuteiras". Burgnich, zagueiro italiano na final da Copa de 1970: "Eu disse a mim mesmo: 'Ele é de carne e osso, assim como eu'. Estava enganado". Bobby Charlton, meia inglês, campeão do mundo em 1966: "Às vezes eu acho que o futebol foi inventado para esse jogador mágico". Bobby Moore, um dos maiores zagueiros da história do futebol: "A bola colava no pé, as pernas pareciam postes, os tornozelos e a cintura pareciam molas, as costas uma parede, os braços eram como alambrados, e os tiros eram como mísseis. Fui escalado para marcá-lo em duas copas e posso dizer que nunca existirá outro como Pelé". Costa Pereira, goleiro do Benfica, depois de perder o mundial de clubes para o Santos: "Cheguei com a esperança de parar um grande jogador, mas fui embora convencido de que havia sido atropelado por alguém que não nasceu no mesmo planeta que nós". Rivelino:

"Comparar Pelé com qualquer outro jogador é impossível. Pelé é Pelé. Está num nível completamente diferente". Overath, camisa 10 da seleção alemã campeã da Copa de 1974: "Senti medo, um terrível medo quando vi aqueles olhos. Pareciam olhos de um animal selvagem, olhos que soltavam fogo".

Pelé: "primus inter pares" – sempre. Conseguiu maravilhar até alguns adversários seus. Sobre a final da Copa de 1958, quando fez de cabeça o último gol do selecionado brasileiro, provocou a seguinte declaração do zagueiro sueco Sigge Parling, encarregado de marcá-lo naquela partida: "Depois do quinto gol, até eu queria comemorar com ele". Mas chega de exemplos. Para finalizar, lembro apenas o controvertido Afonsinho falando do controvertido Pelé: "Ele é um ser humano genial. Ele tem qualidades extraordinárias, incomensuráveis. [...]. Ele é muito controvertido. Tem a natureza humana dele, também. Em relação ao que sempre se queixou de ele ser individualista... Bom, ele estava empenhado em ser Pelé. Essa era a prioridade primeira dele, que fez tudo para ser o maior, o melhor. Se ele se desviasse em determinados momentos, isso poderia atrapalhar ele em ser o 'rei' que ele se tornou. Ainda mais da maneira como ele desenvolveu isso. Ele foi um representante, com 17 anos, do momento mais alto do futebol".

8.

O AMBIENTE EXIGE RESPEITO

Anos atrás, os jogadores eram submetidos a períodos estranhamente extensos de reclusão, encerrados durante dias em clubes ou hotéis, antes da hora do jogo. Era a chamada "concentração". Acho curioso que a palavra, muitas vezes referida à vida intelectual ou sacerdotal, à vida contemplativa, tenha tido também este sentido, como teve um significado terrível no avanço nazista sobre o mundo, com a figura e as práticas do "campo de concentração" dos alemães, que de certa forma teriam uma contrapartida stalinista nos "gulags" russos. É claro que a "concentração" futebolística era muito mais amena (ninguém virava sabão). Mas sua justificativa esportiva era totalmente ridícula. Tratava-se de extrair os jogadores do circuito cotidiano da vida e do mundo, de modo que todos eles, reunidos num lugar isolado, se "concentrassem" somente no jogo que tinham pela frente – e que, naquele enclausuramento, esquecessem, entre outras coisas, as fervuras do sexo, fosse ele conjugal, namoroso ou aleatório. Extremava-se, assim, a realidade masculina do futebol: a "concentração" era a radicalização do androceu, na acepção quase biológica do termo, que designa o conjunto dos estames, isto é, dos órgãos masculinos de qualquer flor, seja ela de se cheirar ou não. Ora, podemos avivar algumas coisas aqui. Em primeiro lugar, a disciplina é importante, sim, mas é óbvio que, por si só, não faz o craque. Nenhum grande jogador precisa ser "espartano". Diversamente de

Pelé, aliás, Garrincha bebia, Gerson fumava, Sócrates bebia e fumava e Romário era (talvez ainda seja) "um homem da noite", como se costumava dizer em tempos remotos – ou, como o definiu Armando Nogueira, "uma flor de boemia". Em segundo lugar, o próprio Pelé não era nenhum "espartano". E muito menos um caretão. Também fazia das suas, também aprontava. E não era pouco.

Daí o título que dei a este tópico, lembrando-me do delicioso samba de Billy Blanco, "Estatuto da Gafieira", exemplo de ironia e deboche popular. Como na gafieira do samba, a "concentração" era um ambiente que queria impor respeito, mas onde ninguém respeitava nada, fosse do jogo de cartas apostado aos transetês com putas várias. Como livro não tem som, reproduzo a seguir a letra do samba. É um primor. E faço a comparação com esta gafieira porque até o sério Didi comandava clandestinamente jogos de apostas na "concentração", para desespero da diretoria. Mas, principalmente, para dar uma ideia aproximada do ambiente, do "clima" do meio futebolístico, com seus lances de alta camaradagem, de humor, às vezes de algazarra, e de gozações infernais e quase sempre pesadas. E sempre foi assim. Em sua biografia de Leônidas, jogador que sempre carregou consigo fama de indisciplinado e rebelde, o jornalista André Ribeiro lembra da Copa Roca de 1940, jogo que o Brasil teria de disputar com a Argentina, no Parque Antártica, campo do Palestra Itália, em São Paulo: "Para não correr riscos de ver os jogadores pela noite paulista, a comissão técnica decidiu levar toda a delegação para um quartel, para ser mais exato, para o Regimento da Cavalaria. O comando da seleção, porém, não contava que, mesmo confinados sob a mira dos soldados do Exército, os jogadores pudessem 'sair da linha'. Leônidas recorda-se que a bagunça foi total. Os jogadores levados para lá exatamente pela disciplina dos militares, transformaram o quartel num verdadeiro cassino. Ficavam até altas horas da madrugada entretidos com o carteado; alguns chegavam a jogar até o dia raiar". E a Argentina levou o título.

A gozação escrota, expondo o companheiro ao vexame público, podia acontecer fora da concentração, é claro. Reproduzo um bom exemplo disso, narrado por Tostão e envolvendo personagem querido de todos: "O Maracanã estava lotado em uma partida amistosa do Brasil. Mário Américo, massagista famoso e tradicional da seleção brasileira, já estava mais velho, no final da carreira, e enxergava muito pouco. A bola rolava, e um jogador do banco de reservas gritou para ele: 'Vai, Mário Américo, que tem um jogador contundido'. Ele saiu em grande velocidade, entrou em campo com a partida em andamento, ninguém entendeu, foi expulso e levou uma tremenda vaia no Maracanã"... Mas não vamos seguir por aí, que o assunto não terá fim. Fiquemos dentro da concentração. E apreciem rindo, sem preconceito ou patologias atuais, o quadro seguinte. Numa excursão do Botafogo, Garrincha anunciou para todo mundo que trocara de parceiro em suas malandragens, segundo narrativa de João Saldanha. Deixaria de lado o jogador Gato, substituindo-o por Paulo Valentim, outro atleta do time. João Saldanha conta o que viu. "O pagamento do *bicho* ia ser feito no bar do hotel, que estava quase vazio e, enquanto esperavam (o tesoureiro-pagador) seu Cavalcanti..., o Garrincha explicava: 'Meu novo *faixa*, agora, é o Macaco Alemão, o Gato é muito burro'. Paulinho [Valentim, tratado como "macaco alemão"] deu o troco: 'Macaco Alemão; olha quem quer falar. Se um carro te pega e tu desmaia, a ambulância vem e engessa essas pernas, pensando que tu ficou aleijado. Você que é Macaco Torto, tá bom? Aleijado de uma figa'. '– Tá vendo? – insiste o Mané. Ele pensa que é branco. Sarará é macaco na Alemanha. No Brasil, tem crioulo e macaco daqui é preto. Na Alemanha, tem louro e macaco de lá é sarará. Eu queria te ver era naquele lugar que tem duas piscinas, uma pra branco e outra pra crioulo. Em qual eles iam te deixar entrar?'. E deu uma disparada dando gargalhadas, porque Paulinho já estava apelando". Mesmo Nilton Santos, com toda aquela elegância de frequentador da boate Vogue e amante de Elizeth Cardoso, não resistia, provocando o negão Tião

Macalé, ainda em base racial, numa excursão do time a terras nórdicas da Europa: "Olha, crioulo, é bom você não sair aí fora da cidade no meio daquele mato. Pode ser que dois caçadores te tragam de volta pendurado num pau". Mas deixemos a bagunça e a esculhambação de lado – e vejam o que diz o samba:

Moço, olha o vexame
o ambiente exige respeito
pelos estatutos da nossa gafieira
dance a noite inteira
mas dance direito.

Aliás, pelo artigo cento e vinte
o distinto que fizer o seguinte:
subir na parede
dançar de pé pro ar
abusar da umbigada
de maneira folgazã
prejudicando hoje
o bom crioulo de amanhã
– será devidamente censurado
e se continuar
vai parar no delegado.

Era esta a ironia popular que vigorava naqueles recintos "concentratórios". Não sei se Pelé subia na parede ou dançava de pé pro ar, mas Garrincha, com certeza, abusava da umbigada de maneira folgazã (adoro este verso, por falar nisso). E é evidente que os próprios jogadores detestavam se "concentrar" e tratavam de dar suas escapadas. Com o tempo, alguns técnicos também se opuseram à "concentração", no caminho aberto por João Saldanha, que nisto foi pioneiro entre nós. Em *Os Subterrâneos do Futebol*, Saldanha nos diz o seguinte, em meados da década de 1950, quando era técnico do Botafogo do Rio de Janeiro: "Já existe uma consciência profissional bem amadurecida nos jogadores de hoje. Conservá-los muito tempo presos leva a que quando saiam cometam excessos. [...]. Ninguém dorme por vagabundagem. Dorme, mais ou menos, de acordo com as energias gastas e com a necessidade de recuperação. De nada adianta marcar horário rígido para dormir ou levantar. Ninguém consegue determinar que, em concentrações de dois dias, os jogadores deitem às dez e acordem às seis da manhã. O resultado é que eles fingem que dormem às dez e no dia seguinte, ao serem acordados pela rigidez do horário, estão cansados. Isto feito comumente só serve para criar problemas. Além do mais, quando estão em casa, deitam-se em horários que não são determinados pelas concentrações. Acordam a hora que querem e criam hábitos. É necessário compreender que eles sentem, como atletas que são e melhor do que ninguém, a necessidade de estar em boa forma. Uma ou outra exceção, rara, não conta. O jogador rebelde pula janela, cria caso e termina sendo barrado. Há clubes que adotam o sistema de treinar de manhã. Positivamente sou contra. Nunca se pode saber o que fizeram na véspera ou se dormiram mal por esta ou aquela razão. Às vezes, um filho que berrou a noite inteira, uma briga com a mulher ou qualquer problema íntimo, não permitiu um sono reparador. [...]. Não pode haver resultado favorável com tanto desgaste inútil. [...]. O treino à tarde é melhor. O atleta está mais na plenitude de sua força do que ao levantar... Acresce a tudo que os jogos de futebol se realizam à tarde ou à noite". Saldanha só admitia uma exceção, dentro de sua postura liberalizante: "O regime de 'quartel' poderá ser empregado a curto prazo em competições excepcionais. Assim como no treinamento para a Copa do Mundo".

Mais João Saldanha, para arrematar, desde que ele nos dá a razão do surgimento da "concentração", escrevendo: "Não vejo vantagem alguma nas concentrações. No máximo, um dia. Só para juntar o bloco na véspera do jogo. A concentração demorada só serve para enervar a todos e conduz a uma vida ociosa. Sempre me causaram certa repugnância aquelas fotografias nos jornais das concentrações de jogadores: uma porção de camas e os jogadores deitados de braços para cima. Além do mais, o ambiente de véspera de jogo cria um nervosismo natural que predispõe a encrencas por qualquer coisa à toa. Fica um a olhar a cara do outro, só pensando em fugir ou então armar um joguinho para passar o tempo. [...]. E o que determinou a concentração no futebol brasileiro foi, fundamentalmente, para se evitar o suborno. Até espias havia, para examinar os visitantes. Se chegasse algum suspeito, o sinal era dado e alguém de confiança ficava por perto. Isto, agora, de modo geral e felizmente, não existe mais. Mas não posso jurar que foi totalmente abolido. Claro que havia razões bem fundadas para temer o suborno: no futebol antigo e, principalmente, no tão decantado futebol *amador*, esta era uma preocupação constante do clube grande e o raciocínio era simples: 'Se nós estamos sempre pensando em dar na horta deles... eles também devem estar pensando nisto'. O começo do profissionalismo ainda foi atingido por este problema. Mas de uns quinze anos para cá, ou de 1950 em diante, digamos assim, os casos foram rareando, até sua quase total extinção".

Antes disso, ao contrário, o suborno podia acontecer até dentro de campo, durante o jogo. Na década de 1930, quando Leônidas da Silva jogava pelo Botafogo, no Rio de Janeiro. É o que lemos em *O Diamante Eterno – Biografia de Leônidas da Silva*, escrita por André Ribeiro: "De todas as histórias colecionadas durante a competição [campeonato carioca de 1935], uma em especial ficou guardada na memória do jogador. Aconteceu exatamente na última partida do campeonato, quando o Botafogo jogou contra o Andaray Atlético Clube. Em caso de derrota, o Botafogo ficaria sem o título. Portanto, era jogo de vida ou morte. Faltando quatro minutos para o final da partida, o Botafogo estava perdendo por 4 a 3. Álvaro, lateral direito, pedia insistentemente para que Leônidas enfiasse a todo instante a bola por aquele setor do campo. Leônidas não estava entendendo, pois, até minutos antes do final da partida, Álvaro levava um banho de bola do lateral Cazuza, seu marcador. Apesar de achar estranho, Leônidas serviu Álvaro e os gols começaram a sair. Surpreendentemente, o jogo terminava 5 a 4 para o Botafogo. Mais tarde [à noite, pós-jogo], já no Café Nice [*point* noturno de personalidades públicas do Rio de Janeiro], Álvaro confidenciou a Leônidas que chantageou Cazuza naqueles minutos que faltavam. O Botafogo iria fazer no dia seguinte uma excursão ao México. Álvaro disse a Cazuza que a viagem só aconteceria se o Botafogo vencesse o jogo e que se ele, Cazuza, facilitasse a sua vida, seria incluído na delegação que embarcaria no dia seguinte. Estava desvendado o mistério da virada espetacular do Botafogo sobre o Andaray...". Hoje, a corrupção, como todos sabem, se dá por outros meios e modos. Como vemos, por exemplo, no caso das chamadas "bets", dos ditos "jogos de azar" no futebol, quando jogadores pautam sua conduta em campo de modo a tentar promover a premiação de apostas prévias. Arranja-se um pênalti ou um cartão vermelho e é isso: entrega-se a vitória a um adversário. Mas este é outro assunto.

Saldanha ainda escreveu e falou sobre o assunto em outras oportunidades, como numa crônica publicada no jornal carioca *Última Hora*, em janeiro de 1961, intitulada justamente "Concentração". Mas voltemos aos craques de antanho e às suas escapadas... Numa das crônicas de *A Ginga e o Jogo* ("Concentração, Uma Farsa"), Armando Nogueira conta o seguinte. "Certa vez, a seleção estava concentrada num hotel. O toque de recolher era às 11 da noite. Feita a revista dos quartos, faltava um. Procura daqui, procura dali, nem rastro do rapaz. Onde teria se metido Pelé? Lembraram-se da boate do hotel. Ele só pode estar na boate, concluiu a comissão técnica, reunida de urgência. Ligaram pro ramal da boate, não deu outra. O problema, agora, era saber quem iria amarrar o guiso no rabo do gato. Sobrou, naturalmente, pra Mário Américo que, além de massagista, era *boxeur*. E lá se foi o Mário, na árdua missão diplomática. Pelé, no meio da pista, rodopiava com uma loura. Mário Américo, ali, bordejando, sem coragem de falar com a fera. Adianto, ainda, que Mário era gago de enroscar a língua. Quando ficava nervoso, mal conseguia articular uma palavra. Chiava, tartamudo. Tentou uma palavra, a palavra não lhe saiu. Ganhou mais coragem e, de mãos postas, pediu a Pelé que seguisse o 'titio'. Pelé levou até ao fim o que, então, se chamava a contradança e, em seguida, mandou-se pro quarto, onde dormiria o sono dos justos. Sempre foi assim. Romário cumpre, apenas, o lado cabaré de todo jogador de futebol. A rigor, de todo jovem de alma boêmia. Garrincha era assim também. [...]. A concentração de véspera de jogo é um fardo insuportável. Além de ser contraproducente. Prender o jogador, numa espécie de cárcere privado, é atentar contra o bom senso. Confinados, seja numa casa, seja num hotel, os atletas acabam irritados. O ano inteiro, a mesma rotina, um olhando pra cara do outro. Lá fora, a vida pulsando, a mil. É claro que o passarinho, engaiolado, começa a querer que o clube se dane, que o jogo vá pro inferno. A concentração, em vez de motivar, exaspera".

E os jogadores, como acabamos de ver, sempre trataram de driblar a vigilância repressiva dos clubes. Mesmo Saldanha, que dava liberdade ao time, exigindo recolhimento apenas no dia anterior ao jogo, via-se obrigado a vigiar as piruetas de Mané Garrincha, por exemplo. Ainda em *Os Subterrâneos do Futebol*, conta uma história divertidíssima a este respeito. A coisa se deu em El Salvador, numa excursão do Botafogo, véspera de uma partida contra a equipe argentina do Independiente. Vou reproduzi-la a seguir (sinto, mas não vou copidescar o velho Saldanha):

> "O jogo do Independiente seria três dias depois. Não sei por que cargas-d'água foi antecipado de um dia. Eu estava certo de que tinha avisado a todos, mas na noite da véspera do jogo faltava um jogador no hotel – Manuel Francisco dos Santos.

Mandei Aloísio Birruma [espécie de faz-tudo do time] procurá-lo, mas nada feito: não estava no hotel. Como El Salvador é pequena e como não tinha certeza de tê-lo avisado sobre a antecipação do jogo, chamei Renato Estelita [um dos diretores do clube] e saímos para achar o Garrincha.

Não seriam mais de onze da noite e como só havia umas três ou quatro boates, seria fácil. Tomamos um táxi, explicando ao chofer e começamos a batida. À última hora, Birruma veio também.

Procura daqui e dali, e nada. Renato disse, queimado:

– Vai ver se meteu em algum hotel com uma vagabunda.

Aloísio deu uma ordem ao chofer:

– Vamos ao Hotel Flor de Oro – e explicou: – É lá que eles estão frequentando.

Na porta do hotel, uma espelunca, Renato foi logo saltando. Aloísio foi atrás. O gerente, espanhol, quando viu os dois entrarem, olhou com uma cara esquisita de interrogação, ora encarando um, ora outro. Aloísio indagou se Mané estava, mas o homem, aliviado, afirmou que nenhum brasileiro tinha estado por lá.

Quando voltou para o carro, Renato vinha estrilando:

– Você vê? A gente ainda passa por esta. O homem só ficou olhando para ver qual de nós dois ia bancar mulher. Se eu pego este torto [como Garrincha era também tratado entre os companheiros de equipe], ele me paga.

Já tínhamos quase desistido, quando Birruma nos chamou a atenção para um cartaz que estava amarrado com arame em um poste. Era destes que se veem comumente em cidade do interior, anunciando fita de cinema, e estava escrito: '*Gran concurso de Bolero – a las nueve de la noche en La Caverna – Plaza Central*'.

Neste nós não tínhamos estado e o chofer disse:

– Mas que burro eu fui. Claro que deve estar lá. Há uma multidão hoje na Caverna. – E tocou o carro.

Entramos no La Caverna. De fato, uma multidão se comprimia

em torno da pista de danças, aplaudindo e gritando freneticamente. Uma fumaceira dos diabos obrigava a que firmássemos bem a vista para procurar o Mané. A orquestra atacava o maior bolero. Uma baixinha, um metro e meio de altura no máximo, evoluía pela pista ao compasso da música. Parecia uma *caturrita* com um vestido verde e um lenço amarelo e vermelho balançando na mão. Rebolava mais do que a Maria Antonieta Pons. Ia e vinha e eu pensava que estava dançando sozinha quando Aloísio me chamou a atenção para o outro lado.

Mané Garrincha era o par. Estava numa pose de toureiro quando instiga o touro. Em atitude ereta, queixo levantado, só batia com um pé no chão acompanhando o ritmo. Os braços colados ao corpo como posição de sentido. Parecia o George Raft.

A *caturrita* ia e vinha. Quando chegava perto do Mané, ele batia palmas ritmadas e fazia um gesto lânguido como quem ia enlaçá-la. Mas a *caturrita* escorregava por entre as mãos de Garrincha e, como uma miniatura de enguia, voltava a rebolar sozinha no meio do salão. A torcida vibrava. Renato, que já havia percebido o lance, foi feroz sobre Garrincha. Quando Mané viu, não pôde conter uma gargalhada. Renato também riu, mas dominou-se e disse:

– Dá o fora daqui, seu pilantra.

Mané ria sem parar e caiu fora às carreiras. A *caturrita*, que vinha em suas evoluções, em vão ficou procurando o par que sumira. Desapontou e parou. A torcida deu uma bruta vaia.

Caímos fora e na rua estava Mané com Aloísio, entrando no táxi, Renato explodiu:

– Você não sabe que temos jogo amanhã? Ou você acha que só você está certo e os outros estão errados?

– Jogo amanhã!? – perguntou Mané admirado. – O jogo é depois de amanhã. Hoje é noite livre. Eu ia ganhar vinte dólares no concurso. Ainda tinha uma taça. A garota é o fino na dança e o papai aqui é o maior. O senhor estragou tudo".

9.
UM POUCO DE SEXO

Certa vez, numa entrevista, perguntaram a Pelé: qual é a primeira coisa que você olha numa mulher? Pelé foi simples e direto: a bunda. O jornalista insistiu: sempre? E Pelé: não, nem sempre; porque às vezes, quando a conheço, ela está sentada.

***

Como sabem todos, o futebol brasileiro está fundamente enraizado na cultura masculina heterossexual das nossas classes populares. E é desta perspectiva, obviamente, que devemos enquadrar as imagens, visões e leituras que os jogadores assimilam e nutrem a respeito de mulheres e veados. Para então chegar às posturas e atitudes objetivas que desenvolvem com relação a umas e outros. Comecemos pela questão feminina – em seguida, veremos a questão da veadagem. Sempre acompanhando como essas coisas se manifestam no desempenho de Pelé, produto inevitável desse meio.

"Nada de seguir as más companhias, hein? Nada de fumar, de beber e de andar atrás de mulheres". Foi, como vimos, o conselho de Waldemar de Brito, quando deixou um Pelé adolescente em Santos. "Achei graça naquele comentário, principalmente no que dizia respeito a não andar atrás de mulheres. Eu nem sequer pensava em mulheres naquela altura [mentira, claro]. Em Bauru, logo depois de ter completado catorze anos, eu tivera uma aventura com uma certa fulana de má fama na cidade, mas foi coisa passageira, que não pude evitar. Fora só aquela vez, a primeira da minha vida, e eu quase morri de medo de ter pegado uma doença dela", lembra Pelé, em sua primeira biografia. Na segunda, dá-nos um retrato muito conciso, mas denso, do que sentiu naquela que teria sido a sua foda inaugural com uma mulher: "O episódio foi um misto de terror insuperado e de incrível doçura". Na verdade, além de futebol, Pelé aprendeu a gostar desse outro esporte muito cedo. De início, na base do "voyeurismo" – ou "pegando lance", como se dizia na Bahia, em meus tempos de menino: "... certa vez, uma vizinha foi reclamar a Dona Celeste que seu filho, com os amigos, ficava olhando suas pernas constantemente quando ela estava sentada em frente à sua casa". Com o tempo, não era só olhar. "Nas matinês, conta [seu amigo-irmão] Raul, os dois faziam *footing* dentro do cinema, antes de começar a sessão, observando algumas meninas. Quando as luzes se apagavam, atacavam aquelas previamente escolhidas, com gracejos e rápidos carinhos desautorizados. E imediatamente se refugiavam nos banheiros dos cinemas da época, o Bauru e o Bandeirantes". Conta ou reconta Cordeiro: "O garoto Dico, pode-se dizer, era mulherengo. Paquerava muito, buscava papo com as meninas e tinha sempre seus namoricos. Em Curuçá [local afastado da cidade, hoje denominado Vila Dutra], teve sua primeira namorada, uma menina chamada Ivone. E ganhou um 'carreirão' do pai dela quando ambos estavam envolvidos num colóquio amoroso infantil. A segunda namorada foi uma nissei chamada Neuzinha [Neuza Sakai], que até lhe emprestava o vestido para o jogo, no carnaval, quando a turma de Dico se fantasiava de mulher, em Curuçá. Entre as primeiras, estava também Samira, uma libanesa que balançou o coração do menino Dico". Em depoimento, Neuzinha e Samira entregaram o malandrinho: "O Dico tinha a mania também de se enfiar debaixo de carros, ficar às escondidas e observar alguns casais de namorados vizinhos se beijando".

Curiosamente, se o negão veio a ter belas mulheres na sua vida, ele mesmo nunca se considerou exemplo de beleza e atratividade masculinas. Até pelo contrário. "Nunca tive ilusões sobre mim como uma pessoa; não sou alto, não sou bonito e, além disso, sou escuro" – disse, certa vez. Quanto a pensar ou não pensar em andar atrás de mulheres, quando pôs os pés na Vila Belmiro, não sei. Seria algo inédito, a julgar por seu prontuário mulherengo. Mas, se não vinha pensando no assunto, logo passaria a pensar. É impressionante como se fala e se procura sexo nesse meio de jogadores – ou, pelo menos, se falava e se procurava, antes que chuvas de atletas evangélicos alagassem os esportes. Na geração de Pelé, o mundo futebolístico brasileiro ainda se mostrava tomado pelo que podemos definir em termos de obsessão sexual. Garrincha seria o exemplo maior disso, personalidade priápica, quase um sedutor profissional, chegando a ter um caso com a gostosíssima Angelita Martinez, vedete do "teatro rebolado", famosa por suas coxas fenomenais, que foi, inclusive, amante de João Goulart, quando este era vice-presidente da República (conta-se, aliás, que Jango, quando Angelita se recusou a recebê-lo depois de dar por terminado o caso entre ambos, descarregou o revólver 38 na fechadura do apartamento da moça, escancarando assim a sua porta). Pelé também era chegadíssimo a um rabo de saia. Mas, ainda aqui, não devemos perder de vista a bipartição da nossa personagem principal. Falei antes, no primeiro tópico deste ensaio, que Pelé nunca se casou – quem se casava era Edson. Não muito depois de escrever isso, li a primeira autobiografia do rei, *Eu Sou Pelé*. E lá, é ele mesmo quem diz: "O 'Pelé' vai morrer solteiro. Quando eu for apenas Edson Arantes do Nascimento, quando já não falarem tanto de mim, como jogador de futebol, aí então procurarei uma companheira que possa me dar os filhos que tanto desejo. Por enquanto, porém, não penso em casamento. Nunca poderei saber se elas gostam de mim, como o homem que sou, ou se querem apenas o Pelé. Como Pelé não será eterno, corro o risco de não encontrar uma esposa também eterna, nesta altura da minha vida [Pelé estava então com 21 anos de idade]. Esperarei que apareça alguém que goste apenas do Edson". Mas, se Edson pode ter ficado relativamente quieto, Pelé sempre gostou – e muito – de brincar com esse fogo. Veja-se logo uma historinha relatada por Armando Nogueira, numa de suas crônicas, com Pelé aos 17 anos de idade, durante a Copa da Suécia.

"No trato pessoal, [Pelé] era um guri afável. Sabia conviver; tinha um jeito cordial de pedir um favor. Um dia, propôs uma conversa reservada com o chefe da delegação, o doutor Paulo Machado de Carvalho. Abriu-lhe o coração: dera sorte, estava namorando uma suequinha. Queria uma dispensa para ir ao cinema com ela [não estaria interessado no filme, obviamente, já que não entendia patavina de sueco; o que importava, claro, era o escurinho no escurinho do cinema]. O problema era que o cinema só acabava às dez e meia da noite e o toque de recolher na concentração obrigava todo mundo a ir pro quarto às dez horas.

O chefe pediu um tempo. Foi sondar os mais velhos: chamou Didi, Bellini e Nilton Santos. Contou o papo que tivera com Pelé.

– Que é que vocês acham? – perguntou o chefe, diplomático. Os três disseram que não viam nada de mais...

– Está bom – concluiu doutor Paulo –, mas tem uma coisa: isso nunca vai valer pra vocês".

A mocinha sueca se chamava Ilena. E o interessante é que, dezessete anos depois do namorinho, Pelé voltou à Suécia, jogando já pelo Cosmos. Ao aterrissar em Gotemburgo, a surpresa: "Fiz uma estranha viagem no tempo... Ilena, a garota que eu conhecera durante a Copa Mundial de 1958, leu sobre minha visita no jornal local e apareceu no hotel onde o time estava hospedado. Foi embaraçoso porque não a reconheci de jeito nenhum: ela já era mãe e trazia pela mão a filha, uma linda mulher. Conversamos um pouco e posamos para fotos juntos. Desde aquele dia nunca mais a vi, mas tenho certeza de que a esta altura Ilena já é avó e que sua neta provavelmente é tão encantadora quanto foram ela e sua filha na mesma idade".

***

A diferença entre prostituta e esposa era absoluta e absolutizada no ambiente do futebol. E, se boa parte dos jogadores era de solteiros, não tendo uma mulher em casa para seus jogos sexuais, a verdade é que praticamente todos eles, casados ou não, apreciavam ao extremo uma boa foda profissional. Especialmente, quando estavam na concentração. E a mulherada sabia disso. Fala João Saldanha (atualizem a moeda e o valor da moeda, *per favore*): "Quando alguém acerta qualquer coisa acima de cem mil cruzeiros na loteria, três visitas são certas: a do corretor de ações, a do vendedor de enceradeira e a do padre da paróquia. Quando time de futebol ganha jogo em excursão, a porta do hotel fica sempre movimentada. *Elas* ficam pra lá e pra cá, como quem não quer nada. Só o *bicho* da rapaziada". E eles sempre voavam enlouquecidos atrás delas. O médico da seleção brasileira, Hilton Gosling, sabia bem demais disso e tomava suas precauções. Na Copa da Suécia, antes da chegada dos jogadores, solicitou ao hotel que hospedaria o time a substituição de suas 28 empregadas, de camareiras a garçonetes, por 28 empregados do sexo masculino – e a solicitação foi aceita. Em todo caso, na Suécia, os jogadores não ficaram proibidos de fazer sexo nos dias de folga – e não precisavam de putas: as jovens lourinhas suecas tinham já, naquele ano de 1958, uma notável liberdade sexual. Tomavam a iniciativa de cantar os rapazes e os levavam tranquilamente para trepar nas casas de suas próprias famílias. Foi uma festa, claro.

Em sua biografia de Garrincha, o jornalista Ruy Castro nos dá um relato bem-humorado do que rolava: "As moças suecas circulavam pelos arredores [da concentração] sacudindo suas tranças e rabos de cavalo. Algumas iam para os fundos do hotel e atiravam pedrinhas nas janelas do segundo andar, onde sabiam que ficava esse ou aquele jogador. Por intermédio de gestos e sinais, marcavam local e hora do encontro – geralmente o bosque ou o lago perto do hotel – e, depois do ato consumado, levavam os jogadores a conhecer sua família. Podia acontecer que a moça levasse o jogador para apresentá-lo à família *antes* de consumado o ato. E nada impedia que este se desse na própria casa da moça, sob as bênçãos de seu pai, mãe, irmãos ou irmãs. [...]. O jogador era muito bem recebido. Serviam-lhe *aquavit* (a aguardente escandinava) ou coca-cola, a moça dizia tchauzinho à família e, tomando o jogador pela mão, levava-o rindo para dentro do quarto. Horas depois, o jogador era convidado a tomar uma sauna com o pai, mãe, irmãos e irmãs da moça, todos nus na nuvem de vapor. [...]. Alguns jogadores, por não saber conjugar em inglês nem o verbo *to be*, podem ter perdido algumas oportunidades. Um deles, Pelé. Na primeira semana em Hindas [o balneário onde ficava o hotel], ele passeava com o tesoureito Adolpho Marques pelo bosque, perto do hotel, quando uma jovem valquíria lhe fez sinais. Pelé olhou para os lados para certificar-se de que não era com outro. Ao ver que era mesmo com ele, ainda espetou o dedo na medalhinha com um ar de ponto de interrogação. A moça balançava a cabeça que sim. Aproximaram-se, ela recitou um incomunicável discurso em sueco e o idílio poderia ter morrido ali. Mas Adolpho Marques, um dos poucos da delegação a falar inglês, perguntou-lhe o que ela queria. A garota foi direta: um encontro a sós com Pelé. Marques perguntou rindo a Pelé se ele estava de acordo e marcou para dali a dois dias, que era o dia de folga, um encontro entre eles". Mesmo assim, ainda havia transgressões, como, para variar, as de Garrincha, que não respeitava o calendário da folga e, se deixassem, faria sexo até dentro do campo, no intervalo entre o primeiro e o segundo tempo.

Quatro anos depois, tivemos a Copa no Chile. O Chile não era a Suécia, obviamente. E o médico da seleção foi bem mais cauteloso. Ainda Ruy Castro: "Assim que chegaram a Viña del Mar, no litoral chileno, onde a seleção ficaria, o dr. Hilton Gosling foi ao bordel de madame Chabela. O estabelecimento fora-lhe indicado pelo serviço médico da prefeitura local. Gosling achara necessário: o Chile não era a Suécia, onde meninas de família faziam sexo como se chupassem jujubas. Seria querer muito que os jogadores se limitassem a jogar dominó ou pingue-pongue nas suas folgas – e Gosling sabia que, no Chile, eles iriam recorrer às profissionais. Assim, selecionou e examinou 24 mulheres, anotou seus nomes e teve a garantia de madame de que só elas serviriam aos jogadores. Voltou para El Retiro, o hotel da seleção, e avisou: 'É só para trocar o óleo [conhecido circunlóquio masculino para *foder*]. Vocês estão liberados para passar a tarde lá. Já está tudo acertado – ninguém precisa pagar. Às sete em ponto, quero todo mundo aqui de volta'. [...]. Para surpresa de Gosling, apenas seis jogadores foram à casa de madame Chabela aquele dia. Aliás, sete – mas Garrincha não contava. Dias depois, o hotel precisaria de reforço na criadagem e contrataria uma camareira loura, ligeiramente aguada – de forma alguma uma Anita Ekberg. A partir dali, Garrincha não precisaria mais sair. Quem às vezes tinha de ir passear para deixar Garrincha à vontade era seu companheiro no quarto oito – Zagalo". Pois é. Gosling tratou de acertar tudo no puteiro, mas se esqueceu de pedir que o hotel substituísse suas empregadas por empregados. Logo... Além disso, em poucos dias também Garrincha não teria olhos para mais ninguém, a não ser para o seu novo caso mais do que *caliente*, que desembarcou no Chile em meio à Copa – Elza Soares.

***

Se as putas eram as quase sempre adoráveis "vagabundas", as esposas pertenciam a uma outra categoria de gente. Eram mulheres "de respeito", destinadas ao reino do lar, mesmo que fossem como a temida (e bela) baiana Guiomar, por quem Ary Barroso fora apaixonado – e que fazia o marido Didi tremer de medo.

Mas não devemos falar da mulher em geral. Em diversos momentos históricos da vida brasileira, a situação da mulher variou não só conforme a época, mas também segundo a classe social, a cor da pele, etc. Para dar um exemplo, costuma-se dizer que, na sociedade colonial, a mulher era um ser apagado, vivendo trancafiada nos sobrados senhoriais, entregues aos cafunés afrodisíacos das mucamas. Tudo bem. Mas isto diz respeito somente às mulheres brancas da elite. Pretas e brancas pobres não conheciam tal isolamento "muçulmano". Viviam nas ruas, circulavam livremente pelos espaços públicos, a desempenhar ofícios variados (prostituição, inclusive), mas, principalmente, envolvidas nos afazeres do pequeno comércio. Do mesmo modo, quando se fala da mulher brasileira na geração de Pelé, esta mulher são várias. Vamos, por isso mesmo, nos referir à mulher jovem, de classe média, escolarizada, como Rosemeri, a primeira esposa do rei. Um tipo de mulher que, desde as primeiras décadas do século XX, viu mudanças ocorrendo ao seu redor. Poucas, de curto alcance, mas mudanças. Tivemos ali a nossa primeira onda feminista (duramente criticada em nome do marxismo, como movimento "pequeno burguês", pela vanguardista Patrícia Galvão, a Pagu). Foram os dias das ações desencadeadas por gente como Bertha Lutz e a engenheira Carmen Portinho, dias da conquista do voto e de maior presença feminina no espaço público de nossas cidades. Mas o fato é que, apesar dessas movimentações, as mulheres brasileiras das camadas intermediárias da população continuaram, regra geral, cultivando a ideia de que sua missão maior era ser dona de casa, esposa e mãe.

Focalizando a década de 1950, no texto "Mulheres dos Anos Dourados" – enfeixado na coletânea *História das Mulheres no Brasil*, organizada por Mary Del Priore –, a socióloga Carla Bassanezi sintetizou: "As condições de vida nas cidades diminuíram muitas das distâncias entre homens e mulheres, práticas sociais do namoro à intimidade também sofreram modificações. As distinções entre os papéis femininos e masculinos, entretanto, continuaram nítidas, a moral sexual diferenciada permanecia forte e o trabalho da mulher, ainda que cada vez mais comum, era cercado de preconceitos e visto como subsidiário ao trabalho do homem, o 'chefe da casa'. Se o Brasil acompanhou, à sua maneira, as tendências internacionais de modernização e de emancipação feminina – impulsionadas com a participação das mulheres no esforço de guerra e reforçadas pelo desenvolvimento econômico –, também foi influenciado pelas campanhas estrangeiras que, com o fim da guerra, passaram a pregar a volta das mulheres ao lar e aos valores tradicionais da sociedade". E não fechemos os olhos para o fato de que a nossa personagem central, quando se casou, era a própria encarnação do tradicionalismo, reduzindo sua mulher-esposa à esfera doméstica do trabalho e ao lazer familiar: um jovem ainda interiorano, com uma formação católica igualmente paroquial. Muito sintomático e revelador, a este respeito, o que ele fala ao retornar à cidade de Santos, depois da longa lua de mel com Rosemeri: "Terminamos nossas viagens de lua de mel onde elas começaram, na Alemanha, viajando ao longo da costa italiana e sobre os Alpes. E então finalmente a maravilhosa (ainda que exaustiva) lua de mel acabou e estávamos de volta a Santos, feliz de estar de novo em casa, em nosso primeiro e próprio apartamento. Rose sempre foi uma fotógrafa ávida, fotógrafa de nível profissional, e tirou montanhas de fotos na Europa. Assim, enquanto ela se entregava aos afazeres de revelar e imprimir as fotos, seu marido, o provedor da família, voltava ao trabalho". Usei a fórmula "provedor da família", mas a expressão inglesa que aparece no texto da segunda autobiografia de Pelé é bem mais forte: ele se define, no contexto do casal, como *breadwinner*, de "bread" (pão) e "winner" (ganhador). O marido é o "ganha-pão" da sociedade conjugal. Era esta, então, a sua cabeça. Nada a ver com *women's lib* – e menos ainda com "revolução sexual".

Quando feministas denunciam a "moral sexual diferenciada", isso diz respeito, entre outras coisas, à infidelidade conjugal dos homens, que não é objeto de recriminação social. Se uma mulher casada dá pra outro homem, é (ou, pelo menos, era, até muito recentemente) um deus nos acuda; se um homem casado pula a cerca, tudo bem. E Pelé, ainda noivo e depois casado, pulava. Fala de uma "escapadela" já no tempo do noivado com Rosemeri. Comeu uma empregada doméstica chamada Anísia Machado. Adiante, também durante seu primeiro casamento, experimentou um relacionamento mais intenso: "... houve um caso amoroso que aconteceu enquanto eu estava casado: por um breve período, em 1968, encontrei-me com uma jornalista do Rio Grande do Sul chamada Lenita Kurtz". Da escapadela, nasceu uma filha, Sandra Regina Machado, que Pelé não reconheceu; do caso com Lenita, outra filha, de nome Flávia Christina Kurtz, que ele reconheceu de imediato, assumindo a paternidade. Por que a diferença nas reações? Ouçamos: "Quando Anísia levou Sandra à minha casa pela primeira vez para me conhecer, eu já estava casado e a minha reação inicial foi negar que fosse o pai – afinal, Anísia e eu só estivemos juntos uma vez, não mais que isso. Estava chocado e era óbvio que não poderia ficar com a menina – não havia prova de que fosse minha filha. Depois disso, após muitas discussões e mal-entendidos, ficou provado que ela era realmente minha filha, e um tribunal determinou que poderia usar o meu sobrenome. Mas a história não terminou aí. Sandra também decidiu escrever um livro, *A Filha que o Rei não Quis*, que eu considerei injurioso. Tive muitas reações ao longo dessa história e passaram-se anos até que Sandra entrasse em contato – não antes de 1991, na verdade. A minha irmã Maria Lúcia foi conversar com ela e teve a impressão de que ela estava mais interessada em dinheiro do que em ficar comigo. No que me diz respeito, porém, o assunto está encerrado: estou disposto a aceitar a decisão judicial e aceitar que Sandra é minha filha". Quanto à outra filha, Flávia, não houve nenhuma querela jurídica no caminho. "Flávia foi me procurar – para fazer contato, não para brigar comigo por dinheiro – e, no instante em que a minha mãe a viu, soube que não seria necessário um teste de DNA: aquela era sua neta, sem a menor dúvida. Flávia, que hoje é casada, continua a se dar bem comigo e às vezes nos visita na minha fazenda Sossego, em Juquiá".

Em todo caso, só mais tarde na vida, já arquifamoso, morando em Nova York e em contato com as realidades cosmopolitas do mundo, o negão de fato se soltou. E a vida em Nova York, enquanto ele jogava no Cosmos, era um fogo só. "Durante a década de 1970, a cidade atravessava um período de grande agitação – a era das grandes discotecas – e o Cosmos fazia parte disso. Conheci tantos músicos, atores e celebridades que é impossível me lembrar de todos. Como o grupo Warner, além do Cosmos, era proprietário de produtoras musicais e cinematográficas, a todo momento eram promovidos coquetéis da empresa para aproximar todos nós. Conheci Frank Sinatra, Mick Jagger, Rod Stewart, Woody Allen, a lista é interminável. Fui às festas de aniversário de 18 e 19 anos de Michael Jackson e tive o meu retrato pintado por Andy Warhol. Uma vez me encontrei por acaso com Steven Spielberg num restaurante e ele me disse: 'Vou fazer um filme com você jogando futebol na lua. Porque esse é o único lugar em que você não jogou futebol ainda: na lua!'. Em outra ocasião, estava chegando ao escritório da Warner, no Rockfeller Center, e provoquei uma enorme comoção, com as pessoas querendo o meu autógrafo e gritando o meu nome. Entrei no elevador com outro homem. Ele então se virou para mim e vi que era o Robert Redford. 'Ninguém prestou a mínima atenção em mim!', disse ele, caindo na gargalhada". De volta à vida de solteiro, depois da separação com Rosemeri, o rei caiu mesmo na gandaia. Com Xuxa e muitas outras. "Estando em Nova York, e novamente solteiro, tinha muito com que me distrair. Ainda conservava alguns daqueles hormônios que me deixavam quase louco quando garoto. Tive muitas namoradas, fui a inúmeras festas. Lembro-me de me encontrar casualmente com [o craque norte-irlandês do Manchester

United] George Best algumas vezes. Fizemos camaradagem. Ele costumava me provocar: 'Que tipo de rei é você? Você não bebe, não fuma!'. Eu costumava responder, brincando, que tinha certeza de que ele não era europeu coisa nenhuma, tinha sangue latino nas veias". Só por curiosidade: entre as inúmeras namoradas que teve nesse período (e dizem que algumas delas eram evas para adão nenhum botar defeito), Pelé andou se embolando na cama com duas moças coroadas, ambas ostentando o título de Miss Brasil: a gostosa mulata gaúcha Deise Nunes (contrariando, de resto, a lenda de que não tinha casos com mulheres "de cor") e a também gostosa loura cearense Flávia Cavalcante, com quem "até certo ponto tive um relacionamento sério".

***

Pobre Renoir: o neopuritanismo feminista/identitarista, ainda reinando na conjuntura que ora atravessamos, pretende interditar a apreciação estética e erótica do corpo feminino. Atualmente, quando falo de mulheres bonitas e gostosas, há quem franza as sobrancelhas, fazendo algum muxoxo, ou proteste abertamente. Como se fosse "sexista" achar que existem pessoas bonitas e gostosas, assim como se fosse ofensivo ("microagressão") considerar alguém feio. Tudo da perspectiva neoliberal de um certo capitalismo e da movimentação identitarista, que nos quer impor tabus linguísticos, no seu esforço discursivo para edulcorar a realidade. Para mim, é uma tolice. A velha magia nominalista, como se não chamar alguém de "mendigo" fizesse com que a realidade da mendicância desaparecesse. Mas, como a mendicância, nenhuma feiura desaparece. Ou as pessoas hoje já não saberiam diferenciar entre Alain Delon e o general Figueiredo? Ou entre Sophia Loren e Golda Meir? A beleza e a feiura existem, sim. São reais. Caso contrário, o filósofo Hegel não gastaria seu tempo escrevendo páginas sobre "a beleza como unidade abstrata da matéria sensível" – e muito menos o semioticista e romancista Umberto Eco teria como compor seu livro *Uma História da Feiura*. Em termos mais pedestres, só um cego ou um maluco para achar que todas as mulheres são a mesma coisa. Não são. Falamos da beleza de aves e animais, distinguimos bichos excepcionalmente feios, mas querem nos proibir de dirigir um olhar estético também à espécie humana? Falamos da beleza e da feiura de plantas, flores e frutas. Da beleza de uma palmeira ou de uma orquídea. Falamos de uma praia linda. Mas não podemos considerar assim uma pessoa? Podemos achar uma roupa feia ou bonita, mas jamais será feia ou bonita a pessoa que a veste? É uma basbaquice sem limite. Inventaram até um novo tipo de preconceito (a nossa época é também isso: uma fábrica de produção de novos preconceitos), a que deram o nome de "lookism", do qual até Barack Obama já foi acusado, anos atrás, quando disse que Kamala Harris, então integrante do governo da Califórnia, era "a mais bela ministra da Justiça do país". Pois é. "Lookism" é a postura de quem coloca as pessoas bonitas no céu, mesmo que não condene as feias ao inferno. No meu caso, não se trata de discriminar os feios e as feias. Apenas de reconhecer que eles e elas existem. Aos montes. E aí me lembro da poesia romântica de língua inglesa, do célebre verso do *Endymion* de John Keats: "a thing of beauty is a joy for ever".

Na verdade, a nossa espécie – em suas variantes preta, branca ou amarela, e em todos os matizes híbridos de suas misturas – pouco tem de extraordinariamente bonita, em termos comparativos. Foi por isso que inventamos joias, roupas e maquiagens. São artifícios para tentar superar o déficit estético da espécie. Sabemos que a gente perde feio, esteticamente, para boa parte da avifauna. Nenhum Peter Fonda tem como concorrer com um tigre ou um pavão. Mas o que vemos agora é outra coisa, presente no cardápio da "cultura da vitimização", que denuncia ofensas à humanidade em coisas mínimas. E pretende impedir que a exuberância erótico-narcísica seja reconhecida e aplaudida publicamente. Ou todos são lindos ou ninguém é, para que não haja quem se sinta diminuído, reza a nova lei. Cai-se, assim, no inferno do puritanismo. Ao qual seriam hoje condenados Nara Leão e Chico Buarque em consequência da já citada "A Banda", quando cantam que uma "moça feia debruçou na janela, pensando que a banda tocava pra ela". Sinto, mas não contem comigo. Não só a beleza e a feiura existem, como repercutem objetiva e subjetivamente em nossas vidas pessoal e social. Dou um exemplo definitivo. Lembre-se do que acontecia com as negras africanas escravizadas e comercializadas pelos árabes muçulmanos (por falar nisso, o tráfico negreiro árabe, através do Saara, durou mais e escravizou e matou muito mais gente do que o tráfico negreiro europeu no Atlântico). As que não eram gostosas e bonitas, encantadoramente bonitas, viam-se destinadas a engrossar a legião das criadas, das pastoras de rebanho, etc. As bonitas e gostosas, diversamente, como escreve o economista franco-senegalês Tidiane N'Dyaie em seu livro *O Genocídio Ocultado*, "podiam ser postas em qualquer harém, desde o do sultão até os dos rapazes a quem as mães ofereciam escravas como presentes de aniversário... As mulheres negras tinham junto aos árabes uma reputação de beleza e de desempenho físico que os faziam procurá-las sem olhar o preço". O árabe, como qualquer pessoa normal, sabia reconhecer a beleza. Reconhecer e cumprimentá-la, como diria Rimbaud. E nunca me esqueço de uma célebre sentença dos antigos latinos: *formosa facies muta commendatio est* – ou: um rosto bonito é uma recomendação muda.

E não era só nos haréns que a beleza era bem-vinda. Em quase todo tipo de comércio também (os eslavos, escravos brancos, já foram procuradíssimos por sua beleza). Em termos sociológicos, aliás, há uma relação facilmente verificável entre beleza física e ascensão social. Corpos bonitos à venda, ok? Quando nos dizem que alguém está vendendo o próprio corpo, o que nos vem à mente é a prostituição. E o sucesso de uma prostituta depende basicamente de duas coisas: beleza e sensualidade. Uma mulher feia pode se prostituir, mas vai ganhar pouco, conseguindo apenas clientes mais pobres ou muito pervertidos. Quem tem dinheiro para gastar bastante com sexo, procura mulheres bonitas, gostosas, sedutoras. São clientes que repetem para si mesmos, ou em roda de amigos, a frase de Vinicius de Moraes, que neofeministas e identitaristas em geral abominam: as feias que me desculpem, mas beleza é fundamental. E não tenham a menor dúvida de que Pelé assinaria embaixo da frase de Vinicius. Com letras garrafais. Mas a prostituição – implicando alguma marginalização social e sexual – não é o único *trottoir* para a conversão do corpo em mercadoria, para o uso da beleza e da sensualidade em função da ascensão econômica. A bonita Vera Fischer contou, numa entrevista, que teve de trepar para garantir sua carreira de atriz. Mas nem é a isso que estou me referindo – e sim a exibições midiáticas de exuberância erótica, ou de beleza e sensualidade. Em nossos dias hipersexualizados, onde cantoras fazem exibições corporais girando a bunda ou simulando o ato sexual, os atrativos físicos, propiciando a transformação do corpo em mercadoria, abrem caminhos para o enriquecimento. Porque nem sempre o exibicionismo sexual e a *performance* erótica são fins em si mesmos. O uso remunerado do corpo facilita a conquista de espaços privilegiados no mercado de trabalho e a projeção na vida, agora com o beneplácito e mesmo o aplauso da sociedade. Não se trata de prostituição *stricto sensu*, mas de profissões aceitas e admiradas, como as de ator-atriz e de modelo para poses e desfiles das grifes. Vemos isso na produção publicitária televisual ou estampada em publicações variadas, de jornais diários à *Vogue*, com anúncios que vão de Vuitton a Swarovski, passando por Chanel, etc. Com uma diferença: da década de 1960 para cá, a beleza branca já não reina sozinha, divide o palco com belezas de outras cores e origens. Felizmente, na minha modesta opinião, o mundo continuará ofertando, para a delícia do nosso olhar, pessoas belas e sensuais, a despertar ou estimular em todos o "doce desejo" – *glukus hímeros*, como diziam os gregos antigos, a propósito de Afrodite. E por que Pelé – logo ele, um sujeito altamente erotizado – não se entregaria ao reino da beleza e ao império dos prazeres carnais?

***

Hoje, do ponto de vista histórica, cultural e humanamente cretino da androfobia neofeminista, Pelé seria um homem como outro qualquer: um opressor, um inimigo. Do ponto de vista da imbecilidade multicultural-identitarista em geral, não. Por quê? Porque ele não é o grande inimigo: o macho *branco* heterossexual do Ocidente democrático. Preto pode até estuprar brancas à guisa de "reparação histórica", como argumentou (e criminosamente praticou) o ex-pantera preta Eldridge Cleaver em *Soul on Ice*, sua autobiografia. Mas o pecado maior, do ponto de vista ressentido e racista desse mulheril ressabiado, exímio em tentar disfarçar mágoas e revanchismos sob a capa ou o verniz de retóricas pseudorrevolucionárias subletradas, era o do casamento de pretos com brancas. Pelé não comia nada dessa gaiva. Conhecia a vida. Numa entrevista ao jornal *O Pasquim*, declarou: "Eu casei com quem amava e, se fosse uma preta, não teria problema. A não ser que ela não gostasse de mim. O que acontece também é que a mulata não gosta de transar com preto. Quando a mulata é bonita, é muito procurada por brancos. E ela vai pela miscigenação". Mas podemos encarar o assunto também de outro ângulo. É que, quando pretos como Pelé ou o também jogador Cláudio Adão namoram ou se casam com brancas, eles estão subvertendo a mitologia senhorial do sexo no Brasil, tecida por pensadores sociais como Gilberto Freyre, por exemplo. Nos termos de tal mitologia, é o homem branco que cavalga e emprenha a mulher negra. Os supramencionados Pelé e Cláudio Adão invertem o jogo, para horror de alguns brancos e gáudio de outros tantos pretos: é o homem negro que seduz, cavalga e emprenha a mulher branca. E isso diz muito.

Antes deles, Leônidas já fazia isso: gol de bicicleta pedalando brancas. Sua primeira esposa foi uma branca chamada Lourdes, como se sabe. Escreve André Ribeiro, compondo a biografia do craque: "Leônidas era assediado por todos. As mulheres, principalmente, corriam atrás do ídolo, como se fosse um galã de cinema. [...]. Com toda essa fama, não iria demorar para que arrumasse uma paixão e ela chegou nesse período de consagração. Lourdes, uma morena bonita [para os brasileiros de então: uma branca], filha de um juiz de direito do Rio de Janeiro, foi a escolhida para ser a esposa de Leônidas. [...]. O pai da noiva não concordava com o casamento, mas, naquela altura, Leônidas era um 'negro famoso'". E alguns anos depois: "Dava para imaginar, então, o que se falava quando saía pelas ruas da cidade com a mulher [a segunda mulher], Iracema, uma loira bonita, vistosa, de curvas insinuantes. O comentário era um só: coisa de negro racista. [...]. Leônidas sempre teve queda por loiras e depois de se separar de sua primeira esposa, Lourdes, passou a viver com Iracema, 'a loira Iracema'. Um homem negro e famoso não deixaria de ser notado andando ao lado de uma loira como Iracema e, para os que gostavam da polêmica, Leônidas só desfilava com uma loira porque era famoso... só isso". É bem verdade que o padrão de beleza dominante durante longo tempo, em todos os segmentos da sociedade brasileira, foi, logicamente, o padrão de beleza da classe e da cultura dominantes: a jovem mulher branca, que só viria a ser destronada entre as décadas de 1950 e 1960, quando o país passou a colocar em primeiro lugar, no seu *ranking* estético feminino, as morenas – naturais ou queimadas de sol. Naqueles tempos, era uma espécie de título de glória para um homem negro, ou mulato um pouco mais escuro, ter um caso ou um casamento com uma branca. E isto ainda vigorava na geração de Pelé.

Mas havia também o outro lado da moeda: o preto e o mulato sempre foram objetos de desejo de brancos. No século XVIII, o jesuíta Antonil já falava do poder sexual do mulato sobre seus senhores e suas senhoras escravistas. E isso atravessou séculos. Se não me falha a memória, foi em *Feiras e Mafuás* que Lima Barreto investiu contra "os marmanjos que, à falta de outras habilidades superiores para a atrair a atenção das damas, se põem por aí seminus a dar pontapés numa bola". E se esqueceu de registrar o inverso: aqueles corpos atléticos, especialmente depois que mestiços entraram em campo, atraíam não só a atenção, mas, sobretudo, despertavam o desejo feminino. Na geração de Pelé, que é o nosso referencial neste ensaio, tínhamos aqui e ali o seguinte quadro: quando o preto ou mulato se tornava rico e famoso, não faltavam brancas que genuinamente se apaixonassem por eles, além daquelas que simplesmente desmaiavam a seus pés, prenhes de fantasias eróticas. Por isso mesmo, quando perguntaram ao jogador Fio Maravilha, do Flamengo, por que preto famoso gostava de se casar com branca, ele acendeu a luz sobre este outro lado da questão. Disse aos entrevistadores que o que eles deveriam fazer era perguntar às mulheres brancas por que elas gostavam de se casar com preto, desde que famoso e/ou rico. E nada mais lhe foi perguntado. Mas a crítica a pretos e mulatos que se casavam com brancas era, pelo menos até inícios da década de 1970, feita por brancos "progressistas" a escurinhos que julgavam "alienados". Foi só mais tarde – a partir do surgimento do Movimento Negro Unificado e, especialmente, entre a passagem dos séculos XX e XXI – que militantes neofeministas "neonegras" investiram pesado contra pretos e mulatos que transavam com aquelas mesmas brancas. Eram os "palmiteiros", como então elas passaram a dizer: comedores de "palmito", cuja cor é branca. Como o líder mulato Abdias do Nascimento, por exemplo, casado com uma branca norte-americana.

Essas militantes não mediram o ridículo em que se metiam. Afinal, argumentavam que cada preto, ao se aninhar no regaço amoroso de uma branca, deixava uma negra a ver navios, sem ter a quem se entregar amorosa e/ou sexualmente. Com relação a isso, começaram então a teorizar sobre uma suposta "solidão estrutural" das negras abandonadas por negros que preferiam brancas. E aqui a gente vê como a palavra "estrutural" adquiriu um peso simbólico ou uma aura mágica em tais discursos políticos, no rastro da esperteza jurídico-ideológica do pseudoconceito de "racismo estrutural", que um plagiário Silvio Almeida (ex-ministro de Lula defenestrado por meter as mãos entre as coxas de colegas do "sexo oposto" no Ministério, na base do, digamos, "taradismo estrutural") copiou da universidade norte-americana e trouxe para cá como se fosse criação dele. Mas esta fantasia ideológica (ou masturbatória) da "solidão estrutural" parece ter sido levada a sério somente em ambientes universitários, "acadêmicos", onde chatíssimas mestrandas e doutorandas de cor, com seus discursos áridos e/ou estapafúrdios, possivelmente afugentavam os machos negros que, de modo explícito ou às ocultas, desejavam. Porque, fora das academias, em meio às negras e mulatas livres e gostosas do Rio de Janeiro, de São Paulo e da Bahia, por exemplo, nunca ouvi nenhuma queixa com relação a isso. Prosseguiam todas, muito charmosas e cheias de si, com seus homens (brancos, pretos, mulatos) devidamente carregados debaixo do braço, dançando felizes e sorridentes em quadras de ensaio de escolas de samba ou em festas populares da gente baiana.

Bem. Pelé jamais aceitaria o discurso racista de movimentos negros e suas neofeministas, pretendendo instaurar um *apartheid* sexual e amoroso no país. Por duas razões simples e fortes. De uma parte, ele sabia muito bem que tal postura segregacionista do "progressismo" racialista contrariava frontalmente toda a formação histórico-social e biológica do povo brasileiro. "Tenho muito orgulho da contribuição do meu país para a cultura mundial. Somos um cadinho de raças, um país onde todos os povos se misturaram de uma maneira especial. Apesar das injustiças... também existe aqui um maravilhoso sentimento de igualdade", disse certa vez. De outra parte, a fantasia ideológica chocava-se, também frontalmente, com a sua história pessoal. Já durante a infância do rei, a casa de sua família em Bauru era frequentada por pessoas das mais variadas cores, incluindo árabes e japoneses, em clima de perfeito convívio e perfeita paz inter-raciais. Ninguém estava preocupado com a cor de ninguém – uma desonrosa exceção, nesse quadro de tranquilidade interétnica, foi o português que espancou a filha, por ela estar namorando com o crioulinho Pelé (falaremos disso adiante). E assim prosseguiu a vida do rei do futebol, em lugares, ambientes e atmosferas de caráter natural ou programaticamente *colorblind*. Quando "progressistas" lhe cobravam atitudes antibrancas, à maneira de um Cassius Clay, respondia dizendo que ele e o futuro Muhammad Ali tiveram experiências de vida bem dessemelhantes, com o norte-americano vivendo numa realidade absolutamente estranha ao cotidiano brasileiro que conheceu: uma sociedade franca e explicitamente segregacionista, com escolas, banheiros e até cemitérios separados para brancos e pretos. Naquele contexto, Cassius Clay-Muhammad Ali sofrera discriminações constantes, sistemáticas e cruéis. Não fora esse o caso dele, Pelé, que viveu a infância e a juventude em meio às misturas e mestiçagens das classes populares brasileiras. E que, já na sua adolescência, teve namoros com uma branca filha de português, uma nissei e uma libanesa. E que tocaria assim o barco amoroso de sua vida, inclusive se juntando a uma japonesa, a nissei Márcia Aoki, em seu último casamento. As neofeministas neonegras que fossem catar coquinho. Ele jamais embarcaria na canoa furada racista do segregacionismo erótico, amoroso, sexual.

***

Pensando em Fio Maravilha (que, aliás, foi premiado com música de Jorge Ben), volto ao tema mulheres-e-futebol. Foi na Copa da Espanha, em 1986, que notei pela primeira vez a considerável extensão do número de mulheres que mantinham uma relação não apenas sublimemente estética, mas francamente erótica, com o futebol. Conversando com uma amiga, já na final daquela Copa, falei que a geração de Falcão não teria o título, mas era brilhante, até excessivamente brilhante (apesar daquele time ter falhas no sistema defensivo e, principalmente, um goleiro de merda). Quando entrei em alguns detalhes, ela se interessou, mas dizendo que, nos jogos da Copa, esteve concentrada apenas na sensualidade, no tesão que alguns craques provocavam – nela e em amigas suas. Tudo bem. Mas só depois me dei conta do óbvio: não havia nenhuma novidade nisso. A visão erótica feminina dos nossos jogadores era coisa bem mais antiga. Em 1926, a poetisa e feminista carioca Anna Amélia Carneiro de Mendonça publicava o soneto "O Salto", por exemplo, onde se lê:

Ao ver-te hoje saltar para um torneio atlético,
Sereno, forte, audaz como um vulto da Ilíada,
Todo o meu ser vibrou num ímpeto frenético,
Como diante de um grego, herói de uma Olimpíada.

Poeticamente, é meio ruinzinho, apesar da fatura técnica. Mas dá uma bandeira e tanto, com a vibração do ser em "ímpeto frenético". Uns doze anos depois, uma poetisa bem superior a Anna, embora num poema também fraco, a ousada Gilka Machado, que dizia sentir "pelos no vento", celebrou a beleza negra e morena de nossos jogadores, ao lado de sua habilidade mais propriamente futebolística, falando de "astros obscuros" e "sóis morenos" a deslumbrar "as louras multidões". Pois é. A minha amiga, curtindo eroticamente a seleção que perdeu no Sarriá, tinha suas ilustres precursoras. E, com a memória já no lugar, fui acrescentando outras peças. É claro que não temos nudez masculina no futebol. Nada que nem de longe se assemelhe ao que acontecia na academia ateniense, no tempo clássico da cultura grega – jovens atletas exibindo seus corpos elásticos para o prazer de outros homens, como o filósofo Sócrates e seus discípulos. Mas, mesmo em nosso comparativamente recatadíssimo futebol moderno, houve um período de oferta mais *sexy* do que a que temos hoje. Foi quando a seleção inglesa causou um tremendo *frisson* em meio ao mulherio, ao entrar em campo com os calções bem curtinhos, na Copa do Mundo de 1966, se a memória não me trai. Foi graças à moda dos calções curtos que as fêmeas puderam curtir as pernas do goleiro Leão. Logo depois da Copa da Espanha, vi também moças deslumbradas com a musculatura das coxas de Ronaldinho Gaúcho – uma namorada minha, inclusive. E Pelé também se refere àquele tempo, numa de suas autobiografias, lembrando das inúmeras partidas que jogou com "as coxas de fora" – e observando que considera mais elegante os calções compridos dos dias que correm. De minha parte, confesso, porém, que, tanto para homens como para mulheres, com relação à maioria dos atletas masculinos e femininos, excetuando obviamente os que têm o corpo deformado pela natureza do próprio esporte que praticam, sou do time dos que preferem coxas à mostra.

Hoje, são as próprias mulheres que estão em campo. Nalguns casos, em alto estilo. A exemplo de Marta. E penso que, juntamente com os avanços do feminismo em matéria de direitos individuais, foi a atual bola de brinquedo que viabilizou o futebol feminino no mundo. Sim. Embora algumas feministas extremas, com o típico pessimismo programático do identitarismo, queiram nos fazer acreditar que a situação da mulher não melhorou (e muito) do começo do século passado para este começo do século XXI, a verdade é que a vida feminina hoje é outra. E, entre as muitas mudanças, as mulheres invadiram o campo retangular da prática do futebol. Coisa que se tornou possível também, como disse, pela bola atual, levíssima e colorida. Conta-se que, presenciando certa vez uma discussão acirrada sobre tipos de bola, entre cartolas envolvidos num torneio internacional, o nosso sábio Mané Garrincha ficou perplexo, sem ver motivo para aquela confusão toda. "Não sei por que tanta onda. Qualquer bola serve, desde que seja redonda". Mas não é bem assim. A bola atual está mais para uma bola de tênis do que para o antigo pelotaço de couro, que era pesado. Daí, de resto, a facilidade com que hoje os jogadores podem chutar do meio de campo para o gol adversário, coisa que, quando Pelé a fez no célebre jogo contra a Tchecoslováquia, na Copa de 1970, era uma proeza. Pelé desferiu aquele chutaço empregando muita força. Foi um chute violento na bola de couro. Hoje, o couro foi abandonado: o que temos é uma bola ultraleve, sintética, "petroquímica". Existe, aliás, um texto maravilhoso sobre essa trajetória da bola – do balão de couro de antigamente, ainda vinculado a um mundo agropecuário, à esfera sintética de laboratório dos dias que correm –, no excelente *El Fútbol: Mitos, Ritos y Símbolos*, de Vicente Verdú. E não foi só a bola. Também a chuteira é outra. Comparativamente, como no caso da bola, a leve e colorida chuteira de hoje em dia está bem mais para uma sapatilha de balé do que para a velha e pesada chuteirona de couro – que, em dias de aguaceiro e lamaçal, parecia pesar toneladas no pé de qualquer pobre cristão. Mas o que realmente importa negritar é o seguinte: a mudança no equipamento do jogador – ou, mais amplamente, na tecnologia esportiva – implica mudança no jeito de jogar. Para dar apenas um exemplo, foi a leveza da bola atual que levou à predominância estilística da batida "de chapa" (com a lateral interna do pé) no futebol de nossos dias. E a mudança tecnológica, da bola à chuteira, propiciou a expansão e o desenvolvimento do futebol feminino.

Mas o que desejo sublinhar, fechando este subtópico, é outra coisa – a sensualidade. O neofeminismo puritano de nossos dias sonha em sequestrar a sexualidade das mulheres. E, entre as suas muitas cretinices, está a de defender o uso de uniformes menos sensuais em práticas esportivas. Nos jogos olímpicos de Paris, imbecis da grande mídia identitarista (no Brasil, a Rede Globo) aplaudiram a decisão de que as filmagens dos jogos evitassem mostrar a beleza do corpo das mulheres. O erotismo muscular das fêmeas. Uma estupidez, claro. Não só porque muitas mulheres, assim como muitos homens, nadam em praias narcísicas, adorando se exibir. Nem só porque boa parte da beleza de esportes como o futebol e o vôlei, ou a chamada "ginástica olímpica", por exemplo, está na movimentação corporal, na semiótica de corpos em ação. Mas, também, e é aqui onde o neofeminismo puritano (tão diferente do feminismo libertário dos tempos contraculturais) é mais burro, muitas das nossas esportistas, como as da seleção feminina de futebol, estão ali mostrando a sua beleza não só para homens, mas principalmente para outras mulheres. Muitas delas são lésbicas, além de narcísicas, mantendo relacionamentos homossexuais públicos, a exemplo da grande jogadora Marta, que, como todos sabem, é casada com uma mulher.

***

Falamos, a voo de pássaro, das relações de jogadores de futebol com prostitutas e cônjuges. E vamos adiante. Para eles, a meio caminho entre as putas e as esposas, ficavam as namoradas. E Pelé teve muitas delas, incluindo a cantora Gal Costa, que até poderia não ser lá mulher tão bonita assim, mas era muito, muito gostosa. Mas a mais badalada de todas foi Xuxa, modelo que se tornaria estrela da televisão brasileira. "Um dos relacionamentos mais escandalosos que tive depois de Rose [a primeira esposa] foi com Maria da Graça Meneghel, a Xuxa. Conheci-a quando ela estava com 16 anos de idade. Estávamos fazendo uma sessão de fotos no Rio para a revista *Manchete*, na qual eu aparecia com ela e outras duas modelos". Uma delas era a bela Luiza Brunet, por quem Pelé se encantou (pudera!). "No mesmo dia, conheci também a Luiza Brunet, na casa do [empresário] Alfredo Saad, em Copacabana, onde moro de graça quando estou no Rio, há mais de vinte anos. [...]. Fiquei louco pela Luiza Brunet, uma graça de garota, e a convidei para ir a um *show* da Gal Costa. Mas ela disse que não podia, porque o marido viria buscá-la em seguida. Nem acreditei, porque achei que ela era muito menina para ser casada. Mas era verdade. Então, a Xuxa se convidou. Pensei que não era legal, que ela era muito menina [Pelé não transava com virgens, nem com mulheres casadas – "não quero confusão para o meu lado"]. Bati um papo com ela e ficou ainda pior, porque me contou que era virgem. Na base da brincadeira, eu dizia que ela devia tratar de resolver o problema da virgindade com o namorado e que, aí sim, poderíamos transar". Xuxa tomou as providências necessárias: deu para o namorado, deixou de ser virgem, ganhou Pelé. Mas o relacionamento dos dois, como o de todos nós, apresenta aspectos contraditórios. É interessante ver Pelé fazendo, ao mesmo tempo, duas coisas que se anulavam. De uma parte, conseguiu recolher todas as fotos sensuais da moça (nuas, inclusive), que tinha posado para diversas revistas "masculinas". De outra, arranjou para ela papéis de destaque no cinema pornô. Como conciliar as duas coisas? Além do mais, é claro que é uma perversão erótica você descolar papéis fílmicos obscenos para sua mulher. Por fim, Pelé fala que o que rolou entre os dois foi um "relacionamento aberto". Mas Xuxa adverte: "aberto" só para ele: Pelé podia transar com quem bem entendesse; ela, não – com ninguém. E ele vinha sempre com o mesmo discurso: quem a traía não era Edson, mas Pelé. Falava, de resto, com tamanha convicção, que Xuxa sempre se mostrou impressionada com o fato de Pelé viver realmente imerso no universo da dupla personalidade.

Ouçamos uma parte, Pelé *speaking*. "Sei que fui importante na vida dela. Fui eu quem, por exemplo, recolheu todas as fotos que ela tinha feito nua. Todas. Falei com os Civita, da Editora Abril, com os Bloch, da *Manchete*, com o fotógrafo Luís Tripoli, que fazia as fotos dela – tinha foto dela até em cima de táxi, em Nova York, com a bunda de fora –, e todos foram muito legais, compreenderam o meu esforço. Afinal, ela era uma menina sem maldade, muito natural, que encarava a nudez com a maior tranquilidade, tomava banho de sol nua para não ficar com as marcas de biquíni. A minha família não toleraria. O Roberto Civita me deu uma mala de fotos e negativos. O Adolpho Bloch também e o Tripoli do mesmo jeito. Entreguei tudo para ela e disse: 'Pronto, está tudo aqui. Ninguém vai usar mais. Quem trabalha com crianças, precisa se cuidar'". De outra parte, como disse, ele descolava papéis picantes para a mesma Xuxa em filmes "para adultos": "Ajudei a Xuxa a decolar na carreira, apresentando-a a alguns amigos meus que faziam filmes considerados, naquela época, um tanto picantes. Ela fez o papel principal num deles e isso lhe valeu um convite para posar para a *Playboy*. Foi parar na capa da revista...". Tudo é um tanto confuso aqui. Temos o domínio do macho sobre a fêmea, como a permissão exibicionista, prazerosamente perversa, de que esta mesma fêmea seja virilizada diretamente por seus parceiros fílmicos e virtualmente por uma manada de espectadores machos. Entendo perfeitamente, claro. Vejo o que alguns diretores de teatro e de cinema fazem com suas mulheres. Mas não posso deixar de assinalar o fato. E de deixar uma observação. Xuxa, aos olhos de Dona Celeste (que condenava ao inferno mulheres que usavam maiô), não passaria de uma putinha. Angelical, talvez, mas putinha. E Pelé, nesse caso, seria uma estranha espécie de gigolô às avessas, oferecendo a mulher não por dinheiro, mas por algum tipo de prazer. Foi por isso mesmo que ele nunca se casou com Xuxa. Era melhor desfrutar aquele belo par de coxas bem longe da repressão familiar.

***

O preconceito contra o homossexualismo é coisa mais do que arraigada no mundo futebolístico em geral, apesar do caráter "difusamente homossexual" deste mesmo mundo. Em tudo quanto é canto do planeta – e também no Brasil. A frase "futebol é pra homem", que se ouvia em todas as regiões do país, dita tanto em simples peladas quanto a propósito de eventos profissionais, pelo menos até ao final do século que passou, excluía os veados do jogo. Eles teriam que se contentar com o estatuto de torcedores. Ou, no máximo, de bandeirinhas e juízes, como o então famoso Armando Marques, por exemplo, que o Maracanã lotado recebia aos gritos de "bicha! bicha!" – o "meu grito de guerra", chegou ele a dizer, em entrevista ao jornal *O Pasquim*. Claro que havia veados dentro de campo, mas era coisa mantida na clandestinidade. Ninguém saía do armário. O preconceito predominava. Existiam até mesmo torcedores e jogadores agressivamente heterossexuais, sempre dispostos a dar porrada nos veados que eventualmente cruzassem o seu caminho. Mas a verdade é que a coisa tinha a sua face ambígua ou mesmo contraditória. Porque vigorava uma distinção drástica entre ativo e passivo, na ideologia sexual brasileira de décadas atrás – e ainda hoje predominante em meio às classes populares do país, estabelecendo o seguinte: é homossexual apenas quem dá, não quem come. Veado é quem se deixa penetrar por outro homem. E tal entendimento, por assim dizer, está na base mesma de nossa formação cultural.

É um princípio, digamos assim, que vigorava já entre nossos índios. Sim. O homossexualismo – tanto masculino, quanto feminino – foi praticado sem maiores problemas em toda a sociedade tupinambá (e tupiniquim, obviamente). Embora praticantes passivos do "pecado nefando" ou lésbicas pudessem eventualmente ser feridos por farpas verbais, o homossexualismo era fato corriqueiro do cotidiano ameríndio. Aqueles grandes e temidos guerreiros tupinambás gostavam de acariciar – e se deixar acariciar por – pessoas do seu mesmo sexo. Juntavam os seus corpos nus aos corpos nus de outros homens, entregando-se aos jogos da volúpia. Homossexuais abriam casas públicas ao longo dos caminhos mais frequentados pelos guerreiros, a fim de recebê-los em seus braços. Enfim, como bem disse o sociólogo Florestan Fernandes, em *Organização Social dos Tupinambás*, "a sodomia recebia o beneplácito social". E, como notei, havia uma visão diferenciada dos indivíduos envolvidos num engate homossexual, a depender de suas supostas posições no coito: passivo = bicha, veado; ativo = macho e mesmo valente. E os tupinambás tinham, em seu léxico erótico, uma palavra sonoramente muito sugestiva para designar o homossexual passivo: "tivira". Ainda no dizer de Florestan, os índios que eram "pederastas ativos se orgulhavam daquelas relações, considerando-as manifestações de valor e valentia". Também entre os negroafricanos vamos encontrar esta mesma divisão entre ativos e passivos, com o entendimento de que estes é que seriam os efeminados, os veados, ao passo que aqueles em nada veriam diminuída a sua macheza. Tome-se o caso dos nagôs. Em iorubá, "adofuró" é o efeminado, o homossexual – literalmente: o "que tem relações sexuais pelo ânus", o que dá a bunda. Quem come, não é veado. A este propósito, de resto, me vejo sempre a recordar o que costumava dizer uma amiga lésbica, quando algum homem não se julgava homossexual pelo fato de ter sido o ativo na transação: "Meu amigo, quem monta no cavalo, pega na rédea".

De qualquer sorte, herdamos isso. O povo brasileiro faz a mesma distinção e juízo, distinguindo entre ativos e passivos. E o preconceito se manifesta contra estes. Contra os veados. E é claro que tal valoração, cristalizada na ideologia sexual popular do país, teria sua vigência no ambiente futebolístico, sendo assim reproduzida pelos jogadores. Os ativos não só desprezariam publicamente os passivos, como evitariam ser identificados, também publicamente, mesmo como ativos. Homem, homem mesmo, manteria distância de veados. Garrincha e Pelé, evidentemente, não fugiam à regra. Temos exemplo de Garrincha debochando de jogador que transava com veado. E Pelé nunca fez por menos. São muitos os exemplos disponíveis em que o preconceito transparece ou mesmo se expressa com clareza em declarações e comentários seus. Ao mesmo tempo, na prática, tudo foi sempre muito mais embaralhado. Pelé não passou imune por isso. Chegou a penetrar num homem e a gozar dentro dele. E foi o seu jogo de estreia. Nem precisou que ninguém revelasse a história. O próprio Pelé contou, na primeira entrevista que deu à *Playboy*, em princípios da década de 1980: "Minha primeira experiência sexual foi com uma bicha que nosso time inteiro comeu lá em Bauru, mas depois não tive mais esse tipo de transa". Quando a revista foi publicada, vendo a repercussão da confissão, Pelé recuou. Quis desmentir o fato. Mas a verdade é que não foi nada convincente. Prefiro ficar então com outro comentário seu, numa entrevista também à *Playboy*, dada treze anos depois da primeira. O jornalista pergunta: "... das coisas que você fez pela vida afora, o que não faria se começasse tudo outra vez?". Pelé responde: "Eu faria tudo de novo. Não me arrependo de nada do que fiz". Logo, o que podemos concluir é que o rei não se arrependeu de ter comido a bicha de Bauru.

***

Quando falo de preconceito contra homossexuais, costumo me lembrar sempre do que me disse certa vez o cineasta Laonte Klava, numa conversa domingueira em Ribeirão Preto, no interior de São Paulo. Alguém perguntou a ele se um determinado publicitário era veado. E Laonte, maravilhoso: "Digamos que ele gosta de ver as coisas de outro ângulo". Caí na gargalhada, obviamente. E nunca me esqueci da observação. Mas vamos adiante.

O preconceito anti-homossexual, por outro lado (e bota "outro lado" nisso), já deixou muitos jogadores em situação, digamos, delicada. Até hoje ninguém sabe direito o que rolou no programa do centroavante Ronaldo com travesti no Rio de Janeiro. Mas há diversos outros casos e um bastante divertido, que pode até ser visto como uma revanche involuntária da veadagem... A história aconteceu numa parada do Botafogo em Paris e nos foi narrada pelo nosso já tão citado João Saldanha. Conta ele que, depois do almoço, os jogadores Amarildo, Amoroso e Tião Macalé, juntamente com o jornalista Sandro Moreira, foram dar um rolê pela cidade. Estavam no terraço de um café, quando três mocinhas, sentadas em outra mesa, começaram o flerte. Não pareciam putas e deveriam ter 16 ou 17 anos. Acabaram pedindo uma fortuna por um programa e os jogadores toparam – Amarildo à frente, já muito a fim de umas das lourinhas. Pegaram dois táxis e se mandaram. As garotas levaram os três para a casa de uma certa madame, que controlava tudo e, para a sorte da turma, falava espanhol. Amarildo resumiu, quando o trio já estava de volta ao hotel, à noite, conversando com outros jogadores: "Só entra lá bacana. As garotas são mocinhas. A dona nos fez jurar que respeitaríamos elas. A gente podia brincar e coisa e tal. Sabe como é, não é? Beijinho pra lá, beijinho pra cá, mas sempre respeitando os limites. As garotas são mocinhas. Não são vigaristas. São estudantes e do comércio que, sabe como é, né? A vida está cara e fazem seus biscates. Mas tudo limitado. É como disse a madame, amanhã uma delas se casa... então a gente tinha de respeitar. Tinha mais umas três ou quatro que estavam lá. Eu não larguei a minha, pra não fazer sujeira". Os demais jogadores, excitados, quiseram entrar no barco também. Tomé: "Dá logo o serviço, onde é o negócio?". Tião Macalé, esnobando, falou: "Sossega, rinoceronte. Aquilo lá é só pra gente bem". Garrincha entrou de sola: "Não enseba, crioulo. Se elas toparam você, é porque devem ser taradas. Era só pra ter macaco no meio. Não bota banca e dá logo a dica". Amarildo segurou: "Agora, não adianta. Quando eram umas 7:30, a madame mandou a gente cair fora. As meninas tinham de ir para casa. Só amanhã depois das duas da tarde. Mas não pode ir todo mundo. Nós três vamos voltar. É uma nota alta. Só deve ter umas sete ou oito garotas". Didi: "Não tem importância, a gente faz uma festinha. Todo mundo vai se portar bem". E Tomé, curioso: "Que tal é a velha?". Amarildo: "Não é muito velha. É uma coroa assim... de uns 40, 45 no máximo. Ela veste o fino e é bonitona. Usa uma piteira de ouro". Tomé, já sonhando: "Eu sou louco por uma mulher de piteira".

No dia seguinte, apareceu um jornalista francês do *L'Équipe*, atrás de uma entrevista com Garrincha. Ora, Mané não queria saber de porra de entrevista nenhuma, mas de curtir as mocinhas na tal casa da madame. Como não falava francês, foi até Saldanha e pediu: "O senhor quer dizer pra ele não me chatear?". Saldanha explicou então ao jornalista que os jogadores tinham marcado um programa, uma festinha íntima, etc. O cara quis ir junto. Saldanha falou então com Tomé (que, àquela altura, já estava "no comando das ações"): "Talvez seja bom que esse cara vá. Pode até servir de intérprete. Depois, parece ser um sujeito vivido e não irá atrapalhar. Vocês podem deixar ele com a velha". Tomé concordou, com uma ressalva: "A velha, não". Tudo acertado, seguiu então o feliz octeto ao encontro das meninas. Iam os três da véspera, mais Tomé, Garrincha, Didi (dizendo que "ia só para olhar"), Neivaldo e o jornalista francês, que, ao chegar à casa de madame, foi logo dizendo "parece que eu conheço este lugar". Era um pouco cedo, mas eles entraram. Deixo o resto da história com Saldanha: "Amarildo foi andando na frente, dirigindo-se ao salão principal, com jeitão de conhecedor do ambiente. Não demorou muito e apareceu a madame. Tomé entusiasmou-se logo e foi dizendo ao Amarildo: 'Essa é minha. Hoje, não estou a broto'. A madame dirigiu-se ao Amarildo: 'Buenos dias, amiguito. Veo que volvieran. Pero es temprano todavia. Hay que tener paciencia' – falou com uma voz rouca e Tomé exclamou com cara de fauno: 'Sou louco por mulher de voz grossa. Vai ser o fino'. E seguiu com o olhar o rebolado da madame que foi telefonar. Nisto, o jornalista francês [que também falava espanhol], meio embaraçado, perguntou ao Tomé: 'Mas vocês estão bem certos de que é aqui o programa com as garotas? Eu bem que estava conhecendo isto. Sabem que é esta madame? É o famoso travesti, Madame Arthur. É o dono de um cabaré de espetáculos. Aqui não tem mulher. Aqui é...

é… bem, aqui é tudo homem, quer dizer, são travestis. É isso que vocês querem?!?!'".

Final da história, ainda com Saldanha: "Quando Madame Arthur voltou, a sala já estava vazia. À noite, no avião que nos levava para Madri [próxima parada para jogo do Botafogo], de vez em quando uma voz em falsete imitando mulher gritava: 'Amoroso, *chéri*, Amoroso, queridinho, me dá um beijinho, meu amor…'. Daí a pouco, outra voz no mesmo tom: 'Amarildo… meu sonho… me dá um beijinho'… Até o Sandro Moreira quis gozar, mas Garrincha protestou: 'Você, não. Você também pensou que eles eram elas'. O Sandro não gozou mais. Mas a voz esganiçada, imitando mulher, continuava a chatear: 'Tião, *mon amour. Viens ici…*'".

***

Aqui chegando, deixo mais uma observação. Se alguém esperava que, a respeito dos temas que acabei de tratar, eu partisse para cima de Pelé com a mesma disposição esquartejadora de tantos zagueiros que o caçaram em campo, frustrou-se. Para esse tipo de gente, tenho a dizer o seguinte. Hoje, que a noção das coisas se perdeu e muitos acham, por exemplo, que fazer política é ser promotor ou testemunha de acusação, lembro que não estou escrevendo para julgar Pelé. Conheço dezenas e dezenas de machistas e homofóbicos – e, infelizmente, nenhum deles joga igual a Pelé. É isto o que realmente importa. Repito, então, que não estou aqui nem para defender nem para acusar Pelé. Apenas para apreciá-lo. Estética – e sociologicamente.

10. BOLÍTICA

Por que milhões de brasileiros acordam cedo todos os dias e viajam de ônibus ou trem por horas a fio para manter um trabalho cansativo e mal pago, quando as pessoas que estão no poder são um bando de escroques? Viajei por todo o mundo e vi países com menos recursos naturais do que temos aqui, mas onde há sistemas adequados de saúde e educação. O Brasil é tão rico de tantas maneiras, mas está cheio de favelas, com a saúde pública em estado deplorável, a educação também, e ainda há muita gente roubando dos pobres. Por que precisa ser assim?

– Pelé.

Roubei a expressão trocadilhesca – a palavra *port-manteau* "bolítica" – de um dos textos sobre futebol que o poeta (e semioticista) Décio Pignatari publicou na imprensa brasileira, em meados da década de 1960. Futebol e política. Quando tratam do assunto, alguns observadores ("progressistas", principalmente, numa época em que, diferentemente de hoje, "todo mundo no Brasil era de esquerda", como disse, surpreso, o crítico literário austríaco Otto Maria Carpeaux) costumam equacionar futebol e alienação. E há mesmo quem, na esteira de Marx, trate não só a religião, mas também o futebol, como "ópio do povo". No meu modo de ver, o verdadeiro ópio do povo é o trabalho, afastando as pessoas das melhores e verdadeiras ocupações da vida, mas esta é outra questão. Em todo caso, há quem discorde dessa visão do futebol como coisa alienante. É o caso do filósofo tchecoslovaco Vilém Flusser, judeu nascido na Praga de Franz Kafka, que viveu um bom tempo aqui no Brasil. Vilém trata do assunto em seu livro *Fenomenologia do*

Brasileiro: Em Busca de um Novo Homem – publicado originalmente em alemão, com o título *Brasilien oder die Suche nach dem Neuen Menschen: Für eine Phänomelogie der Unterentwickklung* ("Brasil, ou a Procura de um Novo Homem: Para uma Fenomenologia do Subdesenvolvimento"). Escreve Flusser, com provável referência à vitória do Brasil na Copa do México, em 1970:

"Do ponto de vista histórico, seria fácil dizer que o futebol no Brasil é o equivalente do circo romano, com a diferença de que lá ofereciam circo e pão, e aqui futebol apenas. Tal ponto de vista insistiria no fato de ser o futebol instituição importada e financiada pela burguesia a fim de dirigir energias para canais inofensivos e até sustentadores da situação, como prova o campeonato mundial recente. Seria fácil argumentar isto, mas então se perderia a essência do fenômeno a ser evidenciado. O ponto essencial é que o futebol é muito bem estruturado, com acontecimentos previsíveis, com participação emocional violenta, mas sem engajamento nem risco. Faz parte de um mundo autônomo, mas com pontos de contato suficientes com o outro mundo, para permitir projeção de frustrações e sua sublimação. Trata-se de um mundo consistente e permanente que rivaliza com vantagem, nestes aspectos, com o primeiro. Mundo hierárquico [...], que permite valoração, portanto ética e regras de comportamento; mundo no qual os atores são profissionais (portanto, assalariados pagos), que portanto não passam de objetos manipuláveis, até quando transformados em ídolos e mitos (como deuses do paganismo). Tudo isto permite ao proletário, que foge para tal mundo e nele se abriga, estabelecer laços concretamente humanos com seu próximo – laços de conhecimento, emoção e valores. Com efeito: permite estabelecer esses laços com intensidade e autenticidade não alcançável em não importa que outro mundo. Laços que não se restringem, em sua autenticidade, apenas a este mundo, mas extravasam [...]. O quanto tal mundo invade os outros, o campeonato mundial recente o demonstra. [...]. Do ponto de vista histórico, pode ser argumentado que a onda de entusiasmo popular que o campeonato provocou manifesta manipulação e organização deliberada de cima, mas não se captaria o fato. Trata-se de uma onda espontânea que rompeu as fronteiras do futebol para se alastrar pela cena [social] inteira".

A essa altura, Flusser avança para afirmar que o futebol brasileiro é "ontologicamente diferente" do futebol europeu. Não vou afirmar que ele esteja certo ou equivocado. Mas, como acho importante que um filósofo tenha se debruçado sobre o assunto, reproduzo o seu pensamento. "Lá [na Europa] não passa de fuga alienada aberta ao proletariado. Aqui serve de canal para relação autêntica intra-humana. Lá faz esquecer uma dura realidade. Aqui é a realidade [...]. Isto prova que o termo alienação é relativo, aspecto este óbvio no Brasil e encoberto na Europa. Alienação tem significado relativo à realidade e estar alienado significa estar separado da realidade. Pois a realidade não é problema concreto na Europa (embora seja problema especulativo), porque há consenso quanto à realidade: o processo histórico objetivo. [...]. No Brasil, a realidade é problema concreto (embora talvez não seja problema especulativo). Se o proletário se realiza existencialmente no futebol, de forma que tal realização extravase as fronteiras do futebol e invada todos os campos e dê sentido à sua vida, como negar-lhe realidade? Como falar em alienação? Mais adequado seria dizer o seguinte: a alienação que propele o proletário rumo ao futebol dá um salto qualitativo e resulta em verdadeiro engajamento. Por este salto, o proletário abandona uma realidade para descobrir nova realidade, a realidade do futebol, pelo menos tão real quanto a abandonada. Pelo menos tão real, porque é nela que o proletário pode buscar a felicidade. E trata-se de uma realidade no jogo. De modo que o salto dialeticamente qualitativo de alienação em engajamento resulta em nova forma de vida real, a saber: vida real no jogo. É verdade, o jogo em questão é relativamente simples e pouco elaborado, e a vida nele portanto relativamente pobre. [...]. Não importa. O que importa é que está surgindo no Brasil um autêntico, espontâneo, não deliberado *homo ludens*. Um homem que trocou a realidade social e econômica por outra, igualmente real, mas de estrutura e de vivência totalmente diferente. [...]. Um homem para o qual arte é melhor que verdade, para falarmos nietzscheanamente [...]. De modo que é possível afirmar que no Brasil se dá um processo (não apenas no futebol, mas também nele) no qual, por alienação de uma realidade esgotada, é descoberta outra: a realidade do jogo".

Mas passemos da filosofia para a sociologia, onde é mais simples pousar e plantar os pés no chão. E façamos isso recorrendo a estudiosos do assunto, como o brasileiro Roberto DaMatta e o inglês Richard Giulianotti. De cara, em sua introdução à coletânea *Universo do Futebol*, que ele mesmo organizou, DaMatta afirma sua total insatisfação com "uma matriz sociológica dominante, que é por demais economicista". É dessa "matriz economicista" que se projeta a tese mecânica do futebol como "ópio do povo". DaMatta: "O futebol é um ópio da sociedade brasileira do mesmo modo que o domínio do econômico é sua base. Como se futebol e economia fossem realidades exógenas, que pudessem existir em isolamento da sociedade. Deste ângulo, o futebol é visto como um modo de desviar a atenção do povo brasileiro de outros problemas mais básicos. Se estivéssemos, porém, diante de um partido político ou de uma atividade econômica, a mesma equação poderia ser realizada, mas, com toda probabilidade, o cientista social teria mais cuidado em dizer que um certo partido é 'um ópio do povo', simplesmente porque na sua concepção de sociedade, a 'política' ou a 'economia' são coisas mais sérias e relevantes do que o 'esporte' ou o futebol. [...]. Realmente, é fácil observar que todos os 'ópios' são sempre aquilo que consideramos 'atividades fáceis', 'dispensáveis', 'ilusórias'. Dimensões de nossa realidade social que não podem ter o mesmo valor do *trabalho* e/ou da *guerra*; estas sim, atividades 'reais', determinantes, finais e – por tudo isso – causativas. É porque temos tais concepções que podemos situar a religião como um ópio; o trabalho como necessidade, virtude ou castigo; a guerra como uma obrigação e um dever, estabelecendo entre eles escalas de realidades diferenciadas. Assim, a devoção da religião seria menos importante do que a obrigação do trabalho e o dever da guerra". Em comparação com o trabalho, que Marx via como a essência da humanidade, também o futebol, como a arte, é coisa inconsequente, secundária e mesmo supérflua, do ponto de vista da sobrevivência da espécie. DaMatta, ainda: "De acordo com esta tese utilitarista, se o futebol existe socialmente como uma instituição importante, é porque ele deve estar desempenhando um certo papel social bem determinado em relação à sociedade. No caso, o seu papel é desviar a atenção e mistificar o povo. Ou seja, só quem sabe o real papel do futebol na sociedade brasileira é a camada dominante (que o utiliza como ópio das massas) e os críticos da sociedade. A massa permanece na escuridão de sua idiotice crônica, incapaz de perceber seu sistemático engano". Ao contrário da matriz mecanicista-economicista, DaMatta defende, corretamente, que o futebol faz parte da sociedade tanto quanto a sociedade faz parte do futebol. E acredita que "o futebol é uma forma positiva de cidadania". Como veremos a seguir, em sua leitura do futebol como dramatização da vida brasileira.

O ponto de partida do antropólogo, como se lê em "Esporte na Sociedade: Um Ensaio sobre o Futebol Brasileiro", está na compreensão de que o que vemos, no futebol, "é a própria sociedade exprimindo-se por meio de uma certa perspectiva, regras, relações, objetos, gestos, ideologias, etc.". É a partir daí que ele vai situar o futebol enquanto espaço de dramatizações do nosso mundo social. "Se o futebol é bom para ser visto, ele também serve para dramatizar e para colocar em foco os dilemas de uma sociedade". Entre as dramatizações possíveis, destaco a seguinte. "Trata-se da reificação que o jogo permite, quando deixa que uma entidade abstrata como um 'país' ou um 'povo' seja experimentada como algo visível, concreto, determinado. Como uma equipe que sofre, vibra e vence adversários. Como um time que reage aos nossos incentivos positivos e negativos. Ora, num país onde a massa popular jamais tem voz e quando fala é através dos seus líderes, dentro das hierarquizações do poder, a experiência futebolística parece permitir uma real experiência de 'horizontalização do poder', por meio da reificação esportiva. Assim, o povo vê e fala diretamente com o Brasil, sem precisar dos seus clássicos elementos intermediários, que, sistematicamente, totalizam o mundo social brasileiro para ele, e em seu nome. É pelo futebol, então, que se permite à massa uma certa intimidade com os símbolos nacionais. E é só nos dias dos jogos da seleção brasileira que se pode observar o povo vestido com as cores da bandeira nacional, vivendo uma experiência concreta de 'união nacional'. Nestes momentos... os símbolos sagrados da pátria (que, no Brasil, são cercados de regras em termos do seu uso), deixam de ser propriedade das camadas dominantes e, sobretudo, do 'governo' e das 'autoridades', para se disseminarem pelo meio da massa anônima, que com eles celebra uma relação de franca e desinibida intimidade".

Prossigamos com DaMatta: "Essa experiência de união e de totalização do país em algo concreto é uma poderosa dramatização que o futebol permite realizar e que por certo transcende os seus usos e abusos pelo governo". Para completar: "Longe, pois, de ver essa experiência futebolística como o protótipo do material que governos autoritários podem mobilizar em proveito próprio, quero acentuar o lado positivo (ou liminar) da experiência com o futebol no seu sentido mais amplo e generoso, quando ela permite à massa destituída ter o sentimento de totalidade nacional, do valor do povo representado pelos seus ídolos e, mais importante que tudo isso, da vitória plena e merecida".

***

Mas ainda aqui, em horizonte sociológico, podemos descer do plano mais conceitual de DaMatta para o solo mesclado deste plano e do plano mais factual. Neste caminho, o que vou fazer é mais uma citação talvez excessivamente longa – em todo caso, importante –, em vez de eu mesmo teorizar sobre o tema: futebol, política e sociedade. Transcrevo portanto, a seguir, uma passagem do livro *Sociologia do Futebol – Dimensões Históricas e Socioculturais do Esporte das Multidões*, de Richard Giulianotti.

> "O autor de sátiras romano Juvenal foi quem primeiro desenvolveu a tese de que oligarquias políticas podiam ser sustentadas fornecendo pão e circo (*panem et circenses*) para as massas. Desde então, frequentemente é sugerido que uma influência maquiavélica está por trás da popularização dos esportes. As nações da Europa meridional e da América do Sul tendem a receber essa acusação mais frequentemente. Umberto Eco pergunta a respeito de sua Itália nativa: 'A luta armada é possível no domingo da Copa do Mundo?... É possível ter uma Revolução em um domingo de futebol?'. Sebreli delineia uma relação crítica entre as 'massas' do futebol e a emergência da alienação social, do fascismo e do populismo. Em Portugal, durante a revolta para depor o regime de Salazar, em 1974, o número de pessoas presentes nos jogos de futebol foi reduzido à metade – indicando que envolvimento com esportes e agitação política eram duas práticas mutuamente excludentes (Hammond). De maneira mais severa, um artigo anterior de Lever havia considerado o futebol brasileiro efetivamente ópio do povo. Rachum concordou, argumentando que o futebol 'indubitavelmente tendia a aliviar as possíveis tensões sociais e políticas'.

Mason acusa Lever de fazer uma 'análise instigante, mas fundamentalmente errada' da relação social do futebol brasileiro com a política. 'O jogo jamais consegue eliminar o conflito causado pelas grandes desigualdades de riqueza. Em algumas ocasiões, os clubes de futebol foram organizações de vanguarda para promover a democratização do Brasil'. Outros compartilham do otimismo de Mason: o futebol 'pode ser uma das fontes de um autêntico nacionalismo brasileiro, popular e, ao mesmo tempo, libertador, e mais diretamente persuasivo do que campanhas polêmicas da esquerda contra empresas multinacionais' (Evanson).

Mais três críticas dessa tese funcionalista de 'falsa consciência' [do futebol como instrumento de manutenção de uma determinada ordem social] podem ser acrescentadas. Em primeiro lugar, empiricamente, existe uma ampla evidência histórica para mostrar que o futebol pode tornar as massas aptas a protestar contra a elite dirigente. Por exemplo, os torcedores do futebol escocês expressaram, nos jogos internacionais, sua oposição aos governos conservadores profundamente impopulares, escolhidos principalmente pelos eleitores ingleses. Na África do Sul, no auge do *apartheid*, o futebol forneceu um dos poucos caminhos legais pelos quais os africanos puderam se organizar para debater e contestar seu *status* marginal (Nauright). Quando a Romênia se classificou para a Copa do Mundo de 1990, vencendo a Dinamarca em Bucareste, os torcedores estenderam as comemorações, que rapidamente se transformaram em protestos antigovernamentais e tumultos. Ceausescu não conseguiu reprimir esses sentimentos em uma manifestação pública, e foi deposto logo depois. Na América do Sul, o futebol foi um dos primeiros fóruns de protesto para os paraguaios durante o reinado de Stroessner (Archetti). No norte da África, o estádio de futebol é uma 'arena privilegiada' para a disseminação e expressão do protesto político ou da revolta, particularmente entre os jovens.

Em segundo lugar, a tese do 'pão e circo' é enraizada em um desdém intelectualista por esportes, simplesmente ocultando um desdém subjacente pelas 'massas'. A Escola de Frankfurt tem exemplos notáveis, uma vez que eles fazem uma crítica que desdenha a 'cultura de massa' do período pós-guerra, por impressionar o povo consumista com a trivialidade de jogar e assistir a jogos (Adorno; Baudrillard). Em terceiro lugar, é cada vez mais difícil identificar, nas sociedades complexas, como interesses competitivos e muitos elementos sociais diferentes interagem e funcionam para beneficiar o todo. Nitidamente, o futebol 'procura cumprir muitas funções e servir a muitos senhores' (Taylor); esses incluem jogadores amadores, espectadores, clubes particulares, patrocinadores, novos mercados de futebol, diferentes governos e sistemas sociais. É impossível esboçar, em termos funcionalistas, como esses interesses interagem para preservar alguma ordem social imaginada".

O panorama é precioso. Mostra que a realidade é bem mais complexa do que sonha o vão sociologismo de muitos teóricos. Sim: o buraco é mais (bem mais) embaixo. E concordo com praticamente tudo que Giulianotti diz – em especial, com sua crítica, que considero certeira, ao elitismo descalibrado de Theodor Wiesengrund-Adorno e da sempre tão festejada Escola de Frankfurt. Mas não vejo necessidade, aqui, de mergulhar nessas águas confusas. Até porque eu não teria nada de conclusivo a dizer: a complexidade do assunto inviabiliza cada tese parcial, particular, que nos é apresentada. De passagem, acrescento apenas, ao elenco das informações fornecidas por Giulianotti, o caso extremo do Dínamo de Kiev durante a ocupação nazista da Ucrânia, tal como o examinou Andy Dougan em seu livro *Futebol & Guerra – Resistência, Triunfo e Tragédia do Dínamo na Kiev Ocupada pelos Nazistas*. A história é a seguinte. Depois de submeter Kiev e sua população, os invasores alemães acharam por bem relaxar um pouco as comportas, na base da lição romana do pão & circo, abrindo espaço para o retorno da prática do futebol, esporte tão amado pelos ucranianos. Neste passo, ex-jogadores que se opunham implacavelmente aos alemães se reuniram num time de futebol – o antigo Dínamo de Kiev, na verdade –, agora com o nome de F. C. Start. Acontece que o time bateu os demais, venceu visitantes da Hungria e a equipe da guarnição romena, começou a mobilizar uma torcida considerável e, por isso mesmo, a preocupar o exército invasor. Afinal, lembra Dougan, cada vitória do Start/Dínamo elevava o orgulho e o ânimo da população de Kiev. "Uma população que, se não totalmente acovardada, estava se tornando submissa, encontrava agora no F. C. Start um motivo de união". Os jogadores se tornavam heróis populares. E a equipe, um "foco simbólico" da resistência kieviana. Os alemães organizaram então a sua equipe, trazendo reforços de outros lugares, com a certeza de que derrotariam o Start. Nada feito. Perderam. O Start deu um baile nos soldados invasores, golpeando seguidamente a pretensa superioridade germânica. Os ucranianos festejavam. "Eles não estavam mais acovardados... mantinham as cabeças um pouco mais erguidas quando se dirigiam para suas tarefas cotidianas e olhavam os ocupantes nos olhos, com um traço de orgulho desafiador". Os alemães se compenetraram do risco. E apelaram. A Gestapo recolheu os jogadores do Dínamo e os enfiou num campo de extermínio, onde foram assassinados: um sob tortura, outros sob a fuzilaria nazista. Nada mais distante da fantasia do futebol como ópio do povo, anestésico para as massas.

***

Penso que, no caso brasileiro, uma boa discussão sobre o assunto deveria começar pelo papel basilar do futebol em nossos processos de construção da identidade e de integração nacionais (na década de 1930, cidades paravam para ouvir pelo rádio partidas de futebol – e times como o Flamengo, com torcedores espalhados por todo o país, criavam nexos de solidariedade social e identidade cultural) e chegar aos dias de hoje, com uma escala, mesmo que rápida, no episódio da "democracia corintiana" – mas não é este o meu propósito aqui (teria de escrever outro livro para dar conta do tema). De todo modo, vamos também acrescentar, ao que foi dito por Giulianotti, uma pitada de pragmatismo tropical, em palavras que, se a memória não me trai, foram ditas por João Saldanha, membro público e notório, de resto, do Partido Comunista Brasileiro, o tradicional Partidão: futebol não leva ninguém ao poder, nem o tira de lá: João Goulart foi derrubado pelos militares depois de faturar a vitória brasileira na Copa do Mundo do Chile, em 1962. Mais exemplos? Fernando Henrique era presidente quando ganhamos a Copa de 2002, mas não fez seu sucessor. Ganhou Lula – que, mesmo perdendo a Copa de 2006 e carregando nas costas o escândalo do "mensalão", se reelegeu. E aí, alguém vai ter a cara de pau de dizer que o "impeachment" da senhora Rousseff foi decorrência dos 7 x 1 que levamos da Alemanha no Mineirão, em dia de casa cheia? Melhor a gente ficar com João Ubaldo Ribeiro, numa de suas crônicas publicadas no jornal *O Globo*: "A Copa não é de governo nenhum, nunca será, nem governo nenhum vai ter a desfaçatez de tomar para si um feito que, em última análise, é do povo brasileiro e ninguém mais pode se apropriar dele. [...]. Se ganharmos a Copa, não terá sido o governo, teremos sido nós, como aconteceu todas as vezes em que ganhamos. E – bato na madeira – se perdermos, terá sido o governo, nem que seja por pé-frio".

Ok. Mas devemos também observar que, de modo praticamente unânime, os jogadores brasileiros de futebol, até à geração de Pelé, nunca demonstraram inclinação por qualquer leitura mais politizada do mundo – e menos ainda por se envolver em práticas explicitamente políticas. Em 1970, todos permaneceram silentes. Ninguém ensaiou o mais mínimo protesto contra a derrubada de

Saldanha ou contra a ditadura. Nem Tostão, que era mais francamente politizado. Tempos depois, ele mesmo lembrou e comentou, numa interpretação psicológica provavelmente correta da queda de Saldanha: "Por que Saldanha saiu? Não sei. Sabia que ele estava bebendo muito nos momentos de folga, falava de temas políticos, era contrário ao regime militar. Disse que Pelé estava com sérios problemas visuais! Que Médici escalava os ministros e ele escalava o time, pois o presidente havia dito que gostaria de ver Dario na seleção. Na minha opinião, Saldanha, com sua ideologia, comunista, não queria ser usado, junto com a seleção brasileira, pela ditadura. Daí começou a arrumar problemas, conscientemente ou não, para sair e não pactuar com o regime". E é significativa a diferença entre o Tostão pré-seleção de 1970 e o pós. Ele mesmo conta: "Dei várias entrevistas nesse período de 1966 a 1970, o auge da ditadura, falando de coisas políticas que tiveram muita repercussão: disse que gostava muito de dom Hélder Câmara, bispo banido pela ditadura, era a favor da reforma agrária, contra a ditadura, e eleitor de Brizola". E já na seleção que seria tricampeã (itálicos meus): "Não se falava de política na seleção de 1970. Ninguém deu ordens, mas era evidente que não seria permitido. Não havia ambiente e eu só queria jogar e ser campeão do mundo. Após a Copa, logo ao chegar ao Brasil, fomos para Brasília para sermos recebidos pelo presidente Médici. *Era o auge da ditadura que eu tanto detestava* e não queria comparecer. Pensei muito, racionalizei que era preciso ir e que eu não podia confundir política com esporte. *Arrependo-me de ter ido*, pois era a oportunidade de mostrar a minha indignação como cidadão".

Nem mesmo Paulo Cézar Caju, que na época era tratado como contraponto contestador ao conformismo político de Pelé, abriu a boca para dizer qualquer coisa sobre a queda de Saldanha ou contra a ditadura militar. Na verdade, o contestacionismo de Paulo Cézar, regado a muita maconha e cocaína, típico da farra jovem do contraculturalismo, era celebrado em base inequivocamente folclórica pelo "progressismo" a *O Pasquim* e pela então chamada "esquerda festiva". Paulo Cézar, admirado/tietado sem restrições por Bob Marley (que o visitou no Rio de Janeiro), tinha algo de desavisado e algo de desatinado, com um lado bem "rebelde sem causa". E justificou seu bico calado na seleção de 1970, a partir do momento em que o técnico João Saldanha caiu e, ato contínuo, foi substituído por Zagallo, que acatou o desejo-ordem de Médici convocando Dario, "Dadá Maravilha", um jogador quilômetros abaixo do nível daquele time: "Todo mundo sabia que o João Saldanha era politizado, que era comunista. Era uma briga dele [encarando Médici]. Não que a gente tivesse medo. Eu não tinha medo. Mas, quem tinha que brigar [para Saldanha permanecer no comando técnico da seleção] eram os figurões. Você não via ninguém dando palpite: Pelé, Tostão, Carlos Alberto... Ninguém. Saldanha era amigo do meu pai. Não que eu não tivesse consciência, mas ia me meter na briga do cara? Estava começando a jogar, tinha 19, 20 anos. Queria jogar na seleção brasileira – sem medo de porra nenhuma. Mas, primeiro, eu ficava olhando o grupo. Se o grupo inteiro fosse, eu iria. Se o grupo comprasse a briga... Mas ninguém comprou... Com 20 anos eu já era um brigão, mas ia perder a Copa do Mundo de 1970, com aquela geração brilhante, maravilhosa, por uma briga pessoal contra a convocação do Dario? Ia falar o quê? – 'Não quero o Dario. Quero que o Médici se foda?'".

E havia ainda, no âmbito da conversa sobre alienação futebolística, o caso especialíssimo de Mané Garrincha. É uma coisa muito sintomática e reveladora. Se jornalistas e torcedores "progressistas", democratas e esquerdistas não se cansavam de fazer cobranças políticas aos jogadores – especialmente, aos da seleção; e, entre estes, em primeiríssimo lugar, a Pelé, alvo absolutamente preferencial de todos os ataques –, ninguém nunca se dispôs a fazer nem sequer a mais leve cobrança a Garrincha. Na verdade, essas pessoas – militantes da mídia e/ou da torcida – exibiam uma dificuldade tremenda para ver Garrincha como um homem adulto normal do século XX brasileiro. Ele era sempre infantilizado. De uma parte, comportavam-se como se ele fosse de inteligência lerda, mentalmente primário, sofrendo de algum déficit cognitivo. De outra, idealizavam o rapaz como o filho puro, imaculado, de um lugar idílico, paradísico mesmo, coisa da imaginação do arcadismo literário, que era Pau Grande, sua terra natal. Ruy Castro sublinhou o assunto, em *Estrela Solitária*, observando que a imprensa alimentava o mito de Pau Grande como uma espécie de Xangri-lá. Mané aparecia a meio caminho entre o autista, o "primitivo" e o angelical, vivendo em sítio quase edênico. Ao contrário, quem viveu e trabalhou com a figura, do dia a dia da vida ao cotidiano do clube, sempre o tratou como exemplo consumado de malandro. Como Mané era cafuzo – descendente de mulatos claros e de índios do grupo fulniô – não deixo de me lembrar, a propósito de tais fantasias, do velho Rousseau e da velha antropologia evolucionista. Garrincha será aquela espécie de *bon sauvage* que só sabia contar até cinco. E assim, enquanto Pelé tinha de ser o adulto responsável e o cidadão consciente, Mané Garrincha flanava livre de tudo, acima do bem e do mal. Feito criança, era visto como objeto merecedor de um amor sem retorno. Era a "alegria do povo" – e pronto, ponto final. Pelé, embora também desse alegrias e vitórias imensas àquele mesmo povo, devia sempre explicações. Resumo da ópera: cobrava-se tudo de Pelé, nada se cobrava de Mané.

Mas o dar de ombros ou de costas, o fechar os olhos para as tramas da política, nunca foi, de nenhum modo, uma característica de atletas brasileiros. Trata-se de um alheamento que se vê no mundo inteiro. Em *Futbolistas de Izquierdas*, Quique Peinado diz mesmo que, de tão reduzido, chega a ser "anedótico" o número de jogadores que assumiram publicamente uma opção política contestadora. Raríssimos são os exemplos que contrariam a regra. Como o do craque maoísta alemão Paul Breitner (que jogou no Real Madrid). Conta-se que, quando soube do golpe militar na Argentina, *el matador* Kempes caiu em prantos. Mas só: não fez nada, além de chorar. "Este é o estado natural das coisas no futebol profissional", lamenta Peinado. Lembrando, aliás, que, ao longo da Copa de 1978, as célebres Madres de la Plaza de Mayo contaram com a simpatia e mesmo o apoio somente dos jogadores suecos e holandeses, que se aproximaram delas e se apresentaram, mas não do próprio selecionado argentino. Na verdade, nenhum jogador argentino se solidarizou abertamente com as vítimas da ditadura. Nem mesmo o técnico do time, César Luis Menotti, conhecido militante comunista. Por isso mesmo, em seu estudo, Peinado sublinha com vigor nomes que destoam desse padrão omisso/submisso, como o do italiano Cristiano Lucarelli, que, sem rodeios, declarava sua opção pela esquerda, além de levar tatuada no braço a logomarca da extremíssima *Brigate Autonome Livornesi*. A inadequadamente chamada "classe política", ao contrário, sempre tentou e tenta, com alta frequência, manipular o futebol, a fim de submetê-lo a seus desígnios. Em todo e qualquer regime.

Lembre-se o caso de Mussolini na Copa de 1934. Em *O Livro de Ouro do Futebol*, Celso Unzelte escreveu: "Quando a Suécia desistiu oficialmente de sediar a II Copa do Mundo, a FIFA não teve que esperar muito por um substituto. Apesar de faltarem menos de dois anos para o início da competição, havia outro país muito interessado em patrocinar o evento: a Itália do ditador fascista Benito Mussolini. O *duce* [comandante, guia supremo], como Mussolini também era chamado, via na Copa do Mundo uma excelente oportunidade de propaganda para seu regime autoritário, instaurado no país em 1922. A Copa da Itália foi para o fascismo de Mussolini o que a Olimpíada de Berlim, em 1936, seria para o nazismo de Hitler: uma maneira de afirmar a superioridade do país e de sua raça sobre os outros povos. [...]. Naquele 1934, os fascistas não pouparam esforços para promover – e ganhar – o Mundial. Mussolini encarregou o general Giorgio Vaccaro (a quem havia indicado pessoalmente para dirigir a federação de futebol do país) de conseguir que a competição fosse realizada na Itália. Uma vez alcançado esse objetivo, novos estádios começaram a ser erigidos em Nápoles, Florença e Turim [mais precisamente, construção de estádios em Turim, Nápoles e Trieste – reforma, para a Copa, dos estádios de Gênova, Florença, Milão e Roma, então rebatizado como Stadio Nazionale del PNF – Partido Nacional Fascista]. Vaccaro determinou ainda, a Vittorio Pozzo, jornalista e técnico da seleção italiana, que, 'em nome do fascismo', fosse elaborado um plano para a conquista do título. Entre as ideias de Pozzo, estavam uma forte concentração (os jogadores ficaram enclausurados por dois meses) e, principalmente, a convocação de alguns *oriundi*, jogadores de origem italiana nascidos em outros países, para reforçar o time [entre eles, o brasileiro Filó]". Zé de Jesus Barreto completa: "A Itália venceu a Copa, claro, na bola e no apito. A final foi contra a Tchecoslováquia, por 2 x 1, com direito a um desempate na prorrogação. Os tchecos chiaram muito com a atuação do árbitro sueco Eklind que, antes de a partida começar, teria até feito a saudação a Mussolini (com quem jantara na noite anterior). O *duce* esteve presente e foi entusiasticamente ovacionado no estádio". E em 1938, na Copa da França, o mundo assistiria ao bicampeonato do fascismo mussolinista. Diz Barreto que, naquela oportunidade, "os atletas italianos teriam recebido uma mensagem telegráfica do *duce* Mussolini: 'vencer ou morrer'. Os jogadores se vestiram de preto, cor símbolo do fascismo, e preferiram vencer".

No caso dos regimes totalitários, não só fascistas e nazistas se apropriaram dos esportes. Os comunistas não fizeram por menos. Durante anos, os países da então chamada "cortina de ferro" fizeram de tudo para colecionar triunfos em disputas com países democráticos do Ocidente. Embora, ao mesmo tempo, se vissem obrigados a evitar certas competições internacionais no exterior, com medo de que seus atletas desertassem, trocando ditaduras comunistas por democracias ou mesmo ditaduras capitalistas, expondo assim ao mundo a forte insatisfação contra os regimes de inspiração leninista. O receio era fundado, tinha base real. Basta lembrar que Puskas e outros atletas húngaros trocaram o seu país natal pelo Ocidente, na véspera mesma da virulenta invasão da Hungria pela União Soviética. Puskas acabou indo para a Espanha, então sob a ditadura de Franco. O que também quer dizer que ele trocou as pressões manipulatórias do socialismo húngaro pelas pressões manipulatórias do fascismo espanhol. Naquela Espanha, de resto, os próprios times encarnavam a polarização entre franquismo e antifranquismo. Enquanto o Real Madrid (com este "real" que indica filiação ao regime monárquico e não ao republicano) era o time de Francisco Franco, a representação do poder do generalíssimo nos gramados, o Barcelona encarnava a disposição antiditatorial e independentista da Catalunha, de sorte que os jogos entre esses dois times (ainda hoje, um dos maiores clássicos do futebol mundial) se caracterizavam por forte tensão, fossem realizados no Camp Nou (= "campo novo", em catalão) ou no Santiago Bernabéu. Não nos esqueçamos, de passagem, que também o ditador português Oliveira Salazar metia o bedelho fascista no futebol luso, privilegiando sempre o Benfica. Chegou, inclusive, a proibir que o grande craque Eusébio fosse vendido para o exterior. Mas também democracias nunca vacilaram no jogo da manipulação do futebol como o esporte de massa por excelência. Em terras brasileiras, inclusive.

Esta manipulação política do futebol foi especialmente evidente, no caso do continente sul-americano, com o antigo populismo de Juan Domingos Perón na Argentina e Getúlio Vargas no Brasil. Ambos, Perón e Vargas, recorreram ao futebol da perspectiva de seus projetos de consolidação de uma identidade nacional, assim como procuraram tirar proveito do potencial nacionalista do esporte. Baseando-se principalmente em informações de Leonardo Pereira, a antropóloga Ana Paula da Silva (num livro, de resto, esquemático e rasteiro, *Pelé e o Complexo de Vira-Latas – Discursos sobre Raça e Modernidade no Brasil*, onde tenta promover uma insustentável "maxweberização" de Pelé como encarnação da ética puritana do trabalho) sublinha que, na verdade, o Estado Novo não criou um sentimento nacional – apenas expandiu e fortaleceu uma realidade já existente, o que é correto: "... o futebol não só incorporou os projetos de nação propostos por médicos (higienistas) e intelectuais da época, como também difundiu na população outro sentimento que até àquele momento estes estudiosos acreditavam não existir entre os brasileiros: o de nacionalidade. [...]. Em sua pesquisa, o autor [Leonardo Pereira] encontrou os primeiros indícios de que o futebol fomentava um sentimento de unicidade entre os brasileiros. O evento mais importante por ele destacado foi um jogo que reuniu o time brasileiro contra a Argentina, em 1908, e que teve grande repercussão na cidade do Rio de Janeiro... Para o autor, tal fenômeno causou espanto aos intelectuais e à elite da época, pois estes não esperavam que um esporte como o futebol pudesse despertar a atenção dada pelo público heterogêneo que assistiu aos jogos. [...]. No campeonato sul-americano ocorrido no Brasil em 1919, na partida final entre Brasil e Uruguai, o comércio da cidade [do Rio de Janeiro] fechou as portas às 12 horas e foi decretado ponto facultativo nas repartições públicas. O estádio do Fluminense Futebol Clube ficou lotado, ali presentes pessoas de todas as classes sociais e cores. Fora do estádio uma multidão aglomerou-se para ouvir a partida e vibrar pela seleção brasileira. Os jornais da época, analisados por Pereira, contavam que a cidade parou para assistir ao evento. O sentimento nacional, constatado por cronistas da época, impressionou. Havia uma torcida frenética pelo time brasileiro. [...]. É possível pensar, portanto, que o Estado Novo ampliou, institucionalizou e homogeneizou o nacionalismo que já estava incorporado ao imaginário social".

Outro momento de exacerbado, deslavado mesmo, uso político-eleitoral do futebol, em nosso meio, aconteceu logo depois da conquista do campeonato mundial na Suécia. Juscelino Kubitschek investiu dinheiro público na seleção e depois tirou proveito político da vitória do time. E não só ele: toda a "classe política" nacional. Saldanha nos dá um bom relato disso em *Os Subterrâneos do Futebol*, sob a forma de uma carretilha de comícios, ao longo de uma excursão do Botafogo (que contava então com quatro craques do selecionado canarinho: Mané Garrincha, Didi, Nilton Santos e Zagallo), por estados do Norte e Nordeste, onde, inclusive, debocha preconceituosamente do estereótipo do deputado baiano, caricaturado na figura do parlapatão contumaz:"...partimos para o Ceará como primeira etapa. Na chegada, havia um carro do Corpo de Bombeiros para levar os quatro campeões do mundo. Após o comício da chegada, rumamos para o centro da cidade. Outro comício. Jogamos, ganhamos apertado e seguimos para os comícios do Maranhão... Depois, fomos embora para o Piauí, onde o comício de chegada foi muito animado". E veio a vez da Bahia. A caminho de Salvador, uma escala. "O avião parou em Petrolina-Juazeiro. A campanha eleitoral fervia. Ali, como as cidades são separadas apenas pela ponte, o candidato pernambucano faz comício na Bahia e o candidato baiano faz comício em Pernambuco. Para nosso azar, o que veio ao aeroporto nos saudar era baiano. Começou abençoando o Rio de São Francisco e veio por ele abaixo. Saiu da Serra da Canastra e mandou brasa. Quando ele estava na altura da Cachoeira de Paulo Afonso, o alto-falante chamou: 'Passageiros que se destinam a Salvador...'. O orador encerrou rápido. Atingiu a foz do grande rio e deu os vivas: 'Viva o Brasil! Viva Garrincha! Viva a eleição!'. [...]. De chegada, no aeroporto de Salvador, nos mostraram o programa previamente estabelecido: 'Comício de saudação no aeroporto. Ônibus para o centro. Visita ao governador Balbino no Palácio do Governo. À noite, homenagem aos campeões do mundo (dois oradores; baianos)". Desabafo de Saldanha: "O nosso azar é que, além do campeonato do mundo, o Brasil inteiro estava em plena campanha eleitoral".

***

Importante salientar ainda que Vargas e Perón desenharam o quadro da manipulação que seria utilizado depois deles, ainda que com propósitos estranhos ao ideário de qualquer populismo de centro-esquerda, que, entre nós, saiu de cena com a queda de Jango, em março de 1964. Foi então a vez de ditaduras militares – tanto no Brasil, quanto na Argentina – se apropriarem da força mobilizadora nacionalista do futebol, angariando assim simpatia popular para seus projetos de permanência no poder. A ditadura militar argentina gastou fortunas com a Copa de 1978, construindo estádios, estradas, aeroportos, etc. No Brasil, a lição do Estado Novo (música popular + futebol, como espaços centrais de manipulação e mobilização) foi retomada. Exemplo maior disso foi o do mais duro e cruel dos ditadores militares, o general Garrastazu Médici, que mandou prender, torturar e matar brasileiros dissidentes, sem contar os que expulsou do país. O gaúcho Médici era torcedor fanático do Grêmio e do Flamengo. Ia ao estádio com seu radinho de pilha colado ao ouvido. E ainda chegou ao cúmulo de querer impor a presença de um perna de pau sortudo, o centroavante Dario, no ataque da seleção brasileira que se preparava para disputar a Copa do Mundo de 1970, no México. O técnico do escrete canarinho, na época, era João Saldanha – que, ao saber do desejo do ditador, rebateu-o publicamente, de modo desaforado, dizendo mais ou menos o seguinte: assim como eu não me meto a escalar o ministério dele, ele não tem que se meter a escalar o meu time. Ainda hoje, muita gente acha que foi por conta disso que Saldanha perdeu o seu posto de técnico. O próprio Saldanha, depois de criar cena feia com uma suposta cegueira de Pelé, tratou de legitimar lateralmente esta versão, em declaração ao *Jornal do Brasil*, quando o ditador bateu as botas: "Para falar, gosto de esperar, pelo menos, a missa de sétimo dia. Lamento a morte do cidadão Emílio Médici, mas não tenho como deixar de lamentar muito mais o assassinato cruel, sob tortura, de meus amigos do PCB e de muitos outros, durante o seu governo, que qualifico como o mais sanguinário de nossa história. O episódio da seleção brasileira, considero menos grave. Ele me tirou porque me recusei a convocar Dario, como era o seu desejo". Mas, como vimos anteriormente, não foi bem assim. Ou, melhor, não foi somente por isso. Saldanha foi defenestrado, acima de tudo, porque se encontrava num momento de total descontrole de nervos, agredindo (verbal e fisicamente) quem porventura cruzasse o seu caminho. E foi substituído por um medíocre Zagallo, que, a despeito da excelente solução de ter encontrado um lugar para Rivelino no time (como uma espécie de falso ponta-esquerda), quase pôs tudo a perder naquela Copa de 1970, ao pretender impor ao escrete um estilo de jogo essencialmente defensivo, que nossos craques rechaçaram. Logo a curto prazo, no entanto, a mediocridade triunfaria, como veríamos nas copas da Alemanha e da Argentina.

Mas nos demoremos mais um pouco em 1970. Em seu livro *Brasil: de Castelo a Tancredo*, o historiador Thomas Skidmore nos dá um excelente apanhado da situação, de modo que vou reproduzi-lo aqui. Em dois tempos, já que o quadro traçado por Skidmore mostra com clareza aspectos da manipulação política do futebol. Primeiro, ele nos dá uma visão geral do governo: "... não é somente a repressão que explica o Brasil de Médici. Juntamente com o porrete, oferecia-se a cenoura. O rápido desenvolvimento econômico levou ao paraíso os brasileiros situados no vértice da pirâmide salarial – os profissionais liberais, os tecnocratas, os administradores de empresa. Aliás, os salários dessas categorias ultrapassaram os dos seus colegas de igual categoria dos Estados Unidos e da Europa Ocidental. Os salários mais baixos podem não ter subido muito, mas 10% anuais de crescimento econômico criaram novos empregos em todos os níveis. Muitos trabalhadores receberam promoções que representavam mais dinheiro em seus contracheques mensais, enquanto outros tantos, desempregados, conseguiram encontrar ocupação. Finalmente, as universidades federais, embora sob rigoroso controle político, receberam verbas recordes. A tirada de Médici de que o destino do Brasil era se tornar potência mundial feriu uma corda sensível no íntimo dos brasileiros eufóricos com o aumento cada vez maior de suas rendas. Por isso, muitos deles alistaram-se fervorosamente na defesa do regime. [...]. Visto em conjunto, o governo estava se saindo bem – em seus termos. O crescimento econômico acelerado funcionava. A propaganda governamental funcionava. A repressão funcionava. A censura funcionava". Mas no que mais nos interessa concentrar – o "segundo tempo" a que me referi – é no tópico da propaganda governamental. Foi algo inédito na história da ditadura instaurada meia dúzia de anos antes.

Skidmore: "A face do presidente Médici tornou-se rapidamente conhecida dos brasileiros como peça central de uma astuta estratégia de relações públicas". A ofensiva de *marketing* e propaganda foi montada e executada pela Assessoria Especial de Relações Públicas (AERP), agora comandada pelo coronel Octavio Costa, que formou um time e tanto à sua volta. "Uma equipe de jornalistas, psicólogos e sociólogos decidia sobre os temas e o enfoque geral, depois contratava agência de propaganda para produzir documentários para TV e cinema, juntamente com matéria para os jornais. Certas frases de efeito davam bem a medida da filosofia que embasava a AERP: 'Você Constrói o Brasil!', 'Ninguém Segura Este País!', 'Brasil, Conte Comigo!'. Um estudo de 116 *spots* contratados com 24 agências de propaganda mostrou que 80% exaltavam a importância do trabalho, o valor da educação e o papel construtivo das forças armadas. [...]. O uso da televisão em campanhas promocionais não surpreendia. O Brasil emergira subitamente como um dos mais dinâmicos mercados de TV do terceiro mundo. Generosos planos de compras a crédito tinham sido estendidos aos aparelhos de TV em 1968, e o público correspondeu com um grande movimento de compras.

Em 1960, apenas 9.5% das residências urbanas tinham TV, mas em 1970 já chegavam a 40%". E aqui entra o futebol, como uma das peças centrais do *marketing* da ditadura, ao lado da música popular. "Uma das técnicas mais eficientes da AERP consistiu em associar futebol, música popular, presidente Médici e progresso brasileiro. Médici era excelente material para tal campanha. Adorava posar de pai e era fanático por futebol". E previu a vitória brasileira do México. "Ao retornar, a seleção brasileira encontrou o país em delírio. O governo decretou feriado para que o povo pudesse fazer o carnaval de recepção. Médici recebeu os jogadores no palácio presidencial e deu a cada um o prêmio de US$18.500 livre de impostos. As fotos mostravam um Médici sorridente e feliz entre os membros da seleção e admirando a taça. Era esta exatamente a imagem de que o Planalto precisava para neutralizar as críticas estrangeiras à repressão do regime internamente. [...]. A popular marchinha 'Pra Frente Brasil', composta para a seleção brasileira, foi oficializada e era tocada em todos os eventos públicos. Logo surgiu também uma multidão de cartazes mostrando Pelé num salto espetacular depois de fazer um gol e ao seu lado o *slogan* do governo: 'Ninguém Segura Este País!'".

Não foi só. Ainda durante os anos mais violentos da ditadura, os militares avançaram desastrosamente além da estrita manipulação política do "esporte das multidões". Meteram a mão em tudo. Promoveram, de fato, uma *militarização* do futebol brasileiro. E isso justamente a partir de meados da década de 1970, o que significa que o processo da "distensão", com Geisel, e o início da "abertura", com o general João Figueiredo, foram coisas que não tiveram expressão concreta no mundo futebolístico *stricto senso*. Se os dois últimos governos militares se dispuseram a conduzir as coisas no sentido de um afrouxamento das rédeas autoritárias e, consequentemente, de um relaxamento do ambiente político e cultural do país, esta política não foi levada aos clubes de futebol – e nem à seleção brasileira, que participaria da Copa de 1974, disputada na então Alemanha Ocidental, e da de 1978, realizada na Argentina. Pelo contrário, o que vimos, no espaço futebolístico nacional, foi a "linha dura" dando as cartas - especialmente, em termos de campeonato mundial, no torneio da Argentina. Alguns jogadores reagiram, como veremos adiante, mas para enfrentar uma barra pesada. Um tempo em que craques foram marginalizados, por sua aparência (barba, cabelo comprido, roupas coloridas ou "desviantes"), seu comportamento e/ou a sua maneira de pensar. No dia a dia dos times, do cotidiano esportivo dos jogadores, essa militarização do futebol se expressou de diversas formas.

O autoritarismo passou a imperar nos clubes. Seus pilares básicos estiveram na importância central dada à "preparação física" (ginasticismo de milicos) e no poder absoluto dado ao treinador. O craque Afonsinho, que bateu de frente com esse processo de militarização, fala justamente, como características centrais daquele momento, da "paranoia da preparação física" e da deturpação da função do treinador, cuja figura passou a ser "a de um comandante militar, embora de forma disfarçada". O representante mais explícito disso tudo, no plano da seleção, foi o treinador Claudio Coutinho, um militar conectado com o que havia de mais autoritário nos quartéis. Coutinho tinha cursado a Escola Militar, chegado ao posto de capitão e se graduado pela Escola de Educação Física do Exército. E foram os militares que o impuseram no comando da seleção, quando a então Confederação Brasileira de Desportos, a CBD, era presidida por outro milico, o almirante Heleno Nunes - que, através da CBD e da sua sucessora CBF, controlou as coisas até 1980. Entre os amantes do futebol, a surpresa e a decepção com a escolha de Coutinho foram gerais. E o novo treinador as confirmou. Defendeu com arrogância que a seleção não devia depender de craques - acima deles, importavam o esquema de jogo e a disciplina tática. Com base nisso, não convocou o brilhante Falcão, então o grande armador brasileiro, preterindo-o em favor de um grosseiro e truculento Chicão, que possuía a virtude militar da obediência tática. E assim prosseguiu o milico Coutinho, até se tornar o responsável maior pelo fracasso brasileiro na Copa da Argentina.

***

Cabe aqui um parêntese. Pelé passou anos sem ter contado direito – preto no branco, como se dizia, e espero que branco nenhum vá achar que a expressão é racista, até mesmo com alguma reverberação homoerótica – o que rolou em torno da sua despedida da seleção brasileira de futebol. Que, por sinal, o fez citar a Bíblia: "No 18 de julho daquele ano, 1971, joguei minha última partida pela seleção brasileira. Foi contra a Iugoslávia, no Maracanã, diante de 180 mil pessoas. Não foi o melhor jogo da minha carreira. Eu estava muito envolvido emocionalmente, sabendo que nunca mais voltaria a vestir as cores verde e amarela do Brasil num campo de futebol. Nem ajudava a minha concentração ter 180 mil fãs de pé, gritando 'fica! fica!' num uníssono rítmico. Mas, como diz o Eclesiastes, há um tempo para rir e um tempo para chorar, um tempo para calar e um tempo para falar, um tempo para nascer e um tempo para morrer. Eu tinha nascido para jogar pelo meu país catorze anos antes. E agora, por assim dizer, chegava o tempo da morte de meus dias de jogador da seleção nacional". E ele de fato não mais voltou ao escrete. Nem no "Mundialito", promovido pela ditadura militar em 1972 para comemorar o aniversário da independência política do Brasil, nem na Copa de 1974, na Alemanha – e me restrinjo a esses dois eventos porque, até então, Pelé, embora não quisesse entrar em campo com a camiseta amarela, ainda estava, objetivamente, em condições físicas de jogar. Ele simplesmente não quis. Por quê? Em suas respostas, o rei sempre se mantinha, no máximo, em plano estritamente pessoal. No terreno da sua vontade. Na entrevista a *O*

Pasquim foi um pouco além, referindo-se a uma solicitação explícita da ditadura militar para que prosseguisse vestindo a camisa 10 do time canarinho. Mas acontece também o seguinte. Tanto a segunda autobiografia quanto a entrevista ao semanário carioca datam da segunda metade da década de 1970, quando a ditadura ainda vigia entre nós, mesmo que sob o manto da distensão, que fora estendido pelos generais Geisel e Golbery. E talvez Pelé não quisesse meter azeitona alguma, explicitamente, na empada dos opositores do regime. No entanto, alguns jornalistas já levantavam outras lebres. José Castello, por exemplo. E Zé de Jesus Barreto foi pela mesma estrada.

Castello: "O mito de que Pelé foi um ativista entusiasmado da ditadura militar, que ainda hoje circula como verdade, e que sempre pesou sobre ele, se desfaz, rapidamente, diante de um único episódio. Em 1971, Pelé se despedira oficialmente da seleção brasileira de futebol. [...]. Num encontro que tivera com o presidente militar Garrastazu Médici no Palácio do Planalto... Pelé já tinha ouvido a severa advertência do general: 'Em nome dos torcedores brasileiros, apelo para que você volte a integrar a seleção brasileira e dispute a Minicopa, mesmo porque, sem a sua presença, ela não será a mesma coisa'. A Minicopa era, como diz o nome, uma pequena copa do mundo. Foi disputada no Rio de Janeiro em 1972 e vencida pelo Brasil. Apesar do apelo de Médici, Pelé não vacilou: 'Me desculpe, presidente, mas tenho certeza de que, como homem, e não como torcedor, o senhor reconhece a minha situação: eu já me despedi da seleção e, como tal, não posso voltar atrás'. [...]. Com a mesma coragem, já nos meses que antecederam o mundial da Alemanha, em 1974, Pelé resistiu às pressões sutis do recém-empossado governo Geisel, para que viesse a disputar a Copa. Naquela época, Pelé, como ele mesmo relatou mais tarde, já tinha conhecimento das práticas de tortura e não desejava pactuar com o governo que as promovia". E Barreto: "Quem sabe, já ciente e amargurado com o que acontecia nos porões do regime e também com o uso que o governo militar fez da conquista do tri no México, Pelé – um Rei que foi reservista do Exército, aos 18 anos – preferiu ficar de fora da Copa do Sesquicentenário em 1972, patrocinada pela CBF/Governo Médici, plenos anos de chumbo grosso, para comemorar os 150 anos da Independência do Brasil". A Copa de 1974, diversamente, transcorreu já em princípios do governo de Geisel (também apelidado de Canário Belga pelos seus companheiros de farda), mas ainda num momento em que nem todos poderiam perceber o sentido mais amplo da nova gestão que começava.

Passada a ditadura, Pelé foi um pouco mais claro sobre o assunto, numa entrevista ao jornalista Oldemário Touguinhó ("Eu Sou o Quê? Sou Negro e me Orgulho"), publicada exatamente cem anos depois da Abolição da Escravidão em nosso país, 13 de maio de 1988, em *O Globo*. E é relevante sublinhar que sua declaração se deu então num contexto discursivo de afirmação racial: "Só faço coisas que dão credibilidade ao negro. Se eu fosse um mau exemplo, seria ruim para a raça. Tudo que posso fazer, tenho feito. Nunca fui submisso a ninguém. Quando, na fase da revolução [isto é, da ditadura militar], tentaram me obrigar a voltar a jogar a Copa da Independência, em 1972, eu disse ao governo que não iria fazer propaganda de ninguém. Me ameaçaram com problemas comerciais, mas mantive a mesma posição, sem medo, que isto eu nunca tive, Governo nenhum me mete medo, falo o que acho que seja a verdade, sem preocupação de agradar, que é o que muita gente gosta de fazer. Acredito que este comportamento signifique algum valor para a raça que eu represento". Mas, ainda ali, não se dispôs a contar tudo. Durante muito tempo, na verdade, ficamos sem ter maior clareza ou certeza, com relação a Pelé, desse vínculo entre a sua saída do selecionado e a recusa de uma ditadura envolvida diretamente, até à medula, com tortura e assassinato de dissidentes. Até que, em nossa sempre citada entrevista a Juca Kfouri, na *Playboy*, ele finalmente foi menos econômico, abrindo então o jogo.

"De fato, fui chamado pela filha de Geisel, a Amália Lucy, e pelo ministro Jarbas Passarinho. Fui pressionado, me pediram, apelaram. Só que aí eu começava a ter consciência das barbaridades da ditadura, da tortura, dos desaparecidos. Descobri que, enquanto a gente ganhava campeonatos, acontecia uma série de injustiças, e fiquei firme, não cedi. Achei que era o meu jeito de protestar. Primeiramente, porque eu já tinha me despedido mesmo da seleção brasileira. E depois porque comecei a ser procurado por parentes de desaparecidos e comecei a ficar amargurado com aquilo. Então, veladamente me disseram para tomar cuidado com o imposto de renda, essas coisas. Não liguei". Kfouri pergunta, então, se ele "ignorava mesmo que se torturava no Brasil". Resposta: "Não, eu ouvia dizer. Nas viagens do Santos, da seleção, a gente tinha algum contato, às vezes, com exilados. Até o prefeito do Rio, César Maia, outro dia me agradeceu porque eu o recebi uma vez, no Chile. Mas não tinha muita clareza, mesmo, eu não falava em política. Por isso fiz uma música agradecendo a luta do Chico Buarque de Holanda, do Gilberto Gil, do Caetano Veloso, do Geraldo Vandré, os que perceberam antes aquilo que eu não percebia, porque estava jogando bola pelo Brasil, pelo meu povo. Eu estava em outra, essa é que é a verdade. Quis homenagear aqueles que buscavam orientar a gente e também eram perseguidos". Em sua autobiografia de 2006, Pelé voltou ainda ao assunto: "A pressão para eu jogar outra vez pelo Brasil vinha de muitos lados. O presidente Ernesto Geisel, que assumiu em 1974, a filha dele e alguns coronéis do Exército queriam me ver de volta à seleção. Mas a essa altura eu já sabia o que o regime militar estava fazendo com alguns estudantes, cantores famosos andavam exilados e havia comentários sobre tortura. A filha de Geisel veio me procurar e me pediu que reconsiderasse. Fiquei irredutível".

***

Mas vamos abrir o foco. Fosse na viagem meio sem rumo do populismo, fosse sob as botas dos militares, os jogadores brasileiros se mantiveram à distância, "alienados", sem se envolver diretamente com a política. Coisa que, às vezes, chega a intrigar, já que não se manifestavam sequer em defesa de seus próprios interesses. Nunca exibiram maior consciência ou solidariedade "classista" ou categorial. Nunca tiveram a mínima preocupação sindical. Nunca passou por suas cabeças, sequer de longe, a fumaça de fazer uma greve. São raríssimas as exceções nesta paisagem. Uma delas é a do mulato Friedenreich, filho de alemão e mulata brasileira (como o romancista Thomas Mann), que se engajou na política desde que pegou em armas na "revolução constitucionalista" de 1932, em São Paulo. Outra foi a de Leônidas, o Diamante Negro, amigo de Noel Rosa e Ary Barroso, a grande estrela brasileira na Copa de 1938, sagrando-se artilheiro da competição. Leônidas foi duplamente rebelde: no plano comportamental e no campo da política. E estas serão, de resto, as duas calhas pelas quais irão correr as águas da rebeldia das futuras gerações de jogadores do futebol brasileiro. Numa delas, como se verá, a rebeldia sobretudo política de Afonsinho. Em outra, a rebeldia sobretudo comportamental de Paulo Cézar Caju – espaço rebelde em que devemos inscrever ainda uma espécie de rebeldia mais lúdica, mais hedonista, como a representada por Romário, negando-se a aceitar uma vida de atleta apartada de bares, festas e farras noturnas.

Nosso sempre citado Hilário Franco Júnior, erudito em matéria de história medieval tanto quanto em matéria de futebol, chamou a atenção para o fato de Leônidas encarnar, simultaneamente, estas duas formas básicas da nossa rebeldia futebolística. Ou ainda: de ser a matriz delas, com simpatias comunistas que reverberariam em Afonsinho e Sócrates, por exemplo. "Em 1931, o governo Vargas incluía o jogador de futebol entre as profissões que deveriam ser regulamentadas pela legislação trabalhista. [...]. No entanto, os limites do profissionalismo apareciam no tratamento destinado aos jogadores. Eles eram, apesar de aquele ser um momento de regulamentação de direitos trabalhistas, obrigados a excursionar durante as férias e a jogar mesmo lesionados. Leônidas da Silva, embora fosse o mais popular jogador da época, não deixou de ser multado várias vezes por desobedecer a tais determinações. Comportamento que ele justificava com uma frase lapidar: 'jogador não é escravo'. Mas com isso ele foi considerado rebelde e mercenário tanto por dirigentes quanto por jornalistas". E na outra calha contestadora: "No início de 1945, depois de perder mais um Campeonato Sul-Americano para os argentinos, a seleção, recolhida em Caxambu para os jogos das copas Roca e Rio Branco, pôde votar graças ao envio de urnas improvisadas para a concentração. Especulou-se que a imensa maioria dos jogadores teria votado em Dutra. Leônidas revelou-se, mais uma vez, polêmico: declarou seu voto no candidato do PCB [Partido Comunista Brasileiro], Yedo Fiúza, para revolta do disciplinador técnico Flávio Costa". Razão dada por Leônidas para seu voto no comunista Yedo Fiúza: "sou um homem do povo".

A grande mudança, nesse panorama de pasmaceira conformista, só aconteceria anos depois da Copa de 1970 – e em duas levas: a primeira, sob o comando do craque Afonsinho; a segunda, sob o comando do craque Sócrates. A primeira, entre a ditadura mais violenta de Médici e o processo de "distensão lenta e gradual" dessa mesma ditadura, com a volta do grupo "castelista" ao poder, sob a regência dos generais Golbery e Geisel. A segunda leva, já em plena "abertura", no governo do último militar a ocupar o Palácio do Planalto, ocaso da ditadura e caminho da reconquista da democracia. No caso da primeira leva, a bem da verdade, devemos falar de um trio de craques contestadores: Afonsinho, Paulo Cézar Caju e Nei Conceição. Mas sem esquecer, de modo algum, dois outros jogadores realmente excepcionais: o centroavante Reinaldo, do Atlético Mineiro, de rara inteligência, trato *finesse* com a bola, muita sutileza e alta capacidade de finalização, e o potiguar Marinho Chagas ("um gênio, um artista", no julgamento de Nei Conceição), também chamado "a bruxa", senhor de um futebol ao mesmo tempo brilhante e eficiente, eleito o melhor lateral esquerdo da Copa de 1974, com seus longos cabelos descoloridos voando no vento. Quanto à "democracia corintiana", também teremos de lidar com um trio: Sócrates, Wladimir, Casagrande. Mas já em outra conjuntura político-social, com o avanço da luta pela redemocratização e o movimento das "diretas já", visando à retomada do nosso direito de votar para eleger o presidente da República. Estávamos aqui, com a entrada em cena de Afonsinho e Paulo Cézar Caju (e logo de outros mais, a exemplo do craque Mário Sérgio), bem longe da atitude passiva e do silêncio político que caracterizaram a geração tricampeã do mundo. Aqueles jogadores que triunfaram no México só começaram a se expressar mais livremente anos depois da Copa. Foi quando Jairzinho apareceu de cabelo "black power" – e também quando Tostão defendeu a reforma agrária e declarou que, antes do golpe militar de 1964, fora eleitor de Leonel Brizola.

Vejamos mais de perto. O choque de membros da, digamos, geração de Afonsinho com o *establishment* do futebol brasileiro, representado então por cartolas tradicionais e militares, se deu em três planos: o da política em geral, o da política especificamente futebolística e o comportamental. Todos caminhando entrelaçados, embora separáveis para efeitos didáticos. Nos dois primeiros planos, podemos destacar o próprio Afonsinho, então estudante de medicina vinculado à esquerda universitária e que chegou a flertar com o engajamento na luta armada. O simples fato de ser estudante universitário já era coisa malvista pelos cartolas (que tinham, como um de seus esportes favoritos, engabelar jogadores desinformados – de preferência, analfabetos) e, mais ainda, pelos militares do futebol, a facção repressiva dos helenos e coutinhos. E Afonsinho – fã de Daniel Cohn-Bendit, líder do Maio de 1968 na França – se definia de fato, embora confusamente, no campo da esquerda. "A gente conversava muito sobre o que estava acontecendo no momento... Como universitário, participava das assembleias. E, nesse contato, num determinado momento, chamaram a mim e a mais uns dois ou três companheiros para conversar sobre a possibilidade da opção pela luta armada. Estavam estreitados os caminhos da participação livre e democrática de uma maneira tal que não se via outro caminho. Foram claros com a gente de que o momento era de partir direto para a luta armada. Pra mim, não tinha como, mas eu me vi bem próximo", rememora. E o informe sobre ele, produzido em dezembro de 1971 pelo temido Cenimar (o centro de informações da Marinha) e reproduzido no "livro-documentário" *Barba, Cabelo & Bigode*, de Lúcio Branco, o classifica como agitador que a esquerda treinou para promover a subversão no meio futebolístico. Leia-se: "Consta que o jogador Afonsinho, atualmente no Clube de Regatas Vasco da Gama, vem se constituindo num dos possíveis líderes do movimento subversivo junto a seus colegas de profissão. Elemento dotado de inteligência acima da média, procura insuflar seus companheiros nos mínimos acontecimentos que pode explorar. Pessoas que gozam do seu convívio na faculdade, afirmam que suas companhias são elementos da 'esquerda festiva', ou sempre com algum vínculo esquerdista. [...]. O jogador Afonsinho esteve em férias na França, onde consta ter tirado um curso de capacitação política junto a elementos ligados à AP [a organização clandestina Ação Popular, de orientação inicialmente católica, que terminou por abraçar o marxismo e mesmo a tese da luta armada]".

No plano mais visivelmente comportamental, tudo se deu sob o influxo da movimentação estética e psicossocial da contracultura. E acontece que o ideário e a prática contraculturais daquela juventude cabeluda e colorida vinham com tudo que os militares detestavam, a começar pela recusa da hierarquia e da autoridade. Mas, também, trazendo vertentes vistosas como a nova maré feminista, o "black power", o movimento *gay*. Falava-se da (e praticava-se a) "revolução sexual", sob o signo de Wilhelm Reich e da então chamada "esquerda freudiana", com o filósofo Herbert Marcuse à frente. E ainda havia o culto e o consumo das chamadas "drogas para a expansão da consciência", abrindo-se num leque que se estendia da maconha ao LSD. Como se fosse pouco, não haveria modo de militares engolirem o antimilitarismo contracultural, os ataques ao "complexo industrial-militar", os protestos contra a Guerra do Vietnã, o "flower power". Enfim, era um cardápio simplesmente intolerável para milicos. No âmbito do futebol brasileiro, com relação à influência contracultural, o destaque, apesar do cabelo grande, da barba e das roupas de Afonsinho, ficou por conta, mais evidentemente, de Paulo Cézar Caju, que adorava James Brown e não perdia um baile com a Banda Black Rio. Claro que Paulo Cézar explodiu também no plano da política especificamente futebolística. Ficou conhecida uma discussão sua com o citado almirante Heleno Nunes, a propósito de gratificações por jogo. Nunes bateu pé firme e Paulo Cézar mandou o almirante enfiar as armas no cu. Foi o suficiente, claro, para o almirante expulsá-lo do time: "Nunca mais você vai jogar na seleção brasileira, enquanto os militares mandarem". E ele realmente tirou Paulo Cézar da Copa de 1978. "Ele deu uma facada no meu coração", comentou o jogador. Mas, como disse, a rebeldia de Paulo Cézar foi sobretudo comportamental. Graças à movimentação dos negros norte-americanos, em tempos de contracultura. Aliás, Nei Conceição não se descolava então da trupe dos Novos Baianos, todos de cabelos enormes e consumindo morrões da boa maconha de Juazeiro, terra natal do letrista do grupo, Galvão. Nei se impressionava ao pensar como era possível existir uma vida tão livre quanto a dos Novos Baianos, nos dias mais pesados da ditadura. Enquanto isso, Paulo Cézar não parava de dançar e de caprichar na *performance black*. Ele mesmo conta sua conversão, como um raio caído de um céu tempestuoso: "Logo após a Copa de 1970, o Sérgio

Mendes, que é botafoguense, convidou o Botafogo para disputar um octogonal em Los Angeles, que ganhamos. [...]. Ele tinha lançado o [disco] *Brasil 66*, que foi um sucesso danado. Ele emprestou a limusine com chofer para mim e o Jairzinho e fomos dar uma volta pelo Sunset Boulevard, no bairro dos negros. Não tive como não entrar nessa onda, meu irmão. Foi lindo. Gastei quase cinco mil dólares em roupa. Fui no Sunset Boulevard e escancarei: só calça boca de sino, tamanco, bolsa a tiracolo, tudo isso aí. Peguei tudo. Na mesma hora, fui pro salão e fiz o meu *black power*. Pintei ele de vermelho. Quando cheguei no hotel, Zagalo tomou um susto. Foi uma coisa consciente". Paulo Cézar comprou ainda livros de Malcolm X e Angela Davis. Vibrou com Cassius Clay investindo contra a Guerra do Vietnã. Quando chegou de volta ao Brasil, era outra pessoa. A cartolagem reagiu. E ele, contando com a simpatia e até o apoio de João Saldanha e Nelson Rodrigues, comprou todas as brigas que apareceram.

Os companheiros de Afonsinho foram perseguidos, asfixiados durante a primeira metade da década de 1970, mas renascendo e se revigorando logo adiante, apesar da persistência das discriminações no espaço específico dos times. Por uma razão simples. Se o militarismo mais autoritário vigorava ainda dentro dos clubes, do lado de fora a conversa era outra. A partir de 1975, a situação tinha começado a experimentar mudança significativa: o país voltava a respirar. O ambiente brasileiro assumia uma outra e nova vitalidade. As discussões políticas ganharam muito em amplitude. Enfim, acontecia o então chamado "despertar da sociedade civil", com multidões voltadas para produzir avanços na liberalização do regime, na democratização nacional. E a liberdade de imprensa foi considerada fundamental para os processos de distensão e abertura. De modo que ninguém calou o cabeludo Afonsinho, nem o "black power" Paulo Cézar Caju. Até pelo contrário. Grande parte da imprensa – e os jornalistas esportivos mais importantes – apoiou suas reivindicações e deu força às suas condutas, em matérias como

"A Barba da Discórdia", por exemplo, assinada por Maria Lúcia Rangel. Mesmo no campo da contracultura, nas relações de jogadores com a comunidade do grupo Novos Baianos, por exemplo, ou recebendo visita de Bob Marley, então a figura central do *reggae* da Jamaica, a postura da imprensa foi principalmente simpática. E esses exemplos contestadores frutificaram. Foram precursores, inclusive, da democracia corintiana, quando assistimos à continuação do combate à "concentração" (com relação à qual, aliás, já Nei Conceição, no rastro de João Saldanha, citava uma frase do célebre filósofo popular Neném Prancha: se concentração ganhasse jogo, o time do presídio seria imbatível), e a participação consentida e estimulada nos processos decisórios do time e o engajamento político decidido e incisivo na vida do país.

***

Sim. Depois de Afonsinho & Cia., como foi dito, veio a hoje célebre "democracia corintiana", liderada por Sócrates. Mas, quando penso em Sócrates, logo me lembro, por associação, de dois Franciscos: Antonio Francisco Lisboa, mais conhecido como o Aleijadinho, e Manuel Francisco dos Santos, mais conhecido como Garrincha. Foram eles os dois grandes aleijadinhos da história da arte e da cultura brasileiras. O que isso tem a ver com Sócrates? Pouquíssimo, praticamente nada. Do ponto de vista do *design* corporal adequado a um jogador de futebol, Garrincha sugeria uma inviável extravagância anatômica – o que, de resto, fez com que amigos e companheiros de futebol o tratassem, até carinhosamente, como "o Torto" (apelido impensável no atual reino patológico da "vitimização" e do "politicamente correto"). Vendo-o em ação, como driblador insuperável, poderíamos muito bem fazer uma adaptação do conhecido verso do poeta russo Maiakóvski: comigo a anatomia se vê louca: sou todo futebol. Sócrates estava bem longe de apresentar qualquer coisa de parecida com aquela desconfiguração física de Garrincha, obviamente. Mas sempre que o via, dando entrevistas ou entrando em campo (e o entrevistei uma vez para a imprensa baiana), eu nunca deixei de me perguntar: como é que esse cara se sustenta em pé? Como pode jogar futebol com uma base tão infirme? Qualquer engenheiro julgaria impossível. Porque "o doutor", como era chamado, era um homem bem alto – 1,91 m –, mas tinha pés pequenos demais para aquela altura toda. Dava a sensação de que seus pés tinham sido trocados na maternidade. De que qualquer vento mais forte o levaria consigo. Ou de que qualquer empurrãozinho de criança o deixaria no chão. Mas que nada. Sócrates não só conseguia a proeza de pisar com firmeza, como fez um milagre com aquele pezinho, tornando-se o dono do calcanhar mais preciso e precioso de toda a história do futebol brasileiro. Pelé, que era seu admirador confesso, chegou a dizer certa vez que Sócrates jogava melhor para trás do que muitos jogadores jogavam para a frente. E é a mais pura verdade. O calcanhar de Sócrates era um *show* em si mesmo.

Mas, calcanhar à parte, o jogo que nos interessa aqui é o da "democracia corintiana". Foi um movimento interessante. Internamente, tratava-se de dispensar, em comum acordo com a diretoria, o que ainda houvesse de autoritarismo no clube. Externamente, de se engajar na movimentação de massas pela eliminação dos últimos vestígios do regime ditatorial no país, com a promoção de eleições diretas para presidente da República – até então, os presidentes eram eleitos por um "colégio eleitoral" composto apenas por deputados e senadores da República, que, na verdade, seguiam obedientemente as ordens dos militares, elegendo quem quer que eles indicassem. Ou seja: no plano interno, estritamente clubístico, os jogadores que integraram a democracia corintiana tratavam de coisas concretas e imediatas que os afetavam no seu dia a dia profissional. Aceitaram o convite da diretoria do Corinthians para tomar eles mesmos suas decisões, na base do voto. Mas isso, deve-se dizer, não causou conflito algum dentro do clube. Foi tudo muito tranquilo. "Tudo era votado. E eram coisas simples, tipo 'a que horas vamos almoçar'. Colocávamos umas três opções e votávamos. A maioria levava. Não eram só problemas. Na verdade, os problemas praticamente não existiam. Só existe problema quanto tem confronto de opinião. Ali não tinha", relembra Sócrates. Além disso, contestava-se a prática da "concentração" (de que falaremos adiante), o que não representava nenhuma novidade em nosso meio, já que muitos a condenavam há tempos, no caminho aberto no Botafogo pelo técnico João Saldanha, décadas antes.

Quando Sócrates diz que a democracia corintiana não conheceu o conflito, devemos ir além, para dizer o seguinte: pelo contrário, ela teve a bênção do poder clubístico. O beneplácito dos dirigentes. Foi, em última análise, criação da própria diretoria do Corinthians. Hilário Franco Júnior: "Naquele clube, sob a presidência do empresário Waldemar Pires e a direção de futebol do sociólogo Adilson Monteiro Alves, os jogadores foram convidados a participar de decisões até então monopolizadas pelos dirigentes: concentração, contratação de novos jogadores e escolha do técnico. [...]. Jogadores chegaram a se tornar sócios beneméritos e conselheiros, tendo direito a voto para a presidência do clube". Ou seja: na vida interna do clube, muito mais do que uma conquista, a democracia corintiana foi uma dádiva. Nenhuma repressão. E Telê ainda deu a Sócrates a braçadeira de capitão da seleção brasileira. Já no plano externo, extrafutebolístico, a coisa era bem vistosa e teve sua parte na mobilização popular pela liquidação final da ditadura. Era um dos dois clubes mais populares do Brasil abertamente empenhado, nos estádios e nos comícios em praça pública, no processo eleitoral e, principalmente, na campanha "diretas já". Note-se, no entanto, de uma perspectiva geral, que esta movimentação corintiana foi, de uma parte, caseira, ocupando-se de coisas menores ou maiores do cotidiano do clube, e, de outra parte, política, seguindo o comando de grandes partidos políticos nacionais na luta pela redemocratização nacional e, particularmente, por eleições presidenciais. Vale dizer, em momento algum a democracia corintiana formulou um projeto global para o futebol brasileiro, que implicasse a reestruturação (superficial ou profunda) ou a transformação da ordem futebolística nacional. Sob este prisma, o movimento corintiano foi irrelevante.

***

E o que Pelé tem a ver com tudo isso? É o que tentaremos saber, mesmo que de modo algo fragmentário, nas próximas páginas. E na medida do meu possível, obviamente. Antes disso, no entanto, tenho de fazer um comentário-digressão introdutório. É o seguinte. Durante a quase sempre mui celebrada década de 1960 (e entrando ainda pelo decênio seguinte), a esquerda brasileira, de modo praticamente unânime, tinha um sério problema com os dois maiores ídolos de massa do Brasil, ambos jovens, de origem humilde, ativíssimos em seus campos, cheios de brilho e energia: Pelé e Roberto Carlos. E digo esquerda-de-um-modo-geral porque a reação, diante do sucesso estrondoso da dupla, atravessou cúpulas. Mas, muito mais visivelmente, os seus ambientes mais vistosos e supostamente mais informados. E neles se enramou. Da esquerda universitária à jornalística, passando pela esquerda artístico-intelectual. Uma parcela bem minoritária das quais, e de modo especialmente desastroso, logo adiante daria as costas ao mundo mais propriamente político, partindo para o treinamento militar e a organização de ações armadas embrionárias na cidade e no campo, experimentando o fracasso tanto no perímetro urbano quanto no meio rural. E o detalhe importante: Roberto e Pelé eram pessoas que pertenciam às classes populares, na hierarquia socioeconômica do país. Já vimos o quanto a família de Pelé passou "necessidade", algumas vezes não tendo dinheiro para pagar o aluguel da casa pobre em que vivia, nem para comprar comida. Do mesmo modo, pouca gente se toca para o fato de que a chamada "jovem guarda" musical da década de 1960 foi uma aventura de rapazes suburbanos do Rio de Janeiro, rapazes pobres, sub ou semiproletários como Erasmo Carlos ou, no máximo, de baixa classe média, como seu parceiro Roberto Carlos, autor de sucessos fenomenais ainda hoje. Era a chamada "turma da Tijuca" (e, para quem não é carioca, nada de confundir o antigo subúrbio pobre da Tijuca com a atual Barra da Tijuca, vitrine do *nouveau richisme* provinciano), da qual fizeram parte, além de Roberto e Erasmo, o cantor Tim Maia, arruaceiro maravilhoso, Renato e seus Blue Caps, Jorge Ben e Wilson Simonal. Também os Golden Boys nasceram como um conjunto vocal do subúrbio carioca. Para se ter uma ideia da situação financeira da turma, nem a família de Roberto Carlos, nem os seus vizinhos chegaram a assistir às primeiras aparições de Roberto em programas televisuais. Motivo: ninguém, naquelas redondezas, tinha um aparelho de tevê em casa. Era muito caro.

Veja-se o caso de Erasmo, um mestiço, pardo-mestiço, mulato mais ou menos claro, filho de mãe solteira, levando vida paupérrima. Sua mãe, Maria Diva, ficou grávida na Bahia, o pai da criança não quis assumir o rebento e ela se mandou para o Rio, onde veio a morar com o filho num quarto alugado. "Maria Diva teve então que trabalhar para criar Erasmo sem o apoio do pai da criança. Ela exerceu os ofícios de empregada doméstica, lavadeira, operária, auxiliar de enfermagem, inspetora de colégio e várias outras atividades que a ajudavam a pagar o aluguel do quarto onde morava com o filho", conta-nos Paulo Cesar de Araújo, no livro *Roberto Carlos em Detalhes*. Roberto também foi criança e jovem num ambiente pobre, embora não assim tão paupérrimo como o de Erasmo. Natural de Cachoeiro de Itapemirim – pequena cidade do Espírito Santo, onde nasceram Luz del Fuego, Rubem Braga, Jece Valadão e seu amigo Carlos Imperial –, Roberto apresentava traços de evidente ascendência indígena. Na verdade, era filho do nosso chamado trio rácico original, já que seu avô materno era português e sua avó, Anna Moreira, era cafuza, filha de índio e negro. "Vivíamos quase sempre sem dinheiro", disse Roberto num depoimento, a propósito do contexto familiar em que foi criado. Seu pai sobrevivia de consertar relógios e sua mãe era costureira. Aos 6 anos de idade, depois de ter sido imprensado na linha do trem, o menino teve de amputar parte de uma perna na Santa Casa de Misericórdia da cidade. "Devido aos poucos recursos da família, Roberto Carlos atravessou o restante de sua infância andando de muleta. Só depois que se mudou para o Rio de Janeiro, aos quinze anos, conseguiu colocar sua primeira prótese, ainda precária, mas com a qual já dava para circular sem chamar tanto a atenção", informa o mesmo Paulo Cesar de Araújo. Ao chegar ao Rio, Roberto quis que sua família fosse morar na zona sul ou no centro da cidade, deixando-o assim perto das emissoras de rádio de então, junto às quais batalhava pelo chamado lugar ao sol. Mas a família não tinha dinheiro para isso. E foi morar no subúrbio. Com a falta de grana, passou, inclusive, a exigir que o adolescente Roberto não ficasse obcecado com aquela ilusão de viver de música – e arranjasse um emprego qualquer, coisa que lhe rendesse um salário fixo no fim do mês.

Bem distante da vivência dessa realidade proletária ou de baixa extração classemediana, boa parte dos militantes e simpatizantes da esquerda pertencia à chamada "pequena burguesia" e sua vida transcorria tranquila, ou pelo menos relativamente tranquila, em matéria financeira. Numa cidade como o Rio de Janeiro, essa turma morava na zona sul, nos bairros do segmento mais rico da população da cidade, frequentando praias e bares do Leme, de Copacabana, de Ipanema, do Leblon. Muitas vezes, nossos esquerdistas sequer conheciam o subúrbio e a vida suburbana da cidade que habitavam. Só viam a cara do povo quando iam ao Maracanã ou a um *show* da então chamada "música de protesto", como o que reuniu Nara Leão e Zé Kéti, no espetáculo musical "Opinião". Sintoma e retrato maior da confusão conceitual em que se encalacravam nossos esquerdistas/comunistas está nas próprias noções de "povo" e "cultura popular" que então defendiam. Num estudo publicado naquela época na *Revista Civilização Brasileira*, "Cultura Popular: Esboço de uma Resenha Crítica", o poeta pernambucano Sebastião Uchoa Leite, também ele um "homem de esquerda", escreveu: "A partir dessa fase [que vai até ao início do governo de Juscelino Kubitschek, em 1955]... surgiu, com máxima agudeza, a consciência da defasagem cultural entre as diversas classes. Com os governos posteriores (de Jânio Quadros e João Goulart) acelerou-se ainda mais o processo político e a necessidade de participação dos intelectuais nesse processo se tornou uma das questões mais enfatizadas. A partir desse período é que o termo [*sic*] *cultura popular*... começou a ter um trânsito intensificado. Surgiram grupos culturais que praticamente lançaram o termo com uma acepção de caráter nitidamente político. O mais destacado desses grupos foi o Centro Popular de Cultura [CPC, braço estético-cultural do Partido Comunista Brasileiro], órgão surgido por iniciativa dos estudantes [leia-se: da militância estudantil de esquerda] e naturalmente identificado com a União Nacional dos Estudantes [controlada pela esquerda]. Foi posta em ação a tese de que a cultura popular não era apenas a que vinha do povo, mas sim a que se fazia pelo povo. A cultura popular é então conceituada como um instrumento de educação, que visa dar às classes economicamente (e *ipso facto* culturalmente) desfavorecidas uma consciência política e social".

A delimitação do que se poderia definir como povo se vai tornando, em alguns casos, de uma elasticidade espantosa, um conceito de hímen hipercomplacente, até chegar ao absurdo. No seu livro *Em Busca do Povo Brasileiro – Artistas da Revolução, do CPC à Era da TV*, o sociólogo Marcelo Ridenti comentou: "... em seu pequeno e difundido livro *Quem É o Povo, Hoje, no Brasil?*, o intelectual [e general] comunista Nelson Werneck Sodré definia o povo como 'o conjunto das classes, camadas e grupos sociais empenhados na solução objetiva das tarefas do desenvolvimento progressista e revolucionário na área em que vive'. Ou seja, em conformidade com a orientação política do PCB, o povo – a quem caberia realizar a revolução brasileira – seria composto pelas forças opositoras da aliança entre o imperialismo e o latifúndio, empenhadas em romper o atraso nacional, a saber: o campesinato, o semiproletariado, o proletariado, a pequena burguesia progressista e as partes da alta e média burguesia com interesses nacionais". Dá vontade de rir. Tudo bem que se pensasse numa aliança política dessa natureza, ampla coalizão de classes sociais, mas daí a achar que "o povo" abarcaria todo esse espectro classista, é coisa que não faz sentido algum. Desse ponto de vista, a mãe de Erasmo Carlos, batalhando para pagar o aluguel de um quarto, e um grande e multimilionário industrial "nacionalista" pertenceriam, ambos, ao "povo"... Onde será que o general Werneck andava com a cabeça? Despachando a sociologia e a economia (vale dizer, o próprio marxismo) para os quintos do inferno, o que temos aqui é uma definição *ideológica* de povo. Em outras palavras, o povo seria o que a esquerda quisesse que fosse o povo – e estamos conversados. Ok?

Bem. Enquanto Pelé e a dupla Roberto-Erasmo vinham do povo, a esquerda não sabia o que "o povo" era. Mas qual seria mesmo, da perspectiva dos comunistas, o grande pecado de Pelé e Roberto? Simples. Nenhum dos dois rezava pela cartilha esquerdista. Nenhum dos dois era militante, simpatizante explícito ou "companheiro de viagem" daquela esquerda, que, como toda esquerda, do leninismo ao identitarismo "woke" atual, se julga portadora da verdade sobre a vida e o mundo – e senhora do destino histórico da humanidade... Como nunca se posicionaram publicamente contra a ditadura ou a favor de projetos e delírios da esquerda, Pelé e Roberto foram sistematicamente criticados e, não raro, atacados até com certa violência. A esquerda via neles uma encarnação expressiva e até escandalosa da "alienação" política – e, por isso mesmo, como atores cujo desempenho era também essencialmente alienante, em seus efeitos nocivos sobre as massas populares brasileiras. Mas não posso deixar de assinalar, de imediato, que suas posturas e condutas acabavam por se revelar bem menos "alienadas" do que as da esquerda, quando confrontadas com o movimento real da vida brasileira. Com a realidade do país. Como veremos a seguir. Lembrando, desde já, que a música popular moderna e o futebol moderno são coisas do mundo citadino. Da sociedade urbano-industrial. E que o futebol se profissionalizou no Brasil mais ou menos na mesma época em que a tecnologia de reprodução da voz, a produção de discos e a explosão do rádio aconteceram para nós. Neste sentido, a década de 1930 foi o grande marco. E Pelé e Roberto Carlos são produtos ou rebentos desse mundo novo. Sobre Roberto Carlos, vou me limitar a uma leitura em plano geral. Quanto a Pelé, terei de me demorar mais em alguns tópicos.

Falemos, então, de Roberto Carlos. Naquela época, o poder econômico, no Brasil, se transferira já do campo para a cidade (campo era, então, sinônimo de atraso, não de "agronegócio", como viria a ser décadas depois). A chamada "cultura de massa" e os meios industriais de comunicação social já se tinham imposto largamente no país. O Brasil havia mergulhado em seu processo de transição demográfica, no sentido de sua configuração como país fundamentalmente urbano. Mas a esquerda, enceguecida por seus princípios teórico-ideológicos, simplesmente não via o que estava acontecendo à sua volta. Maioritariamente, mantinha-se acorrentada a um discurso antifeudal e anti-imperialista, por mais inacreditável que hoje isto soe para nós. Era o latifúndio, supostamente mancomunado com o imperialismo norte-americano, que encarnava o que podia haver de mais reacionário e atravancava o caminho para a modernização nacional-burguesa do país, que a esquerda se dispunha a apoiar – esta seria a etapa democrático-nacional a cumprir, segundo o que rezava a cartilha russa do stalinismo, no caminho da revolução socialista brasileira. Era preciso primeiro destronar a oligarquia latifundiária – e sua negação estava também em âmbito rural, com as massas camponesas. Daí se projeta a política cultural dos comunistas para o país, com a nordestinização e ruralização programáticas da produção estética esquerdista, do cinema ao teatro e à música popular.

Na minha adolescência, eu não conseguia entender por que a esquerda brasileira era, quase toda ela (à exceção de pequenos núcleos radicais, como o da organização clandestina Política Operária, a Polop), ruralista e artesanal. Em termos artístico-culturais, o que contava eram formas da cultura popular nordestina, como o cordel (uma idealização muito parecida com a que acadêmicos "progressistas" fazem hoje em torno do *rap* e do *hip-hop*). A cidade era vista como o lócus por excelência da alienação. A cidade e as novas tecnologias (não as antigas, *nota bene*). E tínhamos então todo um festival de violas e marias, de boiadas e procissões, com uma concessão aberta ao samba do morro (e o cineasta Nelson Pereira dos Santos ensaiou uma ponte ridícula entre uma coisa e outra, ao acentuar um suposto feitio "rural" no assentamento físico da favela...). Além disso, quando saía dessa nordestinização programática empobrecedora e alienada, os contestadores de então criavam coisitas de cidadezinha pré-industrial, como aquela inócua e mesmo bobinha "A Banda", assinada por Chico Buarque, poeta-compositor que mais tarde se converteria em expressão simbólica da esquerda brasileira – ou, como hoje se diz, em "ícone" do "progressismo" tristetropical. Enquanto isso, a "jovem guarda" falava diretamente da vida jovem no então já agitado mundo urbano brasileiro. Tematizava e recriava esteticamente a juventude paulistana em suas idas e vindas pelas ruas e avenidas, o movimento das pessoas pela cidade, os automóveis, as novidades vestuais e gestuais, a gíria emergente, o namoro no escurinho das salas e sessões de cinema. Deste ângulo, ao menos, Roberto Carlos, embora decididamente "americanizado", estava muito mais ligado na realidade brasileira do que a leitura que o PCB e toda essa turma esquerdista junta faziam do nosso país. "Alienada", em suma, era a esquerda. E, agora, vamos a Pelé.

11.
O POVO NÃO SABE VOTAR

Comecemos pelo relato do jornalista José Castello: "Em 1977, ainda em plena ditadura militar ["relativa", seria mais exato dizer], ele comprou uma briga pública com o deputado Ulysses Guimarães, líder da oposição ao regime militar. Mais uma vez, não se importou se sua atitude reforçaria a fama de governista, com que teve sempre que conviver. Durante uma homenagem que recebeu no Congresso Nacional, Pelé enunciou uma das mais célebres – e desastradas – frases de sua vida: 'O povo brasileiro não sabe votar'. Foi esta, ao menos, a frase reproduzida insistentemente pela imprensa logo após o incidente. Líder do Movimento Democrático Brasileiro, MDB, e do nascente movimento pelas eleições diretas, Ulysses, como era de seu estilo, saiu enfurecido em defesa da honra do povo brasileiro. A frase atribuída a Pelé, assim a maioria a entendeu, vinha justificar as graves restrições democráticas impostas pela ditadura militar e, ainda por cima, jogava contra a campanha nascente por eleições livres".

Pelé jura que não disse a frase. É provável. Jornalistas têm o péssimo hábito de tentar "sintetizar" coisas colocando frases na boca dos outros (e falo por experiência própria, não só porque fui jornalista, como porque também já fizeram isso comigo, em pelo menos duas das entrevistas que dei). Foi Elio Gaspari, por exemplo, o autor da frase "quem gosta de pobreza é intelectual, povo gosta de luxo", que ficou famosa como tendo sido dita pelo carnavalesco Joãozinho Trinta. Na verdade, Gaspari "sintetizou" um segmento do discurso do carnavalesco carioca. Mas tudo bem: admitamos que Pelé tenha feito a afirmação antipopulista. A declaração provocou celeuma. E mesmo xingamentos. Grita na mídia e em meios políticos. Protestos à esquerda. Nesse caso da esquerda, por sinal, mais do que de grita, devemos falar de gritalhada – e gritalhada esquerdofrênica. Porque a esquerda sempre contou, entre as teses do seu receituário, com o princípio de que o povo, por definição, não saberia votar. O "povo", como entidade dominada não só econômica como ideologicamente, entidade privada de "consciência política", entidade "alienada", etc., simplesmente jamais teria como "saber votar". No plano teórico, a fundamentação desse ponto de vista se encontraria, por exemplo, em livros como *A Ideologia Alemã*, quando Marx e Engels afirmam que as ideias que predominam, em sociedades estratificadas economicamente, são sempre as ideias da classe dominante. Vale dizer, seria preciso romper este círculo de ferro para que o povo pudesse pensar com ideias próprias – e, logo, "saber votar". Esta sempre foi uma conversa mais do que constante nos arraiais esquerdistas. No entanto, embora useira e vezeira em bater nessa tecla, esta mesmíssima esquerda estrilou, conjunturalmente, quando Pelé fez a declaração que diz que não fez. Confirmava-se assim, uma vez mais, o velho dito popular de que macaco não olha o próprio rabo.

Em todo caso, este juízo acerca da inconsciência popular na hora do voto, da representação do povo como imensa entidade amorfa incapaz de reconhecer suas verdadeiras necessidades e seus verdadeiros interesses, nunca foi monopólio da esquerda. Ao contrário, vai de uma a outra ponta do espectro político nacional (por falar nisso, não sei a razão de alguns semiletrados agora estarem escrevendo no plural: "gente de *todos* os espectros políticos", por exemplo; neste sentido preciso, a palavra "espectro" deve vir no singular – "espectros", no plural, quer dizer "fantasmas"). Na verdade, trata-se de uma postura *elitista* diante do assunto – e não de atributo privativo da esquerda ou da direita. O discurso elitista desqualificando o voto popular, entre nós, tem sido bem mais a regra do que a exceção. Hoje, no Brasil, quando temos até mesmo militantes submarcusianos defasados de uma tal de "pedagogia do cu", costumamos nos esquecer disso. Mas não custa lembrar. O cientista político Paulo Fábio Dantas Neto, autor de *Tradição, Autocracia e Carisma*, me chamou a atenção outro dia para o preconceito elitista da antiga União Democrática Nacional (UDN) com relação ao voto popular. Para a direitista UDN, o voto popular era coisa facilmente manipulável por partidos e lideranças populistas. Era preciso então ter uma ascendência paternalista forte sobre as massas, fosse por meio de instrumentação jurídica, fosse pelo expediente mais franco da tutela militar. Afora certas diferenças conceituais e o colorido diverso de alguns penduricalhos ideológicos, nós, da esquerda democrática, reunidos no antigo Movimento Democrático Brasileiro (MDB), embora não pregássemos intervenções militares, dizíamos, em essência, a mesma coisa. O MDB vencia disputas eleitorais nos maiores núcleos urbanos do país e perdia em cidades médias e menores e nos então chamados "grotões". E o que dizíamos? Que o voto consciente estava nas grandes cidades. O interior não sabia votar. Ou por pura ou impura inconsciência política ou por estar sob "cabresto", mantido na alienação pelo tacão dos então chamados "coronéis". Ou seja: "progressistas" estigmatizavam então, principalmente, o voto nordestino, visto como reflexo ou manifestação do atraso político e cultural da região. Voto que depois o PT deu de celebrar (e a direita de execrar), quando boa parte das massas nordestinas, guiando-se por seus próprios interesses, passou a votar no Bolsa Família.

Mas como foi a esquerda e não a direita que atacou (e debochou de) Pelé, fiquemos com a esquerda. Na verdade, a sua relação com "o povo" comportava e comporta extremos. Da idealização despropositada e até ingênua (ingenuidade a que não escapavam nem mesmo os intelectuais – e aqui me lembro de uma observação do sociólogo Francisco de Oliveira, num ensaio algo rasteiro sobre o "jeitinho" supostamente brasileiro, a respeito do crítico literário Antonio Candido: "Candido respeita tanto o brasileiro pobre, que aborda as figuras populares com uma reverência quase mística") à acusação algo violenta e ao desprezo. Como a ex-filósofa Marilena Chaui declarando ódio à "classe média", vale dizer, a segmentos menos pobres das classes trabalhadoras brasileiras. No Brasil, desde inícios da década de 1920, quando se formou o Partido Comunista Brasileiro, a ideia de que "o povo" é alienado tem sido repetida à exaustão. Inclusive, como disse, com os mais requintados citando *A Ideologia Alemã*. No Brasil, particularmente, a esquerda, nas trapalhadas teóricas do general Werneck Sodré, como vimos, não se entendia sequer acerca de como conceituar "o povo". Mas, em termos mais práticos e dito de modo sucinto, o princípio esquerdista se resume ao seguinte: o povo só sabe votar quando vota na esquerda. E isto vem até hoje. Comentando o grande fiasco da esquerda brasileira nas eleições municipais de 2024, em artigo publicado na imprensa, o sociólogo Demétrio Magnoli escreveu: "'Golpe! – as urnas eletrônicas viciadas fraudaram a vontade do povo e elegeram Lula'. A tese de [Jair] Bolsonaro, uma cópia adaptada da narrativa de [Donald] Trump sobre fraude eleitoral, é factualmente falsa e politicamente golpista – mas, ao menos, não atribui aos eleitores uma crônica incapacidade de distinguir seus interesses. Já a esquerda envereda por essa via quando formula sua tese para o fracasso nas eleições". Mais: "O povo não sabe votar? A inclinação da esquerda a atribuir seus fracassos à ignorância popular tem longa história. Quantas vezes o PT invocou o espectro de uma 'classe média fascista' para justificar insucessos eleitorais em São Paulo? Contudo, como trocar de povo é uma óbvia impossibilidade, os 'progressistas' precisariam enfrentar a dolorosa tarefa de trocar suas interpretações".

Mas por que tantos comunistas e democratas liberais podiam tranquilamente dizer que o povo não sabia votar, enquanto Pelé jamais deveria ter emitido juízo semelhante? Havia o dado conjuntural, certamente, já que o país se mobilizava em torno da campanha "diretas já", que significariam o ocaso da ditadura nas ruas e em meio a grandes massas urbanas – e não, simplesmente, entre deputados e senadores num restritíssimo e oportunista "colégio eleitoral". Mas havia também o velho preconceito contra Pelé, claro. Se tínhamos o preconceito elitista contra o voto popular, tínhamos também o preconceito elitista contra um ídolo popular que se mantinha publicamente afastado das tramas, dos jogos e das disputas do mundo político em sentido estrito. Vale dizer: o mundo dos políticos profissionais – o mundo do partidocratismo.

12.
A QUESTÃO RACIAL

Um tema sempre polêmico – e que não pretendo examinar exaustivamente nas próximas linhas. Devo apenas me reportar a uma que outra realidade da vida do rei e a um que outro tópico em que, por isso ou por aquilo, ele foi ou tem sido objeto de disputa, discussão, análise, crítica, ataque e mesmo agressão. A matéria é política, obviamente. E aqui há uma primeira e interessante partição. Enquanto a direita não moveu ou move queixas contra o rei do futebol, a esquerda em geral é pródiga em seus posicionamentos com relação a este domínio da "questão racial" brasileira, investindo muitas vezes contra o craque, num leque de manifestações que vai da simples restrição ao xingamento. Cabe aqui, por isso mesmo, mais uma distinção. A esquerda mais tradicional, quase invariavelmente, pega bem mais leve. Já a esquerda racialista ou neorracista do identitarismo *woke*, quando não faz vista grossa em nome de uma fajuta solidariedade da cor da pele, costuma despachar chumbo grosso. Claro. Os identitaristas *woke* são militantes que desejam, pregam e tentam praticar o extermínio da desobediência e da divergência políticas, através da incultura policialesca do "cancelamento". Aqui, o negro tem de andar rigorosamente na linha, seguir o figurino, acatar os dogmas. Se não agir assim, será acusado de "traidor da raça" e até de racista. Como no caso mais extremo de Ibram X. Kendy, que descamba despudoradamente para o caricatural, acusando de racismo ninguém menos do que o pastor Martin Luther King Jr. E fascista aloprado, assumidamente neorracista, como Kendy, é o que não falta também por aqui, nestes nossos alegres tristes trópicos.

Postura típica da esquerda em geral, dos "progressistas" de décadas transatas, predominantemente brancos ou brancomestiços, foi bem visível nas cátedras universitárias e em redações de jornais – principalmente, é bom que se diga, entre jornalistas não especializados em reportagens e comentários propriamente esportivos. O mesmo tipo de postura com que o jornal *O Pasquim*, por exemplo, tido como "libertário" entre as décadas de 1960 e 1970, torrou tantas vezes a paciência de Pelé, importunando-o com afirmações e argumentos primários. Na entrevista que Pelé deu àquele jornal, aliás, nos meados da década de 1970, um dos entrevistadores (e um dos donos do semanário), o cartunista Ziraldo, falando como se fosse um tremendo revolucionário social brasileiro, sem ter nada que pudesse embasar ou explicar tal pretensão, não se cansa de tentar caracterizar Pelé como indivíduo politicamente "alienado". Uma das suas perguntas: "Então, o negro deve ser bem-comportado?". Pelé, com paciência, responde: "O negro deve fazer o que eu fiz. Comecei a jogar futebol e não tive tempo para estudar. Quando minha situação melhorou, procurei entrar numa universidade. Quando garoto, meu pai não tinha dinheiro pra me mandar pra escola. Pedi aos amigos que me ensinassem a ler e escrever. Hoje, aprendi inglês, italiano, espanhol. Esse é o exemplo que dou para todos, não é só para os negros". Ziraldo, obviamente, não gostou. Queria uma resposta que significasse negação ideológica da ordem social vigente ou, no mínimo, porrada na ditadura militar, mas Pelé se manteve no terreno de sua experiência pessoal. Não é, nunca foi, um ideólogo.

Ziraldo insiste: "As pessoas te cobram naturalmente o uso do seu prestígio em favor do seu povo", diz, com empostação retórica, como se Pelé nunca tivesse expressado publicamente sua preocupação com a infância carente e mesmo miserável de nosso país, ou como se crianças não fizessem parte do tal do "povo" de Pelé. É tudo uma punheta só. Na verdade, o que Ziraldo está querendo dizer é outra coisa: Pelé, os "progressistas" te cobram o uso do seu prestígio em favor dos discursos e projetos deles mesmos, os "progressistas". E a referência comparativa, para tentar desqualificar Pelé, estava sempre em Cassius Clay-Muhammad Ali. Pelé, sempre paciente e claro, explica: "Você citou Cassius Clay porque ele é muito ligado ao racismo nos Estados Unidos. O que [vocês] não entendem é que ele nasceu dentro do problema. Viveu aquilo e deve ter sofrido. Eu não sofri. Inclusive, a minha primeira namorada foi uma japonesa, quer dizer, bagunçou o racismo". E pergunta de volta: "Como é que eu vou ser como Cassius Clay se vivi num mundo diferente?". Ziraldo, muito sintomaticamente, ignora a pergunta do rei e muda de assunto... Mas vejamos. Pelé e Cassius Clay-Muhammad Ali tinham praticamente a mesma idade. Clay-Ali nasceu em junho de 1942 (um ano e oito meses depois do rei), na cidade de Louisville, no Kentucky, onde também foi criado. Mas nada mais distante da Bauru de Pelé – onde pretos, brancos, árabes, asiáticos e mestiços de tipos vários conviviam circulando pela cidade, partilhando todo o espaço público urbano – do que a Louisville de Ali, radicalmente segregacionista. Odesa, mãe do futuro campeão mundial de boxe, contou diversas vezes uma história que, segundo ela, marcou o filho para sempre: certa ocasião, numa loja, num dia quente de verão, Clay começou a chorar pedindo água e se recusaram a dar um copo d'água àquele menino de 5 anos de idade, argumentando que ele era preto.

Querem ter uma ideia mais aproximada da Bauru de Pelé e da Louisville de Ali? Pois bem. Se Bauru fosse Louisville, Pelé não poderia frequentar a mesma escola que seus amigos. Seria obrigado a estudar num colégio só para pretos. Se estivesse a andar pela avenida central da cidade e tivesse vontade de fazer xixi, teria de contrair a bexiga ou procurar algum terreno baldio (se houvesse algum), porque naquelas lojas não haveria banheiro para ele – só para brancos. Preto não tinha onde mijar. Mais: seu time de futebol, do Sete de Setembro ao Ameriquinha, não misturaria crianças e rapazinhos de cores diversas. Seria um time só de pretinhos. Aquelas fotos do menino Pelé junto com crianças brancas, em brincadeiras de pião e jogos de gude, simplesmente não existiriam. Não haveria como fazê-las, já que tais rodas infantis inter-raciais inexistiriam. Pelé nem sequer teria como morar na rua onde morou, já que ali havia casas de moradores brancos. Tudo seria devidamente apartado. O menino-rei moraria num gueto, juntamente com outros pretos. E veria até cortejos fúnebres seguirem caminhos diferentes – alguns tomando o rumo do cemitério dos brancos, outros seguindo em direção ao cemitério dos negros. Foi esta a vivência do menino Cassius Clay. Não a de Pelé. Até muito pelo contrário. O futuro Muhammad Ali acabou dando um belo murro na mesa, revoltado com as realidades que foi obrigado a viver. Pelé não sentiu necessidade de fazer a mesma coisa. Não que vivêssemos numa "democracia racial". Longe disso. Mas não vivíamos segundo o sistema legal (onde até casamentos birraciais eram proibidos), o binarismo racista e as rígidas separações de acordo com a cor, que vigoravam nos Estados Unidos. Com todas as suas assimetrias e discriminações, o Brasil de Pelé, em comparação com os Estados Unidos de Clay, era um país aberto e convivial.

Ao se recusar a lutar na Guerra do Vietnã, por sinal, Ali se referiu justamente ao segregacionismo racista de sua terra natal: "Por que eles querem me convocar para vestir um uniforme, ir dez mil milhas longe de casa para disparar bombas e balas contra o povo pardo [*brown*] do Vietnã, enquanto o chamado povo negro em Louisville é tratado como cachorro e não tem os mais simples direitos humanos?". Em princípios da década de 1960, Ali se converteu ao islamismo e ingressou na Nação do Islã, uma organização poderosa, de militância abertamente racista e a favor do emprego da violência contra os não negros. Dito em poucas palavras, uma organização defensora do supremacismo preto. Foi esta conversão religiosa, de resto, que o levou a se separar de sua primeira mulher, alegando que ela usava batom, frequentava bares e vestia roupas indecentes. Em 1964, aos 22 anos, nosso amigo trocou de nome. Disse que "Cassius Clay" era seu *slave name*, "nome de escravo" (nome dado a seu pai, aliás, em homenagem a um político abolicionista norte-americano do Kentucky, mas tudo bem: os abolicionistas brancos daquele país foram quase todos racistas e, como Abraham Lincoln depois de decretar o fim da escravidão, queriam que os pretos voltassem em massa para a África, deixando os Estados Unidos só para os brancos). E passou a se chamar Muhammad Ali – ironicamente, também um *slave name*, já que pertencente ao mundo árabe, onde a escravidão de negros foi uma realidade incrivelmente cruel, incluindo a castração em massa de machos pretos, para evitar o nascimento de mestiços.

A verdade é que Ali passou por coisas que Pelé não passou. Conheceu realidades que Pelé desconheceu. Experimentou sofrimentos que não atingiram Pelé. A segregação era parte integral e essencial da vida cotidiana em Louisville – e Clay cresceu em pleno *apartheid* norte-americano de meados do século XX, com banheiros, piscinas públicas, lanchonetes e até cemitérios "só para brancos", *whites only*. Veja-se, a propósito, o capítulo "Louisville and the Lip", em *Muhammad Ali's Greatest Fight – Cassius Clay vs. The United States of America*, de Howard Bingham e Max Wallace. As realidades vividas por nossos dois formidáveis atletas eram tão diversas que, se Pelé resolvesse mudar de nome, rebatizando-se como Muhammad Latif, Gamal Kalil ou coisa que o valha, e passasse a frequentar mesquitas, recitando trechos decorados do Corão, isso não teria pé, nem cabeça. Não faria sentido algum para os brasileiros. E esta diversidade radical de vivências explica o extremismo de Cassius Clay, inclusive em sua recusa de todo e qualquer tipo de integração racial – "Não queremos ser forçados à integração. A integração é um erro. Nós não queremos viver com o homem branco; e isso é tudo", dizia ele –, em comparação com a disposição conciliadora, pacífica e integracionista do rei do futebol. Ali queria a guerra – Pelé, a paz social. Acreditava que as desigualdades sociorraciais brasileiras eram superáveis. E que, no Brasil, gentes de todos os tipos e todas as cores poderiam sempre conviver numa boa. Ali dizia "meu inimigo é o povo branco". E Pelé, ainda aqui, ficaria com Martin Luther King, que considerava que o supremacismo negro e o racismo de pretos contra brancos eram tão nocivos e condenáveis quanto o supremacismo branco e o racismo de brancos contra pretos. Pelé, como King, queria a supressão das desigualdades sociais num espaço humano convivial. Mas vejam bem: com todas as diferenças que os afastavam, Pelé e Ali foram amigos pessoais. Encontraram-se várias vezes. Conversavam. Um era fã do outro. E Ali esteve presente à partida de futebol em que Pelé se despediu do Cosmos, voltando ao Brasil.

Dá uma puta preguiça ser obrigado a lembrar, a pessoas até medianamente informadas como Ziraldo, jornalistas de *O Pasquim* e seus "progressistas", quase todos se fantasiando segundo os figurinos esquerdistas daqueles inícios da década de 1970, que um princípio elementar da esquerda clássica, mesmo no Brasil, sempre foi o de situar as pessoas em seus contextos concretos de vida e atuação. Pelé, que nunca foi "de esquerda" e sempre se definiu politicamente como "de centro", levava isso em conta. Quando os tais "progressistas" exigiam dele uma postura à Cassius Clay-Muhammad Ali, o rei respondia observando, corretamente, que aquelas pessoas não podiam trocar assim as bolas, confundindo margarina com manteiga, desde que ele e o grande lutador norte-americano tinham vivido vidas muito diversas, em realidades raciais tão completamente dessemelhantes quanto a norte-americana e a brasileira. Mas, se toda uma horda "progressista" de subintelectuais, jornalistas semiletrados e artistas menores sempre teve como esporte favorito encher o saco de Pelé, cobrando-lhe inclusive que pensasse e agisse como se tivesse nascido no Kentucky, não foi esta a atitude que prevaleceu nos páramos superiores da cultura brasileira. Muito pelo contrário. Personalidades como Nelson Rodrigues e Gilberto Freyre, como já vimos, sempre louvaram o rei do futebol, colocando-o nas alturas. Assim como o fez um de nossos maiores poetas, Carlos Drummond de Andrade, explicitamente fascinado pela beleza, a elegância, a inteligência e a precisão com que Pelé driblava, dentro de campo, todas as pedras no caminho.

Com a esquerda identitarista, já o disse, a fuzilaria foi muito mais pesada. Mas vamos ver isso com algum vagar. De cara, chamando a atenção para dois grandes problemas. Em primeiro lugar, esses movimentos negros se desesperam com as ambiguidades, imprecisões, contradições e paradoxos que tipificam uma sociedade policromática e polissêmica como a brasileira, fundada na mestiçagem. Mas, em vez de encarar a questão, eles resolveram muito simplesmente eliminá-la através da importação do binarismo racista norte-americano, que divide o mundo, drasticamente, em brancos e pretos. Ou seja: providenciaram o sumiço do mestiço da cena histórica, biológica e social do país, o que significa que querem fazer de conta que tudo aqui é igualzinho ao que se tem nos Estados Unidos. Nada mais falso, claro. Mas a realidade da mestiçagem não é um problema para a população brasileira, muitíssimo pelo contrário. É o espaço da liberdade de todas as misturas, especialmente em meio às classes populares. Tornou-se problema, sim, para uma esquerda neorracista marcada pela penúria ideológica e pela mais absoluta falta de imaginação política – e, por isso mesmo, incapaz de produzir leituras e formular projetos centrados em nossas vidas e em resposta às nossas realidades. Em segundo lugar, o problema perverso, doentio mesmo, do identitarismo "woke", é que este "movimento" não aceita a simples existência de pessoas normais, comuns, vivendo a vida. Para o identitarismo, o ser humano é e só pode ser, voluntariamente ou não, um militante integral, de arma em riste 24 horas por dia. A vida social é concebida por eles como uma guerra ininterrupta, perpétua. Só existem a tensão e o conflito entre grupos (o indivíduo é uma ficção). Toda identidade é agora grupocêntrica. Mas a base das classificações grupais não é mais social e sim biológica, basicamente em termos de raça e sexo. Ou seja: é coisa que remete não à vida em sociedade humana, mas ao reino animal – e sob o signo de uma nova e estranha espécie de determinismo: o determinismo zoológico.

E aqui me lembro da distinção entre o "negro-tema" e o "negro-vida", de que falava o sociólogo Guerreiro Ramos, em "O Problema do Negro na Sociologia Brasileira", hoje retomado por Paulo Cruz, jovem intelectual negro de São Paulo, em textos como "Pela Vitória do Negro-Vida", publicado recentemente na revista *Valete*. Com uma diferença. Guerreiro Ramos – mulato ilustre de Santo Amaro da Purificação, no Recôncavo Baiano (como Theodoro Sampaio, aliás), cientista social culto e sofisticado, com especializações nas áreas da filosofia e do direito, fluente em línguas como o inglês e o alemão – empregava a expressão "negro-tema" no sentido de uma criação conceitual: o negro enquanto figura literária ou sociológica, categoria problemática do pensamento social brasileiro. Já o "negro-tema" do multicultural-identitarismo, embora também criação ideológico-conceitual, é entidade cromática, rácica, onde se dissolvem programaticamente as individualidades, mas em função não do entendimento sociológico do mundo brasileiro, e sim da realização política de metas de implantação de uma "supremacia negra" no país. Podemos então distinguir entre o negro-tema da sociologia e o negro construído pelo identitarismo, a que podemos tratar como "negro-signo". Vale dizer: o negro-signo é um equivalente ou correspondente, no campo político, do negro-tema sociológico. O "negro-vida", bem diversamente, não é o conceito científico, nem o "homo fictus" da ideologia, igualmente genérico. Mas a pessoa real, o indivíduo concreto, o ser humano realmente existente, em suas circunstâncias e com as suas singularidades. Para o multicultural-identitarismo, uma figura inexistente ou pelo menos supérflua, já que só o "coletivo" conta. Guerreiro: o negro-vida é o negro que "vem assumindo o seu destino, vem se fazendo a si próprio, segundo lhe têm permitido as condições particulares da sociedade brasileira". Do meu ponto de vista, Pelé, contemporâneo de Guerreiro Ramos, foi encarnação vitoriosamente brilhante do negro-vida.

No multicultural-identitarismo "woke", com sua obsessão grupocêntrica, não há lugar para o indivíduo e muito menos para o sucesso individual. Predomina aqui, por assim dizer, a postura anti-Pelé. O combate político-ideológico ao negro-vida, em nome do negro-signo. Mais precisamente, define-se o negro-vida e a vitória individual como coisas insignificantes ou ilusórias. Manifestando-se mais de meio século depois do mestre Guerreiro Ramos, seu discípulo Paulo Cruz escreve: "... atualmente, o negro brasileiro ainda tem de lidar com algo cada vez mais sufocante em sua vida: a militância pós-moderna [multicultural-identitarista]. Com o avanço das interpretações marxistas e, a partir da ascensão do estruturalismo e do pós-estruturalismo como técnicas hermenêuticas, de pensadores como Michel Foucault e sua teoria das *estruturas de poder*, o problema do racismo saiu da esfera das relações interpessoais culturalmente sustentadas, e ganhou contornos abstratos e totalizantes, que, pela própria complexidade (ou vagueza) conceitual, acabam por convencer sem muitas explicações. Um jovem negro que mora numa periferia qualquer pelo Brasil afora, não é mais confrontado somente com o fato de ter de lutar contra as circunstâncias objetivas de sua condição, mas também com supostas discriminações denunciadas pelo que chamo de *ideologias do ressentimento*, que tentam, a todo momento, colocá-lo como vítima absoluta de algozes subjetivos. [...]. Os proponentes dessas ideologias ignoram completamente o indivíduo, as tomadas de decisões e a capacidade de autodeterminação e de assimilação da ética de superação. [...]. O que essas ideologias fazem – ao desconsiderarem a possibilidade que cada indivíduo negro tem de lutar contra as adversidades, construir o seu caminho, prosperar e ajudar aqueles que lhe são mais próximos – é fomentar uma cultura de vitimização". Mais uma vez, repito, o que temos aqui, com as "ideologias do ressentimento", é o avesso mesmo do que foi e do que é Pelé. Seu exemplo, para essa turma da "cultura da vitimização", não existe. Não é exemplo.

Já que falamos de "cultura da vitimização", traço essencial do neorracismo identitarista, gastemos algumas palavras com o assunto. O militante do neorracismo identitarista se define, principal e essencialmente, como vítima. Mas trata-se de uma cultura da vitimização bem específica, onde a vítima vê sua condição não como fruto imediato e objetivo disso ou daquilo que lhe aconteceu, mas como uma realidade eterna, uma certeza biológica sem remissão possível, a lembrar o verso de Rimbaud na *Saison en Enfer*: "sou de raça inferior por toda a eternidade". E aqui devemos dar ressalte a três aspectos, pelo menos. O vitimismo negro deve ser encarado como capítulo específico ou manifestação particular, no campo racial, da vitimização geral de todos os "oprimidos", em dias de culpa social e penitências masoquistas, quando muitos supostos "opressores" já se prestaram às mais variadas atitudes autodegradantes, diante do chororô agressivo do identitarismo – sim, existe isso: assim como temos uma mendicância agressiva nas ruas de nossas cidades, temos também um vitimismo agressivo. De uma parte, essas levas identitaristas foram submetidas a um processo de inacreditável infantilização. De outra, são vítimas vociferantes. E se ofendem por questões de quisquilhas. Tudo é ofensivo, tudo estilhaça estes seres de vidro, mais frágeis que a personagem do conto de Cervantes. Em *Free Women, Free Men: Sex, Gender, Feminism*, Camille Paglia já falava de uma espantosa infantilização das mulheres na esfera do neofeminismo puritano hoje reinante. Mas a coisa não ficou restrita a mulheres. Tomou conta de toda a movimentação "woke", identitarista, norte-americana, espalhando-se daí para outros países e continentes. Veja-se, a propósito, o estudo *The Rise of Victimhood Culture*, de Bradley Campbell e Jason Manning. E a onda assumiu dimensão absurda. Tanto que, se hoje quisermos atender às vítimas e sua vitimidade, teremos de esquecer essa história de liberdade de pensamento e expressão. Os ideólogos da cultura da vitimização visam silenciar toda manifestação que questione a cartilha identitarista, não teça loas às vítimas, não bata no peito confessando máxima culpa. Como dizem Campbell e Manning, de conversas de bar a peças de Shakespeare, de anedotas triviais a obras-primas do cinema, de brincadeiras estudantis a teorias científicas, tudo pode ser visto como ofensa – e os ofendidos exigem, à sua maneira violenta e escandalosa, que os ofensores se calem.

Aqui chegando, cabe a pergunta: como a militância negra se colocou nesse lugar, caindo (também agressivamente) no chororô vitimista dos eternos oprimidos? Em *Racismo Woke – Como uma Nova Religião Está a Dividir a Sociedade*, um intelectual negro norte-americano, John McWhorter, apresenta-nos uma explicação conjuntural para o caso. O principal, lembra ele, é que, mesmo depois das vitó rias do movimento dos direitos civis nos Estados Unidos, na década de 1960, os negros norte-americanos não lograram superar e menos ainda suprimir o seu sentimento de inferioridade humana e social. Prova disso estaria, entre tantas outras coisas, na disseminação massiva de lemas como "black is beautiful" – de fato, uma pessoa que não tem dúvida alguma sobre sua beleza, não sai por aí gritando que é linda. "Em tais circunstâncias, um povo procura outra razão de orgulho e identidade positiva. Uma via disponível era o estatuto de nobre vítima". E não deu outra. Uma facção de políticos e militantes negros passou a enfatizar sua vitimidade. A sustentar que nunca o racismo fora tão intenso. Que a situação tinha ficado muito pior do que na década de 1960. E o evidente exagero – a mentira – foi simplesmente tomada como verdade pela juventude. Apresentar-se como vítima cotidiana desse racismo onipresente tornou-se motivo de orgulho. A preocupação central do negro. Agora, a identidade de negro acossado, a experiência comum e insuperada de vítima sistemática da discriminação, unia ideologicamente todos os pretos. A implicação disso é que o negro deixou de se definir como negro; deixou de se definir como ser especial e específico em seus próprios termos – "... o racismo branco é tão opressivo que nós temos obrigatoriamente de nos definir em contraposição a ele". Ainda McWhorter: "Infelizmente, muitas pessoas não compreendem que esta concepção cuidadosamente 'antirracista' da identidade negra invalida os apelos às pessoas para que afirmem a sua individualidade". Em suma: no que diz respeito à questão da identidade, essa ideologia "exige que os não brancos se definam primordialmente pelo fato de não serem brancos e de não gostar do que os brancos possam ou não possam pensar deles. Ninguém desejaria que os seus filhos tivessem esta autoimagem, quando a explicitamos desta forma. A ideia de isto ser 'progressista' é falsa. É um fardo sombrio, ilógico e inútil na alma de gente cuja energia espiritual devia ser dirigida para outras coisas". Enfim, estamos nos movendo aqui no terreno do que o pensador indiano Amartya Sen define em termos de "identidade reativa". Coisa de uma pobreza mental de dar dó.

Em *The End of Race Politics*, Coleman Hughes, outro intelectual negro norte-americano, faz uma leitura interessante do quadro. Diz ele que, no tempo em que estudou na Universidade Columbia, assistiu a uma mudança na atitude da militância preta diante da história da "supremacia branca" nos Estados Unidos. As pessoas passaram a fazer um teatro até então inédito, vale dizer, a se comportar como se os séculos de escravidão, a história inteira do racismo norte-americano, tivesse acontecido com elas *pessoalmente*. Como se a dor sofrida pelos escravos de fato fosse transmitida de geração a geração, à maneira de uma carga ou doença genética. Foi a este teatro ou a esta fantasia ou encenação ideológica que Coleman deu o nome de "Mito do Trauma Hereditário". As pessoas agiam como se fosse possível estarem pessoalmente traumatizadas por acontecimentos centenários. Coleman, estudante, não conseguiu embarcar na canoa. "Quando eu olhava documentos históricos sobre a escravidão, sentia o peso enorme da tragédia. Mas não sentia que aquela era *minha* tragédia. Era, antes, a tragédia experimentada pelos próprios escravos – uma dor que, a despeito de minha conexão ancestral com ela, não me pertencia". O que acontece, na visão de Coleman, é que o Mito do Trauma Hereditário gerou uma espécie de estado/sentimento de vitimização perpétua. A pregação neorracista da esquerda identitarista passou a convencer as pessoas de que elas eram vítimas não das circunstâncias objetivas de sua vida, das vicissitudes concretas de sua existência individual, mas de séculos de escravidão. Ou seja: transformaram o estatuto de vítima, que é coisa obviamente aguda, numa entidade crônica. Numa espécie de nova e insuperável doença genética, descoberta pelos "médicos" neorracistas dos movimentos negros norte-americanos – que os movimentos negros tristetropicais do Brasil prontamente copiaram, fazendo com que pretos e mulatos brasileiros contraíssem a mesma doença. Desse modo, o estado de vítima se torna algo que define o negro, sua "essência", levando-o a crer, desde que embarque nessa canoa, que esta é a sua realidade última: um ser que carrega diariamente dores que não sofreu. E Coleman: "Sou grato a meus ancestrais escravizados pelas durezas que eles enfrentaram e superaram. Seu status de vítima não era imaginado – era real. Eles realmente sofreram sem ter culpa. Mas o que eles sofreram não me afeta pessoalmente, não sinto e não posso sentir a dor que é deles". Dizer o contrário, completa Coleman, seria desonesto. Mas, como a militância, até por definição, não consegue ter esta noção objetiva da realidade, vai cegamente em frente. Enfeitiçada pela ideologia, deve até mesmo ser capaz de sentir, diariamente, chicotadas que lhe foram dadas por seus senhores lá no século XVII, quando ela era ainda bem novinha...

Pois bem. Queriam Pelé se emaranhando nos planos mal-ajambrados desta peça? Emascarando-se nesse teatro? Apresentando-se o tempo todo como representante do estado intransponível de vítima da escravidão? Do estatuto de vítima psicológica e econômica da opressão branca e baboseiras do gênero? Santa ingenuidade. Pelé sempre se viu e sempre se moveu como o contrário mesmo de todo e qualquer vitimismo. Pelé significou com admirável constância, em todos os momentos de sua peripécia pública, mensagem de otimismo e comunicação de confiança. Nunca reduziu seu esplendor negro a uma mera contraposição ao ser branco. Em resumo: Pelé sempre foi de enfiar a bola na rede e não de recorrer a expedientes menores de vitimismo político-ideológico. Ou, em outras palavras, Pelé sempre foi afirmação vitoriosa. Vitimismo, jamais.

***

Pelé não é um preto puro. No Brasil, é tão difícil encontrar um preto puro quanto um branco puro – embora os brancos puros sejam em maior número do que os pretos puros. Vejam os seus pais. Dondinho era mais preto – Celeste, visivelmente mestiça. Mas Pelé, na classificação fenotípica brasileira, era negro. Não passaria nem por mulato. E negro, na geração dele, era negro mesmo. Não era como hoje, quando qualquer personagem "tinta fraca" posa de preto. Ou quando temos pessoas que são definidas como *ideologicamente* pretas, em consequência da importação do padrão racista norte-americano da *one drop rule*, cujo projeto fantasioso é celebrar fraudes estatísticas que permitam tratar o Brasil como nação bicolor, eliminando de nossas vidas a figura do mestiço, representante do segmento maioritário da população brasileira. Mas Pelé, ao contrário dos "neonegros" que circulam hoje por aí, era preto, sim. Não era mulato claro posando de "negro", como tantos que vemos à nossa volta. Ou como mulatos forçados a se ver como negros, pela negação senhorial do mestiço, como Martin Luther King Jr. e Muhammad Ali, ambos descendentes não só de africanos, mas também de irlandeses. No caso de Ali, mais exatamente, foi na Irlanda que nasceu, alvíssimo, seu bisavô materno.

Um outro ponto fundamental: o mundo do menino Pelé não era feito de pretos pobres. Mas de pessoas pobres. Pessoas pobres de todas as cores. Em Bauru, havia uma dupla de irmãos – Raul e Raquel – que Dico/Pelé considerava como irmãos também seus e passava dias na casa deles. Ambos bem branquinhos, filhos de Lavico, goleiro de times de Bauru, que presenteou Pelé com as primeiras chuteiras que o então príncipe-futuro-rei calçou – presente que seria retribuído anos mais tarde, quando, de volta de uma excursão da seleção brasileira, Pelé trouxe para Lavico um par de chuteiras comprado na Rússia. E Pelé sempre foi de amizades firmes e leais. "Até hoje, Pelé trata Raul e Raquel como irmãos, tendo ambos sido convidados, com passagens, ingressos e hotel, para assistir ao seu jogo de despedida definitiva do futebol profissional, em Nova York, pelo Cosmos, em outubro de 1977", conta Cordeiro. Na verdade, o círculo de amizades bauruenses de Pelé permaneceu enquanto ele esteve vivo. "São dezenas e dezenas de telegramas e faxes até aos dias de hoje, enviados por Pelé para os amigos de Bauru, sempre visitados por ele nas vezes em que apareceu na cidade onde nasceu seu futebol". Não nos esqueçamos, ainda, de que as primeiras namoradas de Pelé foram uma nissei e uma libanesa. Olhando fotos desses tempos de infância/pré-adolescência, podemos ver, por exemplo, Pelé jogando bolinha de gude numa roda de garotos: ele preto, um amigo escurinho e nove amiguinhos brancos. No futebol, era a mesma coisa. Os times de Bauru, nos quais Pelé jogou, eram formados maioritariamente por brancos. Como o Ameriquinha.

Mas igualmente o infantojuvenil do BAC: o preto-cafuzo Pelé, dois garotos amulatados e oito brancos. No Radium, tínhamos dez brancos e Pelé. Da mesma forma, era de brancos a maioria dos amigos do círculo familiar de Pelé. As famílias amigas – de um modo geral, as famílias das redondezas de onde a família de Dondinho e Celeste morava – eram quase todas de imigrantes e descendentes de imigrantes. Basicamente, italianos, árabes e japoneses. Basta passar em revista seus sobrenomes. Já a casa de Pelé era construção parede-meia com a casa da família Barone. Outra família vizinha era a Fornetti, cuja casa estava separada da de Pelé apenas por uma cerca de bambu – "de vez em quando, Dona Anita [Fornetti]... passava [pela cerca] uma boa panela de macarronada, preparada por uma verdadeira dona de casa italiana". Além das italianas, famílias japonesas: Sakai, Yatushi, etc. E Dondinho, naquela época, chegou a ser o técnico do time da imigração japonesa em Bauru – o Nissei Futebol Clube.

Hoje, muito em consequência dos discursos perniciosamente fraudulentos dos movimentos negros e da elite empresarial midiática capitaneada pela Rede Globo e pela *Folha de S. Paulo*, muita gente fantasia que todo pobre, no Brasil, é preto. Nada mais longe da verdade. Veja-se, a propósito, um livro excepcional que também trata esse tema, *Uma Gota de Sangue – História do Pensamento Racial*, do geógrafo e sociólogo Demétrio Magnoli. No Brasil Setentrional – formado pelas regiões Norte e Nordeste, por trecho do Centro-Oeste e pelo norte de Minas Gerais – os "pardos" (ou mestiços) são a maioria em meio às camadas mais pobres da população. Já no Brasil Meridional – formado por São Paulo, pelo sul de Minas Gerais e por trechos do Centro-Oeste – os "brancos" predominam entre os mais pobres. Agora mesmo, o Censo 2022 do IBGE revelou que, no tocante à "classificação étnico-racial", a maioria da população das imensas favelas brasileiras se autodeclara (e é) mestiça; os brancos vêm no segundo lugar; e a minoria é de pretos. Mais precisamente, os números são os seguintes: 56.8% de pardomestiços, 26.6% de brancos e apenas 16.1% de pretos. O que significa dizer que a maioria do contingente populacional das nossas favelas, que se estendem de uma ponta a outra do país, é formada, predominantemente, por não pretos. Na ponta do lápis, como se diz, os não negros somam nada menos do que 83.4% dos moradores favelados do Brasil. Esta é a nossa verdade demográfica.

Mudando de assunto. Muitas das coisas – palavras, gestos – que a atual sensibilidade neurótica da militância neonegra classifica ou classificaria como "racistas", não me parecem merecer o rótulo. Os crioulos da seleção brasileira na Copa da Suécia falam, por exemplo, de crianças louras que nunca tinham visto um preto e passavam a mão nos rostos deles, para ver se eram assim mesmo ou se estavam pintados... "Crianças suecas, todas lourinhas como essas bonecas de brinquedo, vinham 'conversar' comigo nas proximidades do hotel. Alguns meninos e meninas vinham passar a mão no meu rosto e nos meus braços e, depois, ficavam olhando as mãozinhas, muito admirados por não as verem sujas de tinta preta. Pensavam que eu e os outros crioulos da delegação brasileira éramos pintados!" – recorda o nosso negão-mor. E realmente não consigo ver nada de racista nisso. Lembre-se, aliás, de que, quando Colombo e os seus começaram a chegar às Américas, houve índios que acharam que os europeus não eram humanos – e nada havia de racista na atitude. Me lembro de uma alemãzinha (de família comunista) que, da primeira vez na vida em que deu de cara com um preto africano, tomou um puta susto, deu um grito e saiu correndo, morrendo de medo, apavorada. Pelé fala também de uma festa que deram para eles, já campeões do mundo. "À noite, deram um baile em nossa homenagem, num clube cujo nome não me recordo. Estava cheio de louras e todas elas só queriam saber de crioulos. Eu achava gozado aquilo, mas o mesmo não acontecia com os nossos companheiros brancos. Alguns chegaram a achar ruim. 'Que diabo de mulheres que nunca viram crioulos?!'". Pois é.

Louras na festa atrás dos negões. Em princípio, também nada vejo de racista nisso. Mas, simplesmente, uma atração natural pelo outro. Pelé faz uma observação perfeita ao falar do seu namoro com Ilena, na Copa da Suécia: ela era fascinada por minha pele preta, assim como eu era fascinado pelos seus olhos azuis.

O que não significa, de modo algum, que Pelé nunca tenha sido vítima de racismo. Foi, sim. O Brasil é um país racista. O que mais nos diferencia dos Estados Unidos, nesse particular, é que lá, apesar de tudo, o racismo ainda é escancarado. Existem dezenas de organizações aberta e programaticamente racistas. E ninguém se inibe ao fazer discursos defendendo a supremacia branca. No Brasil, ao contrário, o racismo é visto, desde há muito, como algo imoral e vergonhoso. Foi esta postura antirracista que se impôs no conjunto da sociedade. E esta foi uma grande vitória do povo brasileiro. Uma vitória realmente digna de nota. O que não significa, repito, que o racismo tenha desaparecido de nossa vida social – e o mais provável é que nunca venha a desaparecer, a não ser que a mestiçagem se dissemine em tal escala que nos iguale a todos, restando então apenas as distinções impostas pela desigualdade socioeconômica.

***

Vejamos aqui o problema da estereotipia ou estereotipagem ideológica do negro. A construção do negro-signo. Porque é aqui que se planta, irresponsável e sectariamente, uma crítica atual a Pelé, tecida nos subsolos mentais do neorracismo identitarista. Em *The Ethics of Identity*, o filósofo anglo-ganês Kwame Anthony Appiah nos diz uma coisa bastante simples sobre o assunto. Quando uma pessoa assume uma identidade, o identitarismo lhe fornece uma receita, um cardápio pronto e fechado. A militância de cada "setor" identitarista elege e tenta impor o seu *Idealtypus*. No caso que ora nos interessa, o preto correto, o preto ideal, o preto realmente preto, para o ativismo neonegro (que hoje, aliás, principia a entrar em declínio no Brasil), é o preto que vocifera, a cada centímetro que anda, contra atitudes, gestos, discursos ou clichês racistas (em boa parte, na verdade, apenas imaginários: Coleman Hughes disse que ficava impressionado com o grau de fantasia nessa questão: negros se declaravam vítimas *diárias* de racismo em instituições liberais e antirracistas como a Universidade Columbia). O preto que não se cansa de bradar aos quatro ventos a tragédia "coletiva" que vive "pessoalmente", sob a opressão "branca". Que se julga moralmente superior a todos os brancos – aos judeus, inclusive – pelo seu sofrimento. E que se apresenta, o tempo todo e em qualquer lugar ou situação, como produto ou subproduto do sistema escravista, mesmo quando descende de negros que também foram traficantes e/ou proprietários de escravos, como nas grandes casas de culto do candomblé em nosso país. E este preto "verdadeiro", para ser reconhecido como tal, segue não apenas um padrão de discurso, como adota um figurino, nos planos do desenho corporal, da vestualidade e da gestualidade.

Pelé sempre se manteve anos-luz à distância de tal "modelo do preto verdadeiro" do racialismo identitário – e sempre foi irônico com relação a ele. Seus "pecados", destoando do figurino dos movimentos negros, iam das coisas menores às mais relevantes: do topete (completamente estranho às tranças à Bob Marley) ao credo religioso. Sim: aqui estava um outro pecado grave de Pelé, do ponto de vista da militância neonegra dessas últimas décadas no Brasil. Porque Pelé foi preto tipicamente brasileiro até na religião: preto católico – e não candomblezeiro. Como a vasta maioria dos negros e mulatos de sua geração, ao contrário do que vemos atualmente, quando negromestiços se convertem em massa não ao terreiro de candomblé, como exige a militância autoritária, mas ao neopentecostalismo evangélico. Mas não importa. A questão, para a militância racialista "dona da verdade", é que ser católico ou evangélico não deixa de implicar uma espécie de traição à "raça": preto que se preza tem de ser macumbeiro. Tem de usar ibô e arriar ebó. E, aliás, nem deve se dizer "macumbeiro", palavra que hoje caiu em desgraça no léxico da militância, apesar de ser expressão de origem negroafricana: vocábulo banto acrescido do sufixo lusitano "eiro". Os engajados no mundo *woke* do multicultural-identitarismo neonegro decidiram que a palavra certa é outra: "candomblecista". Mais um tabu linguístico sem pé, nem cabeça. Assim como não sabe o que fazer com a história (basta ver o absurdo com que sempre se portaram perante o 13 de Maio), a militância também não sabe o que fazer com as palavras. Num dia, abominam agressivamente a palavra "favela"; no dia seguinte, a abraçam, como se a amassem desde o princípio dos tempos... E então inventaram uma categoria nova para classificar pretos e mulatos mais ilustrados – de preferência, com formação universitária e livro publicado pela outrora séria Companhia das Letras: "candomblecista". Quer dizer, "negro" chique não pode ser macumbeiro ou candomblezeiro – é "candomblecista". Engraçado é que ninguém se diz catolicista ou evangelicista. A denominação remete a outro plano filosófico, a cara de um esnobismo "religioso". De gente que é pretensamente profunda no assunto. Estudiosa, especialista.

Bem. Pelé nunca foi macumbeiro. Nem ele, nem Garrincha – muito embora este filho de família alagoana, na boa tradição do catolicismo popular nordestino-brasileiro, de base rural, acreditasse piamente em reza forte e em benzedeiras. O fato é este: nossos dois maiores jogadores nunca fizeram parte do segmento macumbeiro do futebol nacional. Nunca pertenceram ao mundo daqueles que recorriam sistematicamente a despachos para tentar ganhar jogos, provocando inclusive a célebre frase de João Saldanha, quando se tornou treinador do Botafogo: se macumba ganhasse jogo, o campeonato baiano terminaria empatado. Mas ainda aqui, como disse, Pelé se inscreveu na linhagem do mais típico negro brasileiro: era católico. Antes de dormir, costumava rezar com um terço antigo (ainda do tempo da escravidão) que fora de sua bisavó e que recebera das mãos de sua avó Ambrosina. E não tirava do pescoço o seu pequeno crucifixo de ouro preso a uma correntinha, do mesmo modo que Garrincha levava no pescoço a sua medalha protetora, o santo de sua devoção. O jornalista Sandro Moreira, por falar nisso, conta que Garrincha, ao voltar da jornada vitoriosa do mundial no Chile, entregou-lhe, em meio a festas pela comemoração do título, uma sacola com o uniforme completo com que jogara a final daquela Copa. Entregou-o a Sandro, segundo Ruy Castro, pedindo-lhe "que, no dia seguinte, este o depositasse no altar da igreja de São Francisco de Paula, em Petrópolis, do jeito que estava: a camisa cheirando a suor, o calção imundo de barro, as chuteiras com tufos de grama entre as travas e as meias rasgadas e com manchas de sangue. Sandro trancou a sacola num armário em sua casa, para que ninguém a roubasse, e prometeu levá-la para a igreja na manhã seguinte. No meio da confusão, Garrincha ainda quis ter certeza: 'Mas é pra levar mesmo, viu, Sandro? Foi uma promessa que eu fiz'". Também Tostão desmentiria qualquer associação automática entre macumba e futebol: "Presidente do Cruzeiro, Felício Brandi tinha um pai de santo particular e diziam que era ele quem decidia os negócios do presidente. Aos sábados, véspera de partida, iam os jogadores receber a bênção do macumbeiro, que ganhava bichos pela vitória e tinha no massagista Andorinha o seu auxiliar. Eu fui uma vez, por curiosidade, nunca mais voltei, protestei, mas os jogadores gostavam de ir. Será que o presidente achava que o time ganhava, fazia gols, brilhava por causa do pai de santo?". O que não quer dizer, é bom que se diga, que Tostão não fosse um homem religioso ou não tivesse suas crenças. Era católico. E talvez mais. Ele mesmo diz que, pouco antes da Copa do México, foi tomado por uma "certeza mística" de que o Brasil seria campeão do mundo.

Bem. Fiquemos, de momento, com Pelé, que, como disse, nunca abandonou o terço e sempre carregou no pescoço seu crucifixo de ouro atado a uma correntinha do mesmo metal. Ele teve uma firme formação católica. Sua família, vindo de uma cidadezinha católica do interior de Minas Gerais, era já filiada a este ramo primeiro, a esta vertente inaugural do cristianismo. Família de pessoas não apenas informal e vagamente católicas. Mas de católicos praticantes, como se costuma dizer. Pelé se viu devidamente batizado e desde a infância foi frequentador sistemático do principal rito do catolicismo – a santa missa. Escreve Luiz Carlos Cordeiro, retratando o garoto em seus tempos de Bauru: "Era agitado sempre, em constante movimento, jogando bola, namoricando, buscando desafios, brincando, procurando diversões, 'fazendo arte'. Raramente era visto quieto em algum canto, a não ser lendo gibi (que adorava), no circo, no cinema, assistindo a algum jogo ou na missa". Mais: "Contam alguns amigos que, aos domingos, quando iam chamar Pelé para jogar, Dondinho costumava aparecer, perguntar com quem ele iria jogar e dizer que antes seu filho tinha que ir à missa. Eles frequentavam a Igreja de Santa Therezinha". E não era só a determinação paterna. Os amigos também contam que Pelé, por si mesmo, sempre gostava de ir à igreja. Não perdia as missas dominicais. E vivia numa cidade, Santos, onde, segundo o Censo do IBGE de 2010, o último realizado com ele ainda vivo, apenas 0.4% dos santistas se declararam adeptos da macumba – do umbandismo, mais exatamente. Enfim, o catolicismo marcou toda a sua vida. Costumo lembrar isto, a meus amigos "de esquerda", frisando que Pelé aprendeu a ser solidário com os mais pobres e a respeitar o próximo não nos manuais do marxismo militante, mas com a Igreja Católica. Encontrou-se, aliás, com João XXIII e Paulo VI. E o que disse então: "A emoção de encontrar pessoalmente o cabeça de nossa Igreja só pode ser imaginada por outro católico devoto".

***

Pelé dizia que, pessoalmente, nunca fora vítima de racismo – afinal, era rico e famoso, logo, bem recebido em todos os lugares

–, mas não desconhecia a realidade das discriminações raciais no Brasil. Claro: não era cego, nem burro. A partir de sua experiência pessoal, no entanto – e Pelé pensava sempre a partir de si mesmo e de sua trajetória –, achava que o problema era principalmente econômico. Ficou célebre, a este respeito, uma declaração sua: "Onde branco rico entra, preto rico também entra. Onde preto pobre não entra, branco pobre também não entra". De fato, preto rico, no Brasil, jamais será barrado em joalherias e lojas de automóveis importados e será recebido sempre de braços abertos em hotéis, restaurantes e boates de luxo. Mas um branco pobre e mal vestido não é bem-visto nem aceito em nenhum desses lugares. Ouçamos então novamente Guerreiro Ramos, que, de início, parece que vai discordar de Pelé, mas concorda com o negão: "... o problema efetivo do negro no Brasil é essencialmente psicológico e secundariamente econômico. Explico-me. Desde que se define o negro como um ingrediente normal da população do país, como povo brasileiro, carece de significação falar de um problema do negro puramente econômico, destacado do problema geral das classes desfavorecidas e do pauperismo". Era o que pensava Pelé: como, no Brasil, nem todo preto é pobre e nem todo pobre é preto, cumpre tentar resolver o problema de todos. Era preciso então reduzir significativamente as disparidades de renda existentes no conjunto da sociedade brasileira. Reduzir as nossas escandalosas desigualdades sociais. E ampliar, também significativamente, o leque de oportunidades de ascensão econômica não só para pretos, mas para pobres de todas as cores. Nesse caso, a realidade demográfica brasileira confirma a leitura de Pelé, ao tempo em que vai negar e demolir um dos fundamentos centrais da "cultura da vitimização". Basta lembrar, como acabamos de ver, que a grande maioria da população das favelas brasileiras não é de pretos.

Quando, numa entrevista publicada no jornal *O Globo* no dia 13 de maio de 1988, exatos cem anos depois da Abolição da

Escravidão no Brasil, o jornalista Oldemário Touguinhó perguntou a Pelé o que ele faria pelos negros brasileiros, se um dia porventura fosse eleito presidente da República, o negão não titubeou, indo ao que considerava ser o ponto central da questão: "Tentaria buscar uma igualdade que não existe. O negro, assim como o pobre, encontra dificuldades por todo o caminho. Só que o Brasil cresceu com o sangue do trabalhador negro e, infelizmente, isso é pouco reconhecido. Nossa raça é morena, não existe uma raça pura. No entanto, os governos pouco se preocupam com isto. Se você é negro, vai ter um caminho duro para enfrentar. Coloco na mesma situação o pobre [de qualquer cor]. Como melhorar? Só havendo uma grande reformulação de trabalho. No entanto, o governo quase sempre só olha para os que já estão por cima, quando o importante é ajudar o povo a melhorar de vida. Normalmente, a grande maioria negra é pobre, o Brasil em sua maioria passa fome. Por isso, quando se pensa em fazer alguma coisa pelo negro, é necessário que se busque também uma forma de ajudar aos pobres [em geral], que são a grande maioria no nosso país. O que me entristece é que olho para a frente e não vejo quase nada de bom. O importante seria dar todo o amparo aos negros, a fim de que ele pudesse se preparar melhor para enfrentar o futuro. Hoje, nada lhe oferecem. Eu conquistaria isto em meu governo". E adiante, na mesma entrevista: "Enquanto o governo deixar o país abandonado, será muito difícil este quadro se modificar. O negro não encontra condições de se preparar para outra atividade que não seja futebol e samba. Para jogar ou sambar, só exigem sua aptidão técnica e mais nada. O que o governo oferece para o negro mudar este comportamento? Nada. Como querer mudar esta realidade? É preciso dar condições ao negro para ele poder, com algum tempo, atingir todas as metas que qualquer outra raça. Não basta fazer demagogias eleitoreiras. É preciso ter programa, programa sério, para que o negro melhore seus conhecimentos e possa sair da favela para disputar uma vaga em igualdade com os outros grupos. Caso contrário, seu espaço estará sempre dividido entre uma bola e um tamborim".

(É bem verdade que a declaração de Pelé, feita na década de 1980 do século que se foi, soa, neste momento atual da vida brasileira, como marcadamente datada. A massa proletária e classe-mediana de nossas cidades de tamanho grande e médio não está mais à espera de diplomas universitários e de dádivas assistencialistas, embora muita gente se espreguice na rede do Bolsa Família. É uma galera que entendeu que é ela mesma que tem de resolver seus problemas. E que o melhor que os poderes governamentais têm a fazer é não atrapalhar a viagem, não atravancar os caminhos de ninguém. Em *A Fé e o Fuzil*, Bruno Paes Manso distingue com clareza. "As indústrias e os empregos se esfacelavam, os governos se revelavam incapazes de garantir as mínimas condições de vida, enquanto as novas redes costuradas pela religião [evangélica] e pelo crime ampliavam as oportunidades e o *networking* para beneficiar os negócios de seus membros. Tanto as teologias da prosperidade [das igrejas neopentecostais] como as facções, que se tornavam governos do crime, viabilizavam a construção dessas redes e ajudavam a pavimentar o caminho para o empreendedorismo e para o enriquecimento. Restava aos governos, mais do que implementar políticas públicas para reduzir a desigualdade, flexibilizar as regras para que todos pudessem faturar. [...]. A salvação não viria de cima, não dependia mais das autoridades públicas nem dos grandes empresários de antigamente... Agora, era questão de gana, e ela vinha de dentro, da disposição interna para lutar e prosperar na dura competição por dinheiro. A sobrevivência também dependia dos contatos de cada um para empreender, e a economia era cada vez mais vinculada aos recursos vindos da ilegalidade e da informalidade. Então, os novos arranjos institucionais passaram a contemplar esse objetivo de garantir, ou pelo menos não atrapalhar, o funcionamento dos mercados". Hoje, a parte mais inquieta da população jovem não burguesa do Brasil parece repetir, estranhamente e muito ao seu modo, o pensamento do velho Henry David Thoreau: o melhor governo é o que menos governa. O protagonismo que se quer é o do "empreendedorismo".)

Entre os líderes negros de sua geração, Pelé nunca teve nada a ver com Malcolm X, nem com "panteras pretas" à Huey Newton e Bobby Seale. Nada a ver com um Stokely Carmichael, leitor de Lewis Carroll e marido de Miriam Makeba (a cantora, atriz e compositora sul-africana que fez grande sucesso no Brasil cantando "Pata Pata"), que rompeu com a tradição de não violência de Luther King e do movimento dos direitos civis, lançando a expressão *black power* – de sentido político originalmente confrontacional, relativo à disposição bélica para o enfrentamento. Enfim, nada a ver com o racismo antibranco da militância negra norte-americana. Ou, em terreno brasileiro, com Abdias do Nascimento e seu *entourage* algo extremista, de um esquerdismo simplório e copiando discursos e táticas de pretos estadunidenses. Bem vistas as coisas, nesta paisagem política, Pelé se encontra obviamente muito mais próximo de Martin Luther King Jr. do que dos ideólogos e militantes neorracistas da esquerda identitarista. Vimos que Pelé não tratava o problema negro como algo exclusivo da raça. Em vez disso, via que a necessidade de redução das distâncias sociais e de oferta de oportunidades para todos situava num mesmo horizonte todos os pobres, independentemente de suas cores. Não era diferente o que Luther King pensava e pregava. Ele conhecia a realidade social e econômica dos Estados Unidos, com seus muitos brancos e pretos pobres. Era preciso pensar conjuntamente nessas massas desfavorecidas, pouco importando sua cor. Comenta Demétrio Magnoli: "*No Where do We Go from Here*, seu penúltimo livro, ele foi mais longe. Registrou que, em números absolutos, existiam duas vezes mais brancos pobres que negros pobres nos Estados Unidos e afirmou que, no lugar de uma ênfase excessiva nas relações entre pobreza e discriminação racial, melhor seria abordar a pobreza que atingia tanto os negros quanto os brancos. [...]. Nos meses que precederam seu assassinato, liderou a Campanha do Povo Pobre e viajou pelo país para reunir um 'exército multirracial dos pobres'... [...]. Mas a doutrina multiculturalista e as políticas de raça postas em prática na década de 1970 representaram uma ruptura fundamental com o núcleo da visão de Luther King".

No entanto, era justamente aí – e juntamente com Luther King – que Pelé se plantava, olhando em volta e sondando horizontes possíveis. A questão era assumir esta perspectiva de combate plurirracial à pobreza. Defender a necessidade de diminuir as distâncias sociais não em função de uma que outra raça, mas levando em conta o conjunto geral dos pobres. Mas como reduzir as desigualdades? Pelé pensa que é preciso construir sem descanso novas oportunidades para todos – e que o caminho para isso está na educação. Neste passo, na já citada entrevista a Oldemário Touguinhó, compara as situações díspares em que se encontram os pretos brasileiros e os estadunidenses: "O negro norte-americano tem muito mais oportunidades do que o brasileiro. Lá, ele tem universidades para estudar. É aí que começa a diferença. Nos Estados Unidos, o negro se prepara a fim de enfrentar os desafios nas mesmas condições em que o branco. Por isso é que ele cresce e vai assumir uma posição de destaque em todas as categorias. Não lhe falta chance para isso. Daí a diferença ser muito grande em comparação com o nosso negro. Basta querer aprender, que consegue se desenvolver culturalmente. O negro norte-americano pode encontrar problemas sérios de racismo em determinados estados, mas, mesmo assim, existe sempre uma oportunidade para ele aprender. Daí ele ter condições de disputar seu espaço com qualquer um". Esta é a chave: educação (e penso que não necessariamente universitária, mas sobretudo técnica). E aqui podemos voltar a Guerreiro Ramos e a palavras de Paulo Cruz, seu jovem discípulo negro: "Não serão as ideologias do ressentimento que farão o Brasil avançar; não será a mudança nas *estruturas sociais*; não será o fim do capitalismo, tampouco a revolução armada. Quando, finalmente, entendermos que somente a educação, uma educação para a brasilidade – que assuma nossas maiores qualidades nesse amálgama cultural que se chama Brasil; quando fizermos disso nosso maior objetivo, o racismo, o preconceito e a discriminação raciais serão definitivamente derrotados, o negro-vida triunfará e poderemos ser apenas brasileiros".

***

Pelé ambíguo e contraditório, diante das realidades brasileiras? Digamos que sim. Mas até muito menos ambíguo e contraditório do que a atual "esquerda" brasileira, manifestando-se em Lula e no PT. Uma gente que vive posando de "esquerda", mas está sempre a saçaricar entre os polos do neopentecostalismo evangélico, das velhas oligarquias corruptas do chamado "centrão" e do multicultural-identitarismo anglófilo, cartório que avaliza universitariamente todas as falsificações imagináveis da vida brasileira. Lulopetismo que dá uma no cravo do ambientalismo e outra na ferradura da exploração do petróleo. Com uma diferença fundamental: Pelé foi exemplo de uma seriedade que Lula nunca teve ou se arrependeu de ter e não tem mais. De qualquer modo, antes de encerrar este tópico, penso que não será excessivo repetir, mais uma vez, as palavras seguintes de Mário Filho, em *O Negro no Futebol Brasileiro*: "Realmente os pretos do futebol procuraram, à medida que ascendiam, ser menos pretos. Esquecendo-se de não se lembrar, mesmo em alguns casos, que eram pretos. Mandando esticar os cabelos, fazendo operações plásticas, fugindo da cor. Daí a importância de Pelé, o Rei do Futebol, que faz questão de ser preto. Não para afrontar ninguém, mas para exaltar a mãe, o pai, a avó, o tio, a família pobre de pretos que o preparou para a glória. Nenhum preto, no mundo, tem contribuído mais para varrer barreiras raciais do que Pelé. Tornou-se o maior ídolo do esporte mais popular da Terra. Quem bate palmas para ele, bate palmas para um preto. Por isso Pelé não mandou esticar os cabelos: é preto como o pai, como a mãe, como a avó, como o tio, como os irmãos. Para exaltá-los, exalta o preto. Por isso é mais do que um preto: é '*o Preto*'. Os outros pretos do futebol brasileiro reconhecem-no: para eles, Pelé é '*o Crioulo*'".

Mas é preciso pensar tal afirmação do "ser negro" com relação às realidades que construímos histórica e socialmente e que hoje nos envolvem a todos. A suposta ambiguidade de Pelé se produz no contexto de uma ambivalência racial ampla, social e culturalmente generalizada E aqui podemos caracterizar o racismo brasileiro de uma perspectiva especificamente nossa. Para isso, vamos definir o racismo brasileiro não como "racismo hipócrita" de que falaram tantos sociólogos de extração ou postura esquerdista, sempre ocupados em dar vazão ao seu masoquismo nacional. Ou como "racismo estrutural", como faz a militância identitarista, copiando o conceito já surrado de alguns autores norte-americanos – como Robin DiAngelo, por exemplo –, para cá transplantados mecanicamente e, por isso mesmo, essencialmente falhos ao tentar captar o movimento real da vida brasileira. Mas, isto sim, e com respeito aos fatos, de definir nosso racismo como um *racismo ambivalente*. Trata-se um conceito que fui pescar nas águas da mais recente sociologia brasileira, embora ninguém ainda o tenha desenvolvido. Coisa que, de resto, comecei a fazer num pequeno ensaio ainda hoje inédito, intitulado justamente "O Racismo Ambivalente". Mas, em resumo bem resumido, podemos dizer o seguinte. Todas as personalidades etnoculturais que entraram em jogo, no grande encontro antropológico brasileiro do século XVI, teceram, a partir daí, imagens mais ou menos simplificadas umas das outras – e dos mestiços que produziram. E estas imagens não são unidimensionais. Pelo contrário – são multifacetadas e, de uma certa perspectiva, ambivalentes. Vou exemplificar a partir de imagens que brancos, brancomestiços e mestiços mais evidentes criaram de pretos, pretomestiços, cafuzos e mulatos também mais evidentes. Podemos ver como isto se expressa com nitidez em tudo que fazemos. No plano estético, por exemplo.

Tome-se o caso de Gregório de Mattos, nosso grande poeta-músico barroco-popular, no século XVII. Antes que simples e primariamente tratar a poesia de Gregório como ataque racista a negros e mulatos, devemos nos deter no seguinte. É certo que o preconceito antipreto e antimestiço, na criação gregoriana, é escancarado. Mas há duas coisas, aqui, que não podem ser esquecidas. A primeira é que Gregório não desanca apenas pretos, mulatos, mestiços em geral. E seus disparos não só não são apenas raciais, como não se restringem a uma ou outra classe social. Atingem indiscriminadamente judeus e árabes, putas e padres, veados e lésbicas (como no poema sob a didascália "a uma dama que macheava outras mulheres"), soldados e governadores. É pau puro, independentemente de cor, sexo, credo e posição na hierarquia social. Ao mesmo tempo, Gregório celebra mulheres mestiças em cantos de excepcional delicadeza lírica, como em poemas para as mulatas Custódia e Tereza. E é por isso que, em *Preconceito de Cor e a Mulata na Literatura Brasileira*, o sociólogo Teófilo de Queiroz Júnior vai tratá-lo como ofensor e, ao mesmo tempo, defensor das mestiças. A postura gregoriana é ambivalente. E isto vai se prolongar pelos séculos da existência textual brasileira. É a ambivalência que vamos encontrar nas *Memórias de um Sargento de Milícias* e em toda a nossa produção literária que lida com temas raciais: de Vidinha à Gabriela de Jorge Amado, portanto. O retrato dessas mestiças é sempre ambivalente. Em alguns romances, a mulher de cor pode ser execrada. Já na música popular, de João de Barro a Lamartine Babo e Dorival Caymmi, ela é, acima de tudo, celebrada. E quem a celebra não é necessariamente branco, com uma visão externa, mas os próprios negros, cafuzos e mulatos. Desde o tempo mais antigo do samba de roda do Recôncavo Baiano, pretos, cafuzos e mulatos tecem louvores à beleza e à sensualidade de pretas, cafuzas e mulatas. No cômputo final, a ambivalência predomina em tudo. Pois bem. Foi justamente neste mundo brasileiro do "racismo ambivalente" – com todas as virtudes, ambiguidades, contradições e pecados encontráveis na vida de um povo-país de formação essencialmente mestiça – que Pelé nasceu, nele foi criado e se criou e é nele que ele se move. Mundo brasileiro que tanto discrimina quanto louva os não brancos, em todas as instâncias da sua criação, do seu pensamento e da sua práxis.

13. DIAMANTE NEGRO

A verdade é que constantemente me colocam em debate com o problema do negro, como se eu me apresentasse como louro ou amarelo. Nada disso. Sou negro e me orgulho. O que todos deviam ver é que a cor nunca foi problema para mim. Acho que isto mostra que a raça pode atingir qualquer meta, se houver chance para isso, como houve para mim através do futebol.

– Pelé.

Pelé repetiu, inúmeras vezes, jamais ter sido objeto de preconceito ou discriminação racial, embora soubesse muito bem da existência de racismo no Brasil. Mas é mentira. Criança ainda, ele sentiu no lombo e na alma as chicotadas humilhantes do racismo. Com certeza não era este o seu cotidiano, vivido numa boa entre pessoas de muitas cores. Mas houve pelo menos um momento, entre os seus 12 e 13 anos de idade, em que a barra pesou. E pesou feio. É o que ele nos conta em *My Life and the Beautiful Game*, numa passagem que foi simplesmente rasurada, em mais um caso de autocensura, em sua terceira biografia. E é o que você vai ler agora.

"Naqueles dias, enquanto meu desempenho no futebol não impressionava professores do colégio – de fato, parecia pesar contra mim, por alguma razão desconhecida –, ele tinha certo efeito entre os alunos, a maioria dos quais me admirava por isso. Uma estudante, em particular, parecia tocada por mim ou por minha destreza futebolística – e eu gostava de pensar que era por mim. Eu deveria me lembrar do nome dela, já que ela foi minha primeira namorada, mas não me lembro. Talvez fosse Helena, mas não sei ao certo. De qualquer modo, era um amor infantil, suponho, mas muito importante para mim. Pela primeira vez, uma garota achou que eu merecia amor – pouco importa a razão, se por futebol ou não – e não há nada como ser amado para inflar o ego. O fato de que ela era branca – seu pai era um português de Portugal, como dizíamos – e eu preto, não contava nada no caso. Estávamos apaixonados.

Nosso amor se manifestava das formas mais inocentes. Eu andava da escola à casa dela, ela vinha ver nosso time jogar, ficávamos de mãos dadas sempre que possível. Era maravilhoso. Psiquiatras provavelmente diriam que a razão de eu não conseguir lembrar seu nome era freudiana.

Um dia, seu pai apareceu na escola. Esperou que a gente saísse da sala e arrastou sua filha rudemente pelo braço. Como sempre, vínhamos saindo todos juntos através das portas, mochilas escolares bamboleando, prontos para qualquer aventura. Minha ideia era andar até à estação com Helena e ficar a olhar os trens chegando. Mas, antes que a classe dispersasse, o pai de Helena a girou com um puxão, de modo que ela ficasse de frente para mim. Todo mundo parou. Ela estava pálida, com medo. Eu comecei a gelar.

'Você tem andado por aí com esse preto vagabundo?', ele disse, na frente de toda a classe. 'Você tem escrito coisas para esse preto vadio? Para esse negrinho? Esse moleque? Esse merda? Eu não criei minha filha para ela ser vista com um lixo como este! Agora, que isto seja uma lição para você nunca mais ser vista com este, nem com nenhum outro crioulo!'.

E, na frente da escola inteira, ele a colocou de bruços sobre seu joelho e começou a espancá-la.

Eu não me lembro o nome da garota, mas me lembro do incidente como se fosse ontem. Eu fiquei ali, minhas orelhas queimando, e não fiz nada. Sabia que a classe esperava alguma coisa a mais de mim, o grande herói do futebol – que eu avançasse e arrancasse aquelas mãos imundas de cima de minha querida, que eu o acertasse em cheio, como faziam nos programas de rádio que ouvíamos, ou como os caubóis faziam nos filmes –, mas tudo o que fiz foi permanecer de pé ali, me sentindo mal. Todo mundo olhava, primeiro para o pai, batendo sem parar na sua filha, depois para a minha reação, as cabeças indo e vindo entre essas duas direções. A garota não esboçou qualquer tentativa de protesto, apenas chorava silenciosamente, as lágrimas descendo de seus olhos cerrados, provavelmente para não me ver de pé, à sua frente, como um covarde. Seus livros caíram no chão, em volta dos pés do pai, mas o único som era sua respiração difícil, enquanto ele batia e batia novamente nela.

Eu me virei e corri. Corri para casa, o coração pulando loucamente dentro de mim. Me atirei na cama e chorei descontroladamente. Por trás de minhas pálpebras, eu tentava me retratar atirando-o ao chão, enchendo-o de porrada toda vez que ele tentava se levantar, até ele desabar e suplicar piedade. Mas não importava quantas vezes tentava reinventar dessa maneira a cena. Tudo era varrido pela cena real da minha amada, seu vestido branco franzido sobre a perna do pai, seus livros espalhados na terra, apanhando impiedosamente, enquanto eu olhava e não fazia nada. Não adiantava eu me dizer que ele era um adulto, duas vezes maior do que eu e que estava apenas exercitando seu direito de pai – eu tinha ficado ali como uma pedra e não tinha feito nada. Este foi o quadro que ficou – e que, numa certa extensão, ainda permanece. Ela nunca mais voltou a falar comigo. Não sei se por medo do pai ou se por desprezo por mim. E nunca vou saber".

***

1967. Nascimento do primeiro filho. Primeira viagem à África.

"A paternidade foi uma revelação para mim e ajudou a curar o meu descontentamento com o futebol e com as pressões constantes dos jogos e excursões. Mesmo após a mais irregular das partidas ou a mais humilhante das derrotas, era estimulante voltar para casa e brincar com a minha filhinha. O sorriso radiante dela para o pai nada sabia das pressões e frustrações do mundo adulto. Era impossível não pôr de lado esses problemas na presença dela, e isso me ajudou a redescobrir o amor pelo futebol.

Um outro acontecimento que me faria reconsiderar meu senso de identidade e lugar no mundo se deu alguns meses depois, quando viajei pela primeira vez para a África. O Santos continuava excursionando ao exterior sempre que possível, e começava a ir cada vez mais longe dos destinos convencionais. Em maio, embarcamos para jogar no Senegal, no Gabão, no Congo e na Costa do Marfim. Foi uma experiência que mudou não só a minha visão de mundo, mas também como o mundo me via. O interesse pelo time e por mim foi incrível: sempre havia dezenas de milhares de pessoas nos estádios, nos aeroportos, à nossa espera, enchendo as ruas por onde passávamos. Em geral, o país que visitávamos era obrigado a mobilizar soldados para manter as multidões sob controle – parecia que todo mundo na África queria nos ver, nos tocar, como se só assim pudessem ter certeza de que éramos de verdade.

Sendo um negro de origem brasileira, descendo, claro, de africanos trazidos ao país como escravos. A escravidão não está muito distante no passado – sou apenas da terceira geração que nasceu livre na minha família. A minha avó Ambrosina, que morreu aos 97 anos de idade em 1976, foi da primeira geração – os pais dela eram escravos. No Brasil, como se sabe, a escravidão só foi abolida em 1888, o último país das Américas a banir essa prática maligna.

Os jornalistas tentaram traçar a minha genealogia. Surgiram duas versões: uma dizia que meus ancestrais tinham vindo de Angola; a outra, que eram originários da Nigéria. Aparentemente, Nascimento era o nome do proprietário da fazenda onde trabalhava o primeiro dos meus ancestrais a chegar ao Brasil.

A experiência de ser negro no Brasil às vezes é meio difícil de explicar. Todas as raças se misturaram aqui – todo mundo tem um pouco de negro, de índio e de europeu, não se sabe bem até que ponto. No Brasil viveram muitos, muitos escravos, mas depois da abolição nunca houve nada parecido com *apartheid* ou segregação, não temos fronteiras tão rígidas entre as raças, como na África do Sul ou nos Estados Unidos. Sofri muito pouco preconceito por causa da cor da minha pele e nunca julguei ninguém com base nisso. A minha primeira namorada era de origem japonesa, depois conheci uma garota sueca, e os meus filhos são mestiços. É claro que existe racismo no Brasil, mas tive a sorte de ficar famoso e rico ainda jovem, e as pessoas tratam você diferente quando você tem dinheiro e é uma celebridade. É quase como uma raça à parte – nem negra, nem branca: famosa".

Mas há um detalhe nesta viagem que é bom recordar. Em sua terceira autobiografia, Pelé arranja uma desculpa, a fim de passar ao largo de uma situação que o constrangeu. Mas na sua segunda autobiografia, a que não foi lançada no Brasil, ele conta a história direito. Foi numa partida do Santos em Dakar, capital do Senegal. Emocionado com a recepção mais do que calorosa com que os senegaleses o brindaram, Pelé entrou em campo a fim de brindá-los com uma *performance* que eles não esquecessem. "Naquele dia particular, eu estava em ótima forma, carregado de emoção, determinado a dá-los a melhor exibição de futebol que eu pudesse". Nos primeiros minutos de jogo, driblou a defesa, enganou o goleiro com uma finta de corpo e rolou a bola para o fundo da rede. Poucos minutos depois, repetiu a dose, levando novamente a defesa e ludibriando o goleiro, que mais uma vez foi para o lado errado. Marcado este segundo gol, Pelé viu que o goleiro chorava feito uma criança. Pelé ficou desconcertado, tentou falar com ele, que o repeliu. Chorava muito e não queria conversa. Pelé diz que percebeu então que não tinha apenas marcado dois meros gols: ele tinha feito o goleiro de bobo, na frente da sua gente. E o cara estava arrasado com isso. Pelé foi então flechado pela dor. E conta que, mesmo muitos anos depois, a simples lembrança do incidente o fazia se sentir mal.

***

O mulato Mário de Andrade chegou a se referir a um desejo, um grito de brancura, pulsando dentro dele. Outro mulato, Lima Barreto – que dizia ter nascido "sem dinheiro, mulato e livre" – deixou registradas no seu *Diário Íntimo*, em 1908, as palavras seguintes: "Fui a bordo ver a esquadra partir. Multidão. Contato pleno com meninas aristocráticas. Na prancha, ao embarcar, a ninguém pediam convite; mas a mim, pediram. Aborreci-me. Encontrei Juca Floresta. Fiquei tomando cerveja na barca e saltei./É triste não ser branco". Pelé nunca manifestou, sequer longinquamente, sentimentos parecidos com os de Mário e Lima Barreto. Até porque, ao contrário do romancista Barreto, nunca em sua vida, do Vaticano à Casa Branca, chegou a ser barrado em algum lugar.

Na já célebre entrevista de 1993 à revista *Playboy*, o jornalista Juca Kfouri dispara logo de saída, perguntando-lhe: "Alguma vez você quis ser branco?". E Pelé não hesitou, embora omitindo a humilhação racial que sofreu no caso do namorinho inter-racial que citamos antes: "Nem remotamente. Nunca fui ou deixei de ser aceito pelo fato de ser negro, branco ou amarelo. Em Bauru, na minha infância, eu era o garoto mais querido ou mais detestado da minha rua por jogar bola. De um lado, eu era requisitadíssimo até pelos mais velhos para disputar todos os jogos. Do outro, mesmo quando eu às vezes nem estava jogando, havia os que viviam reclamando com meu pai por causa das vidraças quebradas pela bola. E não se esqueça de que minha primeira namoradinha era japonesa, a Neuzinha. Estou dizendo para mostrar que nunca tive problemas com o fato de ser negro. O que não significa que o racismo fosse algo que eu ignorasse. Um irmão da minha mãe, por exemplo, meu tio Jorge, jamais conseguia passar de um certo ponto nos empregos dele exatamente por ser negro, coisa que, no entanto, eu só vim a saber depois de ter sido campeão mundial na Suécia, em 1958. Agora, também não me preocupo mais com um tipo de crítica que sempre sofri no Brasil, me acusando de não defender minha raça. Depois de o Desmond Tutu, Prêmio Nobel da Paz, ter dito que não ia mais lavar as mãos depois de ter cumprimentado o Pelé, depois de ele ter dito que o povo africano deve muito a mim, não vou dar importância mais às bobagens de quem não sabe do que está falando". É desta perspectiva realçada por Desmond Tutu que devemos reler o relato do rei sobre a sua primeira viagem africana – que definiu como um acontecimento que lhe foi "particularmente perturbador" (*disturbing*) – na passagem seguinte de sua segunda biografia.

"Foi com emoções muito fortes e estranhas que vi a África pela primeira vez. Eu nunca a tinha visitado até então, a despeito de todas as minhas viagens, a não ser pela ida ao Egito anos antes. Mas esta viagem [a de 1967] me levou a regiões inteiramente diferentes. Visitamos lugares como Libreville, Kinshasa, Brazzaville, Abidjã, Cotonu, Lagos e muitos outros. Era uma experiência completamente diferente da que tive ao ver as cidades da Europa pela primeira vez. Em todo lugar que fui, eu era olhado e tratado como um deus, quase certamente porque eu representava, para os pretos daqueles países, o que um homem negro poderia realizar num país de pouco preconceito racial, assim como representava a evidência física de que um homem negro pode se tornar rico, mesmo num país do homem branco. Para aquelas pessoas, que tinham pouca possibilidade de um dia escapar da pobreza esmagadora em que viviam, eu, de algum modo, significava um raio de esperança, mesmo que pálido. [...]. Onde quer que a gente fosse, era a mesma coisa: milhares e milhares de pessoas esperando nos aeroportos, aglomerando-se nas pistas enquanto o avião taxiava, abaixando-se rapidamente sob as hélices ainda em movimento, para manter seus lugares, de sorte que pudessem me alcançar e me tocar enquanto eu descia do avião. Os estádios ficavam superlotados de gente que estava ali desde o nascer do dia, ou ali tinha atravessado a noite, para ter a certeza de me ver e confirmar que aquele atleta preto, que fez fama e fortuna, realmente existia, não era uma estória inventada pelos jornais e pelo rádio. Muitas vezes, policiais e soldados empurravam a multidão para trás, a fim de que o presidente do país tivesse o seu caminho livre e me cumprimentasse pessoalmente, ou pedisse alguns minutos para que pudéssemos conversar, através de intérpretes. Mas logo a multidão de pessoas avançava de volta, ansiosa para me tocar ou ouvir minha voz, como se eu, de alguma forma, pudesse salvá-las. Foram cenas intensamente emocionais para mim".

Certamente bem menos intensas e emocionais, mas também significativas à sua maneira, as reações de louvor que Pelé despertava em meio ao público mais letrado, à pequena juventude universitária negroafricana, em boa parte estudando nas escolas europeias. Veja-se, a propósito, a seguinte carta assinada por um jovem intelectual negroafricano, Emmanuel Moussalve, da École des Hautes Études Sociales (Paris), que foi publicada num dos números da revista *Cadernos Brasileiros*, na passagem da década de 1950 para a de 1960: "Para nós, africanos, Pelé é um símbolo e um porta-bandeira; ele provou ao mundo que o negro podia ser muito mais do que uma vulgar mercadoria humana, destinada à exploração. Reviveu a esperança de milhões de negros, que são ainda perseguidos por causa da cor de sua pele, seja na África do Sul, em Angola, em Moçambique, na Rodésia [atual Zimbábue] ou nos Estados Unidos. Nós nunca saberemos lhe dizer o quanto lhe somos gratos. [...]. Diga-lhe, de minha parte, que nós estamos com ele de todo coração. Possa Deus guardá-lo em boa saúde e lhe reservar um brilhante futuro [o adolescente Pelé apenas se sagrara campeão do mundo na Suécia, em 1958]. E se um dia ele vier à África, não será como campeão mundial de futebol que será acolhido, mas como um verdadeiro filho do país que volta à terra de onde partiram seus ancestrais. Nesse dia, os sinos tocarão à toda corda, as florestas e as savanas ribombarão com o barulho dos tantãs e dos balafons. Será recebido com mais pompa do que no dia de sua volta ao Rio depois de sua façanha em Estocolmo. [...]. A Federação dos Estudantes da África Negra na França leva a cabo, atualmente, uma campanha junto a governos africanos, a fim de que estes cunhem selos com sua efígie e deem seu nome a certas ruas que têm nomes como Rua Charles de Gaulle, Avenida de Paris, etc. De outro lado, os estudantes congoleses da Universidade Luvanium, em Leopoldville, não poupam esforços para que o estádio de 80 mil lugares que tem o nome do atual rei dos belgas, e que é o quarto do mundo, seja rebatizado com o nome de Estádio Pelé".

Devem ser entendidas neste horizonte amplo, que se estende das massas analfabetas à juventude universitária negroafricanas, as afirmações do então arcebispo sul-africano Desmond Tutu e a relação de Nelson Mandela com Pelé – e Mandela, por sinal, foi talvez a grande admiração de Pelé no mundo: "Além dos presidentes de países de cinco continentes, conheci pessoalmente todo tipo de artistas de cinema e atletas famosos. E qual foi a pessoa que mais me impressionou? Provavelmente, Nelson Mandela, um verdadeiro ícone". Pois bem. Quando Tutu e Mandela recebem Pelé de braços e corações abertos, como um grande companheiro negro, eles não o fazem tendo em mente ou levando em conta qualquer atitude singular, postura precisa, discurso particular ou iniciativa específica do rei do futebol. O que conta é tudo. Vale dizer: é o puro e simples fato da existência de Pelé e de Pelé ser quem ele é. Sob esta luz, deve-se sublinhar, com as cores mais vivas, que Pelé não era só palavra, retórica, discurso verbal. Pelé discursava também em silêncio, sem precisar dizer nada. Discursava com o seu corpo, a sua presença, a sua existência na sociedade e no mundo. E isto valia tanto para o Brasil, como bem observou Mário Filho em *O Negro no Futebol Brasileiro*, quanto para a África. O que se via era a figura iluminada de um negro vitorioso. Um negro que significava, por ele mesmo, uma vitória negra imensa, formidável, espetacular. Desmond Tutu e Nelson Mandela tinham perfeita clareza disso. De que a glória planetária de Pelé infundia e distribuía uma poderosa carga de autorrespeito e autoestima na população negroafricana, estivesse ela subvivendo miseravelmente em Angola, na Nigéria ou no Sudão – ou humilhada e ferida (literal e metaforicamente) sob o *apartheid* na África do Sul. Tutu e Mandela não eram cegos. Sabiam das coisas. A simples existência de um rei negro, no mundo branco do Ocidente, inspirava e fortalecia o povo negro da África, dando-lhe alguma esperança, alguma confiança, alguma perspectiva de futuro.

14.
INFÂNCIA ACIMA DE TUDO

Pelé sempre manifestou preocupação sincera com as camadas mais humildes da população – em especial, com a infância pobre. E aqui, antes de qualquer coisa, não será excessivo lembrar o seguinte: Pelé, como vimos, foi um menino que veio à vida ingressando no conjunto das crianças pobres nascidas em Três Corações, no interior das Minas Gerais. E nunca se esqueceu disso. Melhor: *fez questão* de nunca se esquecer disso. Vamos, então, à novela do milésimo gol, que deflagraria o quiproquó esquerdoide que examinaremos a seguir. Verdade que, àquela altura, Pelé já tinha marcado mais de mil gols. Mas, como os tentos assinalados em jogos extraoficiais não contavam, ele se via na véspera do milésimo. Em cuja conta, de qualquer sorte, encontrava-se um gol que não fora de fato gol. Como o caso é delicioso, deixo a narrativa por conta do próprio rei: "Aconteceu durante uma partida do campeonato paulista contra o Guarani de Campinas. A certa altura, fintei dois jogadores da defesa antes de passar por um terceiro e desferir um chute violento. A bola explodiu no travessão, ricocheteou na grama e saiu. O juiz, João Erzel Filho, validou o gol, apesar dos protestos dos jogadores e torcedores do Guarani, que diziam que a bola não tinha entrado. Erzel argumentou o seguinte: 'Quer saber de uma coisa? Foi uma jogada tão bonita que eu vou dar o gol, mesmo que a bola não tenha entrado. Gol do Pelé – e fim de papo'".

Mas, enfim, veio a novela do milésimo gol, que parecia não se resolver nunca. "No final do verão e no outono de 1969, todas as atenções começaram a se concentrar na minha conquista da marca de mil gols, um feito nunca alcançado antes (e ainda não igualado desde então). Aquilo virou a notícia do ano. A imprensa – local e internacional – parecia não falar de outra coisa. Cada jogo do Santos era acompanhado por uma multidão de repórteres". Pelé chegou a ficar bastante estressado com isso, achando que jamais conseguiria fazer o bendito gol, talvez até por capricho ou castigo divino. Quase o faz na Bahia, por sinal. "Fizemos mais uma partida em nossa turnê pelo Nordeste: contra o Bahia, em Salvador. Você não imagina o que aprontaram por lá. Houve desfiles nas ruas, era como se fosse carnaval. Correu um boato de que fora encomendada uma missa de ação de graças, tão certos estavam todos de que o gol 1.000 seria marcado lá. O estádio estava abarrotado, com um clima de final de campeonato. Havia bandeiras, faixas, batucadas, uma empolgação imensa e contagiante. [...]. O peso da expectativa era paralisante. Eu mal podia esperar para marcar aquele bendito gol! Tive duas chances. Acertei a trave numa delas. Na segunda, peguei a bola perto da marca do pênalti, girei o corpo, passando por um zagueiro, e corri para o lado direito do gol. Meu chute já tinha deixado o goleiro batido quando, vindo do nada, um zagueiro se projetou e, em cima da linha, aliviou a bola para longe. Só que, em vez de aplaudir, o estádio inteiro começou a vaiar. Foi surreal. Acho que nunca uma coisa assim aconteceu, nem antes nem depois – torcedores vaiarem um jogador do seu próprio time por evitar um gol de forma brilhante".

Até que a escrita desencantou. E o milésimo gol aconteceu no Maracanã, palco predileto de Pelé, numa partida contra o Vasco da Gama. "A maioria dos torcedores no Maracanã podia estar louca para ver o meu gol, mas os jogadores do Vasco tinham decidido nos frustrar. Eles me provocavam, dando tapinhas na minha cabeça e brincando: 'Não vai ser hoje, Crioulo'. Fizeram tudo o que podiam para me impedir de marcar. O goleiro do Vasco, o argentino Andrada, estava numa forma estupenda. De repente, recebi um cruzamento em posição perfeita para cabecear para as redes. Parecia que toda aquela espera estava perto do fim, mas aí o Renê, do Vasco, chegou primeiro na bola e a cabeceou para dentro da sua própria meta. Até um gol contra parecia melhor para eles do que me conceder o privilégio de marcar um. [...]. Alguma coisa tinha de acontecer. E aconteceu. Fui atropelado quando entrava na área e o juiz deu pênalti. Apesar dos protestos do Vasco, a decisão foi mantida. Aquela cobrança eu ia fazer. Pela primeira vez na minha carreira, fiquei realmente nervoso. Nunca tinha sentido uma responsabilidade como aquela antes. Estava trêmulo. Agora era por minha conta. Meus companheiros recuaram para fora da grande área, eu fiquei sozinho. [Fez o sinal da cruz e...]. Corri para a bola, fiz a paradinha e chutei. Goooooooool!". Pelé dizia que fazer gol de pênalti era covardia. Não achava maior graça naquilo. Mas, por uma ironia da história, seu milésimo gol não foi desfecho brilhante de uma sequência de toques e passes do time. Foi gol de pênalti. Gol de bola parada. Gol "covarde". Mesmo assim, o poeta Carlos Drummond de Andrade abstraiu, a fim de fazer o seu belo comentário: "O difícil, o extraordinário, não é fazer mil gols como Pelé. É fazer um gol *como* Pelé".

Mas o filme não terminou ali, com a bola atravessando em velocidade a linha do gol. "Corri direto para o fundo da rede, peguei a bola e a beijei. O estádio era uma explosão de rojões e gritos. De repente, me vi cercado por uma imensa multidão de repórteres. Havia microfones diante do meu rosto, e então dediquei o gol às crianças do Brasil. Disse que precisávamos cuidar das nossas criancinhas". Para quem registrou o lance na época, Pelé, depois de dedicar o seu milésimo gol às crianças pobres do Brasil, disse o seguinte: "Vamos proteger os pobres, vamos proteger as criancinhas!". E mais: "Pelo amor de Deus, minha gente. Agora que todos estão me ouvindo, faço um apelo especial a todos: ajudem as crianças pobres, ajudem os desamparados". Foi o bastante. Uma chuva de impropérios supostamente politizados desabou sobre o rei. José Castello: "A frase, dita com emoção espontânea, terminou servindo como uma arma contra o próprio Pelé, uma síntese dos estigmas que sempre recaíram sobre ele: a de um jogador fabuloso, sem dúvida, mas simplório, conservador, sentimentalista, sem consciência política". Se Pelé tivesse simplesmente dedicado seu milésimo gol à sua mãe, Dona Celeste, tudo bem. Ninguém se incomodaria, até pelo contrário. Mas por que o sujeito foi se lembrar de dar realce justamente a uma das mais graves questões sociais e humanitárias do Brasil? Por incrível que pareça, a esquerda não suportou isso. Por quê? Por que crianças formam um caso à parte? Por que crianças não integram o "mundo real" das relações sociais de produção? Não sei, não faço ideia. Apenas me impressiona o que há de abstruso e obtuso nisso tudo.

O próprio Pelé sempre foi muito mais sensato: "Por que mencionei as criancinhas? Era o aniversário da minha mãe naquele dia, e talvez eu devesse ter dedicado o gol a ela. Não sei por que não pensei nisso. Na hora, me vieram à cabeça as crianças. O que aconteceu foi que me lembrei de um incidente ocorrido em Santos alguns meses antes. Eu saía do treino um pouco mais cedo, quando vi uns garotos tentando roubar um carro estacionado perto do meu. Eram meninos pequenos, a quem normalmente você daria uns trocados para lavar o seu carro. Perguntei o que estavam fazendo e eles responderam que eu não me preocupasse, só estavam roubando carros com placas de São Paulo. Eu falei que não iam roubar carros de lugar nenhum e mandei sumirem dali. Lembro-me de conversar depois com um companheiro de time sobre aqueles meninos, sobre os problemas de crescer no Brasil. Eu já me preocupava com a formação das crianças, e essa foi a primeira coisa que me veio à cabeça quando marquei o gol. Acho que uma porção de gente não entendeu o que eu estava tentando dizer. Fui um pouco [não, Pelé: muito] criticado, alguns me acusaram de demagogo, acharam que eu estava sendo hipócrita. Não me incomodei com isso. Acredito ser importante, para pessoas como eu, passar mensagens sobre educação. Não haverá futuro se você não educar as crianças. E hoje em dia [Pelé está fazendo seu comentário retrospectivo em 2006], quando você olha para o Brasil e vê os problemas que temos nas cidades com os sem-teto e a marginalidade, sabe que são problemas que surgiram desde aquela época. Agora dizem que o Pelé estava certo. Não tenho medo de falar o que sinto".

A onda que vimos, após a fala do milésimo gol, foi mais uma repetição da mesmíssima coisa: a ideologia e o preconceito cegam. Quando Pelé, na comemoração do seu milésimo gol, em 1969, aproveitou os holofotes midiáticos para chamar a atenção de todos para a questão da infância no Brasil, a esquerda debochou à vontade, tratando-o como piegas e alienado. Diante dos grandes problemas nacionais, alguém ficar falando de criancinhas. Ele foi tratado e maltratado como demagogo, marqueteiro, autor de um minidiscurso sentimentaloide e até mesmo algo imbecil. Pode parecer brincadeira. Mas foi o que houve. No entanto, quando um segmento de esquerda, o de Leonel Brizola e Darcy Ribeiro, retornou do exílio e assumiu o governo do Rio de Janeiro, disse a mesma coisa que Pelé: era preciso salvar as nossas crianças. E a esquerda-em-geral não repisou, então, o deboche com que tratara Pelé. Ouçam Brizola, já governador do Rio, em entrevista ao *Jornal da Pituba*: "O nosso governo estabeleceu suas prioridades, dentro das circunstâncias, de limitações muito grandes. Por isso foi que optamos pela criança, achando que a nossa prioridade devia ser a nova população, que se encontra muito abandonada. É incrível o quadro brasileiro, consideramos isso um escândalo num país como o nosso. É claro que deveríamos nos preocupar prioritariamente com as crianças, salvar nossas crianças". Ainda Brizola, segundo Darcy Ribeiro, ao se tornar governador do Rio, na primeira reunião do seu secretariado: "Eu tenho certeza de que nada aqui, nem este palácio, está preparado para que uma mãe, que está com um filho nos braços e com fome, aqui receba ajuda. Mas eu estou aqui é pra receber e atender a essa mãe. Eu estou aqui para aquelas pessoas que nunca conseguiram entrar neste palácio". Não por acaso, diante de uma lista de nomes de políticos, instado a dar notas de 0 a 10 a cada um deles, Pelé deu nota 9 a Brizola.

Vêm daí, desta preocupação fundamental de Brizola e Darcy com as crianças, os CIEPs, os Centros Integrados de Educação Pública, que, em última análise, descendem do pensamento educacional de Anísio Teixeira. Darcy não se cansou de repisar o tema. Pensando nesta linhagem de Anísio e Darcy, não só vimos o quanto a esquerda tradicional – particularmente, a esquerda universitário-artística-jornalística – foi estúpida diante da fala de Pelé. Assim como podemos ver ou imaginar, hoje, o quanto a estreiteza militante, o tribalismo da esquerda racialista, teria reduzido e enfraquecido o discurso-relâmpago de Pelé, sua fala-comício do milésimo gol. Da perspectiva limitada (na verdade, de um racismo que se pretende antirracista) dos movimentos negros brasileiros, Pelé jamais deveria ter se referido à infância de um modo geral, sem fazer qualquer delimitação racial precisa. Em vez de falar da infância pobre do país, independentemente da cor da criança vivendo na escassez e mesmo na fome, Pelé teria que se limitar a denunciar a pobreza de somente um segmento desta infância, destacando exclusivamente a *criança negra*, como se crianças não negras estivessem todas muito bem de vida. É não só uma postura estúpida, como política e humanamente desprezível. Fico pensando na prática filantrópica numa campanha de doações financeiras, desse ângulo tribalista, promotor de "apartheids". Tudo fica muito emparedado, entre tapumes ou divisórias de raça e sexo. Doadores trans só fariam doações a iniciativas trans, doadores *gays* só fariam doações a iniciativas *gays* e assim por diante. Quando a divisa correta, da perspectiva mais ampla e generosa do universalismo, seria: faça a sua doação – doe a quem doar.

A infância pobre foi uma obsessão maior de Pelé. Não só no plano do discurso ou da retórica, mas igualmente (ou ainda bem mais) no campo da práxis. Isto, sim, é uma coisa notável, que a imprensa nunca sublinhou: a constância do compromisso de Pelé com a infância. Sem maior preocupação exaustiva ou cronológica, podemos dar diversos exemplos disso. Em 1973, por exemplo, Pelé assinou um contrato com a Pepsi-Cola (criticaram ele por isso, aliás, mas é óbvio que alguém tinha de bancar o projeto – não existe almoço grátis, como os economistas sempre lembram) para trabalhar, ao lado de Júlio Mazzei, num projeto internacional de oficinas futebolísticas para crianças, o "International Youth Football Programme". Ele e Mazzei passaram alguns anos viajando pelo mundo, a fim de ensinar futebol à garotada. Foram nada menos do que oficinas futebolísticas infantojuvenis realizadas em 64 países, além da feitura de um filme de treinamento para o futebol, *Pelé: The Master and His Method*, que ganhou vários prêmios internacionais. Ao lado disso, Pelé se tornou um "Embaixador da Boa Vontade" do Unicef, o Fundo das Nações Unidas para a Infância. "Constituído em 1946 para ajudar as crianças vítimas da fome ou de doenças, depois disso o fundo acabou por se tornar uma instituição permanente, incorporada à Carta Magna da ONU, atuando para proteger os direitos básicos das crianças a educação e saúde, por exemplo. Participei de eventos para levantar recursos em prol dessa causa e tenho orgulho de até hoje [2006] continuar envolvido no trabalho da organização. Muito tempo depois, em novembro de 2001, teria a oportunidade de combinar dois interesses, comparecendo ao lançamento de uma parceria entre a FIFA e o Unicef para dedicar a Copa de 2002 às crianças do mundo".

Entre os filmes de que participou, chegando a ter como diretor John Huston, Pelé demonstra um maior carinho por *Os Trombadinhas*, de 1979. "Gostei especialmente de *Os Trombadinhas*, participando da elaboração da história. O filme trata do problema das crianças abandonadas, um assunto que, como não me canso de martelar, me fala ao coração. Esperava que o filme ajudasse a tirar as crianças das ruas, as transformasse em pessoas úteis, para o bem delas e da sociedade". E em outra parada, já no Ministério dos Esportes: "Uma das melhores coisas que iniciamos foi um programa com as prefeituras para a criação de centros esportivos. Nós os batizamos de Vilas Olímpicas – o governo federal os construía e as autoridades locais providenciavam os professores. A primeira Vila Olímpica foi implantada no Rio de Janeiro, no morro da Mangueira. Funcionaram de forma esplêndida: muitas crianças deixaram de se envolver com o crime porque tinham agora uma maneira melhor de passar o tempo. Bem, você imaginaria que uma coisa dessas causou uma ótima impressão nos corredores do poder, não? Afinal, estávamos investindo em projetos populares que beneficiavam comunidades pobres. Na realidade, aconteceu o contrário. Estávamos construindo dezenas de vilas em todo o Brasil quando o Congresso começou a cortar nosso orçamento – que já era bem pequeno desde o início. Eu atribuo isso a uma politicagem mesquinha e ciumeira. O que mais me deprimiu em Brasília foi descobrir que os políticos estavam mais interessados em ajudar a si mesmos do que aos jovens".

E uma historinha, para encerrar. "É frequente que os chefes de Estado queiram me conhecer pessoalmente. Nem sempre aceito. Em 1997, quando Bill Clinton me convidou para jantar na Casa Branca, declinei porque tinha outro compromisso. O meu amigo Celso Greller ficou horrorizado: 'Ninguém dispensa um convite do presidente dos Estados Unidos!' – protestou ele. 'Fique tranquilo, Celso' – respondi. Lembrei a ele que meu compromisso era com a escola de samba da Mangueira, que queria minha ajuda num projeto para estimular as crianças a praticar esportes. Como eu era o ministro dos Esportes na época, sabia que o presidente Clinton logo viria ao Rio e visitaria a Mangueira também. Ele veio mesmo, e no pequeno bate-bola que fizemos lá pôde exercitar suas habilidades futebolísticas – não mostrou grande perícia, é bom que se diga, mas ficou claro que se divertiu bastante. Quando a cerimônia acabou, o presidente Clinton me convidou para jantar – um jantar informal, sem a presença de jornalistas ou de assessores. Aí eu aceitei, e foi ótimo passar esse tempo na companhia dele".

A importância que Pelé dá à infância em geral está certamente vinculada à importância particular que dá à sua própria infância. E não só pelo sufoco da quase miséria em que então viveu. Ouçamos: "Uma parte da minha infância que ainda guardo comigo é o meu pião de madeira. Sempre levo um comigo na mala, junto com os meus documentos e canetas. Quando me sinto solitário no hotel, tiro o pião de dentro da mala, enrolo a fieira nele e o lanço ao chão, girando. Enquanto o pião roda, consigo pegá-lo na palma da mão. Sou muito bom nisso. Adoro observar o pião rodando na minha mão. É um momento de contemplação – e me faz lembrar da inocência do menino que eu fui um dia".

15.
COM A SOCIAL-DEMOCRACIA

"Não tenho o menor interesse em qualquer tipo de política partidária. No entanto, aprendi o suficiente sobre a administração do futebol para perceber que a única maneira de mudar as coisas era trabalhando no mais alto nível possível – no governo". Graças a esta conclusão, Pelé se tornou ministro dos Esportes, exercendo o cargo de 1995 a 1998, no governo do presidente Fernando Henrique Cardoso. Foi nesse período que formulou uma proposta fundamental, cabendo ao Congresso Nacional a baixaria de se encarregar de desfigurá-la ao extremo, a chamada Lei Pelé ou Lei do Passe Livre, da qual falaremos adiante. De momento, lembro apenas que, antes que os Estados Unidos chegassem a eleger o mulato Barack Obama, o Brasil já tinha colocado um mulato no cargo de presidente da República: Nilo Peçanha. Um mulato claro. Mas agora o marco que passávamos a ter era outro. Pelé não era da mesma cor de Nilo Peçanha. Não era um mulato mais claro. E sim um homem de pele preta. Um negro, de fato. E foi assim o primeiro negro a se tornar não presidente, mas ministro de Estado em nosso país, quando o pardo-mestiço Fernando Henrique Cardoso o nomeou para comandar o Ministério dos Esportes. Chegou, inclusive, a se sentir tentado a uma candidatura presidencial, o que acabou não ocorrendo. Vamos nos deter, portanto, no Ministério dos Esportes. O ministro negro que veio depois dele, ocupando a pasta da

Cultura, não passou, infelizmente, de figura decorativa, delegando tudo a terceiros.

Pelé sempre teve um diagnóstico muito claro sobre o assunto da sua "pasta", como era esperável. E agora decidia meter a mão na massa. "O problema com os clubes de futebol no Brasil é que eles vivem num limbo legal entre o amadorismo e o profissionalismo. Por um lado, são tão burocráticos que para vender uma lata de cerveja no restaurante você precisa de autorização; por outro, você pode vender um jogador por milhões e ninguém sabe para onde o dinheiro vai. O terreno é fértil para a corrupção. Essa é uma das razões pelas quais os clubes brasileiros se encontram em estado tão ruim e os melhores jogadores se mudam para a Europa. [...]. Depois que a ditadura acabou, fui sondado pela maioria dos presidentes para ser ministro dos Esportes: primeiro, por Tancredo Neves, em 1985; depois pelo sucessor dele, José Sarney, e então por Fernando Collor, quando ele venceu a eleição em 1989. Sempre recusei. Quando, porém, Fernando Henrique Cardoso foi eleito em 1994, o convite se repetiu. Então concluí que era o momento certo de aceitar. Impus algumas condições. Precisava de uma garantia de independência política. Como você pode imaginar, todos os partidos queriam que eu entrasse para as suas fileiras. Eu não queria me comprometer com nada que não fosse a tarefa em pauta, Fernando Henrique, ao anunciar minha nomeação, disse: 'O herói nacional do nosso país foi escolhido para o Ministério. Ele é o símbolo do Brasil, um homem que partiu das suas raízes e triunfou'. Minha vida mudou completamente. Tomei posse em 1995 e me mudei para Brasília, o primeiro negro a se tornar ministro de Estado na história do Brasil". E qual era a tal da "tarefa em pauta"? Tratava-se, muito simplesmente, de modernizar e moralizar o futebol brasileiro. Este era o binômio que o rei passaria a encarar em termos práticos.

Em pelo menos dois dos volumes de seus *Diários da Presidência*, o presidente Fernando Henrique fala do ministro Pelé. E em termos sempre altamente elogiosos. Por exemplo: "Pelé, o ministro dos Esportes, tem sido formidável. É sensato, atrai fluidos positivos para o governo e me parece ter a capacidade para se mexer nessa matéria sem nenhuma dificuldade". Ou ainda (desta vez, mencionando já a futura lei do "passe" dos jogadores de futebol): "... falamos com Pelé sobre a candidatura do Rio de Janeiro a sede das Olimpíadas. Parece que houve uma briga entre o Rafael de Almeida Magalhães [presidente do conselho organizador da candidatura Rio 2004], o Havelange [presidente da FIFA] e o Nuzman [presidente do Comitê Olímpico Brasileiro]. Me diz o Pelé que o Nuzman tem uma empresa, queria receber muito da organização das Olimpíadas e eles convidaram o João Roberto Marinho [Rede Globo], que não aceitou. Afinal, convidaram o Ronaldo Cezar Coelho, que topou e, segundo Pelé, vai botar as coisas em ordem. Pelé me deu conta do que está fazendo, um estatuto que libera o passe dos jogadores, mas muitos preferem um passe, porque têm medo do desconhecido. Em todo caso, ele vai insistir na posição". Adiante, ao falar do desfecho pífio de uma investigação de corrupção no Banco do Brasil, Fernando Henrique exalta, em contraposição, o exemplo de Pelé: "Pelé, esse, sim, teve a coragem de demitir doze pessoas depois da acusação de bandalheira na área de esportes. Mandou embora inclusive o presidente do Instituto Nacional de Desenvolvimento do Desporto, criado por ele, indicado pela senadora Benedita da Silva. O Pelé agiu com coragem. Ele é um homem sério". Apenas para esclarecer, lembro que, naquela ocasião, Pelé demitiu servidores do mencionado Instituto suspeitos de superfaturamento em licitações de serviços de comunicação e informática. Que tivessem sido indicados pela senadora Benedita da Silva, não quer dizer grande coisa: ela mesma se viu às voltas com acusação de corrupção, uso indevido do chamado "cartão corporativo", quando foi ministra no primeiro governo de Lula da Silva. No ano seguinte, agosto de 1997, Fernando Henrique toca mais uma vez nas reações provocadas pela ação de Pelé no Ministério: "Ontem de manhã, recebi o Pelé. Foi interessante. O Pelé está na briga pela moralização dos esportes. Hoje, houve uma grande confusão por causa de umas declarações do Havelange, mas o Pelé aguentou firme a briga". E por fim, já em março de 1998: "À tarde, sancionamos a Lei Pelé. Aí, sim, fiz um discurso forte, de apoio ao Pelé, à democratização do esporte, à moralização, tudo isso". Bem, não foi um "discurso forte", mas bem moderado, conciliador e até tratando de botar uns panos quentes. Mas tudo bem: foi a favor.

Falamos, *en passant*, da questão do "passe" do jogador. Melhor esclarecer. Para quem não sabe, a palavra "passe" tem dois sentidos precisos no léxico futebolístico brasileiro, ambos já devidamente dicionarizados. Consulte-se, por exemplo, o *Dicionário Houaiss da Língua Portuguesa*. Num caso, passe é, "no futebol, basquete, etc., ato de passar a bola para um companheiro de equipe em boa posição". No outro caso, que é o que aqui nos importa, o vocábulo designa um "vínculo negociável do atleta profissional com a agremiação que o contrata". O clube é (era, antes da Lei Pelé) dono do passe de seus jogadores e era com isso que o rei queria acabar. A ideia de se ter uma Lei do Passe Livre era coisa que já vinha amadurecendo há tempos na sua cabeça – e ele tentou colocá-la em prática ainda durante a ditadura militar. Sem êxito. "Quando falei das criancinhas depois do milésimo gol, muitos disseram que era demagogia, mas alguns políticos acharam que eu estava num caminho interessante. Aquilo acabou por abrir algumas portas e, juntamente com outros jogadores, tive um encontro com o presidente Médici para reivindicar mais direitos para os jogadores. Isso foi décadas antes da Lei Bosman na Europa (que garante a jogadores sem contrato o direito de se transferir para outros clubes), e a situação no Brasil era vergonhosa. Era uma espécie de servidão. Depois que o seu contrato com o clube terminava, você não estava livre para jogar em outro lugar – precisava obter a permissão do clube primeiro. E frequentemente era tratado com desrespeito. Não havia planos de aposentadoria, assistência médica ou seguro-saúde. Eu tinha visto o que acontecera com o meu pai e com o Vasconcelos [o camisa 10 do Santos que foi substituído por Pelé]: nenhum deles tivera qualquer rede de segurança no trabalho. Os jogadores de futebol podiam ser deuses para o público, mas em termos trabalhistas eram tratados só um pouco melhor do que escravos. Fomos nos encontrar com o presidente Médici e, embora ele parecesse simpático à causa, nada foi feito. Só depois de quase três décadas a situação legal dos jogadores mudaria, graças ao trabalho que fiz como ministro dos Esportes".

Mas a guerra não seria fácil. Vejamos com mais vagar, ouvindo sempre o próprio Pelé. "Logo que cheguei [a Brasília], eu era a grande novidade. Todo mundo queria tirar uma foto ao meu lado. Assim que perceberam que eu queria abalar o sistema, porém, a vida ficou um pouco mais complicada. As reformas que eu queria fazer baseavam-se em dois pilares. Em primeiro lugar, eu argumentava que os clubes deveriam se tornar empresas de verdade, para que pudessem ser gerenciados de modo ético e transparente. Em segundo lugar, queria que os jogadores fossem livres – de modo que, por exemplo, quando o contrato de um deles terminasse, o clube não tivesse direitos residuais sobre o atleta. Na Europa, esse era o assunto do momento – graças a Jean-Marc Bosman, um jogador belga que não conseguia deixar o seu clube, embora o contrato entre eles tivesse expirado, e que estava levando seu caso aos tribunais. Bosman acabou por ganhar a causa e a lei foi alterada, dando aos jogadores europeus maior poder sobre seu próprio destino. Eu queria introduzir no Brasil uma legislação semelhante". Numa partida de futebol, como vimos, o passe ocorre quando um jogador estende a bola em direção a um companheiro de equipe. Fora do campo, o "passe" significava não movimento livre, como no jogo, mas aprisionamento e servidão. E não devemos deixar escapar aqui, mesmo de passagem, o fato relevante de que a construção discursiva de Pelé se monta a partir de uma referência histórico-racial: Pelé quer acabar com a escravidão do jogador. Mesmo o nome que é dado informalmente ao futuro estatuto remete à legislação que aboliu o sistema escravista no Brasil. "Lei do Passe Livre" é, obviamente, designação alusiva à chamada Lei do Ventre Livre, promulgada entre nós no processo que conduziu à abolição da ordem escravocrata.

Mas não vamos apressar o passo. A primeira e mais antiga questão, dominando todo o panorama que Pelé pretendia modificar, era a da corrupção. Os outros problemas ou surgiam dela ou nela estavam enraizados, como a prisão do "passe". No futebol, como em outras instâncias da vida política, cultural e social, a corrupção é um monstro de muitas faces, carcomendo tudo. Em termos estritamente futebolísticos, ela pode se dar, por exemplo, tanto por uma combinação prévia do resultado de uma partida, como pela compra dos quase sempre subornáveis sopradores de apito, também chamados "juízes" (hoje, por sinal, menos corruptos do que os magistrados propriamente ditos). O Brasil foi vítima daquele que é talvez o maior escândalo (conhecido) de corrupção, sob a forma de suborno, na história das copas mundiais. Aconteceu em 1978, na Copa da Argentina, ano entre nós do reinado absoluto da chama sexual de Sônia Braga, tomando conta dos cinemas com o filme *A Dama do Lotação* e da televisão com a novela *Dancing Days*. Mas enquanto o Brasil ingressava na "abertura" do regime, a Argentina vivia sob o açoite de uma das mais cruéis ditaduras do assim chamado Cone Sul. A seleção argentina, para chegar à final do torneio, precisaria ter um saldo de gols maior do que o do Brasil. E tudo foi armado nessa direção. Primeiro, fazendo com que o jogo Argentina x Peru só começasse depois de terminada a partida Brasil x Polônia. A depender do saldo de gols do Brasil sobre a Polônia, os argentinos saberiam quantos tentos precisariam marcar contra os peruanos. E foi assim que entraram em campo sabendo que teriam de vencer por uma diferença de quatro gols. Não seria difícil, naquela circunstância.

Antes do jogo, o governo argentino "presenteou" a junta militar que governava o Peru com 35 mil toneladas de cereais e liberou, para seu consumo, 50 milhões de dólares em crédito bancário (não sei o quanto significaria hoje tal montante, mas é dinheiro pra ditador nenhum botar defeito).

O Peru aceitou o suborno – e o general Videla, então no posto infame de ditador argentino, ainda foi ao vestiário da seleção peruana, numa "visita de cortesia" para intimidar definitivamente aqueles jogadores. Resultado: o Peru entrou em campo com quatro reservas, desperdiçou chances facílimas de gol (daqueles de que a gente diz "esse, até minha avó fazia") e levou um belo 6 x 0 no rabo. O povo peruano ficou furibundo. Quando a seleção desembarcou de volta no país, torcedores a recepcionaram com uma chuva de moedas. Mas, seja como tenha sido, a Argentina foi o melhor time daquela Copa, que ainda revelou ao mundo o futebol extraordinário do garoto Diego Maradona, fã incondicional do brasileiro Rivelino, de quem depois se tornaria amigo. Quanto ao Brasil, um comentário do técnico argentino, naquela época, sintetizou tudo: "Tolheram o talento natural do jogador brasileiro". Responsável por essa castração da criatividade: a intervenção militar em nosso futebol. De qualquer sorte, de tanto insistir neste futebol tático-pragmático, muito mais destrutivo que construtivo, acabamos chegando, ainda que de forma insossa, ao tetracampeonato de 1994, que ainda se salva, para mim, por lampejos da dupla Bebeto e Romário. Mas não é este o meu tema aqui. Ainda que não resista a dizer o seguinte: compare-se o esplendoroso Brasil 4 x 1 Itália de 1970 e o morno e tedioso Brasil 0 x 0 Itália de 1994. Em vinte e quatro anos, despencamos das nuvens para o subsolo. Talvez até por isso eu ainda hoje me divirta dizendo que os quatro jogadores baianos que foram convocados para aquela Copa – Dida, Vampeta, Júnior e Edilson – ficaram rigorosamente circunscritos ao banco de reservas. Nunca chegaram a botar os pés no campo.

A outra forma citada de corrupção – a compra de juízes – nunca foi nada incomum, mas prática até corriqueira, não só aqui, mas no mundo inteiro. Em copas mundiais, inclusive. Vejam, por exemplo, o que Pelé nos diz sobre a arbitragem, na Copa da Inglaterra, em 1966. Conta ele que se sentiu excepcionalmente cansado depois do jogo de estreia do Brasil contra a Bulgária. Por três razões. Primeiro, a péssima preparação física do escrete. Segundo, os amistosos burramente marcados na véspera do torneio. Terceiro, a "complacência" sistemática dos juízes, seguindo a "orientação" de Stanley Rous, o inglês que era então presidente da FIFA. E a orientação era simplesmente fazer vista grossa para o jogo "viril" dos europeus em cima dos sul-americanos. Foi assim que o búlgaro Zhechev pôde impunemente caçar e tentar quebrar Pelé durante os noventa minutos de jogo. Não conseguiu. Mas, adiante, o açougueiro português Morais finalizou o crime: arrebentou Pelé, impossibilitando-o de continuar a disputar a Copa, com a cumplicidade total do juiz inglês, um filho da puta chamado George McCabe. E se isto acontecia numa Copa do Mundo disputada na Inglaterra, imaginem o que rolava em competições regionais. Mas a coisa nunca parou aí. São muitos os meios e modos através dos quais a corrupção garante o seu reinado no mundo do futebol. Como no caso das jogadas e jogatinas que atravessam o bilionário mercado transnacional de transferências clubísticas dos craques mundiais. É transetê de muitos milhões – e tudo bem por debaixo do pano, de modo que os golpes não vêm à luz. Mas talvez a mais perversa de todas as formas de corrupção estivesse no saque permanente e cotidiano dos cartolas contra os seus próprios clubes. Pelé sabia de tudo isso, obviamente. Já numa entrevista dada ao jornalista Juca Kfouri, tinha entrado em campo para denunciar a corrupção reinante no futebol brasileiro. Começou aí a sua guerra contra Ricardo Teixeira, presidente da CBF, entidade vista com indisfarçável repugnância pelos torcedores brasileiros, que a consideram um antro (impune) de corrupção (basta lembrar que, naquela época, quando, ao final do jogo, o serviço de comunicação do estádio anunciava os números da renda e de espectadores pagantes, as torcidas rivais se irmanavam numa vaia unânime: todos tinham certeza de que a cartolagem tinha manipulado os números e metido boa parte da grana no bolso). Era preciso modernizar o futebol brasileiro, retirando-o das mãos das gangues que o mantinham sob controle. Mas Pelé ainda não tinha ideia de que se meter nisso seria uma confusão dos diabos. Não sabia que se meter no mundo político significa travar uma batalha empós a outra.

Em outras palavras, Pelé desceu de paraquedas em Brasília sem ter uma noção sequer aproximada da dimensão da filhadaputice imperante na vida política nacional. "Foi ingenuidade minha pensar que seria fácil. Bastou eu sugerir que os presidentes de clubes teriam de produzir relatórios anuais auditados, para eles se voltarem contra mim. É claro que não queriam fazer isso, pois era justamente a falta de transparência que permitia que os milhões de dólares ganhos com a venda de jogadores desaparecessem em paraísos fiscais. Os presidentes de clubes tinham rios de dinheiro e eram muito influentes. O *lobby* do futebol tornou-se meu maior inimigo. Os presidentes tinham ligações estreitas com muitos congressistas – um deles era ele próprio deputado! Foi uma grande dor de cabeça ir contra o *establishment* do futebol, porque começaram a espalhar coisas ruins a meu respeito. Deram a entender que eu estava contra o futebol – mas a verdade era justamente o contrário. *Eles* estavam destruindo o futebol brasileiro. Eu tentava tornar mais forte o nosso esporte nacional. [...]. Também tinha as minhas diferenças com o presidente da CBF, Ricardo Teixeira, e o cabeça da FIFA, João Havelange. Queria que a liga nacional tivesse independência, como a Premiership na Inglaterra. Eles eram contra isso, porque significaria uma erosão de seu poder. O meu objetivo não era ferir ninguém, eu não tinha questões pessoais a acertar – simplesmente queria criar estruturas que beneficiassem os jogadores e os torcedores de futebol".

De qualquer modo, lembre-se que Havelange caiu do cavalo *manu militari*. Geisel não queria expor ao país a chaga da corrupção no futebol e obrigou Havelange a renunciar, sob pena de ser preso. E ele ficou com a FIFA, entidade que, de resto, possui mais países filiados do que a ONU.

Mais Pelé: "Como ex-jogador, eu queria melhorar a situação dos atletas também. No Brasil, a maioria dos jogadores não ganha quase nada, embora os famosos na Europa embolsem milhões. Jogadores de futebol formam uma categoria de trabalhadores e, como tal, as leis trabalhistas que regem seus direitos deveriam ser justas. Apliquei minhas energias em ajudar os advogados do Ministério a esboçar uma versão brasileira da Lei Bosman. Mas isso também foi uma guerra. Os clubes eram contra, preocupados com a possibilidade de gastar um monte de dinheiro desenvolvendo um jogador e ficar no prejuízo quando, expirado o contrato, ele ficasse livre para se transferir para outro clube. Algo que ilustra bem o grau de dificuldade da minha luta é o fato de que jamais, no período que passei em Brasília, o Sindicato dos Atletas Profissionais organizou uma só manifestação de apoio a mim. Por outro lado, o *lobby* dos clubes de futebol montou um escritório em Brasília e era uma força formidável. Os jogadores brasileiros ainda não aprenderam a atuar em conjunto para melhorar sua situação. É muito triste". E são palavras que me fazem lembrar um desabafo correto feito pelo craque Paulo Cézar Caju, que tantas vezes se manifestou de modo ressentido contra Pelé, talvez porque o rei não lhe tenha feito as louvações que esperava receber: "Em relação à política, cara, a gente não vai mudar. O jogador de futebol não tem a mínima noção de porra nenhuma: é alienado mesmo, é individualista. Nunca vai ser unido nesta porra desse país. Infelizmente. Quem faz o espetáculo somos nós. Se eles tivessem consciência, a Globo não ia mandar em porra nenhuma, botar jogo às dez horas da noite. Que porra é essa? Não é a Globo que me paga, não sou empregado da Globo. Mas, não, porra nenhuma, eles baixam a cabeça".

Numa avaliação geral da matéria, o jornalista Juca Kfouri declarou: "Primeiro, é preciso dizer o seguinte: existem muitos equívocos. Talvez o maior deles tenha sido a incapacidade política de convencer os grandes clubes de que essa lei era a favor deles e não contra. Ela acabou sendo aprovada num clima de fla-flu. E clima de fla-flu nunca é bom para se aprovar uma lei. Foi empurrada goela abaixo, não houve discussão, porque o Congresso é o lugar por excelência das discussões nacionais, mas não tenho dúvida em dizer que a lei só foi aprovada porque se tratava de Pelé. Se fosse qualquer outro, ela não seria aprovada. Neste sentido, ela tem um caráter um pouco artificial. Na minha opinião, é muito extensa. É aquela coisa do bacharelismo brasileiro. Tem artigos demais, permite interpretações demais. Mas tem uma grande qualidade, independentemente do que aconteça com ela daqui para a frente: teve o mérito de induzir alguns a dar o primeiro passo em direção ao futuro do futebol. Acabou com o passe, deu autonomia, obrigou as práticas esportivas profissionais a se transformarem em empresa. Gostemos ou não, está feito".

***

Recapitulemos. O futebol brasileiro era corrupto e oligárquico, dentro de cuja moldura o jogador aparecia como "servo" ou "escravo". Contra o binômio oligarquia-corrupção, o governo de Fernando Henrique, através de Pelé, traz ao centro da cena o binômio modernização-moralização, tratando de promover uma pelo menos suposta "libertação" do jogador. A modernização se daria pela substituição do antigo regime da cartolagem pela entrada em campo da ideologia e da práxis empresariais. Mas as reações não foram poucas, nem fracas. Tanto à direita, quanto à esquerda. No primeiro caso, a oligarquia corrupta bateu na mesa contra o que via, corretamente, como uma ameaça à sua sobrevivência. No segundo, a esquerda atacou a transformação do futebol em negócio, contra a visão empresarial do assunto, contra o que então denunciava como a chegada do neoliberalismo à ordem futebolística nacional.

À direita, um dos maiores adversários da investida reformista de Pelé, talvez o maior de todos, foi Eurico Miranda, então deputado federal e presidente do Vasco da Gama. Na edição atualizada em 2014 do seu livro *Futebol: O Brasil em Campo*, o jornalista inglês Alex Bellos nos conta dessa oposição feroz de Eurico à Lei Pelé, como representante-mor da cartolagem nacional: "Enquanto ministro extraordinário do Esporte, entre 1995 e 1998, Pelé elaborou um projeto de lei com o objetivo de aumentar a transparência no futebol. Os clubes brasileiros são governados pelas mesmas regras desde sua fundação na época do amadorismo. Os dirigentes não recebem salário e as finanças do clube são facilmente escamoteadas do escrutínio público. Eurico, por exemplo, não recebe nada pelo seu trabalho no Vasco. Ainda que, como muitos outros cartolas, tenha um patrimônio que parece incompatível com seus rendimentos oficiais. Eurico mora numa cobertura luxuosa numa área nobre do Rio, possui também uma mansão em Angra dos Reis, com uma lancha de 200 mil dólares ancorada. Numerosos incidentes aumentam a suspeita de que os chefões do futebol atendem a seus próprios interesses e são negligentes com o dinheiro do clube, como quando Eurico voltou de um jogo do Vasco no Maracanã, em 1997, com cerca de 60 mil reais da receita de bilheteria *no próprio bolso*. Ele contou à polícia que foi assaltado na porta de casa. O dinheiro nunca foi recuperado. [...]. Cartolas não causariam tamanha aversão generalizada caso seus clubes também fossem ricos. Mas a maioria dos clubes está quebrada. Já virou quase uma norma que os salários dos jogadores sejam pagos com meses de atraso. Em 2001, foi revelado que Romário, o astro do Vasco, estava pagando do próprio bolso alguns salários dos seus companheiros de clube. [...]. Durante a tramitação da Lei Pelé no Congresso, Eurico foi a voz mais ativa em oposição a ela. Combinava a obstinação de um torcedor com um conhecimento obsessivo dos detalhes legais. Seu estilo de debater é grosseiro – como se estivesse lançando insultos na arquibancada. [...]. Apesar do grande apelo popular das reformas de Pelé, o *lobby* de Eurico conseguiu neutralizá-las. Quando o projeto foi aprovado, em 2000, só restavam 11% de seu texto original na chamada 'Lei Pelé'. Pelé disse que preferia que seu nome fosse retirado. [...]. Pergunto a Eurico se ele gosta de ser político. Deve ser muito cansativo, sugiro, com seu trabalho no Vasco. Faz uma pausa para pensar. 'Não, eu não gosto mesmo disso. Mas preciso estar aqui. As coisas seriam bem piores. Nós já teríamos a Lei Pelé'". Mas havia outro poderoso motivo para Eurico não abrir mão de seu lugar de deputado. É essa vergonha chamada "imunidade parlamentar". Graças a ela, Eurico se livrou de várias ações na Justiça. Até a de ter roubado dinheiro do condomínio onde morava.

Mas Pelé não bateu de frente só com a oposição reacionária dos cartolas e – pasmem – sindicatos de jogadores, mas sim, também, com gente de esquerda. Com o jornalista, ex-militante da Polop e então membro da elite petista Emir Sader, por exemplo. Nesse caso, tratava-se de uma repetição localizada da crítica geral do PT a Fernando Henrique Cardoso e seu partido, o PSDB (Partido da Social-Democracia Brasileira). Veja-se, a este respeito, o artigo de Sader (publicado, se a memória não me trai, na revista *CartaCapital*), que traz, logo no título, as seguintes palavras: "Lei Pelé, o Neoliberalismo no Futebol". Vejam a argumentação (é muito mal escrito e conceitualmente confuso, mas paciência): "No Brasil, o neoliberalismo chegou ao futebol através da chamada Lei Pelé. Que pregava a 'profissionalização' do futebol, contra a ditadura dos clubes, que tinham os jogadores atrelados ao clube como se se tratasse de uma relação feudal, pré-capitalista. Intensificou-se dura campanha contra os 'cartolas', com acusações – todas provavelmente reais – de corrupção, concentração de poder, arbitrariedades, etc. Porém, de forma similar ao que se fazia na campanha neoliberal contra o Estado, não era para democratizar os clubes, ou ao Estado, mas para favorecer o mercado. A profissionalização foi isto. Supostamente para libertar os jogadores do domínio dos clubes, jogou-os nas mãos dos empresários privados. Não por acaso se deu durante a década de 1990, em pleno governo FHC, que preconizou todo o tempo a centralidade do mercado, os defeitos do Estado, a necessidade de mercantilizar tudo, de transformar a sociedade em um lugar em que tudo se compra, tudo se vende, tudo é mercadoria. Os jogadores foram transformados em simples mercadorias, nas mãos dos empresários, que reinam soberanos, assim como o mercado e as grandes empresas fazem no conjunto da sociedade. Enquanto os clubes, da mesma forma que o Estado, ao invés de serem democratizados, são sucateados. Interessa aos empresários privados que os clubes sejam fracos, estejam falidos, serão mais frágeis ainda diante do poder do seu dinheiro. Assim como ao chamado mercado interessa que o Estado seja mínimo, seja fraco, para que ceda cada vez mais a seus interesses".

Embora abordando as coisas num horizonte mais largo, não é diversa, no essencial, a leitura do jornalista norte-americano Franklin Foer, em seu livro *Como o Futebol Explica o Mundo – Um Olhar Inesperado sobre a Globalização*. Ele começa anotando que Pelé foi "personagem central na globalização do futebol brasileiro e na luta para salvar o esporte do domínio funesto dos cartolas". Na raiz de tudo, segundo Foer, estaria o choque entre as ambições empresariais de Pelé e o domínio da cartolagem corrupta sobre o nosso futebol. Escreve ele: "É tentador vermos Pelé, com sua história de menino pobre e sua conduta invariavelmente afável, como o Steppin Fetchit [primeiro ator negro a ser aplaudido por brancos nos Estados Unidos] brasileiro, o garoto-propaganda empresarial idealmente inofensivo. Mas isso é menosprezar Pelé e suas ambições. Ele queria construir sua própria versão brasileira da Warner Communications. Em 1993, resolveu comprar da CBF [Confederação Brasileira de Futebol] os direitos de transmissão para o Brasil do campeonato nacional. Como o homem cuja imagem mais se associava ao sucesso do futebol brasileiro, ele estava certo de que seria recompensado por uma vida de contribuições. E para garantir sua posição ele apresentou dinheiro – um milhão de dólares a mais que o concorrente mais próximo. Mas seus muitos anos de experiência na seleção brasileira deveriam lhe ter ensinado que a CBF não é governada exatamente pelas leis do mercado. Como os jornais depois noticiaram, um dos subordinados do chefe da Confederação [Ricardo Teixeira] exigiu que Pelé depositasse um milhão de dólares numa conta de um banco suíço pelo direito de ter seu lance reconsiderado pela CBF. Ele se recusou e perdeu o contrato. Ressentido e humilhado, Pelé partiu para a revanche. Falou da propina numa entrevista à *Playboy*. Não poderia atingir alvo melhor. Os investigadores do Congresso Nacional depois usariam Ricardo Teixeira como símbolo do 'antigo regime' do futebol brasileiro. Um advogado pouco conhecido, sem envolvimento anterior com o futebol ou a administração desportiva, ele atingira a mais alta posição do esporte brasileiro por uma razão bastante previsível: seu sogro era João Havelange, o então todo-poderoso presidente da FIFA. Reportagens da Rede Globo revelaram quão rápido Teixeira adquirira um padrão de vida invejável, incluindo um apartamento em Miami. Enquanto cresciam as dívidas da CBF, o salário de Ricardo Teixeira cresceu mais de 300%, de acordo com a investigação do Congresso Nacional".

Prossegue Foer, em direção ao ponto que no momento mais nos interessa: "As críticas de Pelé a Ricardo Teixeira eram adequadas à época. A América Latina atravessava uma transformação profunda – uma ampla revolta contra a corrupção. Após décadas de protecionismo e de inflação, ela estava pronta a rejeitar o estilo que favorecia os pares dos ditadores militares. Em seu lugar, escolheu (ou pelo menos suas elites escolheram) o neoliberalismo da escola de Washington. Na vanguarda da mudança estava o sociólogo

Fernando Henrique Cardoso, convertido num improvável capitalista e num político sedutoramente informal. Nos anos 1970, ele escrevera o texto *Dependência e Desenvolvimento na América Latina*, marcante na esquerda brasileira. Suas críticas ao governo militar renderam-lhe interrogatórios, detenções, a explosão de uma bomba no seu escritório e uma temporada no exílio. Mas sem o contraponto da ditadura militar, após o colapso do regime em 1985, Fernando Henrique foi se tornando cada vez menos radical. Quando se elegeu presidente, em 1994, ele se tornara o centro vital da política brasileira. [...]. Vendo Pelé em sua luta contra os influentes da CBF, Fernando Henrique percebeu uma índole ideológica análoga e a oportunidade de uma política combativa. Nomeou Pelé ministro extraordinário dos Esportes, o primeiro negro a exercer um cargo desse nível. 'Um símbolo do Brasil que veio de baixo... que triunfou', declarou Fernando Henrique ao anunciar a nomeação. Desde o início, estava claro que Pelé acreditava na agenda de 'modernização' do governo. Com um ano no cargo, ele propôs a Lei Pelé, um conjunto de reformas ao estilo FMI para o futebol, exigindo que os clubes funcionassem como empresas capitalistas transparentes, com registros abertos e administradores responsáveis. A lei dava aos jogadores o direito ao passe livre, ou seja, de abandonarem os clubes após o término dos contratos. Celso Grellet, assessor de Pelé, disse-me que 'na época, pensávamos em trazer para os clubes a racionalidade e o profissionalismo empresariais'. Pelé esperava que as reformas atraíssem investidores estrangeiros que transformariam 'o futebol brasileiro na NBA do mundo futebolístico'. Em 40 anos, Pelé tinha passado de mão de obra explorada do Terceiro Mundo a ícone do autoritarismo e depois acólito neoliberal".

Voltando a Sader. Ele se colocou frontalmente contra as mudanças propostas por Pelé. De acordo com o seu credo ideológico submarxista e a cartilha do PT, era preciso rejeitar o neoliberalismo. E a alternativa à suposta perversão capitalista estaria na "democratização" do mundo do futebol. Mais precisamente, no "modelo" da democracia corintiana: "Os clubes podem ser democratizados – de que o exemplo da democracia corintiana é claro. O jogo dos empresários não é democratizável, nem passível de ser controlado socialmente, vale quem paga mais, quem tem mais dinheiro. Assim como o Estado pode ser democratizado – e as políticas de orçamento participativo são o melhor exemplo disso". A saída, portanto, seria dar as costas à economia de mercado e tratar de tentar resolver os problemas do Estado-Nação através do "orçamento participativo" e os problemas do futebol brasileiro através da generalização do modelo da "democracia corintiana". Ou seja: tudo em horizonte miúdo, comunitário, parede-meia, celeiro de soluções no máximo vicinais. Como se as grandes questões econômicas nacionais pudessem ser enfrentadas em termos ideologicamente artesanais, na base de qualquer coisa como a "economia solidária", de que falava um velho e nostálgico Paul Singer, por exemplo. Recentemente, em entrevista para o meu canal no YouTube, Aldo Rebelo, que foi ministro de Esportes em governo do PT, também formulou críticas ao desempenho de Pelé no Ministério, apontando consequências nefastas de sua gestão. Aldo não faz nenhum ataque ingênuo ao neoliberalismo, mas rejeita a transformação do clube em empresa e condena a atual lei da SAF (Sociedade Anônima de Futebol). Observa, ainda, que os jogadores não foram realmente libertados pela Lei Pelé. Quando pertenciam a um clube, tinham pelo menos direito a 15% sobre o valor da venda do seu passe – percentagem estabelecida pela ditadura militar em 1968, acrescento. Hoje, prossegue Aldo, nem isso. Em vez de pertencer a um clube, o jogador pertence a um empresário. Tornou-se um "ativo econômico".

De outra parte, Aldo não leva a sério o discurso ingênuo e disparatado que defende que a alternativa ao neoliberalismo no futebol estaria em algo como a democracia corintiana. Por duas razões, ao menos. Primeiro, porque não se pode pretender encarar e muito menos solucionar um problema grave, de extensão nacional, com uma receita artesanal de alcance paroquiano. Me lembro, a propósito, de um médico cirurgião que conheci em Brasília, quando trabalhei no Hospital Sarah Kubitschek, que costumava dizer: "Não se cura câncer com chá de erva-doce". E é a mesma coisa aqui. As questões maiores do futebol brasileiro não serão resolvidas com a figura de um doutor Sócrates qualquer e seus colegas votando para decidir a que horas preferem almoçar. Em segundo lugar, como assinalei, a democracia corintiana foi extrafutebolística, voltada para a cena política externa aos gramados, sem nenhum projeto ou proposta, nenhum projeto geral para o futebol brasileiro. De outro ângulo, Aldo recorda que, quando era ministro, empresários árabes observaram, numa reunião em Brasília, que não conseguiam entender por que o Brasil não se dispunha a vender "serviços de futebol" para países da Ásia e da África, por exemplo. A Inglaterra vendia seu campeonato para a China já numa época em que o futebol brasileiro fascinava muito mais chineses e outros povos do que o futebol inglês. Mas o Brasil nunca avançou nesta seara comercial. Ao ouvir esse relato, disse a Aldo que o mesmo acontecia com relação à nossa música popular. A Jamaica, uma ilhazinha do Caribe, que só contava com o *reggae*, tinha o seu espaço garantido no comércio mundial da música. Já o Brasil, com sua extrema riqueza de gêneros e ritmos, era inexpressivo nesse campo. O que explicaria a incapacidade brasileira para se mover bem no espaço do comércio internacional de música e futebol? Não me recordo agora a resposta de Aldo, falando alguma coisa sobre nossa mentalidade de "caça e coleta". Mas, no artigo "Futebol & Amargura", escrito na época da Copa de 2002, Roberto DaMatta sublinhou justamente isso: "O maior problema do futebol brasileiro é hoje a dissonância entre seu progresso técnico, revelado e testado no campo, e o seu primitivismo gerencial. O que temos hoje é a contradição entre o clientelismo que governa os dirigentes e o mercado comandado pelos times, com o seu desempenho e a sua competência. [...]. O que vemos hoje de coração na mão é a face cruel do sucesso que nos deu a afinidade com a bola, mas não nos deu a capacidade de gerenciar com o signo do desempenho os frutos de nossa excelência futebolística. O futebol brasileiro é hoje o retrato mais amargo de um país que, mais uma vez, demonstra não saber organizar seu talento, sua riqueza e, acima de tudo, sua percepção de si mesmo".

Mas temos ainda um outro aspecto que não vou deixar de fora, desde que abomino quem troca de máscara quando passa de oposição a governo. Como a crítica petista de Sader e similares coloca no mesmo saco a práxis geral de Fernando Henrique e a práxis específica de Pelé, podemos mostrar um quadro que costuma deixar lulistas desarmados, com reações que vão da raiva irrazoável ao silêncio revelador. É que teremos a repetição, no campo singular do esporte, do mesmo filme que vimos no espaço governamental por inteiro. Lula e o PT, durante anos, vociferaram contra o neoliberalismo, rejeitando o Plano Real e atacando agressivamente Fernando Henrique Cardoso, inclusive com o golpe baixo de sempre, ao tratá-lo como "direitista" (Lula e o PT inauguraram a era mais recente das *fake news* na política brasileira, chegando até ao extremo da "delinquência eletrônica" do *marketing*, como bem disse Rubem Ricupero, na sordidez da campanha contra Marina Silva, durante as eleições presidenciais de 2014). Mas, ao chegar ao poder, simplesmente adotaram a política econômica do governo de Fernando Henrique. Seguiram ao pé da letra a orientação e os princípios do ministro tucano Pedro Malan. Converteram-se objetivamente à social-democracia e ao neoliberalismo. E o fizeram com um cinismo inacreditável. Publicamente, Lula e a sua turma execravam o que diziam ser a "herança maldita" que tinham recebido de Fernando Henrique, enquanto, na prática, tiravam proveito da *herança bendita* com que o mesmo Fernando Henrique facilitou e norteou a vida deles no governo. E, como disse, o filme não foi diferente nas quadras do esporte. O PT investiu com disposição bélica contra o "neoliberalismo" da Lei Pelé. Mas, ao chegar ao poder, não alterou nada do que fora feito. Manteve tudo no mesmo lugar e deu prosseguimento, mesmo de forma mambembe, ao que vinha rolando, embora pensássemos que, com ele, o futebol brasileiro passaria por uma reforma tão profunda quanto providencial. Mas tudo foi até pior, muito pior, do que com Fernando Henrique: em seu terceiro mandato, Lula, que não fez nada de relevante pelo futebol brasileiro (embora se declare torcedor fanático e se exiba como "erudito" no assunto, espécie de anti-Café Filho, o presidente que não sabia distinguir entre uma trave e um bandeirinha), rifou uma ministra do Esporte, a jogadora Ana Moser, militante cívico-política de cariz "progressista", para em seu lugar colocar um tal de André Fufuca, em função das barganhas petistas de sempre.

Não cheguei a conversar com Aldo sobre isso. Mas Hilário Franco Júnior foi preciso em sua apreciação dos fatos, a partir do momento em que o PT se implantou no poder: "Assistiu-se, então, à chegada de um sindicalista acompanhado por ex-militantes da luta armada, ex-exilados, ex-opositores da ditadura, grupos evangélicos e conservadores. Coerente com essa miscelânea incoerente, em pouco tempo de governo o Ministério dos Esportes, dirigido pelo PCdoB, aproximou-se da CBF de Ricardo Teixeira e dos tradicionais dirigentes de federações e de clubes do país". Mas, quanto a Pelé, a leitura que Aldo Rebelo faz da atuação do rei, no terreno particular de planejamento e gerenciamento futebolísticos, é severa. Faltando-lhe a face autocrítica, afirma categoricamente que o rei, assim como foi manipulado pela ditadura militar, manipulado foi pelo neoliberalismo social-democrata de Fernando Henrique Cardoso e seus tucanos. Mas finaliza colocando as coisas em seus devidos lugares. Diz que os erros que Pelé cometeu em sua trajetória ministerial são totalmente irrelevantes, em comparação com o que ele significou o tempo todo para o país e para todos nós.

16.
PENA DE MORTE, PACTO MORAL

Pelé não tinha como escapar das sanhas e das barganhas, das tramas e dos trambiques, enfim, da sina algo insana do mundo político. Por falar nisso, Guimarães Rosa, num texto maravilhoso – "A Simples e Exata Estória do Burrinho do Comandante", incluído no volume *Estas Estórias* –, nos presenteou com uma frase que não se esquece: "A política devia ser função para anjos, ou para escravos". Com anjos, estaríamos livres do que há de mais cínico e sórdido no mundo humano. De suas crueldades e baixezas de todo tipo. Com escravos, também a humanidade livre entregaria o pior de suas práticas a uma esfera infra-humana. O fardo da política – em especial, os crimes invariavelmente cometidos em lutas pelo poder – estaria entregue, para encaminhamentos e realizações compulsórias, a seres inferiorizados. Infelizmente, anjos parecem não ter maior interesse pelo assunto – e têm andado bem distantes de nós. Felizmente, escravos não existem mais. Os inferiores que restam somos nós mesmos. De qualquer sorte, numa visada geral sobre o assunto, abrindo totalmente o foco, o craque Kevin Keegan fez o comentário seguinte: "Pelé foi ministro dos Esportes no Brasil apenas por um pequeno período, mas na realidade tem sido o Ministro do Futebol, para o mundo inteiro, nessas últimas décadas". Como ministro brasileiro dos Esportes, foi obrigado a meter a mão na merda. Como ministro planetário do Futebol, pôde conduzir seu barco por outras águas, driblando ou tentando driblar tubarões. Mas, depois da curta temporada no alto escalão do governo, Pelé pôde enfim voltar ao comum de sua vida incomum, respeitado e querido em todo o país. *By the way*, acho que todos se lembram de uma boa história. Em 1999, o automóvel mercedes de Pelé foi parado num sinal de trânsito em São Paulo. Dois homens armados se aproximaram do carro. Quando perceberam que quem estava dentro era ele, pediram desculpas, esconderam as armas e foram embora. Poucas pessoas, entre artistas e futebolistas, são capazes de impor tanto respeito, ou de despertar tamanha simpatia silenciosa. Basta recordar que, um ano depois disso, no Rio de Janeiro, uma cena similar aconteceu com Romário. Mas os assaltantes não pediram desculpas, não baixaram as armas, não se mandaram. Levaram o mercedes e o telefone celular do craque – e ele teve de voltar a pé para casa.

***

Mas é possível, também, fazer um outro exercício. Pouco importa se à esquerda ou à direita, às vezes me ocorre a pergunta: como Pelé veria a "política" e a "classe política" hoje? Como um bando de bandidos, talvez fosse uma boa resposta. Podemos começar pela questão da transição climática. Nossos governantes e a "classe política" em geral nunca se mostraram empenhados em encarar (e, muito menos, em resolver) temas e problemas socioambientais. Em tudo, procuram, no máximo, o placebo, o paliativo, a contemporização. Com relação ao uso e controle do solo urbano, ao emporcalhamento dos rios citadinos, à falta de esgotamento sanitário, ao negócio dos combustíveis fósseis, à destruição de reservas vegetais, à praga do automóvel, etc., etc. No início de agosto de 2024, quando se esgotou legalmente o prazo para a existência de "lixões", eles continuaram firmes e fortes, espalhados por todo o país. Mais de três mil "lixões" seguiram existindo, apesar de proibidos por lei – e sob o olhar indiferente de governantes, "parlamentares" e juízes. Não se faz o que é preciso fazer. E até pelo contrário. Exemplos não faltam. Do primeiro mandato de Fernando Henrique Cardoso a este terceiro de Lula da Silva, o governo brasileiro, através da Agência Nacional de Mineração, tem autorizado dezenas e mais dezenas de garimpos em unidades territoriais de conservação ambiental. A também petista Dilma Rousseff comandou o crime social e ecológico que foi a construção da Usina de Belo Monte, projeto acalentado antes pela dupla Geisel-Golbery. A direita, com Bolsonaro, não fez por menos: do incentivo a garimpos ilegais em terras indígenas ao patrocínio pouco camuflado de vastas queimadas na Amazônia. À diferença da administração bolsonarista, Lula reconhece a existência das queimadas. Mas não vai muito além desse reconhecimento, apesar de o fato comprometer o tripé do seu *marketing* de governo: restauração da democracia, retomada do crescimento econômico, desempenho ecologicamente exemplar. Uma empulhação, claro. O que temos hoje é fracasso econômico, política externa caduca, dinheiro público saindo pelo ladrão e muita, muita poluição, com imposto maior para carros elétricos e isenção fiscal para agrotóxicos.

E Lula é incorrigível. O rei da barganha e da lambança, deitando e rolando entre o "orçamento secreto" e a doação de cargos até em "agências reguladoras". Mentiroso contumaz, cara de pau insuperável, sempre atribuindo a terceiros culpas que são suas. Já estamos cansados disso. Lula nunca é culpado de nada. É o eterno inocente. Ele e sua gangue. O Congresso Nacional, por sua vez, não é só um grande escândalo nacional. É caso de polícia. De outro ângulo, melhor também não perder de vista que Lula e o PT, com seus próprios quadros de cúpula partidária e *marketing*, formaram uma burguesia *nouveau riche* que faz pose de "esquerda". E, extrapartidariamente, trataram de tentar construir uma burguesia própria, particular. Uma *bourgeoisie* privê, com a dupla caipira JBS, Eike Batista, etc. Ainda hoje, em seu terceiro mandato, Lula protege os interesses de uma fatia do empresariado. O que, de resto, levou analistas políticos a falarem de "capitalismo de compadrio" – o que é uma ótima definição. Aqui, tudo se resolve na base do conchavo e das benesses do poder público. O aquecimento climático pode aguardar um pouco, sentadinho na fila de espera, enquanto o governo dá uma força à indústria tradicional. Quando me lembro do ataque do profeta Isaías aos governantes de uma Jerusalém depravada e corrupta, concluo que a situação brasileira é bem pior. Ouçam as palavras já milenares de Isaías: "Traidores são os que te governam/e cúmplices de ladrões;/Todos eles amam os presentes/e vão à cata de propinas". Nossa "classe dirigente" (no Executivo, no Legislativo, no Judiciário) não se contenta com ser cúmplice de larápios. Ela mesma é a ladra. Da esquerda à direita, repito. A roubalheira generalizada vai de grandes golpes a vergonhosos furtos menores, como no recente e vexaminoso *affaire* de Bolsonaro com as joias sauditas. Juízes e desembargadores avacalham a Justiça vendendo sentenças. Violam a lei de muitas formas e até com seus supersalários inconstitucionais. E são parlapatões posudos emitindo asneiras sobre o país. No Congresso Nacional, não raro, o Partido dos Trabalhadores de Lula e o Partido Liberal de Bolsonaro avançam de mãos dadas em defesa da corrupção, como vimos na votação da chamada "PEC da Anistia". Neste caso, por sinal, o que se tinha era uma iniciativa que violava o direito eleitoral de negros. E a "bancada negra" (Benedita da Silva, ex-governadora do Rio de Janeiro, inclusive) votou a favor – vale dizer: todos – sem distinção de cor, credo, sexo ou ideologia – a favor da corrupção. Não é por acaso que o atual Ministério de Lula conta, no seu elenco, tanto com ministros identitaristas "de esquerda", quanto com ministros bolsonaristas; e, se a sem-vergonhice bolsonarista tinha muito de escancarada, a hipocrisia lulopetista não tem limites. E por que Lula abraça bolsonaristas? Em alguma medida, porque, sobre certas coisas, pensa como eles. Mas, sobretudo, para se manter no poder.

Por tudo isso, os maiores responsáveis pela desmoralização de nossa atual "classe política" são os próprios políticos. Em tudo que fazem. Até mesmo em sua propaganda eleitoral, veiculada nos meios de comunicação de massa. Neste chamado "horário eleitoral gratuito" – que nada tem de gratuito, pago que é pelos contribuintes –, encarregam seus marqueteiros de promover com "criatividade" a autodesmoralização pública da "classe". A este propósito, me lembro de uma tese do sociólogo Jean Baudrillard, em *O Sistema dos Objetos*. Baudrillard nos adverte para o fato de que a "função explícita" da publicidade é enganadora. O objetivo último da publicidade não é vender um determinado produto. A propaganda de um apartamento x é neutralizada pela propaganda de um apartamento y. Assim, se a publicidade não nos persuade quanto a um produto preciso, ela "o faz quanto a outra coisa mais fundamental para a ordem da sociedade inteira. Omo ou Frigidaire não passam de álibis para esta função". As agências de publicidade, sob a "função explícita" da venda de determinado produto, vendem, na verdade, normas, valores e condutas sociais. Levam o consumidor a interiorizar princípios e padrões. O que está à venda não é aquele apartamento, mas um modelo de família e de uma suposta felicidade familiar. Ou seja: o que a publicidade "vende" é a adesão a uma sociedade e a uma cultura. O caso do *marketing* político é diferente. De fato, a propaganda de um candidato busca neutralizar a propaganda de outro. Mas o faz na base do ataque, da denúncia de estelionatos eleitorais e outras tantas traições e falcatruas, com os candidatos vociferando contra as lambanças uns dos outros. De modo que o que temos, no fim das contas, é um espetáculo público de autodesmoralização do segmento social dos políticos profissionais. Um festival de baixarias que, desmoralizando a "classe", conduz ao descrédito geral da política. E não só a coisa vai ficando cada vez pior, como o exemplo das "autoridades", de governantes-senadores-deputados-etc. se espalha e se enrama por todo o corpo social. O "mensalão" comandado pelo PT levou um dos líderes do narcotráfico a declarar então que a política era a melhor prova de que o crime compensa. Dissolvem-se hoje as diferenças entre quadrilhas e partidos. Já tivemos pessoas honradas na política brasileira. Mas isso é coisa do passado – e espero que venha a ser coisa do futuro. No momento, contudo, o que temos é a degradação generalizada. Pelo menos de umas duas décadas para cá, os políticos profissionais brasileiros não têm tido nem demonstrado sequer um mínimo de seriedade e dignidade.

Como se fosse pouco, não estará errado quem disser que o PT mantém "relações diplomáticas" com a bandidagem paulista, enquanto são explícitos os vínculos bolsonaristas com a bandidagem carioca. Lembre-se que um aliado de primeira hora e faz-tudo da família Bolsonaro, o policial Fabrício Queiroz, era ligado às milícias do Rio. O líder miliciano e matador profissional Adriano da Nóbrega, morto pela polícia em 2019, chegou a ser condecorado oficialmente pelo hoje senador Flávio Bolsonaro. E o ex-sargento Ronnie Lessa, assassino da vereadora carioca Marielle Franco, era vizinho do então presidente Bolsonaro num condomínio da Barra da Tijuca, também no Rio... 2024, aliás, não deixou de ser um marco: o ano dos bandidos na política, com candidato vinculado ao PCC e outros portando as famigeradas tornozeleiras eletrônicas. Para dizer de modo sucinto, a classe dirigente no Brasil atual – da esquerda à direita, repito mais uma vez – é uma espécie de *canalhocleptocracia pseudodemocrática*. E criminosa. Mais. Além da roubalheira de rotina, conta-se com um "fundo partidário" escandaloso, que perverteu completamente o sentido da vida política no país. E ainda temos um outro escândalo: é a montanha de verbas de que a Câmara dos Deputados dispõe para empregar a seu bel-prazer, segundo não seus projetos públicos, que isto eles não formulam, mas segundo seus caprichos e interesses particulares – altamente suspeitos, talvez em todos os casos. O que esses filhos da puta e seus marqueteiros roubam dos cofres públicos daria, tranquilamente, para resolver as questões habitacional, educacional e sanitária do país. E a pergunta que nos resta, então, não pode ser outra: essa gente tem alguma moral para pretender que um cidadão qualquer – como Pelé, por exemplo – a respeite?

Bem. Pelé, pelo menos, não só não a respeita, como a condena. Radicalmente. Lembre-se a já tão citada entrevista à revista *Playboy*. Quando perguntado se é verdade que é a favor da pena de morte para político corrupto, sua resposta é absolutamente clara: "Sem dúvida. Com toda a minha educação religiosa, acho que quem desvia até merenda escolar, merece a pena de morte. Querem pena de morte para um desequilibrado que comete um crime hediondo, para um maluco que estupra alguém, para quem mata por ciúme doentio, ou mata para roubar, e não acontece nada para quem prejudica um povo inteiro?". E o descalabro é tal que, se uma lei estabelecendo pena de morte para políticos (e marqueteiros) corruptos fosse aprovada, seria preciso construir dezenas ou centenas de novos cemitérios por todo o país... O problema é que, de outra parte, Pelé se viu às voltas com um episódio obscuro, nunca plena ou planamente esclarecido. Tivemos, em inícios da década de 1990, a briga com a CBF e Ricardo Teixeira. A partir do momento em que indigitou a corrupção na CBF, Pelé se tornou a personalidade central dessa história. Virou uma espécie de herói ou salvador da pátria do pequeno e aguerrido grupo de jornalistas que, como Juca Kfouri e José Trajano, lutavam pela ética no futebol. Acontece que anos depois, já fora do Ministério, Pelé surpreendeu a todos, ao reatar com Ricardo Teixeira, com quem trocou abraços publicamente. Foi uma coisa totalmente inesperada e, até então, impensável – ainda mais que a rixa entre os dois se acentuara bastante no curto período em que Pelé foi ministro. Por que isso, então? O que levou (ou forçou) Pelé a tamanha reviravolta?

Ao tratar da matéria, em sua terceira biografia, ele se mostra irritado, mas passa ao largo de qualquer explicação. Diz que tudo não passou de um mal-entendido, mas se nega a dizer que mal-entendido foi esse. Vejam: "... fui duramente criticado na imprensa por abraçar Ricardo Teixeira. Quero deixar esse assunto bem claro. Nunca tive nenhum problema pessoal com Ricardo. Sim, tivemos nossas desavenças, mas naquele dia fui convocado para uma reunião com João Havelange, Ricardo e o novo ministro dos Esportes. Depois que a reunião acabou, nos abraçamos, como os brasileiros fazem normalmente. Como havia vozes poderosas na imprensa que não gostavam de Ricardo Teixeira, me acusaram de colaborar com o inimigo. Quer dizer que eu não deveria apertar a mão dele só porque alguns jornalistas não lhe têm apreço? Isso não é problema meu". Bem. Embora jure que quer deixar "esse assunto bem claro", Pelé não move uma palha para esclarecê-lo. Produziu, no máximo, um pastel de vento. E o encontro entre ambos não foi assim tão anódino, tão banal ou formal, como Pelé quer nos fazer acreditar. Longe disso. Foer recorda com toda a clareza e não alivia a mão: "Bem antes de Fernando Henrique Cardoso nomeá-lo para seu Ministério, Pelé já mantinha uma relação confortável com o poder. Mas depois de usar seu prestígio para aprovar no Congresso as reformas anticorrupção e pró-capitalistas (a Lei Pelé), ele pediu exoneração do cargo. Sem sua força para sustentar a Lei Pelé, porém, o *lobby* do futebol recuperou o controle da situação. Os louros obtidos murcharam antes que Pelé pudesse descansar sobre eles. Dois anos depois de sua saída, seus adversários orquestraram uma legislação que desfez as reformas mais importantes antes de elas entrarem em vigor. Os cartolas não seriam obrigados a prestar contas ou a assumir a responsabilidade jurídica por suas extravagâncias contábeis. Como sempre, a corrupção no Brasil mostrou sua extraordinária capacidade de recuperação. Quando defrontado com esse fato, a reação de Pelé foi surpreendente. Em fevereiro de 2001, ele convocou uma coletiva de imprensa juntamente com o chefão do futebol brasileiro, Ricardo Teixeira, no Rio de Janeiro.

Eles estavam juntando esforços, nas palavras de Pelé, num 'pacto para salvar o futebol brasileiro'. Teixeira anunciou que Pelé chefiaria uma comissão especial encarregada de reorganizar a administração do esporte. Depois beijou a mão do rei. 'Cometi um grande erro ao me afastar do maior ídolo do país. Reconheço meu remorso e conto com a nobreza de Pelé em aceitar minhas desculpas'. Então, em frente das câmeras, para as primeiras páginas dos jornais, Teixeira e Pelé se abraçaram. Na verdade, nada poderia ser mais corrosivo para a nobreza de Pelé. Ele não era mais o terror dos cartolas. Na coletiva, ele condenou a investigação promovida pelo Congresso [CPI coordenada pelo então deputado Aldo Rebelo] por destruir o prestígio do futebol brasileiro. Proporcionou credibilidade a Ricardo Teixeira num momento em que o Congresso estava pronto para enfiar uma estaca nos cartolas. José Trajano, colunista do jornal desportivo *Lance!*, bradou: 'A união de Pelé com Ricardo Teixeira é a maior punhalada nas costas que nós, que lutamos pela ética no esporte, poderíamos receber... Ele vendeu a alma ao diabo'. Depois do abraço, os participantes da cruzada anticorrupção, como Juca Kfouri, deram as costas a Pelé".

E então? O futebol brasileiro, súbita e magicamente, teria deixado de ser paraíso da ladroagem? Claro que não. E assim, diante da omissão, do silêncio intencional do rei, outros levantaram algumas hipóteses explicativas. Entre elas, a de que Pelé sofrera tremendo baque financeiro, com os golpes duros que atingiram em cheio sua empresa de *marketing* esportivo, desde que começara a denunciar a corrupção no futebol, batendo pesado na CBF e em Teixeira. A reaproximação seria então, entre outras coisas, uma tentativa de salvar a empresa da bancarrota. Mas nada se sabe ao certo. De qualquer modo, a "Pelé, Sports & Marketing" não demoraria a conhecer o naufrágio. Pelé a fechou no rastro de mais uma história lastimável. O relatório final da CPI de Aldo Rebelo já apontara crimes de Ricardo Teixeira e do sócio de Pelé, um certo

Hélio Viana. Conta-nos Alex Bellos: "O relatório de 686 páginas lista 33 pessoas suspeitas de terem cometido crimes. Ricardo Teixeira é acusado de treze, incluindo empréstimos não quitados, sonegação de impostos, omitir informações, fornecer informações falsas, mentir em sua declaração de renda, e usar dinheiro da CBF para fins particulares. O sócio de Pelé, Hélio Viana, é acusado de cinco". Apenas para se ter alguma ideia da roubalheira, continuo com Bellos: "[Teixeira] vendia leite de sua fazenda para a CBF e hospedava eventos da CBF em seu restaurante e casa noturna. O relatório também mostra como a CBF comprava poder e influência sem o menor pudor. Em 1998, por exemplo, ofereceu viagens com todas as despesas pagas para cinco desembargadores irem à Copa do Mundo. Mas talvez o desperdício mais suspeito fosse o orçamento para viagens. Em 2000, a CBF gastou em viagens o suficiente para 1.663 passagens de primeira classe do Rio para a Austrália... Leio o documento com atenção e encontro uma mina de pagamentos suspeitos. Em 2000, por exemplo, a CBF pagou 300 mil reais por um anúncio em um jornal de Brasília. O anúncio nunca apareceu, mas uma quinzena depois o jornal publicou uma entrevista exclusiva com Ricardo Teixeira".

A imprensa, aliás, passou a atazanar Pelé ainda mais, depois do abraço em Teixeira. Mais Foer: "No inverno de 2001, a *Folha de S. Paulo* acusou Pelé de ter embolsado 700 mil dólares de um jogo beneficente que sua empresa, a Pelé Sports & Marketing, havia organizado para o Unicef, jogo que seria disputado em Buenos Aires. Era um esquema que envolvia duas empresas de fachada, segundo as cópias dos contratos que tenho em mãos. Pelé alegou desconhecer o fato, e culpou um sócio com quem trabalhava há 20 anos; ele o despediu e depois o processou e fechou a Pelé Sports & Marketing. No entanto, ele nunca devolveu os 700 mil dólares". Mas a coisa foi mais complicada do que pensa Foer. Não se tratava simplesmente de devolução dos dólares. Pelé denunciou que fora roubado pelo sócio, com o desvio de três milhões de reais da empresa. Ele era mesmo useiro e vezeiro em cair nas esparrelas financeiras que armavam para ele. Em ser feito de trouxa por seus sócios e gerentes, desde o episódio em que um tal de Pepe Gordo lhe passou a perna. No fim das contas, com relação à "Pelé Sports & Marketing", nada ficou provado, nem comprovado. Mas a suspeita de ladroagem sempre mancha. O sócio de Pelé foi cobrado na Justiça. Deram razão ao rei. Mas ele simplesmente não teve como provar o desvio de Viana despachando grana para algum "paraíso fiscal". O processo acabou anulado. De qualquer sorte, o *affaire* com Teixeira e o imbróglio com Viana servem também para mostrarr que Pelé não era encarnação da virtude ou homem sem pecados e, sim, uma pessoa como quase todos nós.

Mas, se o seu recuo vergonhoso, reatando com Ricardo Teixeira, é algo lamentável e indesculpável, a sua postura e o seu pensamento não estavam presos aí, nem devem aí ser confinados. Pelé teve seus altos e baixos, como acontece na vida de muitos de nós: ou daqueles que não atravessam a vida na mesmice, experimentando-a, antes, como realidade instável, mutável e, em alguns casos, chegando mesmo a sugerir uma montanha-russa. Nesse período pós-Ministério, Pelé atinge o ponto moralmente mais baixo da sua trajetória como pessoa pública, com a reaproximação nunca explicada. No seu ponto politicamente mais alto, todavia, faz o elogio dos caras-pintadas e fala da necessidade de se desenhar ou definir um novo "pacto moral" no país. No caso dos caras-pintadas, como foram chamados os jovens que ocuparam as ruas brasileiras pedindo o *impeachment* do então presidente Fernando Collor, ele não só aplaude como quer mais: "Fiquei maravilhado com os caras-pintadas que foram às ruas exigir o *impeachment* do Collor. Mas eles não podem parar. É preciso fazer mais campanhas", declara, já que os problemas são muitos e acabam configurando um quadro geral que só pode despertar indignação: "...

nunca vi um político abrir mão de nada, só vejo pedir que o povo abra, que o povo se sacrifique. É revoltante. Precisamos de um novo pacto moral no Brasil". Precisamos mesmo, Pelé. Até porque ele teria evitado seu abraço em Ricardo Teixeira, quase um pacto com o demônio.

17.
UM SOL NEGRO CRUZA O COSMOS

'Association football – soccer', I said, 'is the most widely played game in the world – except in the United States. It is my hope that I can help to make this game, that I love so much, as important a sport here as it is in the rest of the world'. I smiled at them. 'After all, in Brazil we have been importing know-how from the United States for a long time. Now we're exporting a litlle bit'.

– Pelé, em coletiva à imprensa no dia do anúncio, em Nova York, do seu ingresso no Cosmos.

Conta Pelé que foi em sua segunda viagem aos Estados Unidos, no ano de 1968, que pela primeira vez pensou naquele país como um futuro vasto espaço futebolístico. Na verdade, o futebol começou a rolar por aquelas bandas desde princípios do século passado, mas depois murchou, embora deixando ali algumas sementes. Ou até mais do que sementes. Richard Giulianotti: "Nos Estados Unidos, o futebol nunca pertenceu à lista de passatempos norte-americanos, tais como o futebol norte-americano (*gridiron*), o beisebol e o basquete. O futebol havia sido jogado intensamente pelos imigrantes europeus nas cidades do leste desde a década de 1900, quando a Igreja ajudava a promovê-lo. O jogo profissional desfrutou de um curto *boom* na costa leste na década de 1920 e os primeiros times norte-americanos produziram alguns resultados surpreendentes. No entanto, o jogo continuou a ser associado a grupos étnicos relutantes à 'americanização'". Entre os alguns feitos ou "resultados surpreendentes", devemos assinalar a participação de selecionados norte-americanos em competições internacionais. No principal de todos eles: a Copa do Mundo. Nem todos sabem disso, mas uma seleção dos Estados Unidos esteve presente na primeira Copa do Mundo, a de 1930, no Uruguai. Naquele torneio, o time superou a Bélgica e o Paraguai pelo mesmo placar: 3 a 0. Só foi batido nas semifinais, por 6 x 1, contra a Argentina. E, na colocação final da Copa, os Estados Unidos ficaram em melhor posição do que o Brasil: pegaram um terceiro lugar, quando ficamos com o sexto. A seleção participou também da Copa de 1934, levando um tremendo cacete da Itália. E, de novo, disse presente em 1950, no Brasil, quando perdeu da Espanha, mas, para seu júbilo maior, eliminou a Inglaterra. Um 1 x 0 que realmente humilhou os ingleses.

É preciso, portanto, não perder de vista o fato seguinte: os Estados Unidos disputaram três dos quatro primeiros campeonatos mundiais, enviando seleções para as copas do Uruguai, da Itália e do Brasil. Ou seja: quando Pelé se dispôs a aceitar o convite para jogar num time norte-americano e se empenhar no processo de popularização do futebol nos Estados Unidos, ele não encontraria uma simples página em branco para escrever a sua história ali. O que tinha acontecido na primeira metade do século XX, naquele país, não deixou só uma semente. De certa forma, a árvore já se projetara. Mas, como lhe faltou a alimentação adequada, tratava-se agora de fazê-la renascer, recobrando e dobrando o viço. De outro ponto de vista, há observadores que dizem que o futebol virou bola murcha, nos Estados Unidos, a partir dos últimos anos da década de 1930, em consequência do *crash* de 1929 e da grande crise econômica mundial que se seguiu. Mas não só. Lembra Hilário: "O recuo do futebol, segundo Andrei Markovits, expressava três coisas: a recusa às tradições europeias; o precoce e difundido aburguesamento do país que rotulava o futebol inglês de jogo de imigrantes; a afirmação da diversidade norte-americana, que passou a ver no *soccer* esporte sem o caráter nacional do beisebol e do basquete". Pelé teria muito chão pela frente, então, antes que o futebol voltasse a cair nas graças da sociedade norte-americana. Mas, como vimos, não partiria do nada. A estrada fora já aberta. Restava, no entanto, o grande desafio. Em cuja realização Pelé seria a estrela central. Prossigamos com Giulianotti: "No final dos anos 60 e na década de 1970, os líderes do futebol nos Estados Unidos adotaram uma estratégia moderna pretensiosa para comercializar o jogo. Os times foram organizados na grande NASL [North American Soccer League], os jogos eram realizados em enormes e sofisticados estádios, velhas estrelas do exterior eram recrutadas para jogar. Embora tenha tido êxito por um tempo, ao atrair públicos étnicos (principalmente, em Nova York), o espetáculo comercial soçobrou amplamente na questão da construção da nação: a dependência de jogadores estrangeiros efetivamente antagonizou os norte-americanos".

Mas a verdade é que isso ficou para trás. O próprio Giulianotti registra: "Em 1994, os Estados Unidos abrigaram a Copa do Mundo com êxito, simbolizando um importante ponto de transição tanto nas fortunas norte-americanas do jogo quanto no sentimento de identidade da nação". E a partida então realizada entre Estados Unidos e Brasil foi mais do que exemplar, nesta direção. Escreve Zé de Jesus Barreto: "Pelas oitavas de final o Brasil fez um jogo dramático contra os Estados Unidos, os donos da casa, numa segunda-feira à tarde, dia 4 de julho, data histórica da independência dos norte-americanos, um clima quente (o calor e a disputa em campo), 84 mil presentes nas arquibancadas do Stanford Stadium, São Francisco, o patriotismo ianque à flor da pele". Um jogo difícil, de fato. "Mas nos fechamos bem, brigamos muito na segunda etapa e tínhamos Romário e Bebeto na frente. A dupla decidiu. Por volta dos 28 minutos, Romário arrancou desde o meio campo com a bola nos pés em direção da área inimiga, levou a marcação e tocou no chão, na conta, para Bebeto, que acompanhava a jogada penetrando pela direita. O baiano deu um tapa rasteirinho, no canto, no contrapé do bom goleiro Meola. Na comemoração, aos abraços com o parceiro Romário, rolou até um 'eu te amo!', declaração de amor do baiano". Numa de suas crônicas daquela Copa, Roberto DaMatta fez um retrato ótimo daquele dia-jogo: "Haja estômago, pulso, cabeça, unha, cerveja e sistema nervoso para assistir aos jogos da nossa seleção. Passei a acreditar em milagre depois da vitória do Brasil contra os Estados Unidos. Nossos deuses, santos, espíritos de luz, guias, duendes, fantasmas, magos e orixás foram, afinal de contas, mais fortes do que as almas dos *founding fathers* norte-americanos – Washington, Jefferson e Madison – que eu juro que vi no campo de Stanford, fechando o gol dos Estados Unidos, criando situações negativas e atrapalhando como podiam o time do Brasil. [...]. Foi uma prova de fogo. De minha parte, fiz tudo o que tinha direito: do feroz e brutal xingamento até à oração interesseira, dessas que Deus atende porque é mesmo todo-poderoso e sabe que os homens são todos uns ingratos. Uma vez, porém, exorcizados pelos nossos guias espirituais os sobrenaturais cívicos norte-americanos, viramos o jogo e fizemos o impossível. Vencemos com dez jogadores [Leonardo fora expulso] e com uma equipe que demonstrou uma nobre disposição e um raro desejo de vencer".

Mas o nosso tema, aqui, é anterior a isso. Segunda metade da década de 1970. Somando tudo, Pelé venceu mais esta empreitada. Leiam Dax Riner, em seu escrito *Pelé*, pegando o processo desde a cena inicial: "Pelé sorria enquanto olhava toda aquela gente. A sala do 21 Club, em Nova York, estava atulhada de repórteres. Flashes pipocavam à esquerda e à direita. O presidente do New York Cosmos, um time de futebol profissional, anunciou que o clube tinha assinado contrato com Pelé. Muita gente, em todo o mundo, ficou estupefata. Por que Pelé jogaria num país que não dava bola para o futebol? A Liga Norte-Americana de Futebol tinha apenas cinco anos de idade. Poucos norte-americanos sabiam de sua existência.

Enquanto se diz que o futebol é o esporte mais popular do planeta, nos Estados Unidos o beisebol e o basquete é que reinavam. Pelé estava determinado a mudar isso. Ele tinha se retirado do futebol pouco antes, com 34 anos de idade. Mas decidiu que tinha mais a fazer. A chance de deixar sua marca nos esportes dos Estados Unidos era um desafio a que não poderia resistir, e Clive Toye [o poderoso chefão do Cosmos] sabia disso. 'Eu disse a Pelé: não vá para a Itália, não vá para a Espanha. Lá, o máximo que você pode fazer é ganhar um campeonato. Venha para os Estados Unidos e você poderá ganhar um país'. [...]. Em junho de 1975, Pelé entrou em campo no Downing Stadium, em Nova York. A grama morta tinha sido pintada (com *spray*) de verde e havia pedras e cacos de vidro por todo canto. Nada a ver com os belos estádios onde Pelé costumava jogar. Mas os fãs não estavam preocupados com isso. Tinham ido ver Pelé, o rei do futebol. Como se encontrava há um ano sem jogar, Pelé não estava em sua melhor forma. Mas deu à multidão reunida no Downing Stadium um relance da magia que logo iria capturar a imaginação dos fãs dos esportes em todo o país. Ele driblou os defensores de todo jeito. Deu passes perfeitos a seus companheiros. De início, perdeu um gol, quando uma cabeçada passou fora da trave. No segundo tempo, outra chance. Mas esta ele não perdeu. Girando no ar, cabeceou para dentro da rede. Saltou e projetou seu punho em direção ao céu, comemorando. A multidão enlouqueceu, cantando 'Pe-lé! Pe-lé!'. Uma excitação que logo tomaria conta de toda a nação". Hoje, os Estados Unidos contam com seleções masculina e feminina de futebol, disputando (bem) competições mundiais. A feminina é "top de linha", como costumamos dizer dos automóveis do primeiro time, ou da linha de frente, misturando bolas e para-brisas. Como disse, Pelé venceu.

Mas não vamos apressar o passo. Pelé foi para o Cosmos, principalmente, porque se viu encalacrado no campo financeiro, com o colapso de uma empresa sua. Ele já conhecia Clive Toye.

Encontraram-se, pela primeira vez, num hotel onde o Santos estava hospedado, no Caribe, em 1971. Conversaram, com Júlio Mazzei de intérprete. E Toye não demorou a dizer a Pelé que queria o craque no Cosmos. "Quando deixar de jogar pelo meu time, quero continuar lá, na cidade de Santos, vivendo como uma pessoa comum, dedicando meu tempo aos meus negócios e à minha família", respondeu Pelé. E Clive Toye, ao final da conversa: "Você não vai se importar se a gente não desistir de você, não é? Quem sabe, você muda de ideia". Dinheiro não será problema, disse-lhe Toye, adiantando que o queria no Cosmos, independentemente do preço. Pelé não mudou de ideia, simplesmente. Foi forçado a fazê-lo. Sem escapatória. Seus negócios estavam no limiar da falência – e logo faliriam – em consequência de gestões desastrosas. O amigo Mazzei, percebendo com clareza a profundidade da crise, sugeriu que Pelé reconsiderasse a proposta do Cosmos. Era excepcionalmente atraente, em dois sentidos fundamentais: por um lado, permitiria que Pelé ressuscitasse financeiramente, retomando o rumo de sua vida; por outro, propiciaria ao rei algo que estava fora do alcance dos demais jogadores do mundo: como o mito que era, comandar uma reinserção do futebol – desta vez, triunfante – no país mais poderoso do planeta. Pelé ainda hesitou, mas não tinha para onde escapar. E ainda havia uma outra razão: "Quando me aposentei, algo morreu dentro de mim". Voltar a jogar futebol significaria um *rinàscere*, uma *rinàscita* pessoal. Um redespertar do homem e de sua alma. E foi o que aconteceu. Pelé pôde sair do sufoco financeiro, ao tempo em que "estava empolgado coma ideia de atuar como *ponta de lança* do esporte num país de centenas de milhões de habitantes".

O que talvez vá surpreender algumas pessoas, nessa história toda, é a intervenção de Henry Kissinger no sentido de levar Pelé para os Estados Unidos. Mas ele teve um papel fundamental nesse lance, sempre enfatizado pelo próprio Pelé. "Em 1973, iniciamos [Pelé e o Santos] mais um ano de viagens. O começo foi mais uma vez na Austrália. Jogamos nos países do Golfo Pérsico. Jogamos no Egito e no Sudão, na África e na Europa, onde fizemos partidas na Alemanha, na França, na Bélgica e na Inglaterra. [...]. ... lembro-me de uma partida em especial, em junho, quando jogamos nos Estados Unidos contra o Baltimore Bay, em Baltimore. Nesse jogo, cobrei um escanteio e a bola foi direto para o gol, sem tocar em ninguém antes de entrar: o único 'gol olímpico' da minha carreira. [...]. A partida contra o Baltimore fora sugerida pelo então secretário de Estado norte-americano, Henry Kissinger. Pode parecer surpreendente saber que Kissinger era e é um grande fã de futebol, mas é verdade, e ele acabaria tendo uma influência direta em minha carreira. [...]. Kissinger sabia da atenção dispensada ao futebol brasileiro e a mim em especial, e achou que ali estava uma maneira de introduzir o esporte em seu próprio país. O argumento de Kissinger era impecável: como amante do futebol, queria que ele tivesse nos Estados Unidos a mesma projeção que tinha em outras terras, e isso só seria possível se o jogador mais famoso do mundo fosse jogar lá – e se o país se candidatasse a sediar a Copa. Ambas as coisas acabariam se realizando".

1976 foi o ano-chave. O Cosmos contava agora com craques como o centroavante italiano Chinaglia, o *Kaiser* Franz Beckenbauer e Carlos Alberto Torres, o capitão do tricampeonato brasileiro em 1970. "A temporada acabaria sendo excelente. Com o público aumentando jogo a jogo e a cobertura da imprensa cada vez mais vibrante, vencemos os nossos últimos oito jogos em casa, para terminar a primeira fase em segundo lugar, superados apenas pelo Fort Lauderdale Strikers. Nas finais, porém, levamos a melhor, arrasando o Strikers por 8 a 3, diante de um público pagante de 78.000 espectadores – e ainda nos vingamos do Tampa Bay Rowdies, nosso grande rival do ano anterior. Depois de vencer o Rochester dentro e fora de casa, fomos para o *Soccer Bowl*, a partida que valeria o título do campeonato aberto da NASL. Na disputa em Portland, Oregon, no dia 27 de agosto, vencemos o Seattle Sounders por 2 a 1, com Giorgio Chinaglia marcando o gol da vitória quando faltavam nove minutos para terminar aquele que seria o meu último jogo de campeonato – um final maravilhoso. [...]. O fim estava muito perto agora. Eu jogara 111 partidas pelo Cosmos, tendo marcado 65 gols. Na nossa turnê de despedida, jogamos no Japão, na Venezuela, em Trinidad e Tobago, na China e na Índia. Na volta, soube que teria de enfrentar o turbilhão emocional da minha última e definitiva partida, um jogo contra o meu querido Santos, no qual atuaria um tempo para cada lado. [...]. Marquei um gol pelo Cosmos no primeiro tempo, mas no segundo não consegui repetir o feito para os meus velhos amigos brasileiros e o Cosmos venceu por 2 a 1. Era chegado o fim, tão carregado de intensidade emocional como nas minhas despedidas anteriores da seleção brasileira, em 1971, e do Santos, em 1974 – novamente as lágrimas correram pelas minhas faces enquanto eu recebia os aplausos do público, mas desta vez, como estava chovendo, não me incomodei em enxugá-las. Era o fim da minha carreira no segundo dos dois únicos clubes com que jamais tive contrato. Fiz um discurso em campo e finalizei pronunciando estas palavras em inglês [coincidentemente, na mesma soma reiterativa, verso de uma canção dos Beatles]: 'Love! Love! Love!'".

Pelé, mais uma vez, deixaria o campo no que ele julgava ser a hora certa, segundo um conselho de Dondinho: saia quando estiver no momento mais alto, nunca espere que os outros peçam para você sair, porque você ficou para trás... Pelé só se desligava do futebol e de equipes esportivas em momento em que se encontrava festejado, em momento especial e pessoalmente vitorioso. "Por que me aposentei? Embora estivesse com 37 anos, Júlio Mazzei dizia que me encontrava em forma para continuar. Parei porque preferi fazer o que sempre fizera. A história da minha vida me obrigava a isso. Fui campeão pelo Santos e pela seleção brasileira. Saí dos times no auge. Agora era campeão pelo Cosmos também. Era hora de sair". Me lembro, a propósito, de uma conversa que tivemos numa noite de verão, ainda na década de 1970, eu e o poeta-filósofo Antonio Cicero, sobre esse tipo de escolha de Pelé: sair de campo quando as coisas ainda estavam boas... Concordávamos inteiramente – e acho que foi este mesmo raciocínio que conduziu meu amigo Cicero ao chamado "suicídio assistido", antes que suas faculdades mentais naufragassem. Mas não vamos mudar de assunto. Pelé: "... achei que tinha feito a minha parte no que me propusera realizar. O futebol realmente ganhara impulso nos Estados Unidos. Embora a NASL viesse a se deteriorar alguns anos mais tarde, a semente havia sido plantada e atualmente o futebol é o esporte mais praticado entre os norte-americanos de 6 a 20 anos de idade. Isso me enche de orgulho. [...]. Os Estados Unidos chegaram às quartas de final na Copa do Mundo de 2002 e estou convencido de que, se não fosse todo o interesse que eu e o Cosmos criamos 30 anos atrás, isso nunca teria acontecido".

Pelé só não foi capaz de perceber uma coisa. Óbvia, por sinal. Kissinger queria que ele se mudasse de mala e cuia para os Estados Unidos não somente porque amava o futebol. Mas também – e principalmente – por uma bela jogada geopolítica. De uma parte, o futebol era um esporte de massas praticado, aplaudido e festejado no planeta inteiro, menos nos Estados Unidos. Este caráter de exceção, de país que desdenhava o futebol, não ajudava em nada o projeto de fazer dos Estados Unidos uma nação que tivesse a simpatia dos demais países e povos do mundo. Havia, portanto, uma questão geopolítica embutida nisso tudo – e era em função dela que Kissinger se orientava. Ele queria tornar os Estados Unidos mais próximos e mais simpáticos, aos olhos das demais nações. Isso tornaria a conversa mais fácil em escala mundial. Daí o empenho resoluto do secretário de Estado, conhecido por seus golpes de mestre no campo da diplomacia internacional. De outra parte, o futebol, já globalizado, representava um segmento significativo do mercado mundial. E os Estados Unidos não deveriam ficar de fora desta faixa comercial cada vez mais multimilionária e lucrativa. Assim, quando veio ao Brasil, Kissinger não perdeu tempo. Foi ao encontro de Pelé. Sabe-se que, em 1975, enviara já um telegrama a Azeredo da Silveira, então chanceler brasileiro, manifestando interesse na ida de Pelé para os Estados Unidos. E agora, chegando a São Paulo, convidou Pelé para um café e o convenceu a se mudar para Nova York, a fim de vestir a camisa do Cosmos. Deu tudo certo, para Kissinger, para Pelé e para Clive Toye. E o Cosmos foi o campeão norte-americano em 1976, quando Pelé então se despediu do time, do futebol norte-americano e do futebol *tout court*. Jimmy Carter, então presidente dos Estados Unidos, resumiu a história: "Pelé elevou o futebol a níveis nunca antes alcançados nos Estados Unidos, e apenas ele, com sua importância, talento incomparável e paixão pelo esporte, poderia ter cumprido uma missão dessa grandeza".

18.
TOQUE FINAL

"Tenho passado pelos aeroportos de todo o mundo sem mostrar o passaporte. As pessoas sabem quem eu sou e me deixam seguir. Até mesmo nos Estados Unidos houve ocasiões em que me deixaram entrar sem verificar meus documentos, e isso é muito difícil de acontecer com qualquer pessoa. E, quando passo pela alfândega, ninguém examina a minha bagagem. No entanto, aqui no Brasil, às vezes o pessoal da alfândega abre as minhas malas e remexe todo o conteúdo. No resto do mundo, sou tratado de uma forma. No meu país, de outra". Sabemos muito bem disso. Não se trata daquela velha – e nem sempre boba – história do "santo de casa". Pelé fez milagre dentro de casa e em todas as casas que passou pelo mundo. Em terreno psicológico e sociológico, a questão é outra. Diz respeito ao *petit pouvoir*, ao "pequeno poder" da burocracia menor, do terceiro ao enésimo escalão. Isto, no Brasil, é terrível. É a inversão do clichê "você sabe com quem está falando?". O burocratazinho de merda sabe muito bem com quem está falando e, por isso mesmo, faz questão de pirraçar, a fim de mostrar que, naquele lugarzinho medíocre que ocupa, ele é um verdadeiro imperador, que pode dar ordens a famosos e ricos – não a poderosos, claro, que não se arrisca a perder o emprego. É o reinado absoluto e abominável do "pequeno poder" – e sabemos que é quase sempre muito mais fácil e agradável lidar com pessoas do primeiro do que com assessores do quarto ou quinto escalão. Mas é claro, também, que nunca foi esta a atitude brasileira maioritária com relação a Pelé. Para a vastíssima maioria do povo brasileiro, ele sempre foi rei.

Jairzinho, senhor de um futebol objetivo, forte e alegre, e que Pelé muito admirava, deu uma declaração que considero bastante feliz, apesar de tudo o que escrevi nas dezenas e dezenas de páginas anteriores: "Ninguém tem uma opinião sobre Pelé – apenas lhe agradecemos por ser um jogador tão maravilhoso e ter dado tanta felicidade ao povo brasileiro". De fato, ele nos deu muita felicidade. Posso fazer também minhas, aqui neste final, umas palavras de Harry Harris. No seu entender, Pelé foi "um jogador que representou tudo o que há de bom num esporte manchado pela corrupção, a ganância, as drogas, o vício". Mas, com Jairzinho, temos também de acrescentar: representou "tudo de bom" ao tempo em que levava autoconfiança, alegria e felicidade à gente brasileira. Henry Kissinger, por sua vez, num artigo publicado na *Time*, "Pelé: The Phenomenon", entre outras coisas, escreveu: "Heróis andam só. Mas se tornam mitos quando enobrecem as vidas e tocam os corações de todos nós. Para aqueles que amam o futebol, Edson Arantes do Nascimento, geralmente conhecido como Pelé, é um herói. [...]. A performance de alto nível, em qualquer esporte, sobrepuja a escala humana ordinária. Mas a performance de Pelé transcende a das estrelas comuns tanto quanto estas vão além da performance humana ordinária. [...]. O *status* mítico de Pelé vem também do modo como ele encarnou o caráter da seleção brasileira de futebol, cujo estilo afirma que virtude sem alegria é uma contradição em termos. [...]. A seleção brasileira joga com uma exuberância contagiosa. [...]. Depois da Copa de 1970, Pelé se tornou uma instituição. A maioria dos seus fãs atuais nunca o viu jogar, mas de alguma forma sentem que ele faz parte de suas vidas. Pelé fez a transição de superestrela a mito". Mas quero ir além disso, aqui no encerramento desta minha leitura. Por três razões, ao menos. A primeira, e mais geral, é a obrigação de salientar o lugar do futebol na construção da unidade da nação e na tessitura de uma identidade nacional (sei da complexidade da questão e, por isso mesmo, remeto o eventual leitor ou leitora ao pequeno ensaio "A Questão da Identidade", no meu livro *Em Busca da Nação*). Outra razão é que Pelé se tornou, ele mesmo, modelo exemplar – e não só para negros africanos ou brasileiros, mas para todos nós, mestiços de todas as cores. E, em terceiro lugar, cumpre sublinhar que ele e seus companheiros de geração ou de seleção, como Garrincha e Didi, reforçaram ao extremo uma certa – e poderosa – dimensão utópica do futebol brasileiro, da qual falaremos em seguida. Vejamos mais de perto.

Diversos estudiosos do Brasil e das coisas brasileiras tocaram na tecla da unidade e da identidade. Hilário Franco Júnior, por exemplo: "Esporte de bacharéis num país caracterizado por gigantesca desigualdade social, esporte de brancos em uma sociedade com marcas ainda expostas do escravismo, esporte associado a ícones do progresso e da industrialização numa economia ainda essencialmente agrária, o futebol tornou-se desde o início um dos ingredientes mais importantes dos debates acerca da modernização do Brasil e da construção da identidade nacional". Se há um reparo a fazer, às palavras de Hilário, vou depositá-lo na conta da dúvida: o futebol foi mesmo, entre nós, "esporte de bacharéis"? Não sei, a depender do que Hilário entenda por "bacharel". Charles Miller e seus amigos, por exemplo, eram todos engenheiros... e numa contextura em que, com o avanço do positivismo, engenheiros se afirmavam em diversas instâncias socioculturais contra o bacharelismo brasileiro. Afora isso, Hilário está certo. Não há como não reconhecer o lugar e o papel do futebol, como disse, na tessitura de uma identidade nacional. Na construção da unidade e da integração nacionais. Ainda Hilário: "Naquele meio social bastante heterogêneo e fragmentado por interesses regionais, a construção da nacionalidade brasileira teve no futebol um dos seus principais alicerces. Os embates com times estrangeiros e as primeiras partidas da seleção brasileira alimentaram, em todos os setores sociais, certa dose de patriotismo e de sentimento de unidade, ainda que transitória e circunscrita à realização de partidas". Aqui, mais uma vez, faço a ressalva. Em dois sentidos. De uma parte, o "sentimento de unidade" não ficava circunscrito "à realização de partidas". Eram sementes que produziam e se reproduziam, fortalecendo-se, socialmente, com outros fatores históricos que concorriam para aprofundar aquele mesmo sentimento. Diversos outros analistas ressaltam o fato. Para não ficar multiplicando nomes, citemos Simoni Lahud Guedes, por exemplo: "A história do futebol brasileiro tem sido a de uma *paixão nacional* que fabrica continuamente heróis e vilões, reis e párias, dramas e glórias. Quando faz aderir as fronteiras simbólicas do Brasil às fronteiras dos campos de futebol nos quais os selecionados brasileiros se apresentam... esta paixão transforma o futebol num importante veículo para a construção da ideia de nação".

E o futebol fez isto enquanto originalíssima recriação cultural brasileira. Nascido inglês e para cá transplantado numa época de predomínio mundial do império britânico, foi relido e brilhantemente reinventado no Brasil. Virou coisa nossa. Uma prática excepcionalmente lúdica, sem abandonar de modo algum a seriedade. Um jogo que se joga pelo prazer de jogar, mas também com racionalidade, objetividade, eficiência. Uma viagem estética, mas sem perder sua dimensão construtivista, onde a tática e a técnica jamais são destronadas. Roberto DaMatta: "Nós choramos vendo o nosso time seguir à risca as regras do jogo, estabelecendo honestamente um novo padrão de excelência, padrão que atualiza claramente um estilo nosso, que em outras esferas da vida não podíamos distinguir com tanta precisão e facilidade. O futebol, portanto, permite também descobrir a nossa 'alma' e o nosso 'coração' de modo positivo, como uma positividade que pode, sabe e faz muito bem as coisas.

Somente isso justifica a imensa popularidade deste jogo entre nós". O poeta-pensador modernista Oswald de Andrade falava que o Brasil precisava produzir uma "poesia de exportação", vale dizer, superar o patamar da cópia e gerar um produto cultural original para o mundo. Em analogia com o projeto poético oswaldiano, podemos dizer que o Brasil produziu um "futebol de exportação". O caminho para isso estaria, segundo Oswald, e esteve, em termos do nosso futebol, na "devoração crítica" da criação, da experiência ou da informação internacional – e sua reinvenção crítico-criativa a partir de nós mesmos, por nossa conta e risco.

Em poucas palavras: na teoria e na práxis do que Oswald definiu como uma "antropofagia" cultural. Na teoria e na práxis da postura da devoração cultural. Haroldo de Campos, em "Uma Poética da Radicalidade", explica: "Esta postura – que comparamos uma vez à 'atitude redutora' do sociólogo Guerreiro Ramos antecipada em modo estético, permitiu-lhe assimilar sob espécie brasileira a experiência estrangeira e reinventá-la em termos nossos, com qualidades locais ineludíveis que davam ao produto resultante um caráter autônomo e lhe conferiam, em princípio, a possibilidade de passar a funcionar por sua vez, num confronto internacional, como produto de exportação". Também aqui, Oswald, através do futebol, a "antropofagia" nos une: tomamos o produto cultural inglês, assimilamos o dito cujo ao nosso modo de ser e viver, para enfim devolver ao mundo um outro produto, com brilho novo e próprio. Os próprios ingleses souberam reconhecer de imediato que o futebol brasileiro se configurou como coisa única, nova, totalmente distinta do seu caráter britânico de nascimento. Vale dizer, aconteceu o caso raro, culturalmente raríssimo, que se dá quando o Brasil exporta e o mundo copia. Com a seleção brasileira e o Santos Futebol Clube maravilhando o mundo e funcionando como modelos exemplares. "O Brasil conquistara uma reputação internacional pela sua maneira especial de jogar futebol, e o Santos era considerado o seu melhor representante", diz Pelé. Já falamos muito da seleção, sob este aspecto, do domínio de bola aos toques sutis e à troca de passes, num estilo ao mesmo tempo ofensivo e "bonito de ver". Beleza pragmática ou pragmatismo estético. Sobre o Santos, mais Pelé: "Acho que 1968 foi, provavelmente, o melhor ano para o clube, desde que eu comecei a jogar. Vencemos todas as cinco competições importantes de que participamos, levantando títulos no Chile, na Argentina, o Sul-Americano Interclubes, no Brasil e mais: jogamos em seis países, com um aproveitamento que não ficava atrás de ninguém. A 'máquina' estava melhor do que nunca. Jornalistas do Brasil e do exterior reconheciam que o Santos era o maior time do mundo. Os jogadores eram realmente excelentes, e a camisa do clube, respeitada em todo o planeta. Era só entrarmos no campo que o público se curvava em sinal de respeito. Tudo que fazíamos acabava sendo copiado, o que era bom para o espetáculo do futebol". Daí que, com o esplendor da seleção e do Santos em mente, ao assinar seu contrato com o Cosmos em Nova York, Pelé tenha dito que, naquele momento, estávamos invertendo o sentido do influxo cultural da metrópole para a colônia, com o Brasil exportando *know-how* para os Estados Unidos. É bom salientar isso: enquanto seus detratores "progressistas" e identitaristas "woke" copiavam receitas norte-americanas, Pelé, ao contrário, se impôs nos Estados Unidos.

De certa forma, o futebol nos dizia que valíamos a pena como povo e nação. Ou, como mais ou menos disse o mesmo DaMatta, os nossos jogadores, com seus times nacionais vitoriosos em cinco copas do mundo, como que nos obrigaram a gostar mais de nós mesmos e do nosso país. Mas há mais. Já na versão original do ensaio "A Escola Brasileira de Futebol", que circulou em 2003 no âmbito interno do Ministério da Cultura, falei da desconcordância brutal que marcava a nossa paisagem, com a vigência de uma democracia racial dentro do campo de futebol e a inexistência desta mesma democracia no corpo maior da sociedade brasileira. Não havia nenhuma novidade na afirmação. Ela já se desenhara no "clássico" de Mário Filho. E é explícita, lúcida e criticamente explícita, na apreciação do alemão Anatol Rosenfeld, por exemplo. E, ainda depois daquele meu ensaio, fui encontrá-la nos mais variados escritos sobre a nossa prática futebolística. O jornalista inglês Alex Bellos, por exemplo: "Amamos sua seleção porque ela representa uma harmonia racial utópica". Este é o sonho central da mitologia social brasileira. O cerne utópico de nosso projeto de nação. Temos, no campo de futebol, o que gostaríamos de ter na sociedade inteira. E aqui volto a me lembrar de Johan Huizinga: "A arena, a mesa de jogo, o círculo mágico, o templo, o palco, a tela, o campo de tênis, o tribunal, etc., têm todos a forma e a função de terrenos de jogo, isto é, lugares proibidos, isolados, fechados, sagrados, em cujo interior se respeitam determinadas regras. Todos eles são mundos temporários dentro do mundo habitual, dedicados à prática de uma atividade especial". Ok. Mas acrescento sempre o seguinte: este mundo circunscrito e temporário, este espaço mágico autônomo, como o campo de futebol, pode ter muito o que dizer ao mundo "real" envolvente. Projeta, para o conjunto da sociedade, a imagem concentrada de uma realidade paralela, que surge como lição para a realidade mesma. No caso do futebol brasileiro, realizando temporariamente e em microescala o que estamos na obrigação de realizar de fato e *in globo*: o mito da democracia racial. Porque já fizemos a crítica objetiva do mito, mostrando a sua irrealidade até ao presente – e agora cabe fazer com que ele de fato se inscreva no corpo concreto do real histórico. A democracia racial – o ideal mais elevado que uma sociedade pode propor a si mesma, na bela definição de Florestan Fernandes – não é um mito para ser simplesmente atirado fora, mas um mito para ser cultivado e realizado, encarnando-se no conjunto da sociedade e na vida de todos os dias.

Mas vamos baixar a altura do voo, trocando provisoriamente as cintilações superiores do horizonte utópico pelas asperezas mais imediatas da realidade objetiva que ora nos limita. Roberto DaMatta, talvez com um certo exagero e, de qualquer modo, numa visão historicamente datada, que talvez seja válida especialmente para um período que vai da década de 1950 a apenas inícios do século XXI, escreveu: "Mais do que nossas ciências políticas, econômicas, filosóficas e sociais; mais do que a nossa arte e literatura; o futebol é que tem proporcionado a área privilegiada por onde passam os temas do nosso destino futuro enquanto jornada popular e esperançosa". E quando situo uma espécie de marco final provisório em inícios do século XXI, tenho em mente o seguinte. Tudo parecia indicar que o Brasil daria um salto qualitativo social, com a herança *bendita* do governo de Fernando Henrique Cardoso levada adiante e ampliada no governo de Lula da Silva. No entanto, foi justamente ali, no momento mais decisivo do salto, que Lula e o PT providenciaram uma guinada grotesca, nos conduzindo à *débâcle* moral e ao desastre econômico, além de apostarem na intensificação da animosidade em meio à população brasileira, na base execrável do maniqueísmo marqueteiro dividindo o país em um "nós x eles", que fez mal a todos. Mas, felizmente, é claro que a história não acabou e ainda temos muita estrada e muitos caminhos à nossa frente. E até por isso mesmo, faço a seguir mais uma daquelas minhas extensíssimas citações. E, novamente, ouvindo Roberto DaMatta, num dos textos do seu livro *A Bola Corre mais que os Homens* – ainda que, como de praxe, com sua verve inclinada (e muito) à sublimação e à idealização:

> "De fato, é o futebol que ajuda uma sociedade tão segmentada e dividida internamente a afirmar-se como capaz de atuar de modo coordenado, como uma corporação (ou time) e de eventualmente vencer. Ora, essa experiência com uma organização coletiva, com a qual podemos nos identificar abertamente e que opera integrada para o nosso deleite e benefício, é muito rara no mundo diário brasileiro, um universo onde as instituições

públicas estão há décadas desmoralizadas por práticas sociais clientelistas, ideológicas e personalistas desconcertantes. Uma segunda dimensão do futebol como força integrativa é a sua capacidade de proporcionar ao povo, sobretudo ao povo pobre, enganado, mal servido pelos poderes públicos – povo destituído de bens e, pior que isso, de visibilidade social e cívica –, a experiência da vitória e do êxito. Essa vitória que o mundo moderno traduz com a palavra mágica chamada 'sucesso' e que o sistema social hierarquizado e concentrador de riqueza do Brasil faz com que poucos possam experimentar. Mas através do 'jogo de futebol' as massas brasileiras podem experimentar vencer com os seus times favoritos. Sentem e vivem, então, que o seu desempenho no estádio como torcida – como plateia sofredora que se dá sem reservas ao seu clube e heróis – produz resultados palpáveis e vitórias arrebatadoras. Essa vitória que a massa, perpetuamente iludida por governantes desonestos, efetivamente desconhece no campo da educação, da saúde e, acima de tudo, da política. [...]. Finalmente, o futebol proporciona à sociedade brasileira a experiência da igualdade e da justiça social. Pois produzindo um espetáculo complexo, mas governado por regras simples que todos conhecem, o futebol reafirma simbolicamente que o melhor, o mais capaz e o que tem mais mérito pode efetivamente vencer. Que a aliança entre talento e desempenho pode conduzir à vitória inconteste. E, melhor que tudo, que as regras valem para todos. Para os times campeões e para os times comuns, para ricos e pobres, para negros e brancos, para homens e mulheres, para jovens e idosos, nacionais e estrangeiros e, no nosso caso, para os vivos e os mortos. Neste sentido profundo, portanto, o futebol nos dá uma potente lição de democracia, pois conforme sabemos, vendo nosso time jogar, as leis têm que ser obedecidas por todos, são universais, são transparentes e há um juiz que as representa no calor da disputa. No futebol, portanto, não há golpes. Tal afirmação das regras do jogo conduz a uma alternância entre vitoriosos e perdedores que, projetada na vida social, é a base da mais autêntica experiência democrática".

Mas vamos finalizar aqui o nosso percurso. E já que vim com ele, volto, umavezmais, a Roberto DaMatta: "No futebol e pelo futebol, o povo aprendeu que pode vencer seus problemas sem salvacionismos messiânicos ou ideológicos. Com ele, o Brasil teve uma grata e apaziguante experiência com a vitória, com a excelência, com a competência, com a paciência e com o amor, esses valores sistemática e significativamente ausentes dos projetos políticos". Com Pelé, um país se afirma no mundo por uma combinação inigualada, na dimensão esportiva, de habilidade técnica e criatividade. E, ao assumir e expressar o mel do melhor do Brasil, Pelé e a fina flor futebolística de sua geração se configuraram como exemplo de possibilidades e potencialidades que, infelizmente, o país, enquanto sociedade, ainda não foi capaz de realizar. Pelé aparece então, a nossos olhos, como símbolo de uma ambição nacional. E repito que é necessário sublinhar isto. O Brasil de hoje precisa recuperar este sentido maior da ambição nacional. Especialmente, num momento histórico em que, como este que estamos atravessando – quando nos defrontamos com uma crise que parece feita de todas as crises possíveis, da corrupção ao desprezo pela vida –, nunca foi tão urgente e necessário elevar não somente a qualidade da representação política nacional, como muitos se limitam a pensar, mas elevar, em geral e em todos os sentidos, a própria qualidade humana dos brasileiros.

Esta obra, composta em Minion e Brix Slab,
foi impressa em papel Pólen Natural 70g/m2,
na Rotaplan, no Rio de Janeiro, em maio de 2025.

SOBRE O AUTOR

Antonio Risério nasceu na Cidade do Salvador da Bahia de Todos os Santos, no dia 21 de novembro do ano da graça de 1953. Poeta, antropólogo, romancista, tradutor e ensaísta, defendeu tese de mestrado em sociologia, com especialização em antropologia. Fez política estudantil em 1968, vinculou-se à organização clandestina de esquerda Política Operária (Polop), de formação trotskista-luxemburguesa, foi proibido de estudar em escolas públicas pelo decreto 477 do ditador Costa e Silva, preso aos 16 anos de idade pela mesma ditadura militar (início do período "linha dura" de Garrastazu Médici) e, em seguida, mergulhou na viagem da contracultura e na luta pela redemocratização do Brasil, nos quadros do Movimento Democrático Brasileiro (MDB). Foi editor de revistas de poesia experimental na década de 1970 (*Código*, *Bahia Invenção*, *Muda*). Na segunda metade da década de 1970, em parceria com Augusto de Campos, realizou pesquisa pioneira, trazendo de volta, à cena política e cultural do país, a figura de Patrícia Galvão (Pagu), hoje endeusada pelo feminismo nacional. Integrou grupos de trabalho que implantaram a televisão educativa, as fundações Gregório de Mattos e Ondazul, a Secretaria Municipal de Meio Ambiente (onde criou o projeto "Jardim das Folhas Sagradas", na encruzilhada entre candomblé e ecologia), o Centro da Referência Negromestiça (Cerne) e o Hospital Sarah Kubitschek, na

Bahia. Na década de 1980, criou e dirigiu, na prefeitura de Salvador, o projeto de proteção e recuperação dos terreiros de candomblé da cidade, realizando obras em casas de santo como o Gantois, o Bogum, o Axé do Opô Afonjá, o Maroketu, o Oxumarê, o Ilê Axipá. Coordenou o Cebran, centro de estudos e pesquisas da Rede Sarah de hospitais, em Brasília. Formulou o projeto geral – "texto fundador" – para a implantação do Museu da Língua Portuguesa (São Paulo), do Cais do Sertão Luiz Gonzaga (Pernambuco) e da Cidade da Música (Bahia). Tem feito argumentos e roteiros de cinema e televisão, entre eles, a adaptação do livro *O Povo Brasileiro*, de Darcy Ribeiro – e do seu próprio livro *A Cidade no Brasil*. Alguns livros seus foram transpostos para o cinema, a exemplo de *Carnaval Ijexá* e *Avant-Garde na Bahia*, que se tornou *A Última Vanguarda*, sob a direção de Peu Lima. Diversas composições suas foram gravadas por estrelas da música popular brasileira, de Zezé Motta a Gilberto Gil, do MPB-4 a Moraes Moreira, de Jorge Alfredo e Chico Evangelista a Paulinho Boca de Cantor. Integrou os núcleos de criação e estratégia das campanhas presidenciais vitoriosas de Lula da Silva (2002 e 2006) e Dilma Rousseff (2010) – o primeiro operário e a primeira mulher a chegar à Presidência da República no Brasil –, rompendo em seguida com o projeto lulopetista e passando a trabalhar com Eduardo Campos e o Partido Socialista Brasileiro, até 2014. Publicou, entre outros, os livros *Carnaval Ijexá* (Salvador: Corrupio, 1981), *Caymmi: Uma Utopia de Lugar* (São Paulo: Perspectiva, 1993), *Textos e Tribos: Poéticas Extraocidentais nos Trópicos Brasileiros* (Rio de Janeiro: Imago, 1993), *Avant-Garde na Bahia* (São Paulo: Instituto Lina Bo e P. M. Bardi, 1995), *Oriki Orixá* (São Paulo: Perspectiva, 1998), *Ensaio sobre o Texto Poético em Contexto Digital* (Salvador: Fundação Casa de Jorge Amado, 1998), *Uma História da Cidade da Bahia* (Rio de Janeiro: Versal, 2004), *A Utopia Brasileira e os Movimentos Negros* (São Paulo: Editora 34, 2007), *A Cidade no Brasil* (São Paulo: Editora 34, 2012), *Edgard Santos e a Reinvenção*

da Bahia (Rio de Janeiro: Versal, 2013), *Mulher, Casa e Cidade* (São Paulo: Editora 34, 2015), *A Casa no Brasil* (Rio de Janeiro: Topbooks, 2019), *Sobre o Relativismo Pós-Moderno e a Fantasia Fascista da Esquerda Identitária* (Rio de Janeiro: Topbooks, 2019), *Em Busca da Nação* (Rio de Janeiro: Topbooks, 2020), *Bahia de Todos os Cantos: Uma Introdução à Cultura Baiana* (em parceria com o sociólogo Gustavo Falcón; Salvador, Solisluna, 2020), *As Sinhás Pretas da Bahia: Suas Escravas, Suas Joias* (Rio de Janeiro: Topbooks, 2021), *Mestiçagem, Identidade e Liberdade* (Rio de Janeiro: Topbooks, 2023) e *Identitarismo* (São Paulo: LVM, 2024). Em 2009, foi publicada uma coletânea de entrevistas suas na coleção "Encontros" da editora Azougue (Rio de Janeiro), com ensaio-prefácio de Francisco Bosco. No campo da criação poética, trouxe à luz *Fetiche* (Salvador: Fundação Casa de Jorge Amado, 1996), *Brasibraseiro* (em parceria com o poeta Frederico Barbosa; São Paulo: Landy Editora, 2004) e *Outrossim* (Editora de los Bugres, 2021). No campo da prosa de ficção, *A Banda do Companheiro Mágico* (São Paulo: Publifolha, 2007) e *Que Você É Esse?* (Rio de Janeiro: Record, 2016). Como tradutor, publicou *Vicente Huidobro: Altazor e Outros Poemas* (em parceria com Paulo César de Souza; São Paulo: Art Editora, 1991) e *O que a Esquerda Deve Propor*, de Roberto Mangabeira Unger (Rio de Janeiro: Civilização Brasileira, 2008). Mais recentemente, organizou a coletânea *A Crise da Política Identitária* (Rio de Janeiro: Topbooks, 2022). À espera, ainda inéditos, o volume *Transversões*, reunindo suas recriações poéticas de textos e autores de diversas línguas e culturas (inglês, espanhol, francês, alemão, iorubá), e *Quartzo Crescente*, com escritos inéditos e ensaios até aqui dispersos por várias publicações, entre revistas e livros. Atualmente – seguindo o exemplo de antigos índios tupinambás, missionários jesuítas dos séculos XVI e XVII (Luiz da Grã e outros, além dos que foram vistos apenas de passagem por aqui, como Anchieta e Antonio Vieira, que fez sermão na Capela de Santo Antonio dos Velásquez, hoje

abandonada, arruinando-se no país que, em vez de ter um Ministério da Cultura, preferiu contar com um Ministério do *Show Business*) e romancistas modernos como Xavier Marques e seu amigo João Ubaldo Ribeiro –, Antonio Risério mora na Ilha de Itaparica com a mulher, a artista plástica e *designer* Sara Victoria, em companhia de suas plantas e de seus cães, gatos e cágados, além de receberem visitas ocasionais de um camaleão chamado Tião, que recolheram e protegeram quando ainda recém-nascido, soltando-o depois em meio à folhagem das mangueiras no quintal da casa onde vivem.

ANEXO